Hans-Jürgen Jakobs
Uwe Müller

Augstein, Springer & Co.
Deutsche Mediendynastien

Orell Füssli

Bildnachweis:
Augstein: Spiegel Verlag; H. Bauer: dpa;
G. Bucerius: Hartmut Bühler; H. Burda: dpa;
G. Grotkamp / E. Schumann: Visum / Wolfgang Steche;
D. v. Holtzbrinck: Holtzbrinck / Klemm;
J. Jahr: Gruner + Jahr; L. Kirch: dpa;
R. Mohn: Bertelsmann; F. Springer: dpa;
W. Theisen: Hartmut Bühler.

Redaktion: Werner Waldmann
Producing: WZ Media Productions
Korrektur: Karl Beer

© Orell Füssli Verlag Zürich und Wiesbaden 1990
Umschlag: H. + C. Waldvogel, Zürich
Satz: Jung Satz Centrum, Lahnau
Druck und Einband: Wiener Verlag
Printed in Austria
ISBN 3 280 01963 X

INHALT

Auftakt 7

Rudolf Augstein:
Im Spiegel der Macht 11

Heinz Bauer:
Die Last der nackten Tatsachen 55

Gerd Bucerius:
Der wendige Taktierer 85

Hubert Burda:
Der Schöngeist aus Offenburg 117

Günther Grotkamp und Erich Schumann:
Die Pressebarone aus dem Revier 149

Dieter von Holtzbrinck:
Der scheue Erbe 187

John Jahr:
Architekt und Geschäftemacher 221

Leo Kirch:
Kunstfreund und Hasardeur 253

Reinhard Mohn:
Der Bertelsmann 287

Friede Springer:
Vermächtnis als Bürde und Auftrag 327

Werner Theisen:
Verleger aus Verlegenheit 371

Register 395

AUFTAKT

Über Robert Maxwell, den britischen Medientycoon, sind innerhalb kurzer Zeit gleich drei umfangreiche Biographien erschienen; auch sein aus Australien stammender, nicht minder mächtige Kollege Rupert Murdoch hat das Interesse mancher Chronisten aufs nachhaltigste geweckt. Und selbst über zahlreiche amerikanische Regionalverleger zirkulieren diverse mehr oder weniger profunde Abhandlungen. Kurzum, in aller Welt wird das Wirken von Pressebaronen und Rundfunkzaren – jenen Potentaten, die Kommunikation bestimmen und gestalten -, intensiv erforscht.

Anders in Deutschland. Hierzulande führt zwar beinahe jedes Medienkolloquium zu einem Buchband, die handelnden Subjekte der Branche aber bleiben außen vor. Dabei gibt es über sie, die Herren der Information, weiß Gott viel zu berichten. Reinhard Mohn aus Gütersloh beispielsweise regiert einen der größten Medienkonzerne der Welt. Die Zeitschriften des Hamburger Verlegers Heinz Bauer finden Monat für Monat viele Millionen Leser – auch in New York, Madrid und London. Dem Stuttgarter Dieter von Holtzbrinck wiederum gehören nicht nur die renommiertesten deutschen Buchverlage, sondern er dominiert darüber hinaus die Wirtschaftspresse. Viel geheime Größe also, mithin viel Berichtenswertes.

Das vorliegende Buch will mit einer Sammlung von elf Einzelporträts die Lücke schließen. Das Spektrum reicht von Mohn über Bauer bis Holtzbrinck, von Augstein über Bucerius bis Springer. Es wurde der Versuch unternommen, ein möglichst facettenreiches Bild der Branche zu malen und einen umfassenden Querschnitt zu bieten; daher sind sowohl die wirtschaftlich stärksten als auch die publizistisch bedeutendsten Exponenten vertreten. Zwangsläufig kam dabei ein Werk über Dynastien und Patriarchen heraus – schließlich beherrschen wie in kaum einem anderen Land Familienunternehmen die Medienszene. Nach dem Zweiten Weltkrieg verteilten die Alliierten Lizenzen und legten damit die Grundsteine für beachtliche Imperien. In den fünfziger Jahren waren daneben der Besitz von Druckereien sowie die Verfügung über Buch- und Filmrechte Keimzellen für rasch prosperierende Firmenkonglomerate. In der Dekade darauf kam es zu gewaltigen Konzentrationsprozessen, Mitte der Siebziger standen die entscheidenden Mitspieler von heute fest. «Augstein, Springer & Co.» zeichnet die aufregenden historischen Entwicklungen in ihren Verästelungen nach und zeigt, wie die nationalen Mediengrößen wurden, was sie sind. Ausführlich werden ihre gegenwärtigen Aktivitäten dokumentiert, wobei Unternehmenskultur, Managementstrategien, Produktpalette, Verflechtungen sowie die Bemühungen um Internationalisierung und Multimedialität im Mittelpunkt stehen.

Wie will der Münchener Filmhändler Leo Kirch das Privatfernsehen unter seine Kuratel bringen? Was wird aus dem ‹Spiegel› in der Ära nach Rudolf Augstein? Wer sind die Essener WAZ-Männer Günther Grotkamp und Erich Schumann wirklich? Warum steht für Hubert Burda nach Bruderzwist und Erbteilung die entscheidende Bewährungsprobe als Verlagschef erst noch bevor? Wie gelingt es dem Mittelständler und Außenseiter Werner Theisen aus Koblenz, sich im überregionalen Markt zu behaupten?

Fragen dieser Art könnte man in sehr trockener, akademischer Manier nachgehen. Dies war nicht unsere Absicht. Wir wollten ein unterhaltsames, journalistisches Sachbuch schreiben, das Fakten und Tendenzen komprimiert zusammenträgt; das persönliche Momentaufnahmen präsentiert; und das außerdem den Blick für Hintergründe schärft. Denn in einer Welt, in der zunehmend «Hobbybastler und Briefmarkensammler das Rückgrat der Menschheit bilden» (Aldous Huxley), scheint es wichtiger denn je, Gesamtzusammenhänge aufzuzeigen. Für einen so sensiblen gesellschaftlichen Schlüsselbereich wie den Medienmarkt, in dem Geld und Geist eine stürmische Ehe eingehen, gilt dies erst recht. Hier werden die Verflechtungen immer enger, die Absatzfelder immer internationaler, die Marktsegmente immer kleiner, die Strategien immer raffinierter. Zeitungs- und Zeitschriftenverlage beteiligen sich an Fernseh- und Hörfunkstationen; Firmen, die einst ausschließlich mit audiovisueller Ware handelten, stoßen in den Printbereich vor. Der Wettbewerb wird mit Haken und Ösen geführt, nicht nur auf dem Markt, sondern unter Zuhilfenahme von Richtern, Politikern und willfährigen Publizisten. Wir haben uns bemüht – so weit es überhaupt möglich ist –, von einem neutralen Standpunkt aus sachlich, unvoreingenommen und fair über die mitunter in engem Clinch liegenden Mediengruppen zu informieren.

Gedacht ist «Augstein, Springer & Co.» zum einen für diejenigen, die in, für und mit Medien arbeiten – also Journalisten, Medienmanager, Werber, Marketingplaner und PR-Experten. Zum anderen für Leser, Zuhörer und Zuschauer, die hinter die Kulissen schauen und mehr über die Produzenten der von ihnen konsumierten Medien erfahren möchten. Anschauliche Beteiligungsorganigramme, Kurzcharakteristika, essentielle Chroniken sowie ein umfassendes Personen- und Sachregister sollen Service bieten und dem Buch zusätzlich den Charakter eines jederzeit nutzbaren Nachschlagewerks verleihen.

Weitblickende Unternehmer und Führungskräfte haben längst erkannt, daß Firmen sich öffnen und einfühlsam auf die Belange der interessierten Bevölkerung reagieren müssen. Ausgerechnet einige bedeutende Medienkonzerne, die vom Herstellen von Öffentlichkeit leben, ignorieren solche zeitgemäßen Erkenntnisse. Der Pressesprecher eines Zeitschriftenhauses eröffnete ein Interview mit der dekuvrierenden Bemerkung: «Ich kann Ihr Buch ja leider nicht verhindern.» Ein Kollege schmetterte harmlose Fragen, die, wie er meinte, «in den Eingeweiden der Firma herumwühlen», kurzerhand ab. Dieses fragwürdige Kommunikationsverhalten konnte freilich kein Grund sein, auf unerwünschte Porträts zu verzichten.

Doch um die Verhältnisse ins rechte Licht zu rücken: Die meisten der beschriebenen Persönlichkeiten und Firmen zeigten sich auskunftsfreudig und kooperationsbereit.Ohne die über achtzig, zum Teil sehr intensiven Gespräche mit Besitzern, Herausgebern, Journalisten und Managern wäre «Augstein, Springer & Co.» nicht zustande gekommen. Allen Beteiligten, die uns geduldig Rede und Antwort gestanden haben, möchten wir recht herzlich danken – insbesondere den Herren Augstein, Bucerius, Grotkamp, Mohn, Schumann und Theisen. Mit Rat und Tat halfen uns ferner zahlreiche Freunde und Kollegen. Ihre Anregungen und kritischen Urteile waren höchst wertvoll.

Düsseldorf, im Frühjahr 1990   Die Autoren

RUDOLF AUGSTEIN:

Im Spiegel der Macht

Soviel wie er hat kein deutscher Pressepotentat bewegt. Mag ein Reinhard Mohn mit seinem Bertelsmann-Konzern auch weit über zehn Milliarden Mark umsetzen, mag ein Heinz Bauer mit seiner Zeitschriftenfabrik über 50 Millionen Menschen versorgen: Rudolf Augstein ist es, der zum Inbegriff für Medienmacht wurde. Anders als seine wirtschaftlich bedeutenderen Verlegerkollegen hat sich «R. A.» Ruhm und Rang erschrieben und ihn sich von seinen Angestellten erschreiben lassen. Er habe die Publizistik «um eine neue Dimension der öffentlichen Meinungsbildung erweitert», hieß es in einer Laudatio, «die aus den besten Traditionen der Aufklärung lebt». Die ‹Stuttgarter Zeitung› gibt zu bedenken: «Ohne ihn und seinen ‹Spiegel› hätte die Geschichte der Bundesrepublik möglicherweise einen anderen Verlauf genommen.» Und der ihm nicht immer wohlgesonnene ‹Zeit›-Eigner Gerd Bucerius konzediert: «Augstein-Texte sind Bausteine der Bundesrepublik.»

Rudolf Augstein weiß selbst nur zu gut, was die Republik an ihm hat. Falsche Bescheidenheit, nein, sie ziert die 169 Zentimeter große Napoleongestalt mit dem leicht gebeugten Gang und dem rundlichen Brillengesicht gewiß nicht. «Ich bin», so unterstreicht er, «in diesem Land ein recht bemerkenswerter Journalist, der nicht mit allzu Vielen verglichen werden kann.» Ähnlich selbstbewußt bemerkte der «Zeuge des Jahrhunderts» 1987 im ‹ZDF›: «Daß ich die Verhältnisse in der Bundesrepublik etwas gebessert habe, das glaube ich mittlerweile selbst.» Wer wollte es in Abrede stellen?

In vier ‹Spiegel›-Jahrzehnten hat der «Fanatiker der Demokratie» (‹Bayernkurier›) unaufhörlich das Bewußtsein für Sauberkeit geschärft, manchen Allgewaltigen das Fürchten gelehrt, Haß und Bewunderung auf sich gelenkt und selbstredend die Geschicke in diesem Staat maßgeblich mitbeeinflußt. Wenn sich hierzulande nach 1945 so etwas wie eine «vierte Gewalt», die diesen Namen tatsächlich verdient, etablieren konnte – es ist nicht zuletzt Augsteins Verdienst. Sein Nachrichtenmagazin setzte Maßstäbe, beeinflußte Generationen von Journalisten und wurde schlechthin stilprägend.

*

Ein akademisches Studium blieb Rudolf Augstein verwehrt. Kaum war der Leutnant von der Ostfront zurückgekehrt, stand er auch schon als Blattmacher in der Verantwortung. Der «halbe Historiker», der dank der englischen Universität Bath und der Gesamthochschule Wuppertal zwei Ehrendoktorhüte sein eigen nennen darf, wurde notgedrungen zum Autodidakten. Als seine Pressewerkstatt noch in Hannover angesiedelt war, paukte der wißbegierige Kriegsheimkehrer nach getaner Arbeit mit seiner damaligen Frau «Allgemeinbildung». Stärker als solche Heimkurse erweiterten bald unzählige Begegnungen mit bedeutenden Zeitgenossen den Horizont; sie verhalfen ihm zu einer unvergleichlichen Personenkenntnis. Ob Schriftsteller, Philosophen oder Politiker: Augstein lernte fast alle prägenden, ihn interessierenden Gestalten der Gegenwartsgeschichte persönlich kennen. Die beachtlich breit gefächerte Palette reicht von Prinz Sihanuk bis Karl Jaspers, von Valery Giscard d'Estaing bis Martin Heidegger. Allein unter der Rubrik «sowjetische Staatsmänner» kann Rudolf Augstein mit drei Kreml-Chefs – Leonid Breschnew, Jurij Andropow und Michail Gorbatschow – aufwarten. Und selbstverständlich hat er sämtliche Architekten der bundesdeutschen Geistes- und Politikkultur hautnah miterlebt. Was er über sie sagt, gilt für ihn gleichermaßen: «Die Gründer hatten mehr Impetus. Sie hatten erlebt, was die heutigen nicht mehr erleben können.»

Die großen Figuren der ersten Stunde sind längst abgetreten, der ‹Spiegel›-Veteran aber, der mit seiner schriftstellerischen Leidenschaft zwangsläufig reich wurde und alljährlich einen zweistelligen Millionenbetrag auf seinem Konto verbuchen kann, blieb an Bord. Als einziger Nachkriegsverleger gebietet er noch heute uneingeschränkt über den Kurs des Blattes, das ihm nur von 1969 bis 1971 alleine gehörte und an dem er mittlerweile 25 Prozent hält. Die wechselnden Besitzverhältnisse im ‹Spiegel›-Haus konnten seinen stark ausgebildeten Geltungsdrang nie bremsen. «Augstein ist Viertelgesellschafter», verrät ein Insider, «aber sein Einfluß ist hundertfünfzigprozentig.»

Schon manches Mal wollte der Magazin-Lenker die Kommandobrücke räumen, zuletzt am 5. November 1988, als er 65 Jahre alt wurde. Der Stichtag verstrich bekanntlich folgenlos: «Nun hat es sich anders ergeben und ich fühle mich ganz wohl dabei.»

Augstein kann von dem ‹Spiegel›-Werk nicht lassen. Während seiner oftmals langen Abwesenheit von Hamburg hält er unermüdlich über Telefon und Telefax den Kontakt zur Nachrichtenzentrale an der Brandstwiete, seine Beiträge erscheinen auch dann in unvermindertem Umfang; und falls, wie im Januar 1990 mit Herbert Wehner, einer der ihm gut bekannten «großen Häuptlinge» stirbt, verfaßt er schon mal vom Feriendomizil aus den fälligen Nachruf. Rudolf Augstein lebt für und erst recht von seiner Arbeit. Daß er sich von ihr eines Tages ebenso unbeschadet zurückziehen kann, wie 1944 von seinem Kriegseinsatz in der Ukraine (eine militärische Leistung, die er uneingeschränkt bewundert) muß bezweifelt werden. Ohne ihn, so glaubt er, gehe es im ‹Spiegel› einfach nicht. «Ich bin dezidiert der Meinung, meine Redaktion braucht mich noch», äußerte Augstein vor einigen Jahren.

Daran hat sich nichts geändert. Ganz im Gegenteil: Die Ereignisse in der DDR im Herbst 1989 haben nicht nur seine Energien mobilisiert, Augstein fühlt sich seitdem unentbehrlicher denn je. Schließlich wurde er mit der friedlichen Revolution zwischen Elbe und Oder von seinem einstigen großen Thema, der deutsch-deutschen Einheit, eingeholt. Mit mehr realpolitischem Sachverstand ausgestattet als sein Kontrahent Axel Springer, mußte er bereits zwischen 1952 bis 1954 alle Hoffnungen auf ein ungeteiltes Deutschland begraben. «Dieses Ei wird zu unserer Zeit nicht mehr gelegt werden», befand er noch Mitte der achtziger Jahre. Gleichwohl hielt der Patriot, der durchaus nichts dagegen hat, als «Nationalist» bezeichnet zu werden, theoretisch immer an der Möglichkeit einer Wiedervereinigung fest: «Bis heute liegt in einem neutralen, mäßig bewaffneten Deutschland, was auch im Interesse der USA sein könnte, die einzige Möglichkeit zur Veränderung des Status Quo auf friedlichem Wege.» Nun mundet ihm das vermeintlich «ausgelutschte Bonbon» (R. A.) wieder vorzüglich, und so ist es für ihn eine Lust zu leben und zu schreiben. Statt Allerwelts- und Zeitgeistthemen schmücken nun endlich wieder handfeste Polit-Stories die ‹Spiegel›-Titelseiten; vorbei die Zeiten, da ihn solche Skepsis befiel: «Das gedruckte Wort verliert langsam an Kraft, es wächst die Zahl derer, die durch zu viele Informationen nicht mehr informiert sind.»

Mit der unverhofften Wende ist der «Partisan des Intellekts» (‹WDR›) aufgelebt: «Im Moment haben wir eine besonders glückliche Epoche. Es gibt viele interessante Sachen, die wir uns früher nicht hatten vorstellen können. Ich fühle mich aktiviert, und wenn ich mich aktiviert fühle, muß das notwendigerweise die Redaktion aktivieren.» Angesichts dieser jugendhaft anmutenden Emphase darf man hinter eine andere Augstein-Aussage wohl getrost ein dikkes Fragezeichen setzen: «Ich kann mir nicht vorstellen, daß ich in meiner jetzigen Position noch mit 70 bin. Das kann ich einfach nicht.»

*

Der ‹Spiegel›, Rudolf Augsteins hellwaches und bitterböses Kind, lebte stets von seiner polarisierenden Wirkung. Wie kein anderes Presseorgan wurde er entweder gepriesen oder verflucht. Dem Nachrichtenmagazin diente beides: Sowohl Anerkennung als auch Anfeindung (die erst recht) mehrten Ruhm und Ehre, vor allem jedoch die Auflage. Nur Gleichgültigkeit durfte sich bei den Rezipienten nie einstellen. Mit einer völlig ungewohnten journalistischen Mixtur beugten Augstein und seine Blattmacher schon ab 1947 etwaigen Ermüdungserscheinungen vor: Sie servierten Facts und Figures leicht verdaulich, garnierten sie mit belanglosen, aber menschelnden Farbtupfern, spezialisierten sich auf die Verletzung von Tabus, erlangten rasch beachtliche Enthüllungskompetenz und unterwarfen die Geschichten einer immer gleichen, eingängigen Dramaturgie. Die angelsächsisch inspirierte News-Story wurde in Deutschland salonfähig.

In der Gründerzeit unterstützten die Alliierten das Konzept nachhaltig, indem sie den ‹Spiegel› des öfteren für einige Ausgaben «vom Erscheinen suspendierten», etwa weil er sich über die blaublütigen, kräftig ausgeformten Waden der niederländischen Thronfolgerin Juliane mokierte. Heimische Staatsanwälte traten nach der Währungsreform in die Fußstapfen der Besatzungsmacht und förderten mit spektakulären Beschlagnahmeaktionen den Absatz und das Image. Dem stand die erste, in Sachen Öffentlichkeitswirkung noch recht unbeholfene Generation von Nachkriegspolitikern nicht nach. «Solche Dinge wie das, was im ‹Spiegel› steht – dieses Schmierblatt wird ja leider Gottes gelesen –, das trägt zur Untergrabung der Autorität in ganz starkem Maße bei», empörte sich Adenauer und machte damit klar: Das verruchte Blatt muß man lesen – sei es nur, um auf dem Laufenden zu bleiben. Kritik hat den ‹Spiegel› nie angefochten, im Gegenteil, sie wertete ihn auf. Unbeabsichtigt unterstützten auch andere CDU-Parlamentarier Augsteins Gazette. Die Abgeordneten verlangten 1950 von dem Wirt des Bundestagsrestaurants, daß er von seinen Speisekarten eine ‹Spiegel›-Reklame abschnitt. Der Anblick hatte ihnen den Appetit verdorben. Was hohen Herren auf den Magen schlägt, hat es gewiß in sich, mag so mancher gedacht haben.

Schon damals lernte der ‹Spiegel› solche Ereignisse geschickt auszuschlachten, eine Masche, die über Jahrzehnte hinweg perfektioniert wurde. Längst beherrscht er das Einmaleins der Selbstvermarktung aus dem Effeff und vermittelt gekonnt von Ausgabe zu Ausgabe den Eindruck seiner Unentbehrlichkeit. Dauernd zitiert er sich selbst, läßt sich zitieren und zitiert wiederum andere, die ihn ihrerseits zitiert haben. Dieses fein ausgetüftelte System reicht von Vorab-Exemplaren für Nachrichtenagenturen über die Selbstpromotion im Blatt («Hausmitteilung», «Briefe» und «Rückspiegel») bis hin zu einer akribischen Auswertung und Archivierung aller Quellen, die über den ‹Spiegel› berichten. Auch das gehört dazu: So wie das ‹Neue Deutschland› einst darauf erpicht war, möglichst oft das Konterfei von Erich Honecker abzubilden, um dessen Unfehlbarkeit zu demonstrieren, so bringt der ‹Spiegel› immer wieder ehemalige Titelbilder ins Blatt. Sie signalisieren Kontinuität, ein Schon-immer-dabeigewesen-Sein. Wer mitreden will, das suggerieren die visuellen und textlichen Selbstzitate, der ist auf dieses Blatt angewiesen. Während die ‹Frankfurter Allgemeine Zeitung› in ihrem Werbeslogan auf intellektuelles Niveau in der Käuferschar anspielt («Dahinter steckt immer ein kluger Kopf»), kapriziert sich ‹Der Spiegel› von vornherein darauf, daß er besser als jedes andere Presseorgan das Gras wachsen hört («‹Spiegel›-Leser wissen mehr»).

In seiner Sturm- und Drangphase hatte der ‹Spiegel› noch nicht die kühle und unangreifbare Routine der späteren Zeit. Gerichtsverfahren wegen übler Nachrede waren an der Tagesordnung, hin und wieder werden ‹Spiegel›-Journalisten sogar verurteilt. Einige schöne Coups landeten die Rechercheure ohne Zweifel, «Blattschuß-Reportagen» reüssierten und trafen zielgenau: Hohe Funktionsträger bis hin zu Ministern wurden aus Amt und Würden gekippt. 1950 enthüllte der ‹Spiegel›, daß Bestechung bei der Wahl von Bonn zur Bundeshauptstadt im Spiel war; die Volksvertretung mußte den ersten «‹Spiegel›-Ausschuß» einberufen und zeigte fünf Abgeordneten die rote Karte. Das Nachrichtenmagazin reifte zur außerparlamentarischen Anstalt für politische Hygiene heran, oder, wie ein Kritiker pointiert meinte: Dem ‹Spiegel› gelang es, den «Leserglauben an sein demokratisches Wächteramt» zu wecken.

Augstein rekapituliert: «Mit der ausübenden Gewalt zusammenzustoßen, war immer das Berufsrisiko – beinah' das Privileg – des ‹Spiegel›.» Am 26. Oktober 1962 gewährte die Staatsgewalt diese Vergünstigung wie nie zuvor: Polizisten umstellten das Redaktionsgebäude, fünf Journalisten und Verlagsmanager mußten für insgesamt 292 Tage hinter Gitter, allein Augstein für 104 Tage. Die berühmte ‹Spiegel›-Affäre, ausgelöst durch den Artikel «Bedingt abwehrbereit» über das Nato-Manöver «Fallex 62», erhob das unbotmäßige Journal fast ins Mythische. Das Saubermannheft mußte geradezu als Garant dafür erscheinen, daß die Bundesrepublik nicht zur Bananenrepublik verkommt. Verteidigungsminister Franz Josef Strauß, Fadenzieher der Aktion, stolperte über den vermeintlichen «Abgrund von Landesverrat» (Adenauer) und verlor seinen Posten. Die Öffentlichkeit empörte sich, Augstein auch, doch insgeheim wußte er: «Selten war eine Haft so gut angelegt.»

So provozierend wie bis Anfang der sechziger Jahre war der ‹Spiegel› später nie mehr. Augstein zog damals noch unter seinen Pseudonymen Moritz Pfeil und Jens Daniel polemisch gegen Adenauer, für die Westanbindung sowie die gleichzeitige Wiedervereinigung zu Felde und bereitete frühzeitig – wie die ‹Zeit› übrigens auch – die spätere sozialdemokratische Ostpolitik vor. Seine leidenschaftlichen Leitartikel gehörten «zu den besten Leistungen der Publizistik dieser Jahre», bescheinigte ihm Hans Magnus Enzensberger in dem 1957 vorgelegten Essay «Die Sprache des ‹Spiegel›». Zugleich ließ der Schriftsteller die Leser seiner brillanten Analyse wissen: «Die Ideologie des ‹Spiegel› ist nichts weiter als eine skeptische Allwissenheit, die an allem zweifelt, außer an sich selbst. Damit ist bereits gesagt, daß ‹Der Spiegel› Kritik nicht zu leisten vermag, sondern nur deren Surrogat.» Nur in Ermangelung eines Besseren kam Enzensberger schließlich zu dem Schluß: «‹Der Spiegel› ist unentbehrlich, solange es in der Bundesrepublik kein kritisches Organ gibt, das ihn ersetzen kann.»

Nach der ‹Spiegel›-Affäre verlor das Blatt jedoch deutlich an Schärfe, es entdeckte die Lust am Ja-Sagen. Promoter des affirmativen Stils war Claus Jacobi («Jaco»), der 1962 mit Johannes K. Engel den altgedienten Hans Detlev Becker («HDB») als Chefredakteur ablöste; Becker wechselte auf den Stuhl des Geschäftsführers. Innerhalb von sechs Jahren peitschte «Jaco», heute Chef von Springers ‹Welt am Sonntag›, die Auflage mit bunten wie banalen Geschichten von 440 000 auf fast 900 000 wöchentlich verkaufte Exemplare hoch. «Das Blatt hat keine Position», postulierte er und grenzte sich von der einstigen Forschheit ab: «Der ‹Spiegel› war früher ein polemisches Blatt mit negativen Akzenten.» Unter Jacobi wurde die Redaktion systematisch demotiviert, 40 Prozent der Manuskripte landeten im Papierkorb; was schließlich im Blatt erschien, war zuvor radikal umgeschrieben worden und hatte an Brisanz verloren. Als Schriftsteller Peter Weiss über die brutale Bombardierung Vietnams durch die Amerikaner berichtete, machte Jacobi aus der Überschrift «Von diesem Dorf blieb nur noch Sand» den neuen Titel: «Büffel und Schweine kamen um». Mit Jacobi verschlief der «liberale, im Zweifel linke» (Augstein) ‹Spiegel› die Aufbruchstimmung, die 1968 in die Studentenrevolte mündete – publizistisch wohl sein ärgerlichstes Versäumnis. Anders die ‹Zeit›, der Augstein immer wieder gern bescheinigt, daß sie der Zeit hinterherhinke: Das Wochenblatt beguckte sich zumindest ausgiebig den Muff unter den Professoren-Talaren. Noch 1967 würdigte der ‹Spiegel› den in die Zielscheibe der studentischen Kritik geratenen Schah von Persien in einer Titelgeschichte als nahöstlichen Reformer. 1968 gab Augstein schließlich Jacobi den Laufpaß und verpflichtete für ihn den ‹SWF›-Programmdirektor Günter Gaus. Der neue Mann stellte entsetzt fest: «Der Anteil derer, die in dieser Redaktion politisch denken können, ist verdammt gering.»

Augstein, der sich der 68er-Bewegung gerne als liberales Aushängeschild zur Verfügung gestellt hätte, erlebte auf diversen Teach-ins eine herbe Abfuhr. Bei seinen Auftritten skandierten Studenten «‹Spiegel› = ‹Bild am Montag›», und SDS-Chef Rudi Dutschke wetterte: «Augstein soll sich nicht einbilden, daß er wegen der ‹lumpigen› 5 000 Mark, die wir von ihm erhielten, von uns Rücksichten zu erwarten hat.» «Mr. Spiegel», der unermüdliche Wühlblatt-Publizist, galt den Protestierern als ein Exponent des Establishments. Augstein empfand sein Organ plötzlich als «verkrustet» und «autoritär geführt», 1969 engagierte er deshalb von der Uni weg Nachwuchsjournalisten. Sie sollten frischen Wind in das soeben bezogene ‹Spiegel›-Hochhaus an der Hamburger Ost-West-Straße bringen. Aber statt dessen wuchsen sie ihrem Gönner mit radikalen Mitbestimmungsforderungen rasch über den Kopf. Augstein handelte, wie er dachte: autoritär. Mit Kündigungsbriefen entledigte er sich bis 1972 der aufmüpfigen Schar.

Als Gaus 1973 ins Bonner Kanzleramt wechselte, war die Stimmung im ‹Spiegel› nahe am Nullpunkt. Nachfolger Erich Böhme stabilisierte mit seinem «hessisch bullerköpfigen Charme» (‹Medien›) die Redaktion und brachte sie auf SPD-nahen Kurs. Unter Böhmes Ägide fallen die großen Anti-Strauß-Kampagnen (der Tod des christsozialen Polterers ist wohl der schmerzlichste Verlust, den der ‹Spiegel› jemals hinzunehmen hatte), der verfassungswidrige Lauschangriff auf den Atomphysiker Klaus Traube und die Flick-Affäre. In jüngerer Zeit wurden kurz hintereinander dem Gewerkschaftskonzern Neue Heimat, dem Einzelhandelsriesen Co op sowie dem inzwischen verstorbenen Ministerpräsidenten Uwe Barschel gründliche Lektionen in Sachen vierter Gewalt erteilt. In allen drei Fällen flossen an die Zuträger erhebliche, zumindest fünfstellige «Informationshonorare». Investigativer Journalismus ist längst eine Sache praller Verlagsbrieftaschen geworden und eigennützige Experten im ganzen Lande wissen, daß der ‹Spiegel› auch da Maßstäbe setzt. Der ehemalige ‹Spiegel›-Redakteur Hermann Gremliza über seine früheren Kollegen: «Die Jungs sitzen breit auf ihrem Hintern und warten, bis das Telefon klingelt.» Hinter den ‹Spiegel›-Kulissen führte die Barschel-Veröffentlichung indes zu Friktionen. Die Waterkantgate-Story verantwortete Erich Böhme allein, Mit-Chefredakteur Werner Funk – seit 1986 als Nachfolger von Johannes K. Engel im Amt – hatte sich, so berichten es jedenfalls Mitarbeiter, «strategisch geschickt nach Sylt zurückgezogen». Augstein distanzierte sich öffentlich von seinem Blattmacher Böhme und rehabilitierte ihn erst, als an den zwielichtigen Machenschaften des schleswig-holsteinischen Landesvaters kein Zweifel mehr bestehen konnte.

Wie kein anderes deutsches Presseorgan wurde der ‹Spiegel› in seiner Geschichte mit Ehrentiteln und Schimpfkanonaden überhäuft. Die einprägsamsten Etiketten verpaßten sich die ‹Spiegel›-Macher selber; Augsteins Formel vom «Sturmgeschütz der Demokratie» ist Legende, von Böhme stammt der nicht minder heroische Begriff vom «Kampfblatt der Aufklärung». In über vier Jahrzehnten hat sich ein beachtlicher Fundus angesammelt, aus dem der ‹Spiegel› stets aufs neue schöpft. Andere Publikationen über den ‹Spiegel›: «A devil advocate in the public life of Bonn Republic» (‹New York Times Magazin›); «Blatt des militanten Nonkonformismus» (‹Le Monde›); «wöchentlicher Fortsetzungsroman» (‹Merkur›); «eine nationale Institution» (‹Herald Tribune›); «Westdeutschlands mächtigstes, professionellstes und wohl auch reichstes Printmedium» (‹Weltwoche›). Kritiker charakterisierten den ‹Spiegel› als: «‹Bildzeitung› für den gehobenen Bedarf» (Hans Magnus Enzensberger); «bellender Köter» (Karl Jaspers); «Gruselmagazin für den gehobenen Mittelstand» (Anita Eichholz); «Kondensat der Angestelltenkultur in der Wohlfahrtsdemokratie namens BRD» (Claus Koch). In der Politikersprache heißt er: «Scheißblatt» (Willy Brandt); «Augsteins Gaunerwerkzeug» (Franz Josef Strauß); «Organ der linken Kampfpresse» (Gerhard Stoltenberg). Und Helmut Kohl differenziert in gewohnter Oggersheimer Stilblüten-Manier: «Ein auf Dauer für niemanden bequemes Blatt.»

Als die Hamburger ‹Zeit› 1987 dem ‹Spiegel› ein «Dossier» widmete, handelte sie ihn als «Industrieprodukt» ab, das von einer «Magazin-Maschine» hervorgebracht würde. Für die These spricht manches: Im ‹Spiegel› ist die journalistische Arbeitsteilung wie in keinem anderen Presseorgan der Republik vorangeschritten; an die Stelle von einzelnen Autoren ist längst ein hochkomplexer Apparat gerückt, der unablässig normierte ‹Spiegel›-Stücke ausspuckt. Wichtigster Produktionsfaktor ist das ‹Spiegel›-Archiv, wo «organisierte Sammelwut» (ein Archivar) zu einem Bestand von rund 18 Millionen Dokumenten, fast zwei Millionen Pressebildern und annähernd 40 000 Nachschlagewerken führte. Selbst die Architektur legt den Vergleich zu einem Fabrikprozeß nahe: Im Hamburger Stammhaus arbeiten die ‹Spiegel›-Redakteure in standardisierten, wabenförmigen Mini-Zellen. «Hätte Henry Ford sein Fließband für ein Nachrichtenmagazin erfunden», zitierte die ‹Zeit› einen Ex-Augstein-Mann, «es wäre sehr wahrscheinlich der ‹Spiegel› dabei herausgekommen.» Nirgendwo tritt die Gigantomanie der Magazin-Maschine deutlicher zutage als im ‹Spiegel›-Impressum. Dieses textverschlingende Ungeheuer, das die Leserbriefseiten beschließt, listet einen Herausgeber, zwei Chefredakteure, 114 Redakteure, zwölf Bonner, 28 Deutschland- und 20 Auslandskorrespondenten, 26 Illustratoren, 22 Schlußredakteure, 65 Dokumentare, einen Büroleiter des Herausgebers, drei Verlagsleiter und zwei Geschäftsführer auf.

Daß angesichts der hier aufgeführten Massenparade kaum von einer «Familie» gesprochen werden kann, wie das die ‹Zeit›-Redaktion für sich reklamiert, versteht sich von selbst. Das Impressum des Hamburger Nachrichtenmagazins, das frappierend einem Namensgrab ähnelt, deutet innerhalb der einzelnen Rubriken keinerlei Hierarchien an, der Ressortleiter ist wie sein Untergebener in eine streng alphabetische Anordnung gepreßt – sie reicht in der Redaktion, die sich zu fast 90 Prozent aus Männern zusammensetzt, ausgerechnet von Ariane Barth bis Helene Zuber. Das scheinbar demokratische, dem ABC folgende Prinzip unterschlägt indes, daß in der ‹Spiegel›-Redaktion eine fein ausgeprägte Hackordnung herrscht, die weit über das in anderen Häusern anzutreffende Maß hinausreicht. Gleichzeitig unterstreicht diese Form die prinzipielle Entbehrlichkeit des einzelnen: Abgesehen von dem Transmissionsriemen an der Spitze – R.A. allein verleiht dem System ‹Spiegel› Persönlichkeit – sind alle anderen Rädchen dieser Maschinerie auswechselbar. Gerade um den unverkennbaren Charakter des kalten Apparats zu verbergen, hält sich ‹Der Spiegel› einige Namensautoren wie Wilhelm Bittdorf, Jürgen Leinemann, Hans-Joachim Noack und Cordt Schnibben, die in ihren Beiträgen aus den eng umrissenen Grenzen der ‹Spiegel›-Sprache ausbrechen dürfen.

In jüngster Zeit hat beim ‹Spiegel› die Zahl der Namensbeiträge sogar signifikant zugenommen. Es ist nicht die einzige Innovation der letzten Jahre: Das Blatt erhielt das neue, auf jugendliche Leser zielende Zeitgeist-Ressort K III und gab sich, nachdem zuvor lange mit Farbe im Heft experimentiert worden war, ein anderes optisches Outfit mit vergrößertem Zeilenabstand, Rubrikkästchen und Spaltenlinien (ein Leserbriefschreiber: «Life-Style für Yuppies»). Notwendige Konzessionen an den Zeitgeschmack, ab und an fällige Innovationen – gewiß. Der Verzicht auf einige klassische Formen und Elemente markiert daneben auch, daß der Boden, auf dem sich der ‹Spiegel› bewegt, brüchiger geworden ist. In seinem Büchlein «Die Intelligenzblätter der Deutschen» konstatiert der Berliner Publizist Claus Koch in einer zugespitzten Nachrichtenblatt-Betrachtung, die den Titel «Montagsmoral für Angestellte» trägt: «Die Bedingungen, die den ‹Spiegel› groß werden ließen, zerfließen zusehends. ... Das Wesen des Politischen, von dessen Simulation ‹Der Spiegel› lebte, wird immer blasser, da ist nur noch wenig zu karikieren ...

Was man die ‹Spiegel›-Masche genannt hat, machte nur Sinn, wenn es aufs Politische gerichtet war, die ‹Spiegel›-Vorstellung von Politik. Aber das wird eben langsam uninteressant, ‹Der Spiegel› langweilt sich auch selber dabei – aber er kann keinen Ersatz dafür finden.» Die Verletzung von Tabus fällt schwerer, die Reizschwelle liegt höher als noch vor zehn oder zwanzig Jahren. Enthüllungen regen in einer Republik, in der Skandale alltäglich geworden sind, kaum noch jemanden auf. Mit dem Niedergang des Politischen hat der ‹Spiegel› auch einen Gutteil seiner polarisierenden Kraft eingebüßt. Es sind ja nur noch Ewiggestrige wie Kurt Ziesel, der Herausgeber des ‹Deutschland-Magazins›, die mit solchem Ingrimm über ihn herziehen können: «Wenn heute vermummte Banden plündernd durch unsere Straßen ziehen, wenn junge Menschen den Grünen, den Anarchisten und deren kommunistischen Einpeitschern verfallen, wenn Brandstiftung, umgesägte Strommasten, verletzte Polizisten und Terroristen-Morde zum Alltag gehören, so hat der ‹Spiegel› einen wesentlichen Anteil an dem Klima, in dem dies entsteht ...» Aber derartige Verbalinjurien taugen in ihrer Schlichtheit nicht mal mehr für den «Hohlspiegel».

In den achtziger Jahren haben alle traditionsreichen Illustrierten Auflage an Special-Interest-Titel abgeben müssen; der ‹Spiegel› blieb – neben der ‹Zeit› – als einziger Print-Generalist von diesem Schwund verschont. Von einem Zerfall spüren die ‹Spiegel›-Kaufleute beim Blick in ihre Kassenbücher rein gar nichts. Wirtschaftlich geht es ihrem Objekt so gut wie noch nie. 1989 erreichte der ‹Spiegel› mit durchschnittlich 1 008 816 verkauften Exemplaren das beste Ergebnis seiner Geschichte. Mitarbeiter versichern: Damit würde man de facto mehr Hefte als der ‹Stern› verkaufen, der offiziell um die 1,3 Millionen Exemplare an die Auflagenprüfanstalt IVW in Bonn meldet. Mit seinem Anzeigenvolumen liegt der ‹Spiegel› schon seit geraumer Zeit vor dem ‹Stern›. 1989 verkaufte er rund 6 500 Seiten an Inserenten und rangiert mit deutlichem Vorsprung auf Platz eins. Angesichts solcher Fakten können die ‹Spiegel›-Lenker einen Negativposten leicht verschmerzen: 67 Prozent der Leser sind älter als dreißig; die Altersgruppe zwischen 14 und 29 Jahren zeigt sich bei der Magazin-Kost ungewöhnlich abstinent. Der ‹Spiegel›, keine Frage, kommt gemeinsam mit seinen Lesern in die Jahre.

*

Der Erfolg des ‹Spiegel› hat Neider und Nachahmer gefunden. Gemessen an der Zahl der Plagiate ist Augsteins Magazin die geglückteste Presseinnovation der Bundesrepublik. Bereits 1948 begann «die unendliche Geschichte der höchst endlichen Versuche», so das Medienmagazin ‹Copy›, dem ‹Spiegel› ein Imitat entgegenzuhalten. Damals kopierte ‹Scheinwerfer› das noch im Hannoverschen Anzeiger-Hochhaus beheimatete Vorbild derart ungeniert, daß ein Gericht eingriff; die von der Justiz verordnete Kurskorrektur führte dazu, daß der ‹Scheinwerfer› schwächer wurde und nach knapp zwei Jahren ganz ausgeknipst werden mußte. Anfang der fünfziger Jahre versuchten ‹Kritik› aus Frankfurt, ‹Information› aus Wiesbaden und ‹Mix› aus Bonn dem ‹Spiegel› Paroli zu bieten – vergeblich. Mit einer Auflage von 70 000 Exemplaren ging 1959 das Magazin ‹Plus› an den Start. Es war ein Minusgeschäft: Die Macher hielten keine hundert Tage durch. 1960 heckte Gerd Bucerius mit dem ‹Stern›-Kolumnisten und späteren Springer-Mann William Schlamm ein Konzept für den Titel ‹Moment› aus, das augenblicklich wieder in der Schublade verschwand, als sich dem ‹Zeit›-Eigner die Chance bot, selbst mit 25 Prozent beim Spiegel-Verlag einzusteigen. Als klassisches rechtes Pendant zum ‹Spiegel› verstand sich ‹Aktuell›. Das Blatt mit dem Untertitel «Deutsches Wochen-Magazin» traktierte mit aggressiven Schlagzeilen wie: «‹Spiegel›-Schreiber – Redakteure oder Waffenschieber?» die Augstein-Kreation. Doch mit ‹Aktuell› war der erzreaktionäre Verleger Hans Kapfinger nicht auf der Höhe der Zeit: Der Chef der ‹Neuen Passauer Presse› setzte zwei Millionen Mark in den Sand und resignierte. Dem ‹Deutschen Panorama› fehlte es an Weitsicht, der ‹Dialog›, den Axel Springer ab 1971 führte, geriet ins Stocken und wurde abgebrochen.

Größere Sorgen als das Springer-Engagement machte Augstein der Plan eines ihm wohlbekannten Duos: Ex-Chefredakteur Claus Jacobi und der ebenfalls hinauskomplimentierte, finanzpotente Viertel-Gesellschafter Richard Gruner setzten 1971 zum Angriff an. Trotz idealer Ausgangsbedingungen – was motiviert besser als eine Mischung aus Know-how, Geld und Rachsucht? – wagte das Gespann dann doch nicht den risikoreichen Sturm auf die ‹Spiegel›-Bastion. Wie uneinnehmbar die ist, mußte zuletzt ‹Puls› erfahren. Das 1987 gestartete «Unabhängige Deutsche Nachrichtenmagazin» beendet den vorläufigen Reigen der Bemühungen, eine ‹Spiegel›-Konkurrenz zu etablieren. «So lange, bis wir so groß sind wie der ‹Spiegel›» wollte Verleger Dietmar Straube aus Erlangen durchhalten. Schon nach einer Nullnummer verstummte sein ‹Puls›-Schlag jäh. In regelmäßigen Abständen flunkert der Offenburger ‹Bunte›- und Denksportblatt-Verleger Hubert Burda: «Ich kann mir ein zweites deutsches Nachrichtenmagazin sehr gut vorstellen.» Doch die exorbitant hohen Investitionskosten für einen Anti-‹Spiegel›, die auf mindestens 200 Millionen Mark geschätzt werden, ließen den vollmundigen Worten bisher keine Taten folgen.

Rudolf Augstein glänzte als Publizist, nicht als Presse-Manager. «Ich bin in erster Linie Journalist», lautet seine realistische Selbsteinschätzung, «und dann Verleger, und vielleicht nicht mal ein so guter.» Sieht man vom ‹Spiegel› ab – freilich unmöglich, was wäre Rudolf Augstein ohne den ‹Spiegel›, was der ‹Spiegel› ohne ihn –, dann fällt die verlegerische Erfolgsbilanz recht bescheiden aus. So manches, was der «Auch-Unternehmer» (Augstein über Augstein) in die Hand nahm, ging daneben. Schon 1948 wollte er seinem Lieblingskind zwei ‹Spiegel›-Geschwister zur Seite stellen; eine Idee, die der Axel-Springer-Verlag später mit seiner ‹Bild›-Gruppe (‹Sport-Bild›, ‹Auto-Bild›, ‹Bild der Frau›) erfolgreich durchexerzieren sollte. Doch der ‹Spiegel-Kurier›, eine Art Reisedienst, kam nicht über das Planungsstadium hinaus, beim ‹Sport-Spiegel› rechnet es sich Augstein als großes Verdienst an, daß er «nicht die sechste, sondern bereits die fünfte Ausgabe» gestoppt habe. Die ‹Star-Revue›, ein kleinerer Zukauf in den fünfziger Jahren, der ihn in engen Kontakt zu Starlets brachte, reichte er 1960 an seinen Partner John Jahr weiter, der das abgewirtschaftete Filmblatt mit seiner ‹Brigitte› fusionierte. In diesem Jahr packte Augstein nachhaltig der verlegerische Ehrgeiz: Er wollte dem ‹Zeit›-Eigner Bucerius mit der wöchentlichen ‹Deutschen Allgemeinen Zeitung› zusetzen.

Ein treibendes Motiv für Augsteins Gründungseuphorie lag in einem zunehmenden Überdruß an seiner Nachrichtenapparatur, deren Eigengesetzlichkeiten immer stärker zu Tage traten. «Solange ich im ‹Spiegel› bin», schrieb der Blattmacher resigniert in einem Brief, «bleibe ich an die Magazintechnik geschmiedet wie Prometheus an den Kaukasus.» Augstein hatte «den Foxterrier-Journalismus, der bevorzugt die Waden enteilender Opfer erwischt» (‹WDR›), satt, er sehnte sich nach einem seriösen politischen Sprachrohr. Als Meßlatte für seine geplante Wochenzeitung dienten ihm die britischen Sonntagsblätter ‹Observer› und ‹Sunday Times›. Aus London ließ Augstein eigens einen Pressefachmann einfliegen; für die Redaktion verpflichtete er namhafte Journalisten der ‹Welt›, ‹Frankfurter Allgemeinen Zeitung› und ‹Stuttgarter Zeitung›. Zu den Edelfedern gesellte sich auch der frühere ‹FAZ›-Herausgeber Paul Sethe. John Jahr, seit 1950 Augsteins ‹Spiegel›-Partner, räumte dem Abenteuer von vornherein wenig Erfolgschancen ein. Nachdem alles gute Zureden nichts fruchtete, verabschiedete er sich nach zehn Jahren in aller Freundschaft aus dem gemeinsamen Unternehmen. Seine skeptische Einschätzung speiste sich aus nüchterner Marktbeobachtung: ‹Die Zeit›, ‹Rheinischer Merkur›, ‹Christ und Welt›, ‹Allgemeines Sonntagsblatt› sowie einige andere Wochenblätter dümpelten mehr schlecht als recht vor sich hin. Eine einstweilige Verfügung verhalf Augstein, der erhebliche Investionen getätigt hatte, zu einem Rückzug in Ehren: Die in Köln erscheinende ‹Deutsche Zeitung› ließ wegen Namensähnlichkeit den Titel ‹Deutsche Allgemeine Zeitung› kassieren. Das Projekt wurde daraufhin beerdigt.

Nur widerwillig wagte sich Augstein 1969 in damals noch unbekannte elektronische Gefilde. Die saarländische Regierung hatte mit einem Gesetz über privaten Hörfunk den Boden bereitet. Der Spiegel-Verlag beteiligte sich mit einem Drittel an dem Zeitschriftenverleger-Konsortium Funk-Union Beteiligungs GmbH, die wiederum 18 Prozent der Freie Rundfunk AG (Frag) hielt. Der Vorstoß erfolgte entgegen Augsteins medienpolitischer Überzeugung. Das ‹Spiegel›-Editorial «Hausmitteilung» entschuldigt sich im Februar 1970 bei den Lesern: «Es wäre besser, private Verleger nicht in den Funk und in das Fernsehen zu lassen. Lassen sich aber die politischen Instanzen davon nicht abhalten, so ist es wohl selbstverständlich, daß auch der ‹Spiegel› sich beteiligt.» 1978 stieß Augstein die ungeliebte Hörfunk-Schachtel an die Burda GmbH ab. Eine weise Entscheidung, denn 1981 bereitete das Bundesverfassungsgericht den Äther-Gelüsten der Frag ein Ende.

Als es in der Republik dann mit dem Privatfunk ernst wurde, hatte Augstein längst eine medienpolitische Kehrtwendung vollzogen. Nun konnte er sich sehr wohl mit dem Gedanken anfreunden, daß kommerzielle Anbieter zum Sturm auf das öffentlich-rechtliche Monopol blasen. Über seine zeitweilige Mehrheitsbeteiligung am Münchener Filmverlag der Autoren hielt er sich beim ‹Sat 1›-Vorläufer ECS eine Tür offen. Als das Engagement Geld kosten sollte, kniff er jedoch. Den Aufsprung versäumte Augstein auch bei dem politisch besser zum Image des ‹Spiegel› passenden TV-Sender ‹RTL plus›, wo eine Beteiligung von rund zwei Prozent möglich gewesen wäre. Unterblieben sind ferner verschiedene Print-Vorhaben, die gemeinsam mit dem Viertelpartner Gruner + Jahr in Angriff genommen werden sollten. So hätte der Spiegel-Verlag beim Mittelstandsmagazin ‹Impulse› oder dem Hamburger Boulevardblatt ‹Morgenpost› einsteigen können.

Augstein hat mit zahlreichen Vorhaben geliebäugelt; von systematischen Strategien für einen Aufbruch zu neuen Ufern jenseits des ‹Spiegel› war indes nie etwas zu sehen. Im seinem Management kursiert der geflügelte Spruch: «Daß wir den ‹Spiegel› machen können, wissen wir, was wir sonst noch können, wissen wir nicht.» Die Not der Unwissenheit wurde zur Tugend der Monokultur erklärt: Energien, die andere Verleger in Diversifikationen und Beteiligungen steckten, investierten die ‹Spiegel›-Oberen in ihr Brotobjekt. Motto: «Gut für den Spiegel-Verlag ist, was dem ‹Spiegel› nutzt.» Immerhin, die Anlage zahlte sich aus: Zu den Profiten fällt dem Branchenblatt ‹Artikel 5› nur das

Adjektiv «klotzig» ein, und das, obwohl sparsame Haushaltung an der Ost-West-Straße ein Fremdwort ist. «Geld spielt keine Rolle», lautet ein weiteres ‹Spiegel›-Bonmot.

Erst sehr spät wurde die Linie des Only-one-Objects verlassen; der Anstoß kam bezeichnender Weise von außen. Der US-Verlag McGraw Hill, Herausgeber des Wirtschaftsmagazins ‹Business week›, drängte 1970 nach Deutschland und suchte einen Partner. Augstein stand der Brautwerbung reserviert gegenüber, ließ aber seinem Geschäftsführer und Ex-Chefredakteur Hans Detlev Becker freie Hand. «HDB» hob das Joint-venture Management und Marketing Verlags GmbH aus der Taufe, das am 1. November 1971 das ‹Manager Magazin› vorlegte. Die Kreation zielte auf eine hochkarätige Lesergruppe ab. Nur wer nachweisen konnte, daß er in der Wirtschaft eine führende Position innehatte, durfte in den exklusiven Abonnentenkreis hinein. Für den Kiosk fand Becker das noble Blatt anfangs viel zu schade. Obwohl McGraw Hill über reichhaltige Kooperationserfahrungen in Frankreich, Italien und Japan verfügte, bahnte sich in Deutschland ein Fiasko an. Als die angepeilte Auflage von 60 000 bis 80 000 Exemplaren nicht erreicht werden konnte, verabschiedete sich der US-Verlag sukzessive von seinem 49prozentigen Anteil. Bereits 1973 hatte der ‹Spiegel› den teuren Kostgänger, den ein Branchenkenner damals als «Pop-Unternehmerzeitschrift» brandmarkte, allein am Hals. Fast zwölf Jahre lang mußte er ihn durchfüttern. Noch heute mag der Verlag die Verkaufsauflagen der siebziger Jahre nicht verraten. Zwischenzeitlich wollte Augstein das Objekt, dem er im Lauf der Zeit immer distanzierter gegenüberstand, sogar abstoßen. Der Defizitbringer ‹Manager Magazin› drückte bis Mitte der achtziger Jahre die Steuerlast des Spiegel-Verlags nach unten und dann, endlich, die Gewinnmarge nach oben.

Nun sind fette Jahre angebrochen: Das ‹Manager Magazin› hat sich als kleiner, aber höchst feiner Ableger des ‹Spiegel› etabliert. Die Wende brachten die boomende Wirtschaftspresse-Konjunktur und Zeitschriftenprofi Werner Funk. Der wenig konziliante Journalist boxte das ‹MM› mit populären Themen und einer für die Wirtschaftspresse ungewöhnlich aggressiven Ansprache in die Teppichbodenetagen deutscher Unternehmen hinein. Zum Dank durfte er 1986 in die ‹Spiegel›-Chefredaktion wechseln. Unter der Ägide seines Nachfolgers Ulrich Blecke stieg die Auflage: Von 1987 zu 1988 kletterte sie von 72 069 auf 82 360 Exemplare, im vierten Quartal 1989 wurde erstmals die 90 000er Grenze genommen. In werbeträchtigen Herbstmonaten wird mit 460 Seiten Katalogumfang erreicht. Mediaplaner steuern bis zu 260 Anzeigenseiten bei. Sie kommen an dem Titel kaum vorbei, weil er wie kein anderer eine

High-Quality-Zielgruppe anspricht: 61 Prozent der Leser sind laut der Mediaanalyse MA 89 größere und mittlere Selbständige, Freiberufler, leitende und qualifzierte Angestellte oder gehobene und höhere Beamte. Ein Topwert, wie ein Blick auf die Konkurrenz zeigt: Die ‹Wirtschaftswoche› bringt es auf 55, ‹Capital› auf 45 und die ‹Zeit› auf 38 Prozent. Der ‹Spiegel› kann in dieser Gruppe nur einen Wert von 31 Prozent verbuchen.

Journalistisch hat das ‹Manager Magazin› in der Wirtschaftspresse Standards gesetzt. Wie beim ‹Spiegel› dominiert die leichtverdauliche Magazinsprache, doch im Gegensatz zum Mutterobjekt haben die Texte mehr Tiefgang – eine Notwendigkeit, die sich aus der Leserschaft ergibt. Jeder Artikel ist bis zum Geht-nicht-mehr auf handelnde Personen zugeschnitten: Das ‹MM› bildet den Kapitalismus als ein geselliges Stelldichein von Koryphäen wie Hahn, Henkel und Höhler ab, was ihm den Ruf eines «Elite-Klatschblatts» eingetragen hat. Mitunter dominiert eine unverhohlene Lust an der Schwarzweißmalerei: Die vorgeführten Manager sind entweder die bewunderungswürdigsten Shooting-Stars oder die jämmerlichsten Versager. Die im Spannungsfeld der Extreme stehende Klientel weiß, daß das Wort der ‹Spiegel›-Tochter in ihren Kreisen zählt und zeigt sich ungewöhnlich kooperationsbereit. So posieren Nadelstreifen-Träger eitel vor der Kamera und lassen sich schon mal als cellophanumhülltes Denkmal oder kampfeslustiger Samurai ablichten. Das ‹MM› hat das spröde Genre der Wirtschaftspresse um eine eigene, originelle Bildsprache bereichert.

Aufgrund der positiven Erfahrungen hat sich der Spiegel-Verlag Mitte 1989 für einen symbolischen Preis mit ‹TransAtlantik› einen neuen kostspieligen Balg zugelegt. Das Blatt für den edlen Geist soll beträchtlich schneller als das ‹MM› schwarze Zahlen schreiben. Schließlich hat die 1980 vorgestellte Schrift in intellektuellen Zirkeln schon Rang und Namen. In der Vergangenheit bürgten Autoren wie der einstige Mitbegründer Hans Magnus Enzensberger für Qualität und Originalität. Mit umfangreichen Essays, Reportagen und Porträts pflegt ‹TransAtlantik› literarische Formen, die im ‹Spiegel› und erst recht im ‹Manager Magazin› stiefmütterlich behandelt werden. Die kleine Redaktion wird weiterhin unter der Regie von Chefredakteurin Marianne Schmidt in München arbeiten. In Hamburg sitzt hingegen die Verlagsverwaltung. Ihr dürfte es leicht fallen, das umfangreiche Synergiepotential abzuschöpfen. Statt eines rührigen Kleinverlags steht nun hinter Anzeigenakquisition, Vertrieb, Abo- und Imagewerbung die Macht des Spiegel-Apparats. Die sprachlich auf einheitlichen Stil getrimmten ‹Spiegel›-Kulturredakteure können sich fortan des öfteren in der Neuerwerbung entfalten; Layout-Chef Rainer Wörthmann steuert schon seit langem sein Know-how bei. Im Januar 1990 wurde von der vierteljährlichen Erscheinungsweise auf den Monatsrhythmus umgestellt.

Nach langanhaltenden Geburtswehen kam Augstein schließlich mit dem ‹Spiegel-TV› zu televisionärem Nachwuchs. Über die Produktion des elektronischen Nachrichtenmagazins wurde entnervend lange diskutiert; die zaudernde Chefredaktion blockte über Jahre hinweg alle Initiativen des Verlagsmanagements mit dem Argument ab, damit könne kein einziges ‹Spiegel›-Heft mehr verkauft werden. Erst als ein externer Auftraggeber ein Angebot auf dem silbernen Tablett servierte, wagte man den Schritt. Die Development Company for Television Programms (DCTP), die dem japanischen Werbegiganten Dentsu und Filmemacher Alexander Kluge gehört, garantierte dem Spiegel-Verlag tausend Mark pro Sendeminute. Im Mai 1988 flimmerte ‹Spiegel-TV› erstmals über den Bildschirm. Anfangs schalteten ‹RTL plus› aus Köln und ‹Sat 1› aus Mainz gemeinsam das Politmagazin auf, dann drängte ‹Sat 1› bald auf eine eigenständige Version. Das derzeit noch gültige Huckepack-Verfahren tüftelte die sozialdemokratische Landesregierung von Nordrhein-Westfalen aus. Für die Vergabe von terrestrischen Frequenzen forderte sie von den beiden Kommerzkanälen die Aufnahme politisch genehmer Untermieter-Programme. Das Husarenstückchen brachte bajuwarische Unionschristen wie Edmund Stoiber mächtig in Wallung. Durch das ‹Spiegel-TV›, polemisierte der CSU-Spezi 1988 im heimischen München, würde das Privatfernsehen bedenklich nach links abdriften. Zu Beginn haben sich auch die Privat-Intendanten Helmut Thoma und Werner E. Klatten Gedanken über die Ausgewogenheit der Sendung gemacht. Inzwischen schielen sie lieber auf die gute Sehbeteiligung: Bei gelegentlich fast drei Millionen Zuschauern bietet «der strahlende Einschaltquoten-Prinz» (‹Hamburger Abendblatt›) ein attraktives Umfeld für Werbespots. Hergestellt wird ‹Spiegel-TV› im Hamburger Chile-Haus. Der dort tätigen «Videogruppe Nord» (‹Spiegel›-Schnack) steht der Ex-«Panorama»-Journalist und Buchautor Stefan Aust vor, der für einen Strauß-Nachruf 1989 den renommierten Adolf-Grimme-Preis in Silber bekam. Seit das elektronische Magazin floriert, läßt es die einst skeptische ‹Spiegel›-Chefredaktion gern und häufig im Heft loben. Impulsgeber DCTP zahlt mittlerweile pro Sendeminute 3 000 Mark und verschafft dem Spiegel-Verlag somit Jahreseinnahmen in Höhe von rund sieben Millionen Mark. Hinzu kommt ein kleinerer Betrag vom britischen ‹Super Channel›, der die Sendung seit Oktober 1989 europaweit ausstrahlt. Nach Abzug der Kosten für die Aust-Mannschaft und Fernsehtechnik bleibt unterm Strich allerdings noch nichts übrig. Doch ‹Spiegel-TV› paßt hervorragend zur Verlagskultur und eröffnet eine Zukunftsoption: Da die Bilder laufen gelernt haben, wird in den neunziger Jahren der Einstieg bei einer neuen Fernsehstation, dem sogenannten Westkanal, erwogen. Die Lizenz dafür vergeben die Bundesländer Nordrhein-Westfalen, Hessen, Bremen und das Saarland.

Alle Aktivitäten brachten dem Spiegel-Verlag 1989 einen – undementierten – Umsatz von 370 Millionen Mark. Damit nimmt er in der bundesdeutschen Medienliga Platz 15 ein. Anzeigen tragen mit rund einer Viertelmilliarde Mark zum Geschäft bei. Die geschätzte Umsatzrendite von rund zwanzig Prozent stellt jeden Konkurrenten in den Schatten. Mit einem Gewinn von etwa 75 Millionen Mark vor Steuern verdient Augsteins Pressewerkstatt absolut mehr als die Burda GmbH, obwohl der süddeutsche Zeitschriftenkonzern das Vierfache umsetzt. Den stattlichen Batzen teilen sich drei Gesellschafter: Rudolf Augstein behält für sich selbst ein Viertel, wovon er – zeitlich begrenzt – jede fünfte Mark an seinen langjährigen Mitarbeiter Becker überweist. Das meiste fließt den Beschäftigten zu, die über die Mitarbeiter-KG fünfzig Prozent der Verlagsanteile halten. Seit 1971 streicht der Zeitschriftenkonzern Gruner + Jahr als Dritter im Gesellschafterbunde ein Viertel ein. Die Bertelsmann-Tochter kann aus dem Manager-Magazin-Verlag einen noch höheren Gewinnanteil herausziehen: 1985 kaufte sie sich bei ihm – über die indirekte Beteiligung von 25 Prozent via Spiegel-Verlag hinaus – nochmals direkt mit 24,9 Prozent ein und kommt dadurch auf aggregierte 43,7 Prozent.

Trotz ‹Spiegel-TV›, ‹TransAtlantik›, ‹Manager Magazin› trägt die Augstein-Firma nach wie vor Züge einer Monokultur. Eine einzige ‹Spiegel›-Ausgabe erlöst mehr als ‹Spiegel-TV› oder ‹TransAtlantik› im gesamten Jahr. Das ‹Manager Magazin› macht weniger als zehn Prozent des Gesamtumsatzes aus. Die ‹Spiegel›-Buchreihe trägt überhaupt nichts mehr bei: Nachdem rund 70 Titel publiziert worden waren, wurde sie sang- und klanglos eingestellt.

In der deutschen Medienlandschaft nimmt der Spiegel-Verlag die Position eines Exoten ein. Das fängt schon beim Anlagevermögen an – abgesehen von ein paar Bürostühlen, Schreibmaschinen und einer elektronischen Datenverarbeitung besitzt die Firma keines; selbst in dem Hochhaus an der Ost-West-Straße sitzt man nur zur Miete. Bilanztechniker können nichts abschreiben, für sie gilt die simple Regel: Profit ist Cash Flow, Abschreibung Fehlanzeige. Der Spiegel-Verlag, auch das ein Unikum, bildet keinerlei Liquiditätsreserven und thesauriert keine Gewinne; alle drei Gesellschafter sind ausschließlich auf Bares erpicht. Das steuerfressende Verfahren erfreut Finanzbeamte, Betriebswirte raufen sich die Haare. Geschäftsführer Adolf Theobald fühlt sich bei seinem Unternehmen an eine Musikkapelle erinnert, die sofort nach dem Konzert sämtliche Einnahmen aufteilt. Mit seinem Vorschlag zur Gewinnrückstellung ließen ihn die Eigner abblitzen. Theobalds Vorgänger Matthias Ginsberg: «Solange an der Formel ‹Cash Flow gleich Gewinn gleich Ausschüttung› nichts geändert wird, bekommt man eine dem ökonomischen Leistungspotential des ‹Spiegel› angemessene unternehmerische Beweglichkeit nicht hin.» Doch daran ist dem ertragsstarken und ausschüttungsfreudigen Spiegel-Haus auch kaum gelegen. Ganz anders verhält sich etwa der Verlag der ‹Frankfurter Allgemeinen›; auch er verfügt zwar nur über eine einzige starke Stamm-Marke, jedoch wurde sie systematisch durch zugekaufte Assets und neu formierte Geschäftsfelder abgestützt. Im Portefeuille des Kluge-Leute-Blatts befinden sich mittlerweile Beteiligungen an Fernseh- und Hörfunkstationen sowie Buchverlagen, hinzu kommen weitere Zeitungen und Zeitschriften.

Die Gefahren der hanseatischen Monokultur liegen auf der Hand. Der Spiegel-Verlag verfügt weder über dingliche Habe noch über nennenswerte Beteiligungen und ist deshalb auf Gedeih und Verderb an sein Hauptobjekt gebunden. Der ‹Spiegel› kann zwar mit dem über Jahrzehnte erworbenen Ruf wuchern; doch dieses höchst wertvolle immaterielle Vermögensgut ist äußerst sensibel. Bei einem Flop, wie er etwa dem ‹Stern› mit den Hitler-Tagebüchern unterlief, müßte auf der Habenseite ein beträchtlicher Teil des Image-Kapitals abgeschrieben werden. Gegen einen gravierenden Fehltritt schützt auch der riesige Dokumentationsapparat nur bedingt, wie die Veröffentlichung von gefälschten Dokumenten in der Affäre um die Nazivergangenheit des österreichischen Staatsoberhaupts Waldheim zeigte.

Die Dominanz des Nachrichtenmagazins ist am Managementstil erkennbar: Publizisten bestimmen den Kurs, Kaufleute wickeln nur die Routinejobs ab und dienen der Redaktion als Erfüllungsgehilfen. Nach dem allgewaltigen Augstein folgen in der informellen Hierarchie die Chefredakteure Werner Funk und Newcomer Hans Werner Kilz, der Anfang 1990 den ausgeschiedenen Böhme ersetzte. Die beiden verantworten im wöchentlichen Wechsel den ‹Spiegel› und verfügen über enorme Machtfülle: Sie besitzen Gesamtprokura, die dem Geschäftsführer Theobald erst nach geraumer Einarbeitungsfrist gewährt wurde. Mit einem Jahresgehalt von über einer Million Mark bezieht Funk mehr als die meisten deutschen AG-Vorstände. Die hochdotierten ‹Spiegel›-Spitzen kümmern sich neben dem Blatt auch ausgiebig um die unternehmenspolitische Marschrichtung, schließlich könnte jede noch so kleine Entscheidung auf ihr Objekt zurückschlagen. Zusammen mit Geschäftsführung und Verlagsleitung sitzen sie in einer Runde, die jeden Dienstag um elf Uhr zusammentrifft. Am liebsten spricht man dort über Tagesaktualität; Strategiedebatten werden eher kursorisch geführt, dafür können sich an Marginalien heftige Diskussionen entzünden. Als vor Jahren das Eingangsfoyer des Spiegel-Hochhauses umgestaltet wurde, beschäftigte den Kreis diese Herausforderung wochenlang.

Die Zurückhaltung bei der Erschließung neuer Geschäftsfelder führt notgedrungen zu Frustrationen – für Pressemanager ist der ‹Spiegel› eine permanente Unterforderung. Ein ehemaliger Verlagsleiter: «Fürchterlich viel gibt es da nicht zu tun.» Dieser Eindruck drängte sich auch der ‹Zeit› in einem Gespräch mit Chef Theobald auf: «Ob er denn neue Abonnenten umwerbe? ‹Nö.› Neue Zielgruppen ansprechen wolle? ‹Nö.› Ob er die Auflage durch gezieltes, aggressives Marketing weiter auszubauen trachte? ‹Nö.› – ‹Das haben Sie wohl alles nicht nötig?› Theobald: ‹Nö.›» Vorgänger Ginsberg über seine Erfahrungen: «Da kann ein Geschäftsführer, wenn er nicht völlig von der Rolle ist, so gut wie nichts falsch machen. Sein Können schlägt sich doch erst in der dritten Stelle nach dem Komma nieder.» Die gut geölte Maschine läuft von alleine, brachliegende kreative Potentiale wenden sich nach innen. Jeder ist primär auf seinen Schnitt und seine Stellung bedacht, der Selbstläufer lädt zur Selbstbedienung ein. Gerd Bucerius, stets ein scharfsinniger Beobachter der Vorgänge in dem Nachrichtenglashaus, orakelte 1988 in einem Interview: «Ich glaube, die Management-Probleme sind drüben beim ‹Spiegel› sehr groß.» Bucerius muß es wissen: Ex-‹Spiegel›-Mann Helmut Wallbaum fand in seiner ‹Zeit› Unterschlupf.

Vielleicht beschert nun die großdeutsche Wetterlage dem gelangweilten Management eine Aufgabe. Der Wiedervereinigungsfan und Patriot Augstein möchte gern in der DDR Fuß fassen – ein ‹Spiegel-Ost› oder ein eigenständiges Supplement für die Bürger des real-gescheiterten Sozialismus wäre eine große, dankbare und abwechslungsreiche Herausforderung.

*

Die Bombe sollte am 2. Januar 1970 platzen. An diesem Tag wollte Axel Springer vor die Öffentlichkeit treten und die bevorstehende Umwandlung seines Unternehmens in eine Aktiengesellschaft bekanntgeben und zugleich mit einer freigebigen Pensionsregelung eine soziale Großtat ankündigen. Doch ärgerlich, im letzten Moment fuhr dem Pressecäsaren ein Kollege empfindlich in die publicityträchtige Parade. Am 30. Dezember, dem letzten Arbeitstag des Jahres 1969, regte Rudolf Augstein auf einer Betriebsversammlung ein «revolutionäres Experiment» an. Alle ‹Spiegel›-Mitarbeiter, vom Chefredakteur bis zur Köchin, sollten am Gewinn des Spiegel-Verlags partizipieren, Augstein stellte sogar eine

Kapitalbeteiligung in Aussicht. «Wir haben hier die Chance wie kaum ein anderes Unternehmen, etwas Neues zum Erfolg zu führen», schloß seine lange Rede pathetisch in der ersten Person Plural, «dafür wollen und sollen wir nicht dankbar sein, aber wir wollen und sollen vernünftig ans Werk gehen.» Der um die Schau gebrachte Springer disponierte flugs um und verkündete seine Vorhaben noch vor der Jahreswende. Doch in der Folgezeit prägte Augsteins Initiative die Schlagzeilen – ein in Deutschland einzigartiges Modell nahm seinen Lauf.

Bis in die jüngste Gegenwart hat Rudolf Augstein den weitreichenden Schritt von 1969 verteidigt. «Nein, ich bin nicht der Meinung, daß die Beteiligung falsch war», entgegnete er unwirsch auf eine entsprechende Frage des Fachmagazins ‹Medien›. «Die Mitarbeiter-KG war bisher vernünftig», betonte er in der ‹Bild›-Zeitung. In einem Gespräch mit dem Branchendienst ‹Text intern› unterstrich Augstein, daß er «mit aller Sicherheit» das weitreichende Entgegenkommen wiederholen würde. Er wolle «keinen Tag mehr im ‹Spiegel› tätig sein, wenn mir einer mit Gründen vorhalten könnte, ich sei ein Ausbeuter.» Der ‹Spiegel›-kundige Bucerius mißtraut den gebetsmühlenartigen Wiederholungen: «Ich bin nicht sicher, ob Augstein heute noch genauso handeln würde.» Wann immer in den letzten Jahren kritisch über ‹Spiegel›-Zukunft und -Management räsoniert wurde – stets stand das Belegschaftsmodell im Brennpunkt. Für Theobald haben die Diskussionen «Verwirrung, Spekulationen und Gerüchte ausgelöst, die dem Unternehmen schaden». Vieles spricht dafür, daß den ‹Spiegel›-Oberen die Ende 1969 angeschobene Mitarbeiter-KG inzwischen wie eine häßliche Kröte vorkommt, die sie am liebsten verschwinden lassen würden – wenn sie nur könnten.

Schon der Vorschlag zur Kapitalbeteiligung entsprang nicht nur einer generösen Geste Rudolf Augsteins – er wollte vielmehr mit der überhasteten Initiative eine drohende Palastrevolte abwenden.

1969 schwappte die allgemeine, von Universitäten ausgehende Unruhe endgültig auf den ‹Spiegel› über. Deutliches Indiz waren anonyme Flugschriften, die in dem damals noch mit poppigen Farben gestalteten Verlagshochhaus kursierten. Am 1. April meldete sich eine «Aktionsgruppe kritischer Redakteure» mit einem Manifest zu Wort, das kaum als Aprilscherz zu verstehen war. «Das System ‹Spiegel› ist ein System der Gewalt», wetterten die konspirativen Verfasser und führten aus: «Hohe Gehälter und ‹optimale› Arbeitsbedingungen in einer Produktionskaserne, die sich mit idiotischem Aufwand als menschenfreundlich kaschiert, verschleiern dem ‹Spiegel›-Redakteur seinen unmündigen Status.» Ihre Forderung: «Der ‹Spiegel› schreibt über Mitbestimmung, aber er verhindert, daß Mitbestimmung im ‹Spiegel› praktiziert wird.»

Der Schluß des Flugblatts war, wie sich bald zeigen sollte, keine leere Drohung: «Wir werden offen arbeiten, wenn wir stärker geworden sind!»

Ende der sechziger und, noch heftiger, Anfang der siebziger Jahre entbrannte in fast allen deutschen Pressehäusern ein Kampf um Mitbestimmung. Die ‹Stern›-Redaktion konnte bereits im Mai 1969 ein Redaktionsstatut durchsetzen. Andere Publikationen zogen später nach: So erhielt ‹Die Zeit› 1974 ein Statut; in einigen Medienunternehmen, wie dem Essener WAZ-Konzern und dem Bauer-Verlag, wurden alle Forderungen der Redaktionen nach Mitsprecherechten abgeschmettert. Nirgendwo wurde indes erbitterter um Mitbestimmung gerungen als im ‹Spiegel›. Der Zeitzeuge Bodo Zeuner hat die Ereignisse in seinem Buch «Veto gegen Augstein» festgehalten. Der 1972 veröffentlichte Erfahrungsbericht gewährt einen aufschlußreichen Einblick in drei wilde ‹Spiegel›-Jahre.

Nachdem Augstein – verständlicherweise – keinerlei Bereitschaft zeigte, über anonyme Pamphlete zu diskutieren, machte sich im Sommer 1969 eine Gruppe von sieben Redakteuren ans Werk. Im Stillen arbeiteten sie einen Entwurf für ein Statut aus. Man wollte einen Redaktionsrat, der wichtige Personalentscheidungen und unternehmerische Maßnahmen der Geschäftsführung mit einer Zweidrittelmehrheit blockieren können sollte. Das Papier wurde an alle Redakteure verschickt, auf einem Rücksende-Coupon sprachen sich 146 der insgesamt 196 Empfänger für die Einberufung einer Vollversammlung aus. Der aufgeschreckte Augstein dankte diplomatisch für die Anregungen, warnte vor überstürztem Handeln und zögerte die drohende Versammlung heraus: Er schickte eine Gruppe leitender Angestellter vor, die zunächst einen Gegenentwurf vorlegen sollten. Bevor es dazu kam, unterbreitete der ‹Spiegel›-Lenker seine Beteiligungsvariante.

«Der Vorschlag zur Mitarbeiter-KG», erinnert sich ein ehemaliger ‹Spiegel›-Manager, «war ein geschickter Schachzug Rudolf Augsteins; er paßte in die Zeit und zu seinem Image.» Der Wohltäter hoffte zudem, nun endlich die lästige Statut-Frage vom Tisch zu haben; ohne nervenaufreibende Vollversammlungen sollte fortan alles in wohlgeordneten Bahnen verlaufen. Die ‹Spiegel›-Mitarbeiter wählten im Februar 1970 eine Verhandlungskommission für Gespräche mit der Verlagsleitung. Augsteins Plan ging dennoch nicht auf. Der Siebener-Klub, der den ersten Mitbestimmungsvorstoß unternommen hatte, beschloß weiterzumachen. Nachdem eine auf Al Capones Gangsterorganisation anspielende Bezeichnung «Verein der Freunde der italienischen Oper» verworfen worden war, nannten sich die Sieben schlicht «Arbeitskreis Redaktionsstatut». Konsterniert schrieb Augstein an den Sprecher: «Lieber Herr

Gremliza, ich bin gar nicht sicher, daß wir ein Redaktionsstatut benötigen, habe jedenfalls keine Vorstellung davon. Bitte, versetzen Sie sich in meine Lage: Zwanzig Jahre haben wir ohne Statut recht und schlecht verbracht.» Augstein, der keine «Nebenregierung» dulden wollte, verfiel auf eine Mischung aus Zuckerbrot, Peitsche und Zeitschinderei. Der Lavierer warb um Verständnis («solange ich Herausgeber des ‹Spiegel› und Geschäftsführer für die Redaktion bin, kann ich ein Veto gegen Personalentscheidungen nicht akzeptieren»), schob Scheinargumente vor («die Banken werden das nicht mitmachen») und vertröstete die Mitarbeiter auf die Zukunft («denken Sie an die Zeit, da sie paritätisch mitbestimmen werden, dann werden die von Ihnen aufgeworfenen Probleme Ihnen in einem anderen Licht erscheinen»). Als alles nichts fruchtete, drohte er zunächst seinen Rückzug aus der Gewinn- und Kapitalbeteiligung an und versprach dann, ganz im Gegenteil, sie noch schneller voranzutreiben. Schließlich segnete Augstein einen bescheidenen Kompromiß ab: Im März 1971 beschloß eine Redakteursversammlung Satzung und Wahlstatut für einen Redaktionsrat, der zwar über keinerlei Veto-Rechte verfügte, aber bei wichtigen Entscheidungen konsultiert werden mußte.

In das hektische Wirrwarr aus Versammlungen, Resolutionen, Verhandlungen und Briefwechseln platzte ein Angebot von John Jahr: Augstein sollte fünfzig Prozent des Spiegel-Verlags zunächst gegen einen zwanzigprozentigen Anteil an Gruner + Jahr eintauschen, der dort durch den Rückzug von Richard Gruner frei geworden war. Damit hätten die beiden befreundeten Verleger die Kapitalmehrheit im größten deutschen Zeitschriftenkonzern gehalten. Augstein stellte die Offerte basisdemokratisch zur Diskussion und erlitt eine empfindliche Schlappe: Die ‹Spiegel›-Redakteure, die im Blatt gegen Pressefusionen anschrieben, verweigerten ihr Ja-Wort. «An die Leine gelegt», höhnte die ‹Zeit›, «Rudolf Augstein darf nicht verkaufen.» An die Leine legen ließ der Verleger sich allerdings nicht. Vielmehr verhandelte er nun mit Gruner + Jahr über den Verkauf von 25 Prozent. Als die Redakteure protestierten, antwortete Augstein ihnen, daß er die Einwände zwar ernst nähme, ihnen aber nicht folgen wolle; im übrigen sei ihre Meinung nur bei der Fünfzig-Prozent-Lösung gefragt gewesen. Mit Wirkung vom 30. Juni kaufte sich Gruner + Jahr für vierzig Millionen Mark ein Viertel vom Spiegel-Verlag.

Im Juni folgte auch die Kür von fünf Treuhändern für das Beteiligungsmodell. Ausgerechnet Alexander von Hoffmann, Leiter des Politikressorts D I und Wortführer der aufrührerischen Linken, erhielt mit deutlichem Abstand die meisten Stimmen. Es muß Augstein geschmerzt haben, daß ihm die undankbare Belegschaft in seinem schönen Modell diesen Agitator zumutete. Ohne

Rücksicht auf das Abstimmungsergebnis ließ er einen Plan exekutieren, den er schon zuvor mit Geschäftsführung und Chefredaktion ausgeheckt hatte; von Hoffmann wurde seine bevorstehende Kündigung mitgeteilt, die vorgeschriebene Konsultation des Redaktionsrats unterblieb. Als es deswegen massive Proteste hagelte, ging Augstein in die Offensive: Wieder einmal drohte er mit einer Liquidierung der Kapitalbeteiligung und ließ die Belegschaft wissen, daß der Rausschmiß unabwendbar sei, schließlich müsse ein «Minimum an Autorität» bewahrt bleiben. Gerichtsreporter Gerhard Mauz damals: «Ich habe es noch nie erlebt, daß man einer Versammlung so kollektiv in die Fresse geschlagen hat.» Um einen drohenden Streik abzuwenden, wurde die Kündigung schließlich um drei Monate hinausgezögert.

Neben internen Querelen sorgte 1971 ein Anzeigenboykott der Industrie und rechte Stimmungsmache für ein gereiztes Klima im ‹Spiegel›. So hetzte ‹Platow-Brief›-Herausgeber Gerhard Czerwensky: «Die deutschen Unternehmer liefern das Geld, mit dem sie liquidiert werden.» Ein Vertreter des Bauer-Verlags ermutigte Wirtschaftsführer auf einer Tagung des erzkonservativen Kronberger Kreises nachdrücklich, «sozialistisch agierenden Organen» keine Anzeigenmillionen in den Rachen zu werfen. In die gleiche Kerbe schlug Ex-‹Spiegel›-Chefredakteur Jacobi: «Sie halten mit ihren Inseraten eine Presse am Leben, die ihren eigenen Untergang fordert.» Der entfachte Rummel wirkte: 1971 gingen beim ‹Spiegel› die Anzeigenseiten um 19,5 und die Anzeigenerlöse um 12,3 Prozent zurück. Nicht nur das: 1971 sackte erstmals in der ‹Spiegel›-Geschichte die Auflage gegenüber dem Vorjahr ab. Der extern wie intern unter Druck stehende Augstein setzte die einmal eingeschlagene Linie konsequent fort und beendete mit einer Säuberungswelle den Spuk um das Redaktionsstatut. Nach von Hoffmann mußten Hermann Gremliza und Bodo Zeuner gehen; Pressekolumnist Otto Köhler und Redakteur Dieter Brumm erhielten Anfang 1972 ihre Entlassungspapiere. Der Herr im Hause hatte die Ruhe wiederhergestellt.

Am 11. November 1974 konnten dann die ‹Spiegel›-Leser via Hausmitteilung unter dem Stichwort «Betr.: Pressereform» über eine soziale Errungenschaft informiert werden: «Mitbestimmung und Vermögensbildung, Paradestück sozialliberaler Reformpolitik, sind wohl den Bach heruntergegangen, vorerst. Mitbestimmung und Vermögensbildung wurden im Spiegel-Verlag am vorigen Freitag notariell besiegelt. Die Hälfte der Spiegel-Anteile halten nunmehr die Vertreter der Mitarbeitergesellschaft.» Das Paradoxon war perfekt. Statt eines belanglosen Vetostatuts war eine viel weitreichendere Gesellschafterlösung verwirklicht worden. «Augstein hat nie realisiert», ließ Chefredakteur Funk im Herbst 1989 die ‹Frankfurter Rundschau› wissen, «daß er mit der Weggabe der Hälfte des Unternehmens auch die Mitbestimmung gewährt hat.»

Die Mitarbeiter-KG funktionierte zunächst geräuscharm. Schließlich sorgte sie sich vorwiegend um gerechte Verteilung der jährlich anfallenden Pfründe. Die Grundzüge des Modells: Nach einer Anwartschaft von drei Jahren werden ‹Spiegel›-Mitarbeiter als stille Gesellschafter – Ende 1989 waren es 685 – in die KG aufgenommen, ein Jahr darauf haben sie Anspruch auf Gewinn. Die Höhe des jeweils im Mai niedergehenden Geldregens errechnet sich nach einem komplizierten Punkteschlüssel, der sich aus Dienstjahren und Jahreseinkommen zusammensetzt. Vor Ausschüttung wird ein Betrag von derzeit zehn Prozent abgezogen, den die stillen Gesellschafter der KG als Darlehen gewähren müssen. In dem revolvierenden System werden damit Altdarlehen ausgeschiedener Gesellschafter getilgt und Verbindlichkeiten aus der Vergangenheit abgetragen. Danach geht es ans Ausschütten: 1989 lag die Höchstsumme bei beachtlichen 67000 Mark, im Schnitt werden pro Kopf rund 30000 Mark fällig. Ein Festbetrag (40 Prozent minus Darlehensquote) soll alterssichernd angelegt werden. Alle drei Jahre wählen die stillen Gesellschafter fünf Geschäftsführer; je zwei müssen aus der Redaktion und dem Verlagsbereich kommen, einer aus der ‹Spiegel›-Dokumentation. Zuletzt konstituierte sich das Gremium 1989. Dem Quartett steht der Journalist Peter Bölke vor, ein energischer Mittfünfziger, der mit Wolfgang Kaden das ‹Spiegel›-Wirtschaftsressort leitet. Die Mitarbeiter-Funktionäre beschließen mit einfacher Mehrheit, sind während der Amtsperiode ähnlich wie Betriebsräte unkündbar und sehen für ihre aufreibende Arbeit keine müde Mark. Dafür üben sie Macht aus: Ohne sie, die Repräsentanten der Eigentümer über den halben Spiegel-Verlag, kann kein Geschäftsführer, Verlagsleiter oder Chefredakteur ernannt, keine Prokura erteilt, keine einzige Investition vorgenommen und kein Budget aufgestockt werden. In der Gesellschafterversammlung des Spiegel-Verlags, die zweimal im Jahr zusammentritt, verfügen Augstein und Gruner + Jahr über je eine, die Mitarbeiterversammlung über zwei Stimmen. Fast alle Entscheidungen müssen jedoch mit 76 Prozent, also einstimmig gefaßt werden.

Nicht vertraglich fixiert ist eine historisch bedingte Machtverteilung. Bölke: «Augstein hat immer einen Sonderstatus. Das ergibt sich aus der Geschichte. Es ist sehr schwer, gegen den Herausgeber und Firmengründer etwas durchzusetzen, wenn er nicht will. Und es ist immer schwer, ihm etwas abzuschlagen, wenn er will.» Über viele Jahre verständigte sich Augstein im Schulterschluß mit dem Gruner + Jahr-Vorstandschef Gerd Schulte-Hillen und degradierte die Mitarbeiter-KG zur ja-sagenden Zustimmungsgesellschaft. Das eingeübte

36

Gefüge erlitt bei der Kür des Geschäftsführers Theobald – er amtiert seit Anfang 1987 – erstmals einen Riß. Die fünf KG-Chefs folgten der Augstein-Personalie nur mit drei zu zwei Stimmen. Mit dem knappen Votum wollten die Vertreter nach außen hin Bedenken sichtbar machen. Als später der Transfer des ‹Spiegel›-Druckauftrags vom Springer-Verlag zu Gruner + Jahr ins Gespräch kam, intervenierten sie dann massiv. Konsequenz: Gruner + Jahr mußte die mit der Spiegel-Verwaltung bereits fix und fertig ausgehandelten Konditionen spürbar nachbessern. Während Springer für den Druckauftrag jährlich rund 70 Millionen Mark erhalten hatte, begnügt sich Gruner + Jahr mit schätzungsweise 55 bis 60 Millionen Mark. Der Ärger über die freche Belegschaft hielt sich dabei in Grenzen, schließlich wurde auch die Gewinnausschüttung des Anteileigners Augstein optimiert. «Im Laufe der Entwicklung hat die Mitarbeiter-KG an Selbstbewußtsein gewonnen», kommentiert Bölke, «wir achten darauf, genauso mitzureden und mitzuentscheiden wie die anderen Gesellschafter.» Gelegenheit dazu bot sich Ende 1988, als Augstein seine Chefredakteure Böhme und Funk zusätzlich zu Mit-Geschäftsführern ernennen wollte. Mit dem bei den ‹Spiegel›-Journalisten beliebten Böhme hätte sich die KG noch anfreunden können, den selbstherrlich und knallhart auftretenden Workaholic Funk wollten sie in dieser Position nicht sehen. Augstein hielt an dem Plan fest. Patzig erklärte er ‹Bild› allen anderslautenden Vermutungen zum Trotz: «Es wird gar nichts in die Hose gehen.» Doch die Mitarbeitervertreter legten sich quer, es folgte eine tumultartige Auseinandersetzung. Augstein, der in wichtigen Angelegenheiten keinen Widerspruch duldet, hatte es auf einmal mit verstockten Neinsagern zu tun – wie schon zu Beginn der siebziger Jahre. Er stilisierte die Geschäftsführerfrage zur Machtprobe und verlor. Offensichtlich wütend kündigte er den Rückkauf der Mitarbeiter-Anteile an.

Ob ein solcher Schritt rechtlich zulässig ist, scheint höchst umstritten. Fest steht, daß die KG-Lenker ein offizielles Angebot nie akzeptiert hätten. Bölke: «Über unsere eigene Abschaffung lassen wir mit uns nicht reden.» Genau die strebte Geschäftsführer Theobald im Sommer 1989 an. In einem Brief an alle Beschäftigten schlug er vor, die aus Kapitalbesitz resultierenden Rechte in ein Pensionsmodell überzuführen. Abermals sorgte der Versuch, die Mitarbeiter auszubooten, für Turbulenzen und Schlagzeilen. Theobald mußte abschwören.

Die Mitarbeiter-KG befindet sich in einer seltsamen Zwitterstellung. Einerseits soll sie wie ein waschechter Kapitalist agieren und ist somit der natürliche Widersacher des Betriebsrats; andererseits besteht sie aus Lohnabhängigen und vertritt arbeitnehmerähnliche Positionen. Auch in anderer Hinsicht führt die Konstellation zu kuriosen Situationen. In seiner Funktion als Wirtschaftsressortleiter muß sich Bölke den Anweisungen seines Chefredakteurs Funk fügen. Doch der Blattlenker wiederum ist Angestellter des Eigentümer-Vertreters Bölke. Funk betrübt diese unübersichtliche Gemengelage außerordentlich, sein Untergebener und gleichzeitiger Brötchengeber hält sie für unproblematisch. Für Bölke kommt es nur darauf an, die Funktionen sauber voneinander zu trennen. Manche halten das für unmöglich: Als Bölke einen umstrittenen Funk-Protegé als Stellvertreter vor die Nase gesetzt bekam, sahen ‹Spiegel›-Redakteure darin die Rache des Möchtegerngeschäftsführers Funk, dessen Aufstieg von der Mitarbeiter-KG vereitelt worden war.

Die von Augstein ersonnene Beteiligungsvariante wirkt spürbar als Mobilitätsbremse. Hohe Gehälter und satte Kapitalerträge binden die Mitarbeiter mit goldenen Fesseln ans Unternehmen. Für das Verbandsblatt ‹Journalist› ist das Durchschnittsalter der ‹Spiegel›-Redaktion «noch vor dem Gewinn das bestgehütete Betriebsgeheimnis». 1954 lag es bei 36 Jahren, nunmehr wird es bei deutlich über 40 Jahren vermutet. Mit der vermehrten Einstellung von Jungredakteuren will Bölke der drohenden Vergreisung begegnen. Außerdem überlegt seine Gesellschaft, mit Ablösesummen den Personalaustausch zu forcieren. Wie die beiden anderen Gesellschafter hat die Mitarbeiter-KG keinerlei Interesse an gewinnschmälernden Investments oder Rücklagenbildungen. Wie könnte sie auch? «Bei einer Änderung der Modalitäten würden ganze Eigenheimfinanzierungen ins Wanken geraten», gibt ein Ex-‹Spiegel›-Mann zu bedenken. Bölke favorisiert konsequent die einseitige Fixierung auf das Nachrichtenmagazin. Seine sorglose Devise: «Wer in der heißen Sonne der Sahara lebt, muß doch nicht mit einer Springflut rechnen.»

Wie es einmal nach Augstein mit dem ‹Spiegel› weitergehen wird, steht in den Sternen. Falls der Blattgründer seinen Anteil abgeben sollte, haben Mitarbeiter-KG sowie Gruner + Jahr ein auf sechs Monate befristetes Vorkaufsrecht auf jeweils die Hälfte. Augstein beabsichtigt freilich, seinen ‹Spiegel›-Anteil an seine vier Kinder weiterzureichen. Um Konflikten unter den Erben vorzubeugen, soll nur ein Kind die Rechte in der ‹Spiegel›-Gesellschafterversammlung ausüben. Welches, will Rudolf Augstein nicht verraten. In Frage kommt sicherlich Franziska Augstein, die sich als Journalistin einen Namen gemacht hat und mitunter in der ‹Zeit› veröffentlicht. Unabhängig von der familiären Ausgestaltung wird eine Rudolf-Augstein-Stiftung in Erwägung gezogen, in die alle Gesellschafter ihre Anteile einbringen könnten. Einer solchen Lösung wollen die Mitarbeiter aber nur dann zustimmen, wenn ihr Besitzstand gewahrt bleibt. Das

Fachblatt ‹Artikel 5› vermutet, daß künftig der Einfluß der Bertelsmann-Firma Gruner + Jahr erheblich zunehmen wird; bereits heute sucht Augstein in allen wichtigen kaufmännischen Fragen den Rat von G+J-Chef Gerd Schulte-Hillen, der seinerseits einen guten Draht zu Chefredakteur Funk pflegt. Eine Anbindung an Bertelsmann will die Mitarbeiter-KG um jeden Preis verhindern. Bölke kann sich den ‹Spiegel› nicht als eines unter dreißig anderen G+J-Blättern vorstellen und postuliert: «Wir sind der beste Garant dafür, daß der ‹Spiegel› das bleibt, was er ist.»

*

Rudolf Augsteins Laufbahn wurde von außen vorgegeben – er rutschte in das System ‹Spiegel›, das ihn nicht mehr losließ, ohne eigenes Zutun hinein. Am Anfang seiner legendären Karriere stand ein glücklicher und zugleich schicksalshafter Zufall, wie ihn wohl nur Zeiten großer Umbrüche wie der Wiederaufbau nach 1945 bereithalten. Als 24jähriger bekam Augstein ein bereits beachtliches Presse-Instrument in die Hand gedrückt.

Augstein hatte einen Förderer: John Chaloner. Der britische Presseoffizier hatte – angeregt von angelsächsischen Publikationen wie ‹News Review› und ‹Time› – die Idee für ein deutsches Nachrichtenmagazin und ließ von seinem Kompagnon Harry Bohrer eine Redaktion anheuern. Es läßt sich nicht mehr en detail rekonstruieren, weshalb ausgerechnet Augstein ins Entwicklungsteam hineinrutschte. Fest steht nur: Als Ex-Leutnant Augstein 1945 nach Hannover zurückkehrte, hatte er sich bei Chaloner zwecks einer Journalisten-Zulassung vorgestellt und einen sympathischen Eindruck hinterlassen; daneben trug er das gleiche Geburtsdatum wie der nur ein Jahr ältere Chaloner – so etwas verbindet; last but not least lag in einer Datei der Alliierten Augsteins Karteikarte dank des Anfangsbuchstabens obenauf. Die Arbeit an der Publikation, die auf ‹Diese Woche› getauft wurde, startete im Frühjahr 1946; bis die deutschen Journalisten das vorgegebene Konzept halbwegs passabel umgesetzt hatten, verstrich mehr als ein halbes Jahr. Erst am 16. November 1946 konnte der Öffentlichkeit die erste Ausgabe präsentiert werden. Das Impressum listete vier Redakteure auf, darunter auch Rudolf Augstein. ‹Diese Woche› fiel zur Zufriedenheit Chaloners aus, nicht aber des Berliner Kontrollrats. Dem Gremium stieß die kritische Berichterstattung derart auf, daß ab Nummer drei alle Beiträge zur Zensur vorgelegt werden mußten. Nach der sechsten Ausgabe, einem Weihnachtsdoppelheft, gab Berlin nach Hannover den Befehl, das offiziell im britischen Besitz befindliche Blatt unverzüglich einzustellen. Wiederum war es Chaloner, der der Magazinidee Zukunft gab: Er intervenierte bei seinen Vorgesetzten. Das Blatt wurde daraufhin in deutsche Hand überführt und durfte unter anderem Namen weitermachen. Drei Lizenzträger sah das damalige Presserecht vor; im Team von ‹Diese Woche› hatte einer bei einer nationalsozialistischen Zeitung mitgewirkt und schied als Anwärter aus. Somit blieb als Dritter nur Rudolf Augstein übrig – der Mangel an Alternativen und die Gnade der späten Geburt verhalfen ihm zur Lizenz.

Was trieb den 24jährigen Drittel-Inhaber und Chefredakteur an? In seinem Augstein-kritischen Buch «Der ‹Spiegel› im Spiegel» vermutet Ex-Redakteur und Schriftsteller Erich Kuby: «Absolut nichts spricht dafür, daß der ‹Lizenzträger› R.A. das ‹Spiegel›-Hochhaus in Hamburg vor sich gesehen hätte, aber alles, daß er von einem unbändigen Machttrieb besessen war, einem Instinkt, der nicht gleichgesetzt werden kann mit sozial festzumachendem Ehrgeiz. Ehrgeiz ist ein weit schwächlicherer Motor für die Karriere als Machttrieb.» Daß mit dem jüngsten und kleinsten im Gesellschafterbunde nicht gut Kirschen essen war, bekamen die Partner Roman Stempka und Gerhard R. Barsch bald zu spüren: Innerhalb von nur vier Jahren wurden sie mit Abfindungen aus dem ‹Spiegel›-Kreis verbannt. Rudolf Augstein kam nach dem Krieg die Gunst der Stunde zupaß; doch sein ureigenstes Verdienst besteht unzweifelhaft darin, daß er die unverhoffte Chance energisch auszunutzen verstand.

Mit demselben Gespür für unumgängliche Entscheidungen, mit dem Augstein die ihm lästigen Mitinhaber aus dem ‹Spiegel› hinausdrängte, holte er einen renommierten Mitverleger hinein – diesmal, um seine Macht zu teilen. Augstein hatte erkannt, daß dem damals notleidenden Blatt ohne die tatkräftige Unterstützung eines erfahrenen Pressemanagers das Aus drohte. Der angesprochene Axel Springer winkte ab, John Jahr hingegen willigte ein. Augstein und Jahr verband während ihrer Zusammenarbeit von 1950 bis 1960 ein inniges Verhältnis, das weit über das geschäftlich notwendige Maß hinausging. Über Freunde ist in Augsteins Biographie kaum etwas bekannt; auf die Frage des ‹FAZ-Magazins› «Was schätzen Sie bei Ihren Freunden am meisten?» antwortete Augstein: «Daß es wenige sind.» John Jahr bildete eine Ausnahme: Schließlich förderte er den 23 Jahre jüngeren Partner und sah ihn fast als Familienmitglied an. Augstein dankte Jahr 1980 anläßlich dessen 80. Geburtstags in euphorischen Tönen: «Du hast mir nicht nur nach Hamburg geholfen, Du hast mich in die Welt des Geldes und der Steuern eingeführt, hast mich beschützt und mich gewärmt, mich niemals belehrt, und doch habe ich von Dir gelernt.»

Zu anderen Verlegern hielt Augstein Distanz. In Gerd Bucerius («mein guter alter Freund») sah er den unberechenbaren Juristen, der ihm eine versprochene

Beteiligung an der ‹Zeit› vorenthalten hatte und vor dem man auf der Hut sein mußte. Wenn sich das Bucerius-Blatt mit Vorgängen rund um den ‹Spiegel› beschäftigte, konterte Augstein häufig überaus gereizt mit Leserbriefen. 1974 giftete er beispielsweise in der ‹Zeit›: «Wenn ich mich recht erinnere, stünden die Franzosen noch in Algerien und bombten die USA noch Nordvietnam, wenn das Schneckentempo im Bewußtsein der ‹Zeit›-Redakteure maßgeblich gewesen wäre.» Und 1978 gegen den Feuilletonchef: «Capito, Fritz J. Raddatz? Wohl kaum, sagt der Bock, als man ihn melken wollte.» Mitunter drängt sich der Eindruck auf, daß Augstein das distinguierte ‹Zeit›-Gehabe als höchst persönlichen Angriff auf sich und sein hemdsärmligeres ‹Spiegel›-Werk empfand. Intensiv auseinandergesetzt hat sich Augstein mit Axel Springer. Drei Titelgeschichten habe er über ihn geschrieben, gestand er 1978 in einem ‹Playboy›-Interview und fügte hinzu: «Keine ist gedruckt worden. Sie waren nicht gut genug.» Augstein fiel es offenkundig schwer, die ambivalente Figur in den Griff zu bekommen; er bewunderte den Verleger Springer und attackierte zugleich den Konzentrationsstrategen und Politiker Springer. Dabei verband die konträren Exponenten der deutschen Verlagslandschaft zumindest ein zentrales Anliegen: ihr Wunsch nach Wiedervereinigung. Doch die messianische, fast manichäische Attitüde Springers in dieser Angelegenheit war Augsteins Sache nicht.

Mit John Jahr begann Augsteins sozialer Aufstieg. Er bezog in Hamburg seine erste Villa, kurvte – wie die ‹Frankfurter Rundschau› zu berichten wußte – mit einem «übergroßen grünen amerikanischen ‹Thunderbird›-Wagen» herum und begann, sich eine hochkarätige Gemäldesammlung zuzulegen, in der unter anderem Werke von Kokoschka, Beckmann und Picasso zu finden sind. In diese Zeit fallen auch die ersten Ausbruchversuche aus dem System ‹Spiegel›. Augstein war von dem Wunsch beseelt, etwas ganz eigenes und Seriöses zu machen, wollte mehr als nur «der Skandal-Chronist der Bundesrepublik» (‹Christ und Welt›) sein. 1957 drängte er für die Freidemokraten in den Bundestag, mußte sich jedoch den Wünschen der Redaktion fügen und blieb beim ‹Spiegel›. 1960 startete er mit viel Energie den bereits erwähnten Versuchsballon ‹Deutsche Allgemeine Zeitung›. 1972 schaffte er kurzzeitig den Absprung in den Bundestag – und erfuhr rasch seine Grenzen in einer ‹Spiegel›-losen Welt. Hinter dem Rednerpult des Bundestags, vertraute Parteikollege Erich Mende seinem Tagebuch an, sei es «aus mit der Gigantomanie des ‹Spiegel›-Herausgebers, der dann nur noch die Rolle eines parlamentarischen Gnoms» einnehme. Die Hoffnungen von MdB Augstein auf den FDP-Fraktionsvorsitz zerschlugen sich, ihm drohte in Bonn beinahe ein Hinterbänkler-Schicksal. Als Chefredakteur Günter Gaus seinen Entschluß bekanntgab, ins Bundeskanzleramt zu wechseln, flüchtete Augstein nach einem nur zweimonatigen Intermezzo wieder nach Hamburg zu seinem Magazin.

«Könnten Sie sich Ihr Blatt ohne Rudolf Augstein vorstellen?», fragte die ‹Neue Illustrierte› ihn schon 1964. Antwort: «Das ist eine meiner Lieblingsideen. Und vorstellen kann ich mir das jeden Tag. Nur weiß ich nicht, ob es dazu kommt.» In einer anderen Stimmung hieß es später: «Ich habe mir ein komfortables Gefängnis geschaffen, in dem es sich gut leben läßt – auch geistig.» Erich Kuby urteilt: «Der Eindruck ist unabweisbar, daß sich Augstein am ‹Spiegel› festhält wie der Ertrinkende am Rettungsring.»

Das ‹Spiegel›-Hochhaus ist Augsteins Bühne, Forum und Reich geblieben. Dort regiert er unangefochten, und, wie manche finden, mit dem Habitus eines Feudalherrschers. Für ihn, den obersten Regenten, der über all seinen Angestellten in der zwölften Etage residiert, werden auch schon mal ehern geglaubte ‹Spiegel›-Regeln über Bord geworfen. In einem Interview mit Michail Gorbatschow Ende 1988 tauchte Augstein als eigenständig ausgewiesener Fragesteller auf; so etwas hatte es in dem Nachrichtenmagazin zuvor noch nie gegeben. Sach- und vor allem Personalentscheidungen des launenhaften Lenkers, der mal charmant-anregend, dann wieder knallhart-unzugänglich auftreten kann, empfinden die Untergebenen mitunter als «verschlungen, wunderbar und rätselhaft»; doch Widerspruch gegen irrational anmutende Direktiven regt sich höchst selten. Selbst wenn der Herr nicht im Hause ist: Sein Konferenzstuhl muß freigehalten werden, mag das Gedrängel in den hinteren Reihen noch so groß sein. Das Miteinander von oben und unten hat feste Formen angenommen, wie der langjährige Mitarbeiter Ginsberg weiß: «Bei allen Beteiligten hat sich über die Jahre ein fein ausgeprägtes Gefühl für Augsteins Stimmungen entwickelt; in diesen vorweggenommenen Reaktionen ist natürlich etwas von vorauseilendem Gehorsam dabei.» Der 1987 aus dem Leben geschiedene Ex-Redakteur Christian Schultz-Gerstein, Augsteins radikalster Kritiker, polemisierte gegen den «realexistierenden Herrenmensch und Menscheneigentümer»: «Deine Kasino-Manieren ... haben mir augenblicklich zu der Erkenntnis verholfen, daß diese ganze ‹Spiegel›-Hierarchie mit Ressortleitern und Chefredakteuren nur dem einen Zweck dient, Dich, den Mann an der Spitze, zu erleuchten. All die Böhmes, Hentschels, Petermanns und Karaseks: Du läßt sie mächtig in die Pedale treten, damit der Dynamo ausreichend Licht für Deinen Thron hergibt. Versteht sich, daß Dich nach Gutsherrenart dieser Thron zuweilen ankotzt. Der Herrenmensch kann Untertanen nun mal nicht leiden, allein – er braucht sie, um Herrenmensch zu sein.»

Um in Logik und Sprache bei der von Schultz-Gerstein bemühten Hegelschen Herr-Knecht-Dialektik zu bleiben: Die Untertanen ihrerseits sind umgekehrt notwendig auf den Herrenmenschen angewiesen; mögen sie auch unter seinen Allüren leiden, sie brauchen ihn – als Inspirator, Widerpart und Integrationsfigur. Augstein ist im ‹Spiegel› unentbehrlich, hat sich unentbehrlich gemacht. Kuby hält R.A. für den einzigen in der Redaktion, der «in analytische Perspektiven aufreißt, die sonst von keinem mehr aufgerissen würden» und «der über das nächstliegende, in Herstellung begriffene Heft noch hinausblicken könnte». Augstein selbst weiß: «Ohne mich gäbe es mehr Konflikte, indem ich da bin, entwickeln sie sich gar nicht.» Doch es sind weniger diese tätigen Funktionen sowie die ab und an verfaßten Kommentare, die Augstein unersetzlich machen – sein unschätzbarer Wert liegt im bloßen Vorhandensein. Die Person Augstein repräsentiert wie kein anderer Blattmacher eine organische Kontinuität, in ihr fokussiert sich alles, was den ‹Spiegel› groß, umstritten und gefürchtet gemacht hat. Ein ‹Spiegel› ohne die publizistische Leitfigur Augstein wird ein anderer ‹Spiegel› sein, selbst wenn das Blatt äußerlich so bleibt, wie es ist. Als das ‹Stern›-Aushängeschild Henri Nannen die von ihm geformte Illustrierte verließ, begann eine langanhaltende und jammervolle Talfahrt. Augstein mag das triste Schicksal des Bilderblatts vor Augen gehabt haben, als er prophezeite: «Meine Nachfolger werden es sehr schwer haben.» Mit der Galionsfigur Augstein wird die ‹Spiegel›-Maschine einmal unwiderruflich ihre Seele verlieren.

Ein großes Vorhaben trägt Augstein schon seit langem mit sich herum: Ein Buch will er noch schreiben, das sei er «den Leuten schuldig», fand er schon 1978. Nach zwei vielbeachteten Studien über «Preußens Friedrich» und «Jesus Menschensohn» soll nun eine umfangreiche Autobiographie das schriftstellerische Œuvre abrunden. Zu dieser Prognose gehört keine Prophetie: Das Schlußwerk in der Trilogie der großen Männer wird, wenn es denn erscheint, an der Spitze der Buchbestsellerliste des ‹Spiegel› stehen.

«Ich hatte diese Idee nicht selbst»
Die Augstein-Chronik

1923 Rudolf Augstein wird am 5. November als sechstes von sieben Kindern geboren. Sein Vater, ein aus dem Rheingau stammender Winzersohn, betreibt in Hannover eine kleine Fabrik. Während der Weltwirtschaftskrise sattelt er notgedrungen zum Handelsvertreter um, im Dritten Reich legt er sich ein Fotogeschäft zu.

1941 Kriegsbedingt erhält Rudolf Augstein vorzeitig die Reife zugesprochen. Der frischgebackene Abiturient volontiert drei Monate beim ‹Hannoverschen Anzeiger›.

1942 Er streift den Soldatenrock über und zieht zur Ostfront.

1945 Der Leutnant gerät in Süddeutschland in amerikanische Gefangenschaft, den Heimweg nach Hannover muß er mit dem Fahrrad antreten. Bis zum anvisierten Studium will er journalistisch arbeiten und heuert zunächst beim ‹Hannoverschen Nachrichtenblatt› an.

1946 Nach einer kurzen Station beim ‹Neuen Hannoverschen Kurier› kommen höhere Weihen: Der 23jährige wird zum Chefredakteur des Magazins ‹Diese Woche› gekürt. Die Idee für das angelsächsisch inspirierte Blatt hatte der britische Presseoffizier John Chaloner in einer Weinlaune ausgeheckt. Der alliierte Kontrollrat nimmt bald an der kritischen Berichterstattung Anstoß und verordnet die Einstellung.

1947 Eine trickreiche Umwandlung verhindert den Exitus – aus ‹Diese Woche› wird ‹Der Spiegel›. Er erscheint erstmals am 4. Januar und ist im Gegensatz zum Vorläufer ordnungsgemäß lizenziert. Gleichberechtigte Partner sind der Fotograf Roman Stempka, der Verlagskaufmann Gerhard R. Barsch und, als jüngster, Rudolf Augstein.
Augsteins Drama «Die Zeit ist nahe» wird in Hannover uraufgeführt. Ausgerechnet im ‹Spiegel› erscheint ein bitterböser Verriß.

1948 Augstein, der unter den Pseudonymen Jens Daniel und Moritz Pfeil als scharfzüngiger Publizist von sich reden macht, probiert sich als Verleger. Sein Stammobjekt soll um den Reisedienst ‹Spiegel-Kurier› und den ‹Sport-Spiegel› erweitert werden. Beide Projekte scheitern.

1950 Lizenzinhaber Barsch steigt mit einer Abfindung aus.
Augstein sucht einen starken Partner und will Axel Springer beteiligen, der jedoch abwinkt. ‹Constanze›-Chefredakteur Hans Huffzky vermittelt ihm John Jahr, der für 15 000 Mark 50 Prozent vom ‹Spiegel› erhält.

1951 Hans Detlev Becker wird Geschäftsführender Redakteur.

1952 ‹Der Spiegel› zieht von Hannover ins Hamburger Pressehaus um, wo noch heute ‹Die Zeit› und inzwischen das ‹Manager Magazin› residieren.

Mitbesitzer Stempka wird mit Druck und rund 100 000 Mark hinauskomplimentiert.

1955 Augstein legt sich das freidemokratische Parteibuch zu.
Mit seinem Partner Jahr kauft er die Film-Illustrierte ‹Star-Revue›, die er fünf Jahre später an Jahrs Constanze-Verlag abtritt.

1957 Er möchte in den Bundestag, die FDP bietet ihm einen Listenplatz an. Erst massive Einwände der Redaktion führen zum Verzicht. Seine Mitgliedschaft hindert ihn später nicht, dem Parteichef Erich Mende via ‹Spiegel› komplette Unfähigkeit zu attestieren.

1960 Augstein will mit der ‹Deutschen Allgemeinen Zeitung› ein renommiertes Wochenblatt herausgeben und stellt einige Edelfedern ein. Jahr hat Vorbehalte und verabschiedet sich für 3,2 Millionen Mark vom ‹Spiegel›. Seine Anteile gehen hälftig an den Drucker Richard Gruner sowie den ‹Zeit›-Besitzer Gerd Bucerius.
Wegen Namensgleichheit erwirkt die Kölner ‹Deutsche Zeitung› gegen das Projekt eine einstweilige Verfügung. Augstein macht daraufhin einen Rückzieher.

1962 Becker rückt zum Verlagschef auf, Johannes K. Engel und Claus Jacobi werden neue Chefredakteure.
Nach einem Rechtsstreit muß Bucerius seinen ‹Spiegel›-Anteil an Augstein abtreten.
Am 26. Oktober umstellen Polizisten das Hamburger Pressehaus, die legendäre ‹Spiegel›-Affäre nimmt ihren Lauf. Ein Beitrag («Bedingt abwehrbereit») über das Nato-Manöver «Fallex 62» soll angeblich Staatsgeheimnisse ausgeplaudert haben. Augstein verbringt die nächsten 104 Tage im Gefängnis. Gleich ihm müs-

sen, wenn auch kürzer, mehrere Angestellte einsitzen.

1967 Just als die «Enteignet-Springer»-Kampagne in Gang kommt, wird der ‹Spiegel› in einer Druckerei des ‹Bild›-Konzerns hergestellt.

1968 Jacobi scheidet als Chefredakteur aus, ihm folgt Günter Gaus.
Augsteins Buch «Preußens Friedrich und die Deutschen» erscheint.

1969 Der ‹Spiegel› zieht in ein eigens für ihn erbautes Hochhaus an der Hamburger Ost-West-Straße/Ecke Brandstwiete um.
Augstein wird Alleinbesitzer: Nach einem Prozeß kann er Gruners Anteil von 25 Prozent übernehmen. Mit 40 Millionen Mark gilt der Kaufpreis als weit überhöht, Branchenkenner hatten zuvor den Wert des ‹Spiegel› auf insgesamt 80 Millionen Mark taxiert.
Im Frühjahr fordern linke ‹Spiegel›-Redakteure mehr Mitbestimmungsrechte.
Der Verlag engagiert sich mit einem Drittel an dem Verlegerkonsortium Funk-Union Beteiligungs GmbH, das seinerseits 22 Prozent an der Saarbrücker Freie Rundfunk AG (Frag) hält.
Zum Jahresende will eine Vollversammlung ein Redaktionsstatut verabschieden. Augstein kann die Beschlußfassung vereiteln, indem er den Mitarbeitern eine Gewinn- und Kapitalbeteiligung in Aussicht stellt.

1970 Der Spiegel-Verlag (51 Prozent) gründet mit dem US-Medienhaus McGraw Hill (49 Prozent) die Management und Marketing Verlags GmbH.

1971 Trotz Bedenken der Redaktion verkauft Augstein ein Viertel des Spiegel-Verlags für 40 Millionen Mark an Gruner + Jahr (G+J). Zunächst war im Gegenzug eine 12,5prozentige Beteiligung an G+J geplant.

Der Management und Marketing Verlag bringt zum 1. November die erste Nummer des ‹Manager Magazin› heraus.

Eine Entlassungswelle gegen die Wortführer der Mitbestimmung beginnt. Geschaßt wird auch Hermann Gremliza, der zu ‹Konkret› geht.

Die Industrie boykottiert den ‹Spiegel›, die Anzeigenerlöse gehen um 12,3 Prozent zurück.

1972 Augstein kandidiert im «schwarzen» Paderborn, dem Barzel-Wahlkreis, für den Bundestag und erhält 5 989 Stimmen. Er zieht über die Landesliste ins Parlament, flüchtet jedoch nach nur zwei Monaten wieder zum ‹Spiegel› zurück.

Theologische Studien münden in das Buch «Jesus Menschensohn».

1973 Gaus wechselt als Staatsekretär ins Bundeskanzleramt, für ihn tritt Erich Böhme in die ‹Spiegel›-Chefredaktion ein. McGraw Hill ist bei der neugegründeten Manager Magazin Verlags GmbH nicht mehr mit von der Partie.

1974 Die lange angepeilte Mitarbeiterbeteiligung wird notariell besiegelt, die Hälfte des Spiegel-Verlags hält nunmehr eine Mitarbeitergesellschaft.

1977 Augstein beteiligt sich mehrheitlich am Filmverlag der Autoren.

1978 Das ‹Manager Magazin› startet den Info-Dienst ‹Trendletter›, der zehn Jahre später an den Bonner Norman-Rentrop-Verlag verkauft wird.

Der Spiegel-Verlag trennt sich von der Funk-Union Beteiligungs GmbH und veräußert seinen Anteil an Burda.

1979 ‹Harvard Manager›, ein Vierteljahreskompendium, kommt heraus.

Gruner + Jahr und Augstein erwägen vorübergehend eine engere Zusammenarbeit. So soll das geplante Mittelstandsjournal ‹Impulse› zusammen mit dem ‹Manager Magazin› herausgegeben und ein gemeinsames Buchmagazin gestartet werden. Aus den Plänen wird nichts.

Sardische Zöllner verhaften den ‹Spiegel›-Chef wegen illegalen Drogenbesitzes. «Augsteins Joint» (‹Rheinischer Merkur›) ist für die Presse ein gefundenes Fressen. Ein italienisches Gericht verurteilt den Verleger, der seine Unschuld beteuert, zu 16 Monaten Gefängnis mit Bewährung und zu einer Geldstrafe von rund 5 000 Mark.

1984 Für den scheidenden Geschäftsführer Becker kommt der 34jährige Matthias Ginsberg, der zuvor den Filmverlag der Autoren leitete.

1985 Augstein verkauft seine Mehrheitsbeteiligung am Filmverlag.

G + J-Chef Gerd Schulte-Hillen stoppt im letzten Moment das geplante Wirtschaftswochenmagazin ‹Punkt›. Dafür räumt ihm Augstein fast ein Viertel am Manager Magazin-Verlag ein.

1986 Werner Funk, der zuvor das ‹Manager Magazin› aufgepäppelt hatte, folgt Engel als ‹Spiegel›-Chefredakteur. Dieter Piel nimmt beim ‹Manager Magazin› den Chefsessel ein, räumt ihn jedoch nach einem einjährigen Intermezzo für Ulrich Blecke.

1987 Auch die Geschäftsführung des Spiegel-Verlags wechselt: Der ‹Capital›-Gründer und ‹Geo›-Chef Adolf Theobald ersetzt Ginsberg. Bald darauf geht die «graue Eminenz» Helmut Wallbaum von Bord. Die Verlagsleitung wird mit Karl Dietrich Seikel, Fried von Bismarck und Burkhard Voges besetzt.

K III, ein neues Kulturressort für Zeitgeistthemen, wird vorbereitet.

1988 ‹Spiegel-TV› startet auf ‹Sat 1› und ‹RTL plus›.

Die Mitarbeiter-KG opponiert und verhindert, daß Chefredakteur Werner Funk auch Mit-Geschäftsführer wird. Deshalb unterbleibt auch die Ernennung von Böhme zum Mit-Geschäftsführer.

Augstein überreicht dem Hamburger Thalia-Theater 75 000 Mark, weil es ein von dem Rüstungskonzern Messerschmidt-Bolkow-Blohm (MBB) unterbreitetes Sponsoren-Angebot in gleicher Höhe ablehnt.

1989 Das vierteljährliche Kulturmagazin ‹TransAtlantik› geht zu einem symbolischen Preis an die TransAtlantik-Verlags GmbH, eine neugegründete 100prozentigen Tochter des Spiegel-Verlags. Die Redaktion bleibt in München, Vertrieb und Anzeigen werden von Hamburg aus besorgt.

Ein Vorstoß von Theobald führt zu erneuten Turbulenzen um die Mitarbeiter-KG. Der Spiegel-Geschäftsführer will die Kapitalertrags- in Pensionsrechte umwandeln, die Mitarbeiter vermuten dahinter einen Angriff auf ihre Rechte als Eigentümer.

Mit einer Verkaufsauflage von 1 029 681 Exemplaren erreicht der ‹Spiegel› im dritten Quartal das beste Ergebnis seiner Geschichte.

Mit zwei ungarischen Partnern gibt der Manager Magazin-Verlag die Zeitschrift ‹Marketing Partner› heraus, die sich an ungarische Führungskräfte wendet.

Böhme kündigt überraschend seinen Rücktritt als Chefredakteur an. Nachfolger wird der Ressortleiter Hans Werner Kilz.

1990 ‹TransAtlantik› erscheint nun im monatlichen Rhythmus.

Der ‹Spiegel› wechselt die Druckerei, Springer verliert seinen besten Kunden. Gruner + Jahr druckt das Blatt in Itzehoe; eine andere Bertelsmanntochter – Maul Belser – übernimmt die Produktion in Nürnberg.

DAS AUGSTEIN-REICH

| Der Spiegel | Spiegel-TV | Manager Magazin | Trans Atlantik |

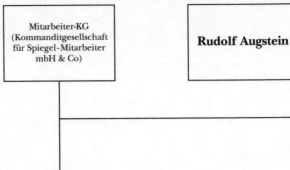
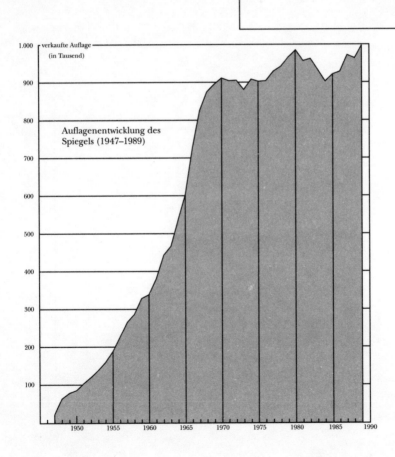

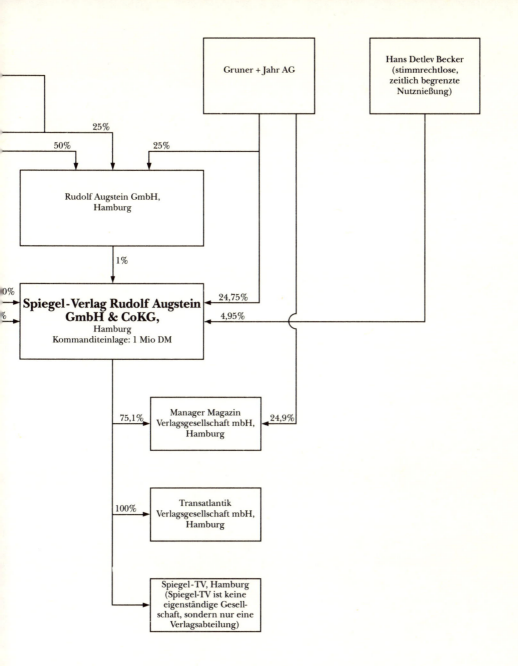

Stand: Januar 1990

Überblick

Charakteristik

Der Spiegel-Verlag gehört zu den mittelgroßen deutschen Medienunternehmen. Gemessen am Umsatz nimmt er Platz 15 ein. Kernstück ist das Nachrichtenmagazin Der Spiegel, das rund sechs Siebtel des Geschäftsergebnisses erbringt. Das Manager Magazin trägt noch mit knapp einem Zehntel zum Umsatz bei, TransAtlantik und Spiegel-TV haben nur geringfügige wirtschaftliche Bedeutung. Mit dem Viertelgesellschafter Gruner + Jahr hat der Spiegel-Verlag enge Kooperationen in den Bereichen Druck vereinbart.

Umsatz

Der Verlag veröffentlicht keine Kennziffern zur Geschäftslage. Für 1989 taxieren Branchenberechnungen den Umsatz auf 370 Millionen Mark.

Gewinn

Mit einer geschätzten Umsatzrendite von 20 Prozent – das entspricht 74 Millionen Mark vor Steuern – gilt der Verlag als extrem ertragreiches Medienunternehmen.

Mitarbeiter

Insgesamt werden 865 Mitarbeiter beschäftigt. Allein der Spiegel hat 789 Angestellte, darunter sind 220 Redakteure und 72 Dokumentationsjournalisten.

Reichweiten *

Der Spiegel	975 088
Manager Magazin	85 829
Spiegel-TV	2 930 000

* Nach IVW 2/1989 bzw. bestes Zuschauerergebnis 1989.

HEINZ BAUER:

Die Last der nackten Tatsachen

Heinz Heinrich Bauer ist der am meisten verkannte Medien-Macher. Bringt er nicht genug in Bewegung, bringt er nicht genug unter die Leute? Wohl kaum. Der größte Zeitschriftenverleger Europas verkauft seine über 40 Titel jeden Monat rund 80 Millionen mal, auf ihn hören 6 100 Mitarbeiter, sein Konzern setzt stolze zwei Milliarden Mark um. Und doch: Der Bauer-Verlagsgruppe trauen etliche Journalisten und Anzeigenkunden kaum publizistische Qualitätsarbeit zu. Jahrelang diente der Konzern als Zielobjekt für Schmähreden. Daran hat auch eine in letzter Zeit gesteigerte und hausintern umstrittene Imagepolitik wenig geändert. Die Verlagsgruppe wartet immer noch auf das große Sympathie-Hoch – viel Geschäft, wenig Glanz.

Der 1939 geborene Heinz Bauer ist alles andere als eine Idolfigur. Wie auch? In der Öffentlichkeit tritt der mächtige Verleger kaum in Erscheinung. Noch Mitte der achtziger Jahre waren Fotos, die das eckig-markante Gesicht des Hamburger Zeitschriftenkönigs zeigten, eine Rarität, die Fotografen für hohe Preise an Redaktionen verkaufen konnten. Nachdem sich der große Unbekannte ab und an bei offiziellen Terminen präsentierte, war sein Konterfei zwar in verschiedenen Varianten auf Zeitungs- und Zeitschriftenpapier zu sehen – weiterhin aber macht der scheue Presselenker wenig Wind um seine Person. Er ist extrem schweigsam, meidet Bälle und sonstige gesellschaftliche Prunk-Spektakel, äußert sich nicht zu Kulturfragen. Publicity? No, Sir. Mit Vorliebe hört der Alkohol- und Nikotinfeind bei Gesprächen intensiv zu, beweist dabei eine ausgeprägte Fähigkeit zur schonungslosen Analyse und lockt seine Mitdiskutanten durch gezielte Fragen aus der Reserve.

Daß Bauer, die Nummer drei unter den deutschen Medienkonzernen, im öffentlichen Bewußtsein eine Nebenrolle spielt, hängt ferner mit der Produktpalette zusammen, für die Aerobic-Schönheiten nach wie vor in lasziver Pose – Brust raus, Bauch rein – Nummer für Nummer auf den Titelbildern werben. Zum Sortiment gehören Illustrierte (‹Quick›, ‹Neue Revue›), Sexblätter (‹Wochenend›), Frauenzeitschriften (‹Tina›, ‹Maxi›), Konfektionsblätter (‹Neue Mode›), Programmbegleiter (‹TV Hören und Sehen›), Yellow Press-Gazetten (‹Neue Post›), Rätsel- und Romanhefte sowie Jugendmagazine

‹Bravo›). Zwei Postillen, ‹Sexy› und ‹Schlüsselloch›, sind von der Bundesprüfstelle unter den Ladentisch verbannt worden. Die schwere Flotte leichter Vergnügungsdampfer, die bei eher einkommensschwachen Zielgruppen mit höchstens durchschnittlicher Schulbildung reüssieren, prägt immer noch das Bild – Lesefutter für die vielzitierte «schweigende Mehrheit».

Dabei ist die ehedem pure «Schnulzenfabrik» (‹FAZ›) seit Beginn der achtziger Jahre, mit vielen Verzögerungen und Irrtümern, zu neuen Ufern unterwegs: der Gigant fand Geschmack an ausländischen Märkten, Spezialtiteln und anspruchsvoller Printware. Die Losung lautete nun «Masse und Klasse». So tummeln sich ‹Esquire›, ‹Playboy› und ‹Wiener› im Bauer-Reich – ihr Anteil an der Gesamtauflage liegt freilich bei nur 0,6 Prozent. Up trading kommt als Randgruppenphänomen daher.

Die Kurskorrekturen, die der seit 1984 allein regierende Heinz Bauer zusammen mit seinen Geschäftsführern Gerd Bolls, Peter Heidenreich, Konrad Wiederholz und neuerdings Günther Schöttler vornahm und vornimmt, ändern nichts an der kompromißlosen Kaufmannsart, mit der Europas Nummer Eins im Vergleich feine Gewinne in die Scheuer einfährt. Außer bei der Essener WAZ-Gruppe liegt die Umsatzrendite in keinem anderen deutschen Medienhaus dieser Größenordnung im zweistelligen Bereich. Schätzungen gehen davon aus, daß Bauer zwischen 10 und 15 Prozent erzielt. Für Heinz Bauer zählen Zahlen, nicht Ideologien; seine Ideologie ist die der Nicht-Ideologie. Der Konzern, in dem ausgefuchste Verkaufs- und Vertriebsprofis arbeiten, könnte auch mit Badewannen oder Gummireifen handeln. Der öffentliche Auftrag der Presse, von dem gemeinhin Unbefugte oft in höchsten Tönen schwärmen, taugt noch nicht einmal zum Garnieren von Sonntagsreden der Bauer-Manager. Unterhaltung, Nutzwert und Kurzweil ist das Ziel, Reflexion und Gesellschaftskritik bleiben außen vor. Über den genauen geschäftlichen Erfolg dieser Strategie herrscht tiefes Stillschweigen in dem traditionsreichen Familienunternehmen, das Heinz Bauer in der vierten Generation führt.

*

Ebensowenig wie es für den Kulturtheoretiker Paul Watzlawick in der Kommunikation zwischen Menschen kein Nicht-Kommunizieren gibt, gibt es unpolitische Zeitschriften. Selbstverständlich beeinflussen, verfestigen oder verändern die Bauer-Chefredakteure die Einstellungen und Werte ihrer Leser, wenn sie mit Aller-Welt-Themen für gute Laune sorgen oder Ignoranz verfestigen. Die Scheinidylle apolitischer Nettigkeiten eröffnet in einer weithin gefährdeten Welt die Möglichkeit kleiner, letztlich irrelevanter Fluchten. Es war der langjährige Bauer-Generalbevollmächtigte Siegfried Moenig, der Ende der sechziger Jahre die vermutlich offenherzigste Imageanzeige der deutschen Mediengeschichte texten ließ. Darin präsentierte der Manager seinen Verlag, der die Hälfte der Bundesbürger mit Lesestoff bedient, als «Deutschlands größte Ohn-Macht»: «Wir können unsere Leser weder für etwas noch gegen etwas marschieren lassen. Wir könnten keinen Abgeordneten in Verlegenheit bringen, keinem Wirtschaftskapitän einen Torpedo hinters Schiff jagen – von anderen Sachen gar nicht zu reden.» Der Grund läge in den Blättern selbst: «Ihre große Leserschaft haben sie ja deshalb, weil sie auf enge weltanschauliche oder parteipolitische Meinungsbildung und -mache verzichten. Bei uns werden die Leser unterhalten.» Die ‹Badische Zeitung› aus Freiburg urteilt ganz anders über die harmlosen Objekte: «Sie wenden sich allesamt an die Zu-Kurz-Gekommenen unter den Mitbürgern, deren Ressentiments aufgeheizt werden.»

Das Credo des einstigen All-Ohnmächtigen Moenig galt der «Welt des kleinen Lebens, des kleinen Glücks.» Einer seiner Kernsätze lautete: «Wir machen Geschäfte und keine Politik.» Er begriff sich immer als Businessman, der dafür zu sorgen hat, daß die Kasse stimmt. Für diesen Job besaß der gelernte Bankkaufmann, der 1946 bei Bauer als Bilanzbuchhalter anmusterte, genau die richtigen Qualifikationen.

Zum Zeitpunkt seines Eintritts befand sich der Hamburger Familienbetrieb in der harten Phase des Wiederaufbaus; das Gebäude in der Burchardstraße 11, in der Nähe der Speicherstadt, hatte im Krieg einige britische Bomben abbekommen. Eigentümer Alfred Bauer hielt sich hauptsächlich mit dem Druck der Lohnsteuertabelle über Wasser. Sein Großvater Louis hatte 1875 als 24jähriger im Wohnzimmer das Unternehmen gegründet und Visitenkarten hergestellt; fünf Jahre später konnte er sich eine Steindruckerei am Billhorner Röhrendamm leisten. Anfang des Jahrhunderts beteiligte sich der Sohn des Firmengründers, Heinrich Bauer, an den prosperierenden Geschäften und kaufte ein weitgehend durch Anzeigen finanziertes Stadtblatt, die ‹Rothenburgsorter Zeitung›. 1913 kam die ‹Hammerbrooker Zeitung›, 1920 das auf Sport fixierte ‹Extrablatt am Montag› hinzu. Am ‹Extrablatt› arbeitete bereits Heinrich Bauers Sohn Alfred aktiv mit – die dritte Generation war an Bord. 1925 begann sich Bauer mit der ‹Rundfunk-Kritik› in einem Genre zu engagieren, das später durch Moenigs Kaufkunst zu einer Domäne des Verlags wurde: die Programmpresse rückte ins Blickfeld. Die ‹Rundfunk-Kritik› mutierte später zur ‹Funkwacht›, erschien nach dem Ende der alliierten Lizenzpflicht 1949 neu und fusionierte letztlich mit der akquirierten Zeitschrift ‹Funk für dich› zum ‹Funkspiegel›. In der Folge gesellten Moenig und Alfred Bauer etliche Regionalobjekte wie beispielsweise ‹Hessenfunk›, ‹Westfunk› oder ‹Radio-Illustrierte Bremen› zu ihrem Oldie, 1953 dann wurden die Satelliten und das Hauptprodukt zu ‹Hören und Sehen› verschmolzen. Nachdem Moenig Anfang der sechziger Jahre drei Konkurrenten hinzugekauft hatte, etablierte sich diese Programmzeitschrift als eines der rentabelsten Objekte des Hauses. Heute ist Bauer mit ‹TV Hören und Sehen› (fast 2,5 Millionen verkaufte Exemplare), der 1969 erworbenen ‹Fernsehwoche› (2,2 Millionen) und dem 1983 gestarteten Billigprodukt ‹Auf einen Blick› (2,4 Millionen) mit einem Anteil von rund 45 Prozent klarer Marktführer der Programmpresse.

1958 faßte die Bauer-Gruppe mit dem Kauf von ‹Neue Mode› vom Wiesbadener Schwabe-Verlag im Modeverlagswesen Fuß. Mit den unterhaltenden Frauenzeitschriften ‹Neue Post› (1961 gekauft) und ‹Das Neue Blatt› (1968 von Springer erworben) kamen noch potentere Zwei-Millionen-Seller ins Haus. Gemeinhin wird die ertragsreiche Gattung «Soraya-» oder «Lady-Di-Presse» getauft, weil sie dem Fertilitätsverhalten von Blaublütlerinnen hohe Aufmerksamkeit schenkt. Trotz Fusion mit anderen Titeln war der 1954 gestarteten Freizeitpostille ‹Praline› («Wie kann ich meine Freundin zu einem Super-Orgasmus bringen») ein ähnlicher Höhepunkt nicht vergönnt – sie kommt heute auf 780 000 verkaufte Exemplare.

Seine Kriegskasse öffnete der von Alfred Bauer mit einer Fülle von Vollmachten ausgestattete und zum Testamentsvollstrecker berufene Moenig in den Jahren 1966 und 1970 extrem weit. Beim ersten Mal schrieb der Statthalter die damals schier abenteuerliche Summe von 68 Millionen Mark in sein Scheckbuch, um den Münchner Martens-Verlag zu erstehen. So kam Bauer in den Besitz der Illustrierten ‹Quick› und ‹Revue›, die mit der 1963 erworbenen ‹Neuen Illustrierten› zu ‹Neue Revue› vereinigt wurde. Beim zweiten Kaufrausch schlug Moenig elfmal zu – die wichtigsten Deals von 1970 waren ‹Auto-Zeitung› und ‹Selbst ist der Mann›, womit der Bauer-Verlag ins Feld der Spezialpresse zog; daneben stieg er bei den Roman-Verlagen Erich Pabel und Moewig sowie dem Rätsel-Haus Alfons Semrau ein. Zwischen 1948 und 1974 fädelte Moenig nicht weniger als 35 große Transaktionen ein – «Einkaufen macht so viel Spaß», erklärte der gebürtige Schlesier und vergaß schon mal, etwa beim Kauf von ‹Bravo› und dem ‹Neuen Blatt›, daß auch Mehrwertsteuer gezahlt werden muß. Bei der «Bauerei» bewies er «einen gewissen infantilen Stolz» (‹Christ und Welt›) sowie hemdsärmelige Methoden – für nichts war sich Moenig zu schade. Unter dem robusten Finanzmann litt Kunstfan Heinz Bauer, seit er 1961 im Top-Management des überaus bescheidenen Konzerns arbeitete. Eng auf eng saß der Verlegersohn mit seinem Vater und dem omnipotenten Generalbevollmächtigten in einem mittelgroßen Büro, das ein einziges Telefon mit Schwenkarm aufwies. Da man keine Geheimnisse voreinander hatte, wurde der Apparat bei Anrufen kurzerhand kreuz und quer über den Schreibtisch manövriert – ein höchst unkompliziertes «Management by Schwenkarm».

Mit allerlei Kapriolen hielt Moenig seine Umgebung in Atem. Hatten seine Lieblingskicker vom Hamburger SV verloren, konnte er vielen Erzählungen zufolge für zwei Tage im Amüsierviertel Reeperbahn untertauchen. Größere Rechnungen pflegte der mit drei Millionen Mark Jahresgehalt dotierte Manager, wenn ihm danach war, auf Bierdeckeln festzuhalten, einmal kam so angeblich eine Zeche von 17 000 Mark zusammen. Die ‹FAZ› psychologisierte über Moenig: «Niemand weiß so recht, wie weich der Kern ist, der hinter der rauhen Schale des scharf geschnittenen Gesichts steht.» Er erschien der Zeitung als «herber Unternehmertyp, der wenig von keep smiling hält». Wenig zu lachen hatte vor allem der künftige Erbe, Heinz Bauer, der Anfang der siebziger Jahre mit Gewalt nach Profil suchte – und ausgerechnet auf dem Minenfeld der Politik, das Moenig so konsequent mied, umherstolperte. Plötzlich entwickelte sich die Burchardstraße zum Kampfplatz gegen die ans Ruder gekommene sozialliberale Koalition. 1970 präsentierte der Junior-Chef beispielsweise auf einer Konferenz mit Blattmachern und Anzeigenkunden stolz den CSU-Oberen Franz Josef Strauß als politischen Experten; im Kronberger Kreis, einem Anti-Brandt-Zirkel des Nadelstreifen-Establishments, war Heinz Bauer neben Franz Burda und Axel Springer gern gesehenes Mitglied. Seinen Sonnenschein-Blättern verpaßte der stürmische Erzkonservative eine Radikalkur, offenbar mit dem Ziel, Springer rechts zu überholen. ‹Quick› versuchte sich als kampfwütiges Oppositionsblatt und machte bärbeißig Front gegen Wirtschafts- und Ostpolitik. So hieß es über die Jusos: «Sie wollen eine westdeutsche DDR.» Plakativ verkaufte das Bilderblatt seine Hetzkampagne mit dem Slogan: «Man beruft sich auf ‹Quick› …, weil ihr Herz rechts schlägt.» Der missionarische Eifer beschäftigte sogar Staatsanwaltschaft und Kriminalpolizei, die nach Veröffentlichung geheimer Bahr-Papiere und Briefen des Wirtschaftsministers Schiller in der Konzernzentrale und in der Münchener ‹Quick›-Redaktion anrückten. Viel schlimmer war, daß die neue Linie beim Leser nicht verfing und die Auflage beständig bröckelte. Wie ‹Quick› schlugen auch die zwischenzeitlich extrem politisierten ‹Neue Revue› und ‹Praline› nach 1972 einen sanfteren Kurs ein. Die derbe Polit-Postille ‹Aktuelle Woche› tanzte nur einen Sommer, sie verschwand in der versüßten ‹Praline›.

Heinz Bauers rechte Abenteuer fanden ein ebenso schnelles Ende wie der 1970 unternommene Versuch, eigenständig einen Deal gehobener Güte zustande zu bringen. Kaum war Lehrherr Moenig in Kur gegangen, wollte der damals 32jährige mit Generalvollmacht ausgestattete Jung-Manager zusammen mit Geschäftsführer Manfred Hintze dem Rivalen Gruner + Jahr ein Schnippchen schlagen und ihm sein soeben erworbenes Börsenmagazin ‹Aktionär› wieder abluchsen. Nachträglich gab Bauer bei ‹Aktionär›-Altbesitzer Hans Joachim Bernecker ein höheres Angebot ab, der auch prompt den Verkauf an Gruner + Jahr einseitig stornierte und mit dem spendableren Freier abschloß. In dem folgenden Rechtsstreit einigten sich die Konzerne gütlich, ‹Aktionär› kam, wie nicht anders vorauszusehen, zu Gruner + Jahr. Der genesene Moenig, maßlos verärgert über Juniors Overpitch, mußte die Einigung aushandeln. Anfang der achtiger Jahre dann trat Moenig, der nie auf seine Gesundheit geachtet hatte, von der Kommandobrücke ab; 1986 verstarb der legendäre Manager. Obwohl Heinz Bauer, seit dem Tod des Vaters 1984 Alleinbesitzer, oft unter dem schurigelnden Generalbevollmächtigten gelitten hatte, bezeichnete er Moenig in einem Nachruf als «Architekten des Unternehmens».

*

Im Gegensatz zu anderen großen Medienkonzernen der Republik führt die Verlagsgruppe Bauer hauptsächlich eine Produktgruppe: Zeitschriften. Während die Konkurrenz von Datenbanken bis Filmfirmen viele Verlockungen bereithält, dreht sich die Welt von Heinz Bauer um bunte Blätter. Vom All-Medien-Konzept mußte er sukzessive Abschied nehmen, obwohl sein Verlag in der kräftigen Nachkriegsexpansion nichts unversucht gelassen hatte, um neue Saiten aufzuziehen. Doch entweder verhinderten die ehrgeizigen Renditeerwartungen riskante Investitionen, oder aber das Image als «Schmuddel-Bauer» sorgte für stürmische Proteste, woraufhin sich ein Rückzug empfahl. Als Moenig 1969 Richard Gruners Anteil an Gruner + Jahr kaufen wollte, drohten Redakteure mit Streik, die anderen Gesellschafter erwogen einstweilige Verfügungen. Der Deal kam nicht zustande.

Anfang der Siebziger gerieten die regionalen Zeitungsmärkte in das Blickfeld von Heinz Bauer und dem anfänglich skeptischen Siegfried Moenig. Im Oktober 1970 kam das Duo tatsächlich zum Zug und kaufte die ‹Norddeutsche Rundschau› in Itzehoe. Es sollte der Brückenkopf für einen generalstabsmäßig vorbereiteten Feldzug im norddeutschen Zeitungsterritorium werden. So gründeten die beiden Strategen in Husum eine ‹Nordfriesische Rundschau›, die aber nach sieben verlustreichen Monaten vom Markt verschwand. Die Startauflage von 20 000 Exemplaren war zum Schluß auf ein Viertel geschrumpft. Auch die Basis in Itzehoe hielt nicht lange – der Widerstand der alteingesessenen Verleger erwies sich als unüberwindbar. Bestürzt über die Bauer-Attacke hatten die schleswig-holsteinischen Zeitungsherren eine Auffanggesellschaft gegründet, weil sonst die Heimatpresse Gefahr liefe, «ihre Unabhängigkeit» zu verlieren. Daraufhin entsandte der Hamburger Konzern von Itzehoe aus Abonnenten-Werber in das Gebiet der benachbarten ‹Dithmarscher Landeszeitung›. Äußerst besorgt über das aggressive Vordringen des Bauer-Verlags zeigten sich neben den Verlegern auch Landespolitiker wie der FDP-Chef Ronneburger, der lautstark regionale Pressekommissionen im Kampf gegen Konzentration forderte. Die Wellen der Empörung legten sich nur langsam nach dem Rückzug von Bauer im Jahr 1975, als die ‹Nordddeutsche Rundschau› an den Heinrich Möller Verlag in Rendsburg ging. Heute spekulieren Beobachter in regelmäßigen Abständen pressewirksam, daß sich der Zeitschriftenkonzern doch wieder eine Tageszeitung zulegt – ebenso regelmäßig Grund für Dementis.

Gleich dem Heimatausflug in Itzehoe scheiterte auch das 1972 vier Monate lang verwirklichte Projekt, mittels einer ‹Stadtillustrierten›, die fünf auflagenstarken Bauer-Gazetten beigelegt wurde, die anzeigenträchtigen Regionalmärkte zu knacken. Die Zeitungsverleger vor Ort zeigten wie gehabt die Krallen und lehnten beispielsweise Bauer-Anzeigen für das neue Medium ab. Es dauerte mehr als fünfzehn Jahre, bis der Konzern sich mit einer 50prozentigen Beteiligung an ‹Avis› erneut ein, wenn auch schwaches, regionales Standbein schaffen konnte. Das in Hamburg und Düsseldorf verbreitete Offertenblatt – Anzeigen sind gratis, Exemplare gibt es nur gegen Geld – reichte den Bauer-Managern schon bald nicht mehr aus, in Wien erstanden sie den ähnlich ausgerichteten ‹Bazar›. Bei ‹Avis› wurde Bauer übrigens erstmals seinem Prinzip untreu, nur dreistellige Beteiligungen, also hundert Prozent, einzugehen.

Im Feld der elektronischen Medien, auf das sich bundesdeutsche Verleger mit großem Gestaltungswillen stürzten, hielten sich Heinz Bauers Manager aus Angst vor Verlusten zurück. Sie fürchten, aufgrund der vielerorts zusammengeschweißten Anbietergemeinschaften nur allzu gering an erwirtschafteten Erträgen beteiligt zu sein. Erst um die Jahreswende 1983/1984 wurde ein Drei-Mann-Team rund um den damaligen ‹Playboy›-Chefredakteur Fred Baumgärtel aktiv; ihr entwickeltes ‹Bauer TV› sendete bis 1986 jede Woche 140 Minuten Rock und Pop auf ‹Sat 1›. Dann hatte es das Bauer-Management satt, bei unsicherer Erlöslage jährlich 15 Millionen zu investieren, während der

Großgesellschafter Leo Kirch bei ‹Sat 1› en gros seine Filme ablieferte – das Hamburger Medienhaus sagte dem Mainzer Sender und damit dem Kommerz-TV erst einmal ade. Verhandlungen über Beteiligungen an ‹RTL plus› und der Münchener ‹Musikbox› scheiterten. In der weiß-blauen Landeshauptstadt waren die Verträge beim ‹Tele 5›-Vorgänger schon ausgehandelt, im letzten Augenblick aber kniff der als starker Gefährte auserkorene Burda-Verlag. Geschäftsführer Peter Heidenreich mag zwar für die Zukunft TV-Engagements nicht ausschließen, sagt aber gleichzeitig: «Mit einer Dominanz der Kirch-Gruppe würden wir uns nicht abfinden.» Er trauert der vergebenen Chance nach, eine Anbietergemeinschaft mit allen deutschen Großverlagen zu formieren: «Da hätte man sich sehen lassen können.» Inzwischen ist ‹Bauer TV› komplett aufgelöst worden, ein 25prozentiger Anteil bei ‹Radio Hamburg› ist die einzige Privatfunk-Tat.

Auch bei branchenfremden Beteiligungen, die der dafür zuständige Geschäftsführer Bolls seit 1978 einging, ist eine Strategie der schrittweisen Reduktion unverkennbar. So ging die unter Umsatzschwindsucht leidende amerikanische Supermarktkette Winn's Stores in Heinz Bauers Privatbesitz über. Die Elba Maschinenfabriken aus Ettlingen mußte im September 1986 Vergleich anmelden – Bauer habe plötzlich die Lust verloren und «uns im Regen stehen lassen», kommentierte ein Marketingmanager damals. Fremdbilanziert wird inzwischen die Brillenfirmen Optyl, die Bauer 1978 völlig überraschend für 54 Millionen Mark von dem österreichischen Industriellen Wilhelm Anger gekauft hatte; dort gibt der frühere Pabel-Moewig-Chef Winfried Blach heute den Ton an und darf neue Verkaufsschlager, wie Sehhilfen der Marke «Christian Lacroix», promoten.

Alle Kraft im Bauer-Imperium gilt nun wieder den Zeitschriften, die nach 1975 notgedrungen in Eigenverantwortung gegründet werden mußten. Zum einen war der Markt leergefegt, zum anderen drohten Komplikationen mit dem Kartellamt. So kam es zur Geburt von ‹Tina›, einer Zeitschrift «für die Frau von heute», in der eine Reihe von praktischen Tips katalogähnlich aufbereitet werden. Nur unwesentlich unterscheidet sich die drei Jahre später auf die Welt gekommene ‹Bella›; sie bietet immerhin einige Hilfen für das richtige Frauenbewußtsein, etwa in einer Serie «neue Wege zu einer harmonischen Partnerschaft». Heinz Bauers bislang letzte große Frauen-Innovation im Inland waren die 1986 mit rund 40 Millionen Mark eingeführte Zeitschrift ‹Maxi› und das Spin-off-Produkt ‹Bravo Girl›.

Immer stärker rücken inzwischen Spezialtitel wie ‹Wohnidee› und ‹Selbst ist der Mann› ins Visier, auch wenn sie derzeit erst ein Zehntel des Bauer-Umsatzes ausmachen. Dazu gibt es keine Alternative, wenn der Konzern weiter wachsen will: Die alten Brotobjekte wie ‹Neue Post› oder ‹TV Hören und Sehen› stagnieren auf hohem Niveau.

Kultur und Inhalt der populären Zeitschriftenpalette sind universell lebensfähig. Längst weiß das internationale Publikum die Meisterschaft von Heinz Bauer in Sachen leichte Unterhaltung und Nutzwert zu schätzen: «Was wir uns im Ausland vorgenommen haben, das haben wir auch erreicht», verkündet der Verleger, dessen ‹Tina› zunächst 1981 in den USA als ‹Woman's World› erschien. Obwohl seine cleveren Vertriebsleute das Frauenblatt nicht im Presseregal, sondern an den viel attraktiveren Computerkassen von 200 000 Supermärkten plazierte, dauerte es sechs Jahre, bis sich das mit hundert Millionen Dollar in den Markt gedrückte Objekt durchsetzte. Im Februar 1989 legte Heinz Bauer eine weitere Großinvestition vor: Auf bewährtem Weg, über Supermarktkassen, bot sich das Ein-Dollar-Blatt ‹First for Woman› in einer Startauflage von 7,8 Millionen Exemplaren den anvisierten Mittelklasse-Damen an. Die Konkurrenz mußte deutliche Auflagenverluste hinnehmen. Auslandsmanager Wiederholz, der von New York aus die Geschäfte in den USA und in England steuert, ist stolz auf die harte Gangart, mit der er das Bauer-Baby durchboxte: «Ich habe den großen Ladenketten ein Telex geschrieben: Wenn ihr euch bis zum 12. Dezember entscheidet, uns zu plazieren, bekommt ihr viel Geld, entscheidet ihr euch am 13., gibt's nur noch wenig. Am 12. lief unser Telefax heiß von den vielen Zusagen», erinnerte sich der Mittvierziger im ‹Manager Magazin›. Seine Philosophie: «Die Grundbedürfnisse von Frauen überall auf der Welt sind gleich. Wohnen, Mode, Sex – you name it.»

In Europa sind mit der französischen ‹Maxi› und der englischen ‹Bella› weitere ‹Tina›-Ableger auf dem Markt; die spanische Verlagstochter macht die Programmzeitschrift ‹TV plus›, in Italien verlegt Bauer die Comic-Schrift ‹Bussi L'Orso›, die Mitarbeiter in Paris machen ‹Marie France›. Weil man sich aber zu lange mit dem US-Geschäft abgab, fielen die schönsten Gelegenheiten an Gruner+Jahr-Manager Axel Ganz. Der ehemalige Bauer-Manager und ‹Tina›-Erfinder etablierte vor allem in Frankreich und England zahlreiche Neuentwicklungen wie ‹Prima› oder ‹Best›.

Während die Bauer-Inlandsgeschäfte im Jahr 1988 nur um rund drei Prozent zunahmen, wuchs der Auslandsumsatz um 25 Prozent auf dreihundert Millionen Mark – bei weiter steigender Tendenz. Geschäftsführer Gerd Bolls glaubt, «daß man qualitativ hochwertige Zeitschriften in allen Märkten der Welt durchsetzen und verkaufen kann, unabhängig davon, ob es drei oder 30 Fernsehprogramme gibt». Für zwei französische Titel galt die Analyse nicht:

Bauer scheiterte sowohl mit der ‹Playboy›-Lizenz als auch mit der Wochengazette ‹Aujourd' hui madame›, die es auf nur 43 Ausgaben, aber zehn Millionen Mark Verlust brachte. Publizistisch war das Defizitblatt aufgefallen, als es die Kino-Kultfigur Isabelle Adjani zur Aidskranken stempelte, woraufhin sich die überaus gesunde Schönheit erfolgreich vor dem Kadi wehrte.

Zu den stagnierenden Zeitschriften gehören die anspruchsvollen deutschen Bauer-Titel. Als 30 Millionen Mark teurer Flop entpuppte sich das Magazin ‹Chancen›, das jeden Monat Tips im persönlichen Umgang mit Umweltschäden geben wollte. Der Schöpfer des Blattes und erste Chefredakteur, Klaus Maxeiner, veröffentlichte nach Bauers-Geschmack zu viele industrie-kritische Artikel, die die Anzeigenklientel verprellten, aber nicht genügend Käufer brachten. Als Maxeiner dann auch noch beredt gegen die öko-schädigende Privatfliegerei in Deutschland zu Felde zog, war es mit dem Wohlwollen von Hobbypilot Bauer, der mit seinem Falcon-10-Jet liebend gern Runden über der norddeutschen Geestlandschaft dreht, vollends vorbei. Der Journalist war chancenlos, sein Nachfolger brachte das Blatt mit Camping-Themen endgültig über den Jordan. Der Abonnentenstamm ging schließlich an die Zeitschrift ‹Natur›, wo Maxeiner heute Chefredakteur ist.

Hinundheraktionen sind auch bei ‹Esquire› festzustellen. Die mit einem Werbebudget von 3,5 Millionen Mark eingeführte Männerzeitschrift kommt über eine Auflage von 65 000 Exemplaren nicht hinaus. Nach dem Weggang des ersten Chefredakteurs Axel Thorer änderte der vom Spiegel-Verlag gekommene Rolf Diekhof radikal das Konzept: Statt langen Reportagen und literarischen Texten offerierte er gleich im Debütheft enervierend viele Lifestyle-, Gourmet-, Auto- und Anlagetips – weder Fisch noch Fleisch. Mit seiner ersten Titelgeschichte über den zwei Jahre zuvor gefeierten Popstar Madonna zeigte sich Diekhof nicht ganz auf der Höhe der Zeit.

Bei einer Auflage von 120 000 Exemplaren krebst die junge, früher spontihafte Zeitgeistillustrierte ‹Wiener› herum, die der österreichische Werber Hans Schmid im Herbst 1987 zur Überraschung der Branche an Bauer verkaufte. Selbst reißerische Sex-Tests mit und an DDR-Übersiedlern oder die Kampagne «Rettet die Welt» halfen nicht aus dem Auflagen- und Anzeigenloch. Das liegt an Konkurrenten wie dem Fast-Plagiat ‹Tempo› aus dem Jahreszeiten-Verlag oder ‹Coupé› von Klaus Helbert. Zum gleichen Zeitpunkt, als sich ‹Wiener›-Anzeigenleiter Paul Rusch noch «beleidigt» zeigte, falls jemand sein Objekt mit ‹Coupé› «mißt oder vergleicht», beteiligte sich Bauer zu 50 Prozent an dem Erfolgsblatt – Rusch darf nun die Anzeigen für Helbert mitverkaufen. Der junge Wiesbadener ist das neue Idol im hanseatischen Konzern, schließlich verkauft er monatlich über 300 000 Hefte. Unterstützt von anonymen Geldgebern und der größten deutschen Mediaagentur HMS, die über rund 850 Millionen Mark Werbegelder disponiert, brachte Helbert die automobile Gazette im Zickzackkurs auf Hochgeschwindigkeit. Erst eine Art Kulturblatt, dann ein junges Wirtschaftsmagazin, kam der Erfolg schließlich mit nackten Teenies auf dem Cover, Paparazzi-Serien aus der Jet-Set-Welt und Ratgeber-Rubriken («So stechen Sie Ihre Konkurrenten aus») – eine bewährte Mixtur. Aufsteiger Helbert, der Bauer als «absolut schnellsten, cleversten und fairsten Partner» lobt, will nicht gerade unbescheiden eine «Bravo für Ältere» machen – die für Spötter jedoch zur «‹Praline› für Jüngere» geworden ist. Wie auch immer – das Blatt paßt exzellent zur Bauer-Range. Nachdem Heidenreich mit dem amerikanischen Time-Life-Konzern um eine Lizenz für das Wirtschaftsmagazin ‹Fortune› verhandelt hatte, war er dem Vernehmen nach zur Erkenntnis gekommen, daß sein Haus einen High-Quality-Titel dieser Art nicht machen könne – beziehungsweise es ihn niemand so recht glauben würde.

*

Früher war Heinz Bauer durchschnittlich nur an zwei Tagen in der Woche im Verlagshauptquartier gegenüber dem Chilehaus anzutreffen. Jeden Donnerstag, gegen Abend, gab es einen Jour fixe, bei dem die Führungskräfte des Hauses zum Rapport antraten. Ansonsten studierte der mächtige Unternehmer incognito Betriebswirtschaftslehre; mit einem grauen VW-Transporter fuhr er an der Hamburger Universität vor. Der Lebensrhythmus änderte sich nach einem tragischen Schicksalsschlag, mit dem Heinz Bauer seinen vierjährigen Sohn verlor. Seitdem nutzt der Vater von vier Töchtern viel häufiger seinen eigenen Fahrstuhlschlüssel, um unerkannt in den achten Stock seines Verlagshauses zu gelangen. Dort, wo die Spitzen in unmittelbarer Nähe zueinander residieren, präsentiert sich Bauer als ehrgeiziger, kreativer Verleger. Intensiv denkt der Mogul, dem das US-Magazin ‹Forbes› ein Vermögen von über einer Milliarde Dollar zutraut, über das Auf und Ab seiner Titel und die künftige Strategie nach. Dafür qualifiziert ihn eine fast zwanzigjährige Praxiserfahrung und großes handwerkliches Verständnis. Wie sein Vater erlernte der Konzernherr parallel den Beruf des Setzers und Druckers, weshalb er sich «Schweizer Degen» nennen darf. Außerdem legte der Verlagserbe im eidgenössischen Zug eine Handels-Maturitätsprüfung ab.

Obwohl Bauer das BWL-Studium inzwischen an den Nagel gehängt hat, erstaunt sein geheimer Drang nach den Weihen der höheren Bildung nach wie vor. Schließlich war «Über-Akademisierung» eine beliebte Vokabel, mit der Wortführer des Hauses jahrelang den Zustand der Republik charakterisierten und geißelten. Während der Phase des Studierens setzte Heinz Bauer neue Akzente: Er wolite die unternehmerische Basis verbreitern und Reformen an Haupt und Gliedern durchsetzen. Der Öffentlichkeit wurde dies klar, als der Multimillionär im Juni 1987 den Kunstrummel «Luna Luna» mit ein paar leisen Sentenzen eröffnete. Das Budenfest auf der Hamburger Moorweide, von Multimediakünstler André Heller erdacht und von Starkünstlern wie Keith Haring vollzogen, sollte die Zweifler vom kreativen Coming-out überzeugen. Das PR-Projekt entwickelte sich von Anfang an anders als geplant; urspünglich als Imagerakete für das vor dem Start stehende Magazin ‹Esquire› erdacht, schlupfte schließlich die schlüpfrige ‹Neue Revue› in die Rolle des Sponsors. Sie hatte nicht viel davon: andauernd regnete es, die Besucher stapften im Sumpf umher. Durch den vorgezogenen Verkauf der «Luna Luna»-Rechte an die Heller Werkstätten wurde der Verlust für Bauer auf 13 Millionen Mark beschränkt. Ursprünglich sollte der Zauber fünf Jahre lang in der ganzen Republik zu genießen sein.

Solche Pleiten steckt das rentable Haus, in dem jährlich schätzungsweise zwischen 200 und 300 Millionen Mark Gewinn anfallen, locker weg. Die Bauer-Kommanditgesellschaft ist eines der raren deutschen Medienunternehmen, in denen Sparpotentiale kaum anzutreffen sind. Die Redaktionsetats sind knapp kalkuliert, das Controlling ist effektiv, administrative Wasserköpfe fehlen. Die sorgsamen Abrechnungspraktiken des Hauses sind sogar vielen Wirten in der Hamburger Innenstadt geläufig. Bittet der Gast um eine Quittung mit detaillierter Aufzählung der konsumierten Speisen und Getränke, kommt schon mal die Frage: «Arbeiten Sie bei Bauer?» Selbst Heinz Bauer mußte sich belehren lassen, daß auf Taxi-Rechnungen die Mehrwertsteuer ausgewiesen werden muß. Sein Vater war ein nimmermüder Streiter für Sparsamkeit: Abends knipste er persönlich das Licht in den Abteilungen aus. Und von Moenig ist bekannt, daß er höchst penibel rechnete: «Wer bei mir über 4 000 Mark im Monat verdient, den nehme ich jedes halbe Jahr wie eine Henne hoch, um zu zählen, wie viele Eier gelegt sind.» Gruner + Jahr-Vorstand Rolf Wickmann hat einmal die Produktivität seiner Verwaltungsspitzen mit der Arbeitsleistung im Bauer-Konzern verglichen und vor Entsetzen die Hände über dem Kopf zusammengeschlagen. Der Rivale kommt ohne eine mittlere Entscheidungsebene aus, die in der Bertelsmann-Tochter nötig erscheint – so etwas schlägt zu Buche, provoziert aber auch Muddling-through-Management.

Bauer ist ein Haus der kurzen Wege – es gibt, anders als bei Augstein, Springer & Co., kein Gremienwirrwarr, keinen Aufsichtsrat, keinen Redaktionsdirektor, keinen Redaktionsbeirat. Stammesfehden sind unbekannt, schon Ende der fünfziger Jahre unterzeichneten die beiden Schwestern von Heinz Bauer, Marlies Hollmann und Heike von Alten, Erbverzichtsverträge. Sie dürfen sich über die satte Dividende freuen, die für ihre beiden Zwei-Prozent-Anteile anfällt. Heinz Bauer, der 1958 erstmals zehn Prozent übernahm, ist heute mit dem Besitz von 96 Prozent der Anteile unumschränkter Herrscher. Weil er stets das letzte Wort sprechen will, gerät der Entscheidungsprozeß trotz schlanker Verwaltung ins Stocken. Beispiel Wien: Dort benötigten die Geschäftsführer Bolls und Heidenreich viele Verhandlungsrunden und Flugkilometer, um mit dem verkaufswilligen Verleger der ‹Kronen-Zeitung›, Hans Dichand, einen Vertrag unterschriftsreif auszuhandeln – letztlich vergeudete Energie. Zwar haben die beiden Top-Manager viele Vollmachten, seit 8. Oktober 1981 aber keine Einzelvertretungsberechtigung mehr – bei wichtigen Dingen müssen sie den Verleger fragen. Im Fall der ‹Krone› zögerte Heinz Bauer, obwohl in klarer Favoritenstellung, ein klein wenig zu lange – Dichand ärgerte sich, es nur mit der zweiten Garde zu tun zu haben und schloß mit den voll handlungsfähigen WAZ-Geschäftsführern ab.

Diplomkaufmann Bolls (Jahrgang 1941) und Jurist Heidenreich (Jahrgang 1936) bilden in der vierköpfigen Geschäftsführung ein eingespieltes Team, das Anfang der achtziger Jahre Moenigs Nachfolge antrat. Bolls weiß die Hausmacht Nummer eins, den Vertrieb, hinter sich. Immerhin stammen siebzig Prozent der Erlöse aus dem Verkauf der Blätter, der Anzeigenanteil ist unvergleichlich niedrig. «Notfalls bringen wir auch selbst Zeitschriftenpakete zum Hauptbahnhof», verdeutlicht Pressesprecher Roman Köster die Vertriebsorientierung im Bauer-Reich.

1968 begannen die Verantwortlichen über die Wiesbadener Verlagsunion mit dem Bau eines eigenen Distributionsnetzes. Zwei Jahre später führte die Weigerung zweier Hamburger Großhändler, einer Reduktion der Handelsspannen zuzustimmen, zur weiteren Ausdehnung. Erst stornierte der Verlag seine Verträge, dann kaufte er kurzerhand die konkursreife hanseatische Grossofirma Ernst Dunckel auf, bot anschließend den anderen Vertriebsfirmen und etlichen Verlagen Zusammenarbeit an und gründete zu guter Letzt – als alle Verbundpläne nichts fruchteten – den Pressevertrieb Nord. Dort betreiben heute 200 Mitarbeiter den Medien-Großhandel für den Großraum Hamburg; weitere 180 Angestellte sorgen bei der Verlagsunion für den nationalen und internationalen Vertrieb von Printware. Die hessische Filiale erhält bald den

Zuschlag für den Auslandsvertrieb aller Bauer-Gazetten, der seit Moenigs Zeiten von der Gruner + Jahr-Firma DPV/Buchhansa abgewickelt wurde.

Die starke Organisation sichert Bauers Rolle als Auflagenchampion der Nation und nötigt sogar der Konkurrenz viel Respekt ab. Der Marktanteil seiner 28 inländischen Publikumstitel liegt bei rund 20 Prozent, Springer und Burda bringen es nur zusammen auf diese Quote. Knapp 36 Millionen Mark erlösen Bauer-Objekte wöchentlich nach einer Berechnung der Fachzeitschrift ‹Media Perspektiven› im Vertrieb, die anderen Großkonzerne Gruner + Jahr, Springer und Burda kommen jeweils auf nur rund 15 Millionen. Aufgrund der fulminanten Verkaufsbasis hat die Bauer-Gruppe in Rezessionen stets gut ausgesehen. Während bei vielen anzeigenabhängigeren Verlagen Krisenstimmung ausbrach, steckte der nordische Massen-Spezialist die Flauten von 1975 und 1983 leicht weg. Nach einer alten Moenig-Regel muß der Einzelverkaufspreis einer Zeitschrift – bei den auflagenstarken Titeln derzeit rund zwei Mark – bereits die anfallenden Kosten decken, für den Gewinn sollen die Anzeigen sorgen. Gleichwohl bedauern die Marketingstrategen rund um Günther Schöttler und Verkaufschef Heinz A.F. Bauer (Branchenspott: «der arme Bauer») außerordentlich, keinen einzigen Titel in der wichtigen «Leseranalyse Entscheidungsträger (LAE)» zu haben. Günstige Resultate in diesem Marktforschungszirkel sorgen quasi automatisch für fette Aufträge von edlen Markenartiklern. Doch selbst der einstige Hoffnungsträger ‹Esquire› scheint weit von dem LAE-Ziel entfernt. Um die Werbekunden zu locken, kamen die Bauer-Experten auf die Idee, eine Reihe von Anzeigenkombinationen mit entsprechenden Rabatten zu offerieren. So sinkt in der «Basis-Kombination» der Preis erheblich, wenn eine Reklameseite gleichzeitig in ‹Quick›, ‹Neue Revue›, ‹TV Hören und Sehen› und ‹Fernsehwoche› erscheint. Auch einen «Euro-Rabatt» für die Auslandszeitschriften hat die Anzeigenleitung im Programm.

Die starke Verbundphilosophie nutzte Arbeitsminister Norbert Blüm für eine reportagenhafte, mehrseitige Rentenreformkampagne, die sich den Lesern von ‹Quick›, ‹Neue Post› und anderen Gazetten im redaktionellen Gewand mit Kästen, Grafiken und einem ähnlichen Schriftbild darbot. Nur ein Miniaturvermerk «Anzeige» zeigte an, daß es sich hierbei um keine fleißige Bauer-Recherche, sondern um einzigartige Schleichwerbung handelte. Die Bonner Regierungsbeamten, denen als oberster Pressesprecher übrigens der Ex-‹Neue Revue›-Korrespondent Hans Klein dient, hatten den Auftrag exklusiv an Bauer vergeben. Vielleicht hat man es in den Augen ehrgeiziger Bauer-Manager wirklich so nötig: Während unter den zehn auflagenstärksten Zeitschriften Deutschlands die Hälfte aus dem Bauer-Arsenal stammt, taucht der Mammutkonzern in den Top-Ten der Objekte mit den meisten Anzeigenseiten überhaupt nicht auf. Insgesamt liegt Bauer mit einem Anzeigenmarktanteil von knapp 23 Prozent nur mit dem viel titelärmeren Gruner + Jahr-Verlag gleichauf.

Kurz hinter den Bauer-Vertriebsmogulen rund um Bolls kommt die Hausmacht Nummer zwei, die Chefredakteure. Zum großen Teil stehen die Lenker der Massenblätter seit Jahrzehnten auf der Pay-roll, das Wort der ins Rentenalter kommenden Journalisten ist Gesetz. Hajo Paus beispielsweise war zeitweise Deutschlands auflagenstärkster Chefredakteur: Die von ihm einst gelenkten ‹TV Hören und Sehen› und ‹Fernsehwoche› setzen rund 5,5 Millionen Exemplare jede Woche ab. Außerdem leitete der 1929 geborene Paus die Programmredaktion von ‹Auf einen Blick› – heute begnügt er sich mit ‹TV Hören und Sehen›. Seine quantitative Leadership übernahm Hartmut Klemann, der mit ‹Auf einen Blick›, ‹Neue Post› und ‹Tina› 6,6 Millionen Auflage macht. Zu den Grand-old-men gehört nach wie vor ‹Praline›-Macher Jürgen Köpcke, der sich gelegentlich auf politische Injurien versteigt und noch immer im Kalten-Krieger-Stil gegen «Genosse Brandt» wettert. Sein wertvoller Rat an die «sozialistischen Volksbeglücker aller Sorten»: «Schminkt Euch doch den ganzen Quitsch-Quatsch ab.» Ansonsten läßt «Deutschlands mutigster Journalist» (Selbstanalyse) vorzugsweise Details aus deutschen Betten verbreiten.

«Berufliche Erfahrung und Fingerspitzengefühl» nannte ‹TV Hören und Sehen›-Chefredakteur Paus bei einem Vortrag an der Bochumer Universität als erstes wichtiges Kriterium, um erfolgreich sein Blatt machen zu können. Weitere Notwendigkeiten seien die Analyse und Auswertung von Telefonanfragen und Leserbriefen, ehe Paus schließlich zum Lob auf die Marktforschung ansetzte. Die schreibt der Bauer-Verlag groß: Durch wöchentliche repräsentative Umfragen wird ermittelt, welche Themen auf besonderes Interesse stoßen. Für diese Feldarbeit ist seit Jahrzehnten der Hamburger Karl-Heinz Kehrmann mit seinen Computern und Mitarbeitern zuständig. Die Marktforscher versehen die analysierten Beiträge mit farbigen Klebemarken und stellen mithilfe einer komplizierten Kehrmann-Formel Rangreihen auf. Die weitreichende Copytest-Aktivität führt auch zur optimalen Gestaltung der Titelbilder – «Skin and sin» bringt Gewinn.

So stark sich die Chefredakteure auch fühlen können – der Weg in die Geschäftsführung ist ihnen verbaut. Das gilt sogar für den ehrgeizigen ‹Neue Revue›-Vorsteher Richard Mahrkorn, der erkannt hat, «daß es auf dem Gebiet zwischenmenschlicher Beziehungen immer noch einen großen Nachholbedarf gibt». Seine Frau Erika Berger, bekannt als Sex-Nachhilfelehrerin von ‹RTL plus›, rät in ihrer «vertraulichen Sprechstunde» schon mal zu «gegenseitigen, leichten Schlägen auf den Po». Daß der Bauer-Corpsgeist groß geschrieben wird und individuelle Staralüren befremdlich wirken, mußte der ehemalige ‹Quick›-Chefredakteur Egon F. Freiheit schmerzlich erfahren. Der politische Rechtsaußen gab unentwegt Statements zu Zeitfragen ab, ließ aber Betriebsklima und Auflage mehr und mehr absacken – eine tödliche Konstellation. Der Schweizer Profi Peter Balsiger mußte die Illustrierte wieder auf Kurs bringen. Bei Bauer gilt: Erst kommt das Objekt, dann das Haus und zuletzt erst die Person. Selbst der erfolgreiche Manager Wiederholz dürfte kaum nach dem Gusto seines Brötchengebers verfahren haben, als er sich auf dem Cover des ‹Manager Magazins› in der Pose der amerikanischen Freiheitsstatue mit US-Flagge und einigen Bauer-Magazinen vorstellte und sich im Text öffentlich rühmte, bei seinem Amtsantritt in New York fast die gesamte Redaktionsmannschaft von ‹Womans's World› gefeuert zu haben.

Wer die Kärrner-Mentalität im Hause Bauer verinnerlicht hat und originelle Zeitschriftenideen verkündet, wird förmlich zur Karriere getrieben. Es herrscht eine ausgesprochene Macherphilosophie: hinsetzen und entwickeln lautet die Parole, ganz nach der spontanen Art des Hauses. Viele Projekte liegen in den Schubladen; zu vielen Blättern, die andere Konzerne auf den Markt bringen, hat Bauer ein Pendant. Kommen sie auf den Markt, gewähren die Bauer-Verantwortlichen inzwischen etwas mehr Zeit als früher Moenig, der spätestens nach zwei Jahren schwarze Zahlen sehen wollte. Die Geschichte des Verlages weist dementsprechend viele publizistische Versuchsballons aus, die kurz nach dem Aufsteigen platzten: von ‹OK› (1965) bis ‹Lohnsteuer Aktuell› (1974), von ‹Woche aktuell› (1971) bis ‹Motor Poster› (1978).

Hinter den mächtigen Vertriebsmanagern und Chefredakteuren haben die Verlagsleiter in den publizistischen Profit Centern von Bauer einen schweren Stand. Im Stammhaus in Hamburg erscheinen unter Manfred Braun die großen Massentitel, die den Aufstieg der Gruppe ermöglichten. In Köln dirigiert Günter Wiechmann die Spezialtitel, wobei der schnauzbärtige Manager in einmaliger Personalunion bei der ‹Auto-Zeitung› auch noch als Chefredakteur wirkt und sich beispielsweise den Kopf über das optimale Porsche-Design zerbricht. In München sitzen die besseren Objekte des Hauses wie ‹Quick›, ‹Wiener›, ‹Esquire›, ‹Playboy›, ‹Bravo› und ‹Bravo-Girl›, für deren Wohlergehen Henning Lauer zuständig ist. Der ehemalige Amerikamanager ersetzte Mitte 1989 überraschend den zu Fall gekommenen Hans-Dieter Möller, der vorher für die schwierige technische Anbindung an das Produktionszentrum in Köln gesorgt hatte. Und schließlich sitzt in Wiesbaden ein weiteres Bauer-Kraftpaket, das Manfred Bosse verantwortet: Hier wurde die «Rastatter Gruppe», also vor allem die Verlage Moewig und Pabel (‹Fix und Foxi›), mit der Verlagsunion vereinigt.

Bauer, der innovative Konzern, hat sich erst seit der «Luna Luna»-Zeit geöffnet – ein Stückchen Glasnost in der Burchardstraße. Plötzlich wurden Jahrespressekonferenzen und Informationsreisen möglich, Verleger Heinz Bauer zeigte sich mit seiner Frau sogar bei der Verleihung des «Auto-Preises» der ‹Neuen Revue›. Zwar reagieren die Bauer-Manager auch heute noch bei Fragen nach Profit, Einzelerlösen und weiteren Details recht nervös, insgesamt aber stellen sie zunehmend Souveränität unter Beweis. Das war 1976 ganz anders: Damals mußte das Hamburger Amtsgericht ein Verfahren einleiten, um den Verlag zur Einhaltung des Publizitätsgesetzes zu zwingen. Gegen das Paragraphenwerk, das Gläubiger vor Bilanzrisiken schützen soll, argumentierten die voll haftenden Alfred und Heinz Bauer mit dem «Tendenzschutz»: Betriebsräte dürften auf keinen Fall Einfluß auf publizistische Leistungen bekommen. Mit dieser Rechtsauffassung gingen sie durch alle Instanzen, 1980 verloren sie endgültig. Im gleichen Jahr stritt das Haus übrigens ähnlich couragiert und erfolglos vor dem Bundesgerichtshof gegen eine Entscheidung des Bundeskartellamts und des Berliner Kammergerichts, die ein Bußgeld von zwei Millionen Mark verordnete. Gemäß den Wettbewerbshütern hatten Bauer und der Springer-Verlag im Jahre 1975 Preiserhöhungen für Programmzeitschriften miteinander abgestimmt.

Die denkwürdige Publizitätsfehde war unter anderem ein Feldzug gegen den Betriebsrat, dessen Lohn-Begehrlichkeiten nicht durch das Wissen um üppige Erlöse angestachelt werden sollte. Die jährlichen durchschnittlichen Personalkosten für einen Beschäftigten liegen bei Bauer mit knapp 68 000 Mark deutlich unter Springer (83 500 Mark), Gruner + Jahr (83 000 Mark) und Burda (71 000 Mark). Auch in fetten Jahren drang der Bauer-Betriebsrat vergeblich auf Kantinenzuschläge und sah ohnmächtig eifrigen Rationalisierungsmaßnahmen zu, wie beispielsweise 1977 bei der Schließung einer Druckerei in Hamburg. Hundert Millionen Mark hatte der Bauer-Verlag auf einem kommunalen Grundstück an der westlichen Autobahnumgehung von Hamburg investieren wollen, doch stellte die Hansestadt unter Bürgermeister Hans-Ulrich Klose in zähen Verhandlungen nur eine auf fünf Jahre befristete Betriebsgenehmigung in Aussicht. Die Verlagsmanager klagten schließlich über das schlechte Hamburger Investitionsklima und verlagerten den Betrieb zu ihrer 1968 von DuMont übernommenen Kölner Produktionsstätte. 400 Mitarbeiter

73

wurden vor die Wahl gestellt, entweder umzuziehen oder aufzuhören; der Betriebsrat wurde erst sehr spät informiert. In die Kölner Dependance investierte das Management fortan rund 200 Millionen Mark und schuf damit eine hochmoderne Tiefdruckerei, in der unter den Augen von 2 200 Mitarbeitern Woche für Woche 28 Millionen Zeitschriftenexemplare über die Rotationen laufen. Von hier aus werden alle Bauer-Zeitschriften versandt.

Die beliebteste Rechtsform im Bauer-Imperium ist aus Publizitätsgründen die Kommanditgesellschaft (KG), gefolgt von der GmbH. Seit 1974 hat der in seinen KGs stets als Komplementär auftretende Heinz Bauer über ein dutzendmal die Struktur seines Verlages verändert und ihn in mehr als zwanzig rechtlich selbständige Firmen zergliedert. Anzeigen-, Vertriebs- und Herstellungsabteilung avancierten zu autarken KG-Einheiten, für ‹Quick› gibt es eine eigene Verlags-GmbH. Gewinne und Verluste lassen sich auf diese Weise je nach steuerlichen Erfordernissen hin und her transferieren, die Arbeit des einheitlichen Konzernbetriebsrats – 1987 gegen den erbitterten Widerstand der Geschäftsführung durchgesetzt – wird erschwert. Kein Wunder, daß das Verhältnis des Verlegers zur Arbeitnehmervertretung traditionell schlecht ist.

Heinz Bauer, der finanzgewaltige Asket, geht trotz solcher Animositäten unbeirrt seinen schweren Weg, auch wenn die Veredelungsstrategie und der plötzliche hohe publizistische Anspruch – Motto: «Von elitär bis populär» – nur in engen Grenzen erfolgreich sind. Der Medienherrscher scheint heute weit entfernt von gewissen verlegerischen Fehlzündungen der ersten Jahre, in denen er beispielsweise die Hälfte einer ‹Playboy›-Ausgabe einstampfen ließ, nur weil darin der ihm verhaßte ‹Stern›-Gründer Henri Nannen in einem Interview seine Anschauungen zum besten gab. Diese Intervention kostete Bauer eine halbe Million Mark und sorgte für ein eifriges Wettsingen der Spottdrosseln.

Viele von Bauers Träumen ließen sich nicht verwirklichen, etwa eine geplante Beteiligung am Axel Springer Verlag. Aber der publizistisch unterschätzte und öffentlich ignorierte Medienunternehmer weiß, daß seine Mitarbeiter in puncto Know-how und Professionalität kaum zu überbieten sind – die Last der nackten Tatsachen läßt sich so leichter tragen.

«Einkaufen macht so viel Spaß»

Die Bauer-Chronik

1875 Der 24jährige Louis Bauer gründet in seiner Hamburger Wohnung eine Druckerei, die Visitenkarten herstellt.

1903 Gründersohn Heinrich Bauer, inzwischen Teilhaber, gliedert der Druckerei die ‹Rothenburgsorter Zeitung› an.

1913 Die ‹Hammerbrooker Zeitung› ist ein weiteres Stadtteilblatt.

1920 Eine Sportzeitung, ‹Extrablatt am Montag›, läuft aus der Druckmaschine. Alfred, Filius von Heinrich Bauer, arbeitet an diesem Objekt mit.

1925 Die Wochengazette ‹Rundfunk-Kritik›, später ‹Funkwoche› und dann ‹Funkwacht› genannt, kommt zum ersten Mal auf den Markt.

1939 Heinz Heinrich Bauer wird am 28. Oktober geboren. Sein Großvater, Firmengründer Louis, stirbt zwei Jahre später.

1943 Das Druckereigebäude in der Hamburger Burchardstraße wird teilweise ausgebombt.

1945 Umfangreiche Aufbauarbeiten: Alfred Bauer startet eine Akzidenzdruckerei, die ein Steuer- und Zollblatt sowie vor allem Lohnsteuertabellen produziert.

1946 Siegfried Moenig heuert als Bilanzbuchhalter an. Der gelernte Bankkaufmann formt in den folgenden Jahrzehnten durch energische Ankaufpolitik einen potenten Medienkonzern.

1948 Die Zeitschrift ‹Radio-Illustrierte Bremen› kommt hinzu.

1949 Nach dem Ende der alliierten Lizenzpflicht erscheint ‹Funkwacht› neu. Bauer kauft den Drei Federn-Verlag, dessen Zeitschrift ‹Funk für dich› mit der ‹Radio-Illustrierten Bremen› zum ‹Funkspiegel› vereinigt wird. Mit ‹Südwest Funkwoche› und ‹West Funk› werden zwei weitere Zeitschriften erworben.

1950 Das Objekt ‹Süd Funk› stößt hinzu, ferner gibt der Verlag ‹Hessenfunk›, ‹Bayernfunk› und ‹Südwest-Funkpost› neu heraus.

1953 Alle Rundfunkzeitschriften des Hauses werden zum Titel ‹Hören und Sehen›, der acht Regionalausgaben hat, zusammengefaßt. Mit dem Jugendtitel ‹Rasselbande› nimmt sich der Verlag ein neues Segment vor.

1954 Bauer bringt die zunächst auf Reisen, später auf Sexthemen spezialisierte Zeitschrift ‹Praline›.

1958 Der Wiesbadener Johannes Schwabe verkauft seine Objekte ‹Der neue Schnitt› und ‹Elsa Moden›.

1960 Die Titel ‹Funkillustrierte› und ‹Bildschirm› des Stuttgarter Herget-Verlags gehen an den Bauer-Verlag und werden später mit ‹Hören und Sehen› vereinigt.

1961 Generalbevollmächtigter Moenig betätigt sich zusehends als Großeinkäufer. Vom Düsseldorfer Kurt Müller Verlag ersteht er die ‹Neue Post› sowie ‹TV›, die später in ‹Hören und Sehen› aufgeht. Heinz Bauer arbeitet nach einer Handelsmaturitätsprüfung im schweizerischen Zug und einer Druckerlehre bei Broschek in Hamburg im Management des Verlags. Er hält zehn Prozent der Anteile, Vater Alfred besitzt 86 Prozent. Die beiden Schwestern von Heinz Bauer, die je zwei Prozent bekommen, unterzeichnen Erbverzichtsverträge.

1963 Der Kölner Verleger Gustav Blankenagel gibt seine ‹Neue Illustrierte› ab, ein Wiener Pressehaus die Zeitschrift ‹Frau und Mutter›.

1965 Die Gazette ‹Musikparade› startet, zwei Jahre später wird sie eingestellt. ‹Rasselbande› heißt nun ‹Wir›, außerdem legt die Zeitschrift ‹OK› los.
Der mit Generalvollmacht ausgestattete Juniorchef wird Kommanditist in der Heinrich Bauer Verlag KG.

1966 Für 68 Millionen Mark ersteht Moenig den Münchner Martens Verlag mit ‹Revue› – später ‹Neue Revue› – und ‹Quick›. Bauer ist Deutschlands Illustriertenkönig. Die Martens-Objekte ‹Twen› und ‹Kicker› wechseln zusammen mit den kurzzeitig vereinigten Bauer-Blättern ‹Wir-Ok› zu Axel Springers Kindler & Schiermayer Verlag in München.

1967 Bauer macht sich im Druckgewerbe breit und steigt bei der DuMont Presse GmbH in Köln ein, die den Hamburgern ein Jahr später ganz gehört und 1970 in Bauer Druck Köln umgenannt wird.
Vom Olympia Verlag kommt die Zeitschrift ‹Wochenend›.

1968 Vom Verlag Kindler & Schiermeyer, den Axel Springer abstößt, kauft Bauer die Jugendzeitschrift ‹Bravo›, von Springer selbst das ‹Neue Blatt›. Das immer größer werdende Unternehmen legt sich für den Vertrieb die Verlagsunion zu. Alfred Bauer zieht sich vom aktiven Geschäft zurück.

1969 Erwerb der Zeitschrift ‹Fernsehtag›, später ‹Fernsehwoche›.

1970 Moenigs große Stunde schlägt: elfmal öffnet er seine berühmte Geldkatze. ‹Auto-Zeitung› und ‹Selbst ist der Mann› sind die Basis für einen neuen Fachpressezweig, der 1984 in Heinrich Bauer Spezialzeitschriftenverlag umbenannt wird. Des weiteren werden erworben: Arnold Schnittmuster Verlag, Primas Modellschnitte, die Tageszeitung Norddeutsche Rundschau, der Grosso Vertrieb Ernst Dunckel (später Pressevertrieb Nord PVN), das Rätselhaus Alfons Semrau sowie die Romanverlage Erich Pabel und Moewig. Außerdem startet das Fachblatt ‹Lohnsteuer Aktuell› – vier Jahre später verkauft – und die Gazette ‹Sexy›.

1971 ‹Woche aktuell› erscheint, wird aber ein Jahr später mit ‹Praline› vereinigt. Ein gleichermaßen kurzes Leben hat die ‹Nordfriesische Rundschau› aus Husum.
Der Verlag erwirbt die deutsche Lizenz des ‹Playboy› und eine dreißigprozentige Beteiligung an ‹Heim und Welt›, die 1989 an den Schweizer Finanzmagnaten Werner K. Rey fällt.

1972 Nur fünf Monate lang erscheint die ‹Stadtillustrierte› als Beilage in fünf der größten Bauerobjekte.

1974 Kauf von ‹Christine Moden›, ‹Günther Moden› und der Jahreszeiten-Verlags-Zeitschrift ‹Programm›, die in der ‹Fernsehwoche› aufgeht.

1975 Mit ‹Tina› existiert ein neuer Typ Frauenzeitschrift. Bauer erwirbt vom Heinrich Möller Verlag in Rendsburg die Zeitschrift ‹Schalt ein/Telestar› – geht in ‹Fernsehwoche› auf – und trennt sich im Gegenzug von der ‹Norddeutschen Rundschau›, die permanenter Anlaß zu Querelen mit schleswig-holsteinischen Zeitungsverlegern war. Heinz Bauer kauft die Elba-Werk-Maschinengesellschaft in Ettlingen, die 1986 Vergleich anmeldet.

1977 Der technische Betrieb in Hamburg wird stillgelegt, fast 400 Arbeitsplätze fallen dort weg. Über die anstehenden Erweiterungen hatte sich der Bauer-Verlag nicht mit dem Stadtstaat einigen können. Kurzerhand werden die Kapazitäten auf den modernisierten Druckbetrieb in Köln übertragen.
Bauer kauft die Maschinenfabrik Otto Kaiser in St. Ingbert.

1978 Eine weitere Frauenzeitschrift, ‹Bella›, erscheint. Die Objekte ‹Motor Poster› und ‹Motor Magazin› werden eingestellt, der erworbene Modetitel ‹Marion› geht in ‹Neue Mode› auf. Bauer kauft die österreichische Brillenfirma Optyl.

1979 Das Unternehmen erwirbt in den USA die Supermarktkette Winn's Stores und die Creative Graphics Development.

1980 Nach vierjährigem Rechtsstreit muß der Bauer-Verlag die Publizitätspflicht anerkennen und eine Kurzfassung der Bilanz im Bundesanzeiger publizieren.
Für Moenig arbeiten sich Gerd Bolls und Peter Heidenreich in die Geschäftsleitung ein, zu der ab 1985 der Auslandsmanager Konrad Wiederholz, ab 1989 der Anzeigenprofi Günther Schöttler gehören.

1981 Der neugegründete Bereich Heinrich Bauer North America bringt die ‹Tina›-Adaption ‹Woman's World›.

Nachdem 1980 bereits ‹Quick› in einen separaten Münchner Verlag ausgegliedert worden war, nimmt die Konzernspitze weitere Abteilungen aus dem Stammgebilde heraus und gründet eine Dienstleistungs KG.

1983 Nur drei Monate lang hält Bauer 75 Prozent des W. Girardet Fachzeitschriftenverlags in Essen.
Drei neue Objekte, ‹Motorrad, Reisen & Sport›, ‹Das Neue› und ‹Auf einen Blick›, starten.

1984 Die Zeitschrift ‹Wohnidee› erscheint.
Im Alter von 84 Jahren stirbt Eigentümer Alfred Bauer. Die Anteile fallen an Heinz Bauer, der nun 96 Prozent besitzt.

1985 Der Bauer-Verlag übernimmt den Ullstein Modeverlag. Das Magazin ‹Chancen› und die Frankreichausgabe des ‹Playboy› kommen heraus – beide überleben nur bis 1989.

1986 Die Frauenzeitschrift ‹Maxi› erblickt das Licht der Welt. Die von einer Verlagstochter in Paris gleichfalls gestartete französische ‹Maxi› ist ein weiterer Ableger von ‹Tina›.
Der Bauer-Verlag zieht sich aus dem Konsortium des TV-Senders ‹Sat 1› aus Ärger über die zu große Einflußnahme des Filmhändlers Leo Kirch zurück; Bauer-TV wird peu à peu aufgelöst. Dafür zeigt der Bauer-Konzern großes Interesse an Radio Hamburg, woran es später 25 Prozent erhält.
Siegfried Moenig, der sich 1983 endgültig aus dem aktiven Geschäft zurückgezogen hat, stirbt.

1987 Die neugegründete spanische Konzerntochter gibt die Wochen-Programmzeitschrift ‹TV plus› heraus.
Das von Bauer gesponsorte Kunstspektakel «Luna Luna» des Wiener Multi-Ani-

mateurs André Heller erlebt eine kurze, verlustreiche Aufführung.

Die Strickzeitschrift ‹Mikado› startet in Spanien und Frankreich. Der Wiener Werbekaufmann Hans Schmid verkauft die deutsche Lizenz für seine Zeitgeist-Illustrierte ‹Wiener›. In England startet ‹Bella›, in Deutschland das Männermagazin ‹Esquire›.

Zu 50 Prozent beteiligen sich die Hamburger am Offertenblatt ‹Avis›.

1988 Der Titel ‹Bravo Girl› erscheint regelmäßig.

‹Marie France› und das österreichische Offertenblatt ‹Wiener Bazar› bereichern das Sortiment des Konzerns, der nun 1,95 Milliarden Mark umsetzt.

1989 In den USA startet Bauer mit Riesenaufwand ‹First for woman›. Die erst im Jahr zuvor geborene französische Zeitschrift ‹Aujourd'hui Madame› geht ein.

In Wiesbaden wird die Vertriebsfirma Verlagsunion mit den Verlagen Pabel und Moewig vereinigt. Ebenfalls in der hessischen Landeshauptstadt ist Jungverleger Klaus Helbert (‹Coupé›) Partner in einem vielbeachteten Joint-venture.

1990 Bauer ersteht 75 Prozent an der Condor-Verlagsgruppe, die Comics produziert.

DAS BAUER-IMPERIUM

TV Hören und Sehen	Tina	Neue Post	Esquire
Quick	Fernsehwoche	Fix und Foxi	Woman's World

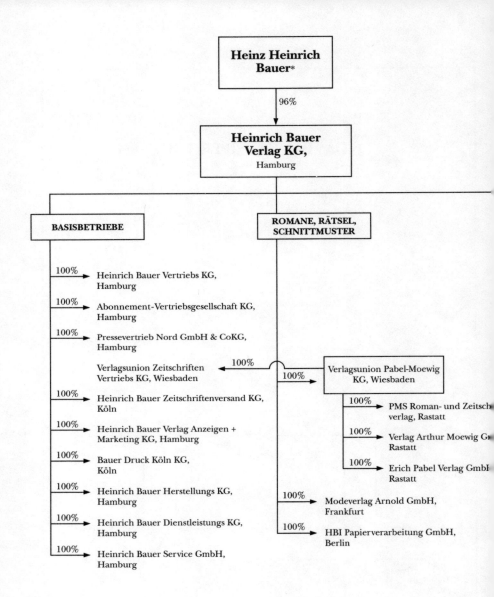

* Je zwei Prozent an der Bauer Verlag KG gehören den beiden Schwestern von Heinz Bauer

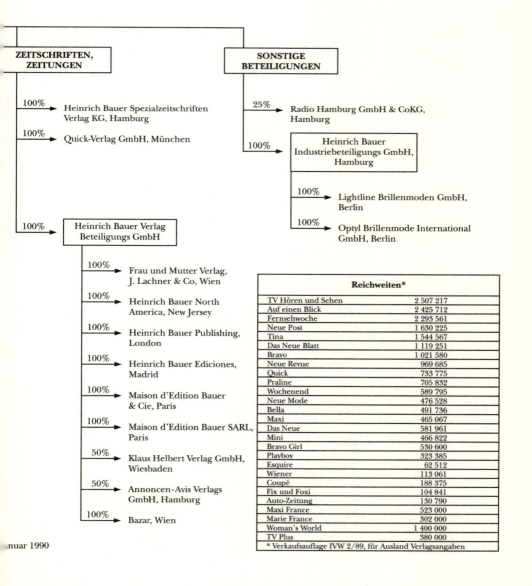

Überblick

Charakteristik

Die Verlagsgruppe Bauer ist Europas größtes Zeitschriftenhaus, in dem monatlich rund 80 Millionen Exemplare und 40 Titel erscheinen. Die Leser sollen vor allem in den Sparten Illustrierte, Frauen- und Programmpresse unterhalten werden. Das Auslandsgeschäft des im Vertrieb hervorragend organisierten Unternehmens macht derzeit 16 Prozent des Gesamtumsatzes aus. Viele Abteilungen sind in formal selbständige Einheiten ausgegliedert worden. Der Konzern ist nur an einem Radiosender beteiligt und hat sich von den meisten seiner früheren Industriebeteiligungen getrennt.

Umsatz

Die Gruppe erwirtschaftete 1988 insgesamt 2,0 Mrd. Mark, wovon 1,97 Mrd. im Mediengeschäft anfielen. 1987 lag der Gesamtumsatz mit 2,12 Mrd. Mark höher, weil eine inzwischen von Verleger Heinz Bauer privat gehaltene Supermarktkette noch dazu gehörte. Das reine Mediengeschäft betrug zu diesem Zeitpunkt 1,85 Mrd. Mark.

1980:	1 350 Mio. DM
1972:	700 Mio. DM
1967:	370 Mio. DM

Gewinn

Traditionell macht der Konzern keine Angaben über seine vermutlich immens hohe Profitabilität. Nach vorsichtigen Schätzungen liegt die Umsatzrendite zwischen 10 und 15 Prozent.

Mitarbeiter

Insgesamt stehen 6 100 Personen auf Bauer-Gehaltslisten. Mehr als ein Drittel davon arbeitet in der Druckerei in Köln; im klassischen Verlagsgeschäft sind rund 2000 Mitarbeiter tätig.

GERD BUCERIUS:

Der wendige Taktierer

Dieser Mann ist eine Zumutung für jeden Biographen. Turbulenter, verschlungener und undurchsichtiger kann ein Lebenslauf kaum sein, Überraschungen und Kehrtwendungen sind der Normalfall. Die Facetten von Gerd Bucerius sind mindestens ebenso vielfältig wie die Schreibweisen seines Spitznamens, die mal auf «Buc», dann auf «Buz», «Buci», «Bucci» oder «Buzi» lauten. Der ungestüme Tausendsassa agierte als Politiker, Publizist, Rechtsanwalt, Kaufmann und, vor allem, als Verleger. In der letztgenannten Funktion kennt ihn die Öffentlichkeit lediglich als Eigentümer der Hamburger Wochenzeitung ‹Die Zeit›, doch Bucerius hat in seiner Medienkarriere weitaus mehr gemacht, als dem Lieblingsblatt der deutschen Intelligenz vorzustehen. Der Hansdampf unter den Pressepatriarchen hat Beteiligungen wie Schachfiguren hin- und hergeschoben, Rechtsformen seiner Gesellschaften wie die Hemden gewechselt und mächtige Medienkonzerne wie Legosteine zusammengefügt.

Niemand kennt mehr Pressehäuser von innen als Gerd Bucerius. Er engagierte sich bei zahlreichen Verlagen, um dann, mitunter völlig unerwartet, die Hand zum Abschied zu heben. So gehörten ihm einst die Illustrierte ‹Stern›, einige erfolglose Blätter wie die ‹Vertriebenenzeitung›, der ‹Europakurier› und ‹Die Straße›, das literarische Periodikum ‹Monat› und ein Fachtitel namens ‹Der Modellhut›. Er besaß das ‹Gießereilexikon›, vierzig Prozent des Frauenmagazins ‹Madame›, die ‹Wirtschaftswoche› und bis vor kurzem noch fünf Prozent von ‹Radio Hamburg›. Am Ullstein-Verlag hielt er ehemals ein Zehntel, am Spiegel-Verlag ein Viertel, am Zeitschriftenkonzern Gruner + Jahr drei Achtel und an der Düsseldorfer Handelsblatt GmbH immerhin ein Fünftel. Geblieben ist ihm von all dem – neben der ‹Zeit›,– eine zehnprozentige Beteiligung am Aktienkapital des Gütersloher Bertelsmann-Imperiums.

Auch im nachhinein lassen sich die oft in rascher Folge vollzogenen Transaktionen nur mühsam rekonstruieren. Noch schwerer fällt es, den dahinterliegenden Motiven, dem Sinn dieser häufigen Wechselei auf die Schliche zu kommen. Dabei stehen dem Chronisten Quellen in Hülle und Fülle zur Verfügung: Von den Kinderjahren der Bundesrepublik an bis in die Gegenwart hinein halten die Pressearchive das Wirken dieser vielschichtigen Gestalt fest. Bucerius war für Schlagzeilen immer gut, Selbstauskünfte scheute er nie. Der streitbare Unruhegeist hat stets leidenschaftlich seine Meinung zu allem und jedem kundgetan.

Mit der Kolumne «Gerd Bucerius zu Fragen der Zeit» erfand er «das Recht des Verlegers, jederzeit in seiner Zeitung seine Meinung schreiben zu dürfen» (so der ehemalige ‹Zeit›-Reporter Cordt Schnibben). Gelegentlich meldete er sich in seiner ‹Zeit› auch unter dem Pseudonym Martin Hamm zu Wort. Bucerius nahm sich außerdem das Recht, seine Ansichten vehement in ihm nicht gehörenden Organen darzulegen. Zahlreiche Zeitungen und Zeitschriften bombardierte er mit Leserbriefen und stellte in eigener Sache unaufhörlich richtig – hierbei verwies er sogar den diesbezüglich gewiß nicht schreibfaulen Rudolf Augstein auf den zweiten Rang. Schließlich stammen aus der Feder von Bucerius noch zwei Bücher: 1974 erschien «Der angeklagte Verleger – Notizen zur Freiheit der Presse», 1976 folgte «Der Adenauer».

Das üppige Material hat es in sich – es wirft mehr Fragen auf, als es beantwortet, vernebelt mehr, als es enthüllt. Ein konsistentes Bild läßt sich kaum zusammensetzen. Was soll man von jemandem denken, dem so höchst unterschiedliche Etiketten angeheftet wurden, wie Gerd Bucerius? «Ein konservativer Milchreisliebhaber», urteilte die ‹Süddeutsche Zeitung› über ihn; eine «Institution der Aufklärung», setzte die Wochenzeitung ‹Publik› dagegen; «eine Stechmücke der politischen und medialen Szene», wertete die Bonner ‹Welt›; einer, der das «heimliche Kungeln mit Kapitalien» liebt, charakterisierte der ‹Spiegel›; «ein enfant terrible», diagnostizierte die Bielefelder ‹Neue Presse›; «ein sehr betriebsamer Mann, der sich durch eine außerordentliche Geschmeidigkeit auszeichnet», meinte das SPD-Blatt ‹Vorwärts›; ein «Angehöriger des Bürgertums, der bürgerliche Politik will», donnerte das SED-Zentralorgan ‹Neues Deutschland›; «ein unbequemer Zeitgenosse», räumte schließlich Bucerius über Bucerius ein.

Gerd Bucerius ist keinem Streit ausgewichen, er suchte ihn geradezu. Zwangsläufig und fast zwanghaft polarisierten seine Handlungen und Wandlungen, stets schieden sich alle Geister an ihm. Wohlmeinende, wie der langjährige ‹Stern›-Chefredakteur Henri Nannen, bewunderten ob seiner unverhofften Aktionen den «blitzgescheiten Intellekt», Gegner erblickten hierin nur den Wankelmut eines unzuverlässigen Kantonisten. So polemisierte der konservative ‹Welt›-Schreiber Enno von Loewenstern: «Auch seine ärgsten Freunde haben den Doktor Gerd Bucerius von ‹Zeit› und ‹Stern› nie der Gradlinigkeit bezichtigt.» Zweifellos sind in dem Leben des Gerd Bucerius so manche

Hintertürchen aufgestoßen und offen gehalten worden. Als der ‹Zeit›-Eigner 1977 seinen Rückzug aus dem aktiven Verlagsgeschäft bekannt gab, kommentierte Augstein-Intimus Hans Detlev Becker im ‹Allgemeines Deutsches Sonntagsblatt›: «Abtreten will er nun. Natürlich nicht eigentlich, nicht wirklich und vor allem nicht gänzlich.»

Klarheit läßt sich eben bei diesem «Zappelphilipp» (Konrad Adenauer) nie gewinnen, immer bleibt ein Rest von Ungewißheit. Verlagsexperte Günther Kress in dem Branchenblatt ‹Kress Report›: «Der Herausgeber dieses Dienstes bekennt, daß er in 23jähriger Betrachtung von Person und Handlung des Mannes nie schlau geworden ist.» Sicher schien der ‹Stuttgarter Zeitung› nur das: «Im Zweifel ist Gerd Bucerius fürs Komplizierte.» Mehr als einmal hat er auch unter seinen engsten Mitarbeitern für Verwirrung gesorgt. 1976 widmete die ‹Zeit›-Herausgeberin Marion Gräfin Dönhoff ihrem Chef zum 70. Geburtstag diese Zeilen: «Mit dem Wandel der juristischen Formen seines Unternehmens bin ich nie mitgekommen. Wenn ich dachte, wir seien eine GmbH, waren wir längst eine Kommanditgesellschaft – jetzt hat Bucerius eine Stiftung gegründet (...). Gerd Bucerius ist voller Ideen, hat immer wieder neue Pläne. Wenn ich vom Urlaub oder von einer Reise zurückkomme, ist meine erste bange Frage: ‹Hat er was Neues gekauft?›»

Wenn es einen roten Faden gibt, der sich durch die vielen, längst verstaubten Archivordner mit der Aufschrift «Dr. Bucerius, Gerd» ziehen läßt, ist es die Beständigkeit des Unbeständigen. Der ‹Zeit›-Eigner hat in den letzten Jahrzehnten seine Umgebung stets durch ein atemberaubendes Tempo verblüfft, das selbst in seiner Motorik ihren Niederschlag findet. Daran hat sich bis zum heutigen Tag nichts geändert: Immer noch rutscht der Polohemd-Liebhaber und Krawatten-Haßer nervös auf dem Stuhl in seinem bescheidenen Arbeitszimmer hin und her, immer noch formuliert er mit einer geradezu unerhörten Geschwindigkeit. In seiner Zeit als Bundestagsabgeordneter war er mit einer Frequenz von 480 Silben pro Minute als «Schrecken der Stenographen» gefürchtet. Diese Rasanz und Vitalität vermochte das Alter kaum zu bremsen. Gerd Bucerius, 1906 im westfälischen Hamm geboren, kokettiert gerne mit seinen Jahren – von Vergreisung oder Altersstarrsinn zeigt er aber keine Spur.

*

Gerd Bucerius verkörpert ein Stück bundesrepublikanischer Zeitgeschichte, unter anderem weil er seit 1946 ‹Zeit›-Geschichte gemacht hat. Nur bei dem

Hamburger Wochenblatt zeigte sich der Unbeständige beständig, obwohl es sich bei dem Projekt um einen hoffnungslosen Fall handelte. Jeder kaufmännisch vernünftig kalkulierende Verleger hätte die über viele Jahrzehnte hinweg chronisch defizitäre Zeitung mehrmals einstellen müssen. Anders Bucerius, den die Herausforderung reizt: Mit Sturheit, Ausdauer und hohem persönlichem Einsatz brachte er ‹Die Zeit› über den Berg. Der hochverschuldete Verleger («zeitweise gehörte mir nicht einmal der Stuhl, auf dem ich saß») verkaufte zwei vom Vater vermachte Häuschen, setzte sein Erbe von 80 000 Mark aufs Spiel, stotterte die Gehälter für seine Redakteure in Raten ab und bekniete unruhig gewordene Bankiers. 25 Millionen Mark steckte er in ‹Die Zeit›, bevor er mit ihr Geld verdiente.

Das ökonomisch anfällige Gewächs hat manch große publizistische Schlacht geschlagen. Schon 1946 legte sich die Lizenz-Zeitung mutig mit den Demontageplänen der Alliierten an, mit der Folge, daß die attackierten Briten kurzerhand den Chefredakteur Ernst Samhaber absetzten. Viele wichtige politische Neuorientierungen in der Bundesrepublik wurden von der ‹Zeit› aktiv begleitet, wenn nicht sogar vorbereitet. So sorgte sie mit dafür, daß Bundeskanzler Konrad Adenauer 1963 seinen Platz für Ludwig Ehrhard räumen mußte; sie stritt frühzeitig für den Ausbau des Bildungswesens, propagierte in den siebziger Jahren den Ausbau des Rechtsstaats und mahnte Reformen des Strafrechts an. In der Sicherheits- und Außenpolitik geißelte sie beharrlich die Konfrontationspolitik der ‹Kalten Krieger›. Um eine Versöhnung mit der DDR und den osteuropäischen Staaten bemühte sich ‹Die Zeit› – ihr wohl größtes Verdienst – schon lange vor der sozialliberalen Koalition.

«‹Die Zeit› ist ein Teil der demokratischen Institutionen des Landes», bewertet Bucerius stolz diese Tradition. Freilich: In der jüngeren Vergangenheit lassen sich große, von der ‹Zeit› initiierte Debatten nur schwer ausmachen. Die Macher betonen inzwischen auch eher ihre reflektierende und vertiefende Funktion. Herausgeber und Ex-Bundeskanzler Helmut Schmidt umreißt die Zielrichtung programmatisch in Abgrenzung zu den den beiden «S»-Magazinen ‹Spiegel› und ‹Stern›: «Wir lösen Diskussionen nicht aus, aber wir geben ihr Richtung und Tiefe.» Der langjährige Chefredakteur Theo «Ted» Sommer postuliert: «In unserer heutigen Welt der Überinformation versuchen wir das, was in vielen Informationsbröseln täglich serviert wird, einzuordnen und die Entwicklung mit zu beeinflussen.» Für ihn muß die Zeitung vorrangig «Terrain vermessen, ehe sie Trassen absteckt».

Genügt das? Für Kritiker ist der Glanz dieser «in die Tiefe lotenden, zum Nachdenken zwingenden Wochenzeitung» (Helmut Schmidt) spürbar verblaßt. Sie bezweifeln, ob das «Oberlehrerblatt» heute noch immer ihre einstige Funktion als publizistischer Wegbereiter gesellschaftlicher Umbrüche ausfüllt. ‹Pflasterstrand›-Herausgeber Daniel Cohn-Bendit kanzelt das Aushängeschild des Liberalismus als «tantenhaft, Bonn-zentriert, einfach schlecht» ab. Für den Berliner Publizisten Claus Koch hat ‹Die Zeit› spürbar an Kontur verloren und zehrt längst vom Kapital vergangener Tage. In seinem 1989 erschienen Buch «Meinungsführer – Die Intelligenzblätter der Deutschen» geht er mit ihr hart ins Gericht: «Geschwätzig und disziplinlos» sei sie geworden und pflege über alle Gebühr, was im amerikanischen und angelsächsischen Journalismus verpönt sei: «Die Große-Männer-Verehrung, die sich selbst erniedrigt, die ständige Seelenvereinigung mit dem Leser, der prinzipiell moralisierende Artikelschluß, die Weitschweifigkeit, die Unfähigkeit zur Lakonik.» Koch konstatiert mannigfache Zerfallsprozesse, die ‹Zeit› sei längst eine «Ruine», die allerdings «erhaben» dastehe.

Das Bild zielt aufs Materielle: Der Wochenzeitung geht es heute wirtschaftlich besser denn je. Obwohl überall in der Republik über Leseverdruß geklagt und an Visualisierungsstrategien für Printprodukte gebastelt wird, findet das unverändert textlastige, in guten Wochen über ein Pfund schwere Blatt immer mehr Interessenten. 1989 kletterte die Verkaufsauflage bei einzelnen Ausgaben über die magische Grenze von einer halben Million. Erstmals wurde 1982 hin und wieder die Marke von 400 000 Exemplaren genommen. In diesen sieben fetten Jahren dürfte die Rendite erheblich zugenommen haben, der Umsatz stieg von 85 auf 140 Millionen Mark.

Auflage machen, das war und ist für die ‹Zeit› enorm wichtig: Schließlich stammen nur rund fünfzig Pfennig von jeder eingenommenen Mark aus dem Anzeigengeschäft, wovon wiederum zwanzig Pfennig auf das ‹Zeit-Magazin› entfallen. Für den Rest sorgt der Vertrieb. Anders kalkulieren Tageszeitungen, wo Inserenten in der Regel mit zwei Dritteln zum Umsatz beitragen. Angesichts der Vertriebslastigkeit trifft es sich gut, daß ‹Die Zeit› über einen ansehnlichen Abonnentenstamm verfügt: Jeder zweite in der Käuferschar nimmt die Zeitung vom Briefträger in Empfang. Der typische Abonnent ist dem Hamburger Produkt seit 8,5 Jahren treu – eine einzigartige Anhänglichkeit im deutschen Blätterwald. 33 Prozent der Leser sind jünger als dreißig Jahre, knapp 60 Prozent haben Abitur gemacht und 36 Prozent verfügen über ein monatliches Nettoeinkommen von mehr als 2 500 Mark.

Im Konkurrenzumfeld kommt niemand gegen die «erhabene Ruine» an. Andere Wochenblätter wie ‹Rheinischer Merkur› und ‹Deutsches Allgemeines Sonntagsblatt›, die beide nur knapp über 100 000 Exemplare losschlagen können, hat Gerd Bucerius als Widersacher abgehakt: «Die krebsen dahin.» Selbst Gedankenspiele des Zürcher Jean-Frey-Verlags, eine deutsche Variante der ‹Weltwoche› in den Markt zu drücken, schrecken ihn nicht. Als «Schweizer Provinzblatt» qualifiziert er das eidgenössische ‹Zeit›-Pendant ab. Lediglich mit den großen überregionalen Tageszeitungen wie der ‹Frankfurter Allgemeine Zeitung›, der ‹Süddeutschen Zeitung› und dem Düsseldorfer ‹Handelsblatt› sieht sich Bucerius sowohl auf dem Leser- wie auf dem Anzeigenmarkt in hartem Wettbewerb.

Mit seinen 140 Millionen Mark Umsatz zählt der Zeit-Verlag eher zu den kleinen Medienunternehmen der Republik, unter den dreißig größten Verlagshäusern ist sein Name nicht zu finden. Hingegen rangiert der zweieinhalb mal größere Spiegel-Verlag auf Platz fünfzehn. ‹Die Zeit› sieht ihre Bedeutung eben weniger im Ökonomischen als vielmehr im Publizistischen. Nichts liegt dem Kaufmann Bucerius ferner, als das Auflagenplus der letzten Jahre allein mit schnöden verlagswirtschaftlichen Vokabeln zu kommentieren. Für ihn spiegelt sich in den Absatzzahlen der ‹Zeit› gar die geistige Konstitution der Deutschen wieder: «Wir haben einen sehr viel größeren Leserkreis, weil die Nation besser geworden ist.»

Freilich konnten weder die hehre Geistesverfassung der Nation noch die gute wirtschaftliche Performance verhindern, daß sich 1988 düstere Wolken über der ‹Zeit› zusammenbrauten. Die Redaktion, die in ihrem Blatt Skandalberichterstattung wenig schätzt, sah sich unvermittelt aufgrund zweier interner Eklats in den Schlagzeilen. Zu handfesten Krächen kommt es selbst in den allerfeinsten Kreisen, auch in der ‹Zeit›-Familie. Und naturgemäß nimmt niemand solche Vorkommnisse lieber zur Kenntnis als Leute, bei denen es zuhause weitaus weniger vornehm zugeht.

Jedenfalls wurden die heftigen Eruptionen, die im Frühjahr 1988 das altehrwürdige Pressehaus am Speersort 1 erschütterten, in dem kaum einen Steinwurf entfernten Nachrichten-Glaspalast an der Ost-West-Straße dankbar registriert. Unter der Überschrift «Vertrauliche Worte vom ‹lieben Ted›» mokierte sich ‹Spiegel›-Autor Harald Wieser über einen ungewöhnlich heftigen Redaktionskrach in der liberalen ‹Zeit›: «Bei ‹Paolino›, einem leicht angestaubten Schickeria-Restaurant an der Hamburger Alster, wurden die Spaghetti wieder einmal nicht al dente serviert. Doch die beiden Herren, die den Italiener am Freitag, dem 6. Mai, zu später Stunde beehrten, wären nach dem Zeugnis irritiert aufblickender Gäste beinahe des einen oder anderen Zahnes verlustig gegangen.» Derart entfesselt gingen seinerzeit Chefredakteur Theo Sommer und der ‹Zeit-Magazin›-Verantwortliche Michael Schwelien aufeinander los.

Streitpunkt war eine hastig vollzogene Lay-out-Renovierung des Supplements, die Schwelien zusammen mit seinem Artdirector ausgetüftelt hatte. Beim Anblick des gelifteten, druckfrischen Magazins mochten die ‹Zeit›-Oberen ihren Augen kaum trauen – die Plantage für Vierfarbanzeigen glich frappierend Zeitgeistpostillen wie ‹Tempo› und ‹Wiener›. Zwar hatte die Führungsspitze das graphische Konzept bereits lange vor Umsetzung gekannt, doch im Nachhinein schob sie den schwarzen Peter einfach weiter. Der Artdirector erhielt eine Abfindung, Schwelien kassierte eine Änderungskündigung. Der bereits in Rente gegangene Vorgänger Jochen Steinmayr mußte wieder ans Werk, ehe er das bereinigte Magazin 1989 in Haug von Kuenheims Obhut geben konnte.

Das Jahr 1988 ließ auch die Herzen in der Warburgstraße 50 höher schlagen. Konnte sich doch die dort ansässige ‹Stern›-Redaktion die Vorabdruckrechte für ein Kapitel aus dem Buch «Neues Deutschland – Seltsame Berichte aus der Welt der Bundesbürger» sichern und somit ihren Beitrag zum Sommer-Theater beisteuern. Angetan waren die Bilderblattmacher von der Reportage «Im Olymp der Götter – Helmut Schmidts ‹Zeit›». Darin gewährte der just zuvor ausgeschiedene ‹Zeit›-Reporter Schnibben einen Einblick in das Innenleben des Wochenblatts und thematisierte auch die Probleme der Redaktion mit dem Herausgeber Schmidt («Man kann nicht behaupten, daß er wie ein Journalist schreibt, aber er schreibt»). Die süffisante, aber keineswegs im Stil einer Abrechnung verfaßte Polemik nahm die ‹Zeit›-Spitze dem mehrfach ausgezeichneten Autor arg krumm und erteilte, ganz offensichtlich von allen guten liberalen Grundsätzen verlassen, Hausverbot.

Typisch für das ‹Zeit›-Klima sind die beiden Vorfälle keineswegs, Parallelen in der Vergangenheit gibt es nicht. «Die Redaktion kann machen, was sie will», unterstreicht Bucerius. Relativ unbehelligt von allen Direktiven führen die einzelnen Abteilungen der ‹Zeit› ein beschauliches Eigenleben. Die vier Kernressorts Politik, Wirtschaft, Kultur und Modernes Leben verstehen sich als autonome Fürstentümer, die in ihrem Reich eine eigene Politik verfolgen und sich jede Einmischung in innere Angelegenheiten verbitten. Anders als bei ‹Spiegel› oder ‹Stern› liest der Chefredakteur nicht alle Satzfahnen im voraus und erlebt so, wenn er sich am Mittwochnachmittag mit einem druckfrischen Zeitungsexemplar zurückzieht, manch «heftige Überraschung». Helmut Schmidt, der diesem Föderalismus eine zentralistische Note verpassen wollte, hat angesichts der ihm entgegengeschlagenen Widerspenstigkeit resigniert. Wenn ihm die Meinung der Redaktion nicht passt, muß er wie Bucerius zur Feder greifen.

Cordt Schnibben in seiner Bestandaufnahme: «‹Die Zeit› gibt es nicht. Es gibt vier Blätter, die unter dem Namen ‹Zeit› für 3,50 [inzwischen 3,80] Mark verkauft werden. (...) Jedes ‹Zeit›-Ressort ist autark bis zur Dublette, jedes macht sein eigenes Blatt ohne Rücksicht auf die Chefredaktion, und das hat diese Zeitung zu einem der angenehmsten Arbeitsplätze der Welt gemacht.» Zu den Annehmlichkeiten in der ‹Zeit›-Familie gehört auch eine 1978 eingeführte Mitarbeiter-Gewinnbeteiligung. Von dem erwirtschafteten Jahresüberschuß wird vorab ein festdefinierter Betrag (ein Prozent des Umsatzes plus dafür zu entrichtender Steuer) in eine Rücklage gesteckt, den Rest teilt sich der Verleger mit seinen Angestellten. Daneben hat die Redaktion durch ein 1974 verabschiedetes Statut weitgehende Mitspracherechte. So darf gegen ihren Willen kein Chefredakteur ernannt werden.

Nach den beiden Eklats von 1988 ist es um ‹Die Zeit› wieder still geworden, nur durch die Etablierung der neuen Sektion «Zeitläufte» machte sie auf sich aufmerksam. Das kann sich freilich bald ändern – schließlich steht das Wochenblatt vor gravierenden Zukunftsproblemen. Das Management ist hoffnungslos überaltert und gleicht darin realsozialistischen Politbüros vergangener Prägung. Chefredakteur Theo Sommer steht kurz vor dem Rentenalter, die vier weiteren Mitglieder der inneren Führungsriege – neben Gerd Bucerius die Herausgeber Marion Gräfin Dönhoff und Helmut Schmidt sowie Verlagschefin Hilde von Lang, die Lebensgefährtin von Bucerius – haben es zum Teil deutlich überschritten. Ebenfalls über 60 Jahre ist der im Herbst 1989 verpflichtete Verlagsleiter Helmut Wallbaum; er galt schon beim ‹Spiegel›, wo er im Zwist schied, als graue Eminenz. Wallbaums Kompagnon Wolfgang Stamer, der 1930 geboren wurde, muß in diesem greisen Entscheiderkreis bereits als ausgesprochenes Jungblut gelten.

Wichtige strategische Weichenstellungen sind unterblieben. Während der Spiegel-Verlag zumindest vorsichtig diversifiziert und sich die beiden Monatsblätter ‹Manager Magazin› und ‹Transatlantik› sowie das ‹Spiegel-TV› zugelegt hat, kann sich der Zeit-Verlag nur auf seine Zeitung stützen. Gerd Bucerius: «Selbstverständlich ist die Monokultur der ‹Zeit› ein Nachteil. Das ist auch eine Frage des Alters: Ich habe nicht mehr die Kraft, um mich zu schlagen.» Monokulturen sind anfällig: Bereits ein simultaner Rückgang von Anzeigen und Auflage um je zehn Prozent würde der ‹Zeit› rote Zahlen bescheren.

Das ‹Zeit TV› trägt zwar den Namen des Wochenblatts, hat aber mit dem Zeit-Verlag de facto nichts zu tun – es ist eine Privatveranstaltung von Gerd Bucerius, die er aus seiner Privatschatulle finanziert. Ohne seine Partnerin

Katherina Trebitisch, die ihrerseits an diversen Produktionsgesellschaften beteiligt ist, wäre das Projekt zum Scheitern verurteilt. Mit dem Hinweis auf knappe Personalressourcen verweigert die ‹Zeit›-Redaktion jegliche Mitarbeit. Bisher wurden die Fernsehserien «Die Bertinis» sowie «Müller und Miller» hergestellt. Perspektivisch plant ‹Zeit-TV› eine Beteiligung an der sogenannten Westschiene. Dieser Satellitensender soll vornehmlich mit Verlagsprogrammen wie ‹Stern-TV› und ‹Spiegel-TV› bestückt werden.

Längst sollte ein neuer ‹Zeit›-Verleger frischen Schwung bringen, doch die anvisierte Verjüngung scheiterte bislang. Der eingeplante ehemalige Paris-Korrespondent Roger de Weck wollte nach einem Traineeprogramm den Job nicht übernehmen und wechselte in die Redaktion zurück. Bucerius: «Die personellen Entscheidungen, die anstehen, liegen nicht auf Eis. Sie sind brandheiß.» Die Anforderungen an den Wunschkandidaten sind hoch. Er soll nicht nur sein Handwerk aus dem Effeff beherrschen, sondern darüber hinaus in der Lage sein, sich argumentativ mit der Redaktion auseinanderzusetzen. «Bei uns kommt ‹Autorität› von ‹Autor›», skizziert Theo Sommer, «die Autorität, die ein Zeitungs-Manager hat, kommt von der Autorität, die er sich als Autor erschreibt.» Der Chefredakteur weiter: «Dieser nervösen, sensiblen Redaktion kann kein kalter Bankmanager vorgesetzt werden. Oder jemand, der aus einem Riesenverlag kommt und dort bisher für den Papiereinkauf verantwortlich war. Das kann nur einer sein, der journalistisches Temperament hat und dazu den Geschäftssinn mitbringt, um das Ganze aus den roten Zahlen herauszuhalten.»

Wie die Eigentumsverhältnisse der ‹Zeit› einmal in der Nach-Bucerius-Ära aussehen werden, steht in den Sternen. Der kinderlose Bucerius hält sich, wie so oft in seinem Leben, mehrere Optionen offen. Eine davon: der Verkauf der ‹Zeit› an ein anderes Medienunternehmen. Nachdem die angestrebte Fusion mit dem Bertelsmannkonzern 1987 endgültig vor dem Kartellgericht scheiterte, hält er nach einem Verlag Ausschau, der «ordentlich engagiert» ist. Bucerius' Begründung für diese Variante: «Meine verlegerische Erfahrung zeigt mir, daß eine Redaktion ein starkes Widerlager braucht.» Mit dieser Aussage vereinbar wäre auch die Abgabe einer qualifizierten Minderheitsbeteiligung.

Potentielle Kandidaten sind freilich dünn gesät. Kleinere und mittlere Regionalverlage scheiden von vornherein ebenso aus wie ausländische Häuser. Undenkbar ist ein Zusammengehen mit Bauer, Burda oder Ganskes Jahreszeitenverlag, deren Kulturen sich mit den ‹Zeit›-Eigenarten beim besten Willen nicht in Einklang bringen lassen. Das gilt ebenfalls für einen Schulterschluß mit Springer, den zudem das Kartellamt untersagen müßte. Dem Verlag der ‹Frankfurter Allgemeine Zeitung› würde Bucerius sein Blatt nie anvertrauen – schließlich begreift er die Kluge-Leute-Zeitung als Hauptkonkurrent. Mit dem liberalen Süddeutschen Verlag, zu dem noch am ehesten ein ‹Zeit›-Engagement passen würde, hat Bucerius nach eigenem Bekunden nie gesprochen. Damit bliebe lediglich die Stuttgarter Holtzbrinck-Gruppe übrig, doch deren Kooperation mit dem zwielichtigen Filmmagnaten Leo Kirch schmeckt Bucerius wenig.

Die Redaktion hält nicht viel von den Verkaufsabsichten. Hierin ist sie sich ausnahmsweise mit Helmut Schmidt einig: «Es ist sehr unwahrscheinlich, daß ‹Die Zeit› in einen Konzern eingebracht wird. Sehr unwahrscheinlich, jedenfalls solange ich hier bin.» Immerhin hat die Redaktion für den Fall der Fälle laut Statut ein sechswöchiges Vorkaufsrecht. Ob sie allerdings in der Lage wäre, den Riesenbetrag von mindestens zweihundert Millionen Mark für einen hundertprozentigen Take-over zusammenzuleihen, darf bezweifelt werden.

Kommt die Verkaufslösung nicht zustande, fällt die ‹Zeit› an die Zeit-Stiftung. Dieser 1971 gegründeten Gesellschaft gehören bereits die Titelrechte der ‹Zeit›, die sie gegen eine Gebühr an den Zeit-Verlag verpachtet. Chefredakteure und Verlagsleiter können nur mit Zustimmung der Stiftung berufen werden. Neun Kuratoren lenken die Stiftung, Vorsitzender auf Lebenszeit ist Gerd Bucerius. Daneben sitzen in dem erlauchten Kreis unter anderem Bertelsmann-Inhaber Reinhard Mohn, Ex-Finanzminister Manfred Lahnstein, Ex-Bundesbankpräsident Karl Klasen und Ex-Bundeskanzler Helmut Schmidt. Alle vier Jahre müssen sich die Kuratoren einer Wahl stellen. Die unternehmerische Initiative bleibt bei Bucerius, die Stiftung darf kommerziell nicht aktiv werden.

Nach dem Tod von Bucerius soll auch seine Bertelsmannbeteiligung von 10,74 Prozent – und damit ein beachtliches finanzielles Polster für Notzeiten – unveräußerlich an die Stiftung fallen. Sollte der Zeit-Verlag ebenfalls auf sie übergehen, wird er übrigens eine ähnliche Struktur wie sein schärfster Rivale haben – auch die ‹Frankfurter Allgemeine Zeitung› befindet sich in Stiftungsbesitz.

*

Sein Leben vor 1945 empfindet Gerd Bucerius als «nahezu irrelevant». Bescheiden rekapituliert er: «Ich war ein kleiner, braver Bürger, ein Vorstadtanwalt in Altona.» Eigentlich habe er nur die Laufbahn seines Vaters nachmachen wollen. Bucerius senior, ein Jurist und Kaufmann, gibt 1923 eine hohe Beamtenstelle auf und geht nach Hamburg. Dort tritt er in den Vorstand der Hugo Stinnes Schiffahrt AG ein. Als der Stinnes-Konzern 1927 umstrukturiert wird, scheidet er mit einer «hübschen Abfindung» aus und konzentriert sich fortan auf seine Anwaltskanzlei in Altona, in die der Sohn nach dem Jura-Studium in Berlin, Hamburg und Freiburg sowie einem kurzen Intermezzo an den Landgerichten in Kiel und Flensburg wechselt. Nach 1933 verliert die Kanzlei in der Bahnhofstraße 30 die aus Beamten und Behörden bestehende Stammkundschaft. Bucerius senior ist Vierteljude, gemäß den Nürnberger Rassegesetzen wird er als jüdischer Mischling zweiten Grades registriert.

Gerd Bucerius' erste Frau ist ebenfalls Jüdin, rechtzeitig vor der faschistischen Machtergreifung bringt er sie nach England in Sicherheit. Da er trotz Drängen der Behörden nicht in eine Scheidung einwilligt, muß er verschiedene Repressionen hinnehmen. Dennoch gelingt es, die Kanzlei am Laufen zu halten. Gelegentlich verteidigt Bucerius jüdische Bekannte, die er «bei der Gestapo verhältnismäßig gut rauspaukt». Eine gefährliche Aufgabe: «Man mußte da ja vorsichtig sein. Wer die Nase zu weit rausstreckte, kriegte eins drauf.» Kurz vor dem Zusammenbruch des Dritten Reichs ist Bucerius drauf und dran, seine Vorsicht aufzugeben. Mit einer Pistole fährt er im Februar 1945 nach Berlin, um seinen Mandanten und Freund Erik Blumenfeld aus dem Gestapo-Gefängnis in der Schulstraße freizuschießen. Doch Blumenfeld lehnt das tollkühne Vorhaben ab. Bald darauf kann er fliehen und taucht bei Bucerius unter.

Der unaufhaltsame wie rasante Aufstieg des Dr. Gerd Bucerius beginnt im Jahre 1945. Gelegenheit macht nicht nur Diebe, sondern verhilft mitunter auch weniger zwielichtigen Talenten zum Durchbruch. Es ist ein glücklicher Zufall, der eine höchst erstaunliche Doppelkarriere als Politiker und Verleger einleitet. Unmittelbar nach Kriegsende suchen die britischen Besatzungstruppen für das in Schutt und Asche liegende Hamburg einen Mann für den Wiederaufbau. Mit diesem Anliegen wenden sie sich an ihren deutschen Gewährsmann, und der heißt Erik Blumenfeld. Der spätere Landesvorsitzende der Hamburger CDU empfiehlt den Alliierten Gerd Bucerius. Der Advokat verfügt zwar über keinerlei Fachkenntnisse, hat dafür aber eine weiße Weste.

Karriere Nummer eins nimmt ihren Lauf: Bucerius avanciert zum Bausenator der Hansestadt. In seinem Buch «Der Adenauer» erinnert sich der Auserkorene: «Ein blütenweißer Fragebogen hatte mich in den ersten Hamburger Senat getragen. Ressort: Bauverwaltung. Da habe ich sicherlich viel Unsinn angerichtet. Zum Beispiel in die Stadtplanung mit Rotstift die Ost-West-

Straße eingezeichnet, die heute die Stadt von ihrem Hafen trennt.» Bald nach seiner Ernennung reist der um politische Orientierung ringende Bucerius nach Hannover und macht dort Kurt Schumacher seine Aufwartung. Nachhaltiger und überzeugender als der SPD-Vorsitzende wirkt auf ihn jedoch Konrad Adenauer, damals noch Vorsitzender der CDU der britischen Besatzungszone. Ihn lernt er 1946 auf einer Parteiveranstaltung in Hamburg kennen und entschließt sich daraufhin, den Christdemokraten beizutreten.

Stationen einer Politlaufbahn: Bucerius wird Mitglied des Zonenbeirats; 1947 entsendet Hamburg ihn in den Frankfurter Wirtschaftsrat; 1949 zieht er in den Deutschen Bundestag ein, dem er bis 1962 angehört; er wird Vorsitzender des Berlin-Ausschusses; 1952 folgt die Ernennung zum Bevollmächtigten für die Berliner Wirtschaftsförderung, der unmittelbar Wirtschaftsminister Ludwig Ehrhard untersteht.

In Bonn ist MdB Bucerius alles andere als ein Hinterbänkler, sein politischer Tatendrang macht Furore. So reist der hanseatische Berlinfürsorger am 17. Juni 1953 in den Ostsektor der alten Reichshauptstadt und führt unter den aufständischen Arbeitern eine Volksbefragung durch. Dabei gerät er in einen Feuerhagel der Volkspolizei. Nur mit Mühe kann er der Verhaftung entgehen und sich in den Westteil absetzen. Zuvor erobert er noch am Brandenburger Tor einen Fetzen der roten Fahne, den er triumphierend in Bonn vorführt. Nicht weniger spektakulär ist ein Auftritt im Jahr 1961: Bucerius diskutiert im sogenannten Zonenfunk mit dem SED-Propagandisten Eisler sowie dem scharfzüngigen Kommentator Schnitzler und fordert unverblümt im realsozialistischen Äther freie Wahlen in ganz Deutschland.

Der «agile Springinsfeld» («Stern») hat Parteiraison immer klein geschrieben. Im Juni 1959 zieht Bucerius mit einer neuerlichen Volksbefragung den Groll der gesamten CDU-Fraktion auf sich. Der politisch angeschlagene Adenauer liebäugelt mit dem Bundespräsidialamt, doch schließlich bleibt er – sehr zum Verdruß von Bucerius – Bundeskanzler. Daraufhin veranstaltet der innerparteiliche Kontrahent ein persönliches Plebiszit: In Anzeigen fragt Bucerius die Zeitungsleser seines Wahlbezirks, ob Adenauers Entscheidung «richtig» oder «falsch» sei. Von den 5976 Einsendern votieren 92,5 Prozent gegen Adenauers Verbleib im Kanzleramt. Trotz manifester Mißfallensäußerungen seiner Partei geht Bucerius in die Offensive und legt seiner Fraktion nahe, einen Mißtrauensantrag gegen den Alten aus Rhöndorf zu erwägen. Im Herbst 1961 stimmt er dann als einziger CDU-Bundestagsabgeordneter gegen eine erneute Nominierung Adenauers zum Kanzler. Sein Favorit für das wichtigste Amt im Staat heißt bereits Ludwig Ehrhard.

Trotz aller Turbulenzen hat der Quereinsteiger Zeit für seine zweite Karriere, die konsequent aus der ersten folgt. Der designierte Bausenator kommt über den von Blumenfeld hergestellten Kontakt fast zwangsläufig mit der britischen Presselizenzabteilung in Berührung – so wird Bucerius auch noch Verleger. In diesem Metier verfügt er ebenfalls über keinerlei einschlägige Erfahrungen. «Um die Lizenz hatte ich mich beworben», erinnert er sich, «weil ich meinte, mit einer Zeitung Politik machen zu können.» ‹Die Zeit› sollte es freilich zunächst nicht sein, viel lieber hätte Bucerius eine überregionale Tageszeitung auf die Beine gestellt. Mit Freunden entwickelt er 1945 die Nullnummer für ein solches Objekt, das schließlich auf ‹Die Welt› getauft wird. Den Briten gefällt der Entwurf so gut, daß sie die Zeitung in ihre Obhut nehmen und Bucerius mit einer Lizenz für ein Wochenblatt abspeisen. Zusätzlich bieten ihm die Alliierten eine Rundfunkillustrierte an, doch Bucerius winkt ab. Er will politisch Einfluß nehmen, nicht Geld verdienen. Anders Axel Springer; er greift statt dessen zu und konzipiert sein Erfolgsblatt ‹Hör zu›. Als ‹Die Welt› in deutschen Besitz übergehen soll, will Bucerius hingegen Springer ausstechen; aber 1953 geben die Briten dem ‹Bild›-Schöpfer den Vorzug.

Politiker und Verleger in einer Person: Das ergibt eine denkbar spannungsgeladene Konstellation. Immer wieder wird Bucerius von Parteifreunden wegen Veröffentlichungen in seinen Printprodukten gerügt, immer wieder muß er sich rechtfertigen. Einmal gibt er sogar im Bundestag eine an Adenauer gerichtete persönliche Erklärung ab. Das Protokoll verzeichnet: «Herr Bundeskanzler! Sie sind zwar für jedes Wort Ihres Pressechefs verantwortlich (Gelächter), weil Ihr Pressechef Ihnen Gehorsam schuldet. Ich bin Verleger der ‹Zeit›. Redakteure nämlich, Herr Bundeskanzler, sind nach der guten Sitte freier Länder vom Verleger unabhängig (Gelächter).» Ein religionskritischer Beitrag im ‹Stern› («Brennt in der Hölle wirklich ein Feuer?») führt dazu, daß die Christdemokraten endlich den unbequemen Zankteufel loswerden. Rainer Barzel, der spätere Kanzlerkandidat, ereifert sich besonders heftig über den Höllen-Artikel, der unterstellt hatte, daß katholische CDU-Abgeordnete ihre evangelischen Kollegen unterdrücken würden. Noch ehe die Bundestagfraktion entscheiden kann, ob «die Veröffentlichung mit einer Mitgliedschaft des ‹Stern›-Verlegers in der CDU» vereinbar sei, legt Bucerius sein Mandat nieder und tritt aus der Partei aus. «Die CDU hat ihren letzten Rebellen verloren», kommentiert der ‹Spiegel›.

*

Ist – und war – Gerd Bucerius ein guter Verleger? Ein hitzköpfiger jedenfalls, das steht außer Frage; manchmal ein wagemutiger und manchmal ein ängstlicher; einer, der manches Objekt einstellen und manche Idee wieder verwerfen mußte; einer, der sich gnadenlos mit seinen Redaktionen anlegte, um sich dann bei Druck von außen bedingungslos hinter sie zu stellen; einer, der unter den Veröffentlichungen seiner Journalisten litt und sich dennoch starke, vom Verleger unabhängige Redaktionen wünschte; einer, der konsequent das Ansinnen der Inserenten auf redaktionelles Wohlverhalten zurückwies und der zugleich höchstpersönlich Klinken putzte, um Anzeigen zu akquirieren.

Bucerius wetterte gern gegen den «manchesterlichen Frühkapitalismus» im Verlagswesen und begriff sich in ihm wohl selbst als liberales Korrektiv. Meinungs- und Pressefreiheit galten dem Taktierer als höchste Güter, primär auf Kommerzialität ausgerichtete Medienkonzerne waren ihm stets suspekt. Gleichwohl klagte der Kaufmann Bucerius bitter über die hohe Steuerlast und das vermeintlich unternehmerfeindliche Klima in der Bundesrepublik. Wann immer sich das Zeitschriftenkarussell in den «roarin' sixties» zu schnell drehte, wies Bucerius mit dem Zeigefinger auf die Bremse. Mit seiner Autorität half er beispielsweise 1969 einer von Bonn einberufenen Kartellkommission mittels Auflagenbegrenzungen die Expansion des Springerkonzerns zu blockieren. Und doch hatte er selbst vier Jahre zuvor mit der Bildung von Gruner + Jahr die größte deutsche Pressefusion arrangiert. Zeitlebens lavierte der unbequeme und couragierte Streiter in einem grandiosen Zick-Zack-Kurs zwischen den Polen der Macht, ohne die eigene zu vergessen.

Das widersprüchliche und hakenschlagende Verlegerdasein nimmt Ende 1945 seinen Lauf, als vier Partner zu gleichen Teilen die Lizenz Nummer sechs zur Herausgabe der ‹Zeit› erhalten. Neben Bucerius spielt der Architekt Richard Tüngel eine entscheidende Rolle. Er hatte sich während des Kriegs mit Bucerius angefreundet und bringt Lowis H. Lorenz mit, den ehemaligen Chefredakteur der ‹Woche›. Die Briten vermitteln Ewald Schmidt di Simoni. Der vierte Mann wird in den Bund aufgenommen, weil er sich bereits bei der ‹Kölnischen Zeitung› sowie der ‹Frankfurter Zeitung› als Vertriebsfachmann einen Namen gemacht hatte. Aus diesem Gesellschafterquartett wird 1948 ein Quintett: Jeder der vier Gesellschafter veräußert 2,5 Prozent seiner Anteile an den Kaufmann Ernst Friedländer. Von Anfang an mit dabei sind die ostpreußische Gutsverwalterin Marion Gräfin Dönhoff und der Journalist Josef Müller-Marein; ohne die beiden wäre aus der ‹Zeit› wohl niemals das geworden, was sie heute ist. Zum ersten Chefredakteur wird Ernst Samhaber berufen, der bei renommierten Blättern wie der ‹Deutschen Rundschau› und dem ‹Berliner Tageblatt› geschrieben hatte.

Am 21. Februar 1946 erscheint erstmals ‹Die Zeit›. Im Titelkopf trägt sie das Hamburger Wappen. Da der Senat der freien Hansestadt gegen diese Amtsanmaßung protestiert, die ‹Zeit›-Macher aber nicht auf ein typographisches Element verzichten wollen, ersetzen sie es notgedrungen durch das Bremer Symbol. Die Ratsherren der Nachbarstadt zeigen sich weniger pedantisch und so ziert bis heute ihr von zwei Löwen umrahmter Schlüssel den ‹Zeit›-Kopf. Unter der Überschrift «Unsere Aufgabe» heißt es in der ersten Ausgabe: «Nur in einer Atmosphäre unbestechlicher Wahrheit kann Vertrauen erwachsen. (...) Wir sprechen zu einem deutschen Leserkreis, der in dieser Zeitung seine Sorgen, Wünsche und Hoffnungen wiedererkennen und sie geklärt sehen soll. Wir werden niemandem nach dem Munde reden, und daß es nicht allen recht zu machen ist, ist eine alte Weisheit. (...) Wir hoffen, daß ‹Die Zeit› ihrer Namensschwester in England würdig sein wird.»

‹Die Zeit› kritisiert in der Folgezeit die Demontagepläne der Alliierten ebenso mutig wie die Nürnberger Prozesse und die Kollektivschuldthese. Auch Bucerius hält sich nicht zurück und heckt den «Plan Murmeltier» aus, den der ‹Spiegel› wie folgt erläutert: «Im März 1946 machte er in seiner ‹Zeit› den Vorschlag, die hungernden Deutschen sollten sich zur Einsparung von Kalorien zu einem ausgedehnten Winterschlaf niederlegen. Nur wenige Arbeitskräfte solle man zur Aufrechterhaltung der unerläßlichen Versorgung mit Wasser, Strom und Gas wachhalten.» Entnervt setzen die Briten im August 1946 Chefredakteur Samhaber ab, ihm folgt Richard Tüngel.

In der Reichsmark-Ära versäumt der Zeit-Verlag eine attraktive Gelegenheit zur Expansion. Gerd Bucerius erinnert sich: «Damals erschien bei Lorenz ein junger Mann und sagt, er sei im Begriff, eine Illustrierte zu machen. Das war Henri Nannen. Lorenz antwortete ihm: ‹Herr Nannen, es gibt in Deutschland drei Leute, die eine Illustrierte machen können. Sie gehören nicht dazu.› Das haben wir bald sehr bedauert.» Die ‹Stern›-Stunde schlägt für ‹Die Zeit› erst 1949, als Nannens Illustrierte bereits eine Auflage von 400 000 Exemplaren hat. Gerd Bucerius übernimmt von der Essener Nationalbank für 35 000 Mark fünfzig Prozent der Henri Nannen GmbH, mit der er einen Agenturvertrag für Vertrieb und Anzeigen schließt.

Nur dank der zugekauften ‹Stern›-Gewinne kann ‹Die Zeit› überleben. Anfang der fünfziger Jahre befindet sie sich in einer tiefen Krise. Nachlassende Qualität und neue Konkurrenten bescheren herbe Verluste. 1950 summieren sich die roten Zahlen auf 370 000 Mark, allein im ersten Quartal des Jahres 1951 liegen sie bei 133 000 Mark. Von Woche zu Woche verliert das Blatt 200 Leser, die Verkaufsauflage, 1950 noch bei über 81 000 Exemplaren, rutscht

1952 auf 44 000 ab. Ultimativ fordert der gemeinsame Betriebsrat von ‹Stern› und ‹Zeit› die Einstellung der Wochenzeitung. Doch Bucerius lehnt ab.

Verständlicherweise findet der ‹Stern› wenig Gefallen daran, Milchkuh der ‹Zeit› zu sein. Bucerius streitet mit Nannen – der nicht nur Chefredakteur ist, sondern 37,5 Prozent der nach ihm benannten Gesellschaft hält. Beide drohen sich gegenseitig die Kündigung und Prozesse an. Hintersinnig bietet Bucerius daraufhin dem Kontrahenten den fünfzigprozentigen ‹Stern›-Anteil zum Kauf an. Das Ergebnis mag er vorausgeahnt haben: Der mittellose Nannen sucht lange nach einem Financier, wird aber nicht fündig. Und so kommt es andersherum: Der Zeit-Verlag übernimmt Nannens Anteile für die beachtliche Summe von 375 000 Mark, die restlichen 12,5 Prozent bleiben bei dem Drucker Richard Gruner.

Auf den versierten Blattmacher Nannen will Bucerius nicht verzichten – er bittet ihn, weiterhin Chefredakteur zu bleiben. Nannen willigt ein, nachdem er einen unvergleichlichen, auf zehn Jahre terminierten Chefredakteursvertrag ausgehandelt hat. Er ist unkündbar und mit vielen Sonderrechten versehen. Außerdem beläßt Bucerius den nunmehr angestellten Nannen in der Geschäftsführung. Geschenkt haben sich die beiden Dickköpfe in der Folgezeit nichts. Als «Buci» 1958 ein einziges Mal ernstlich gegen seine eigenen Prinzipien verstößt und ohne Wissen der ‹Stern›-Redaktion einen Beitrag über die Gefahren der Atomrüstung verhindert, stellt der selbstbewußte Nannen im ‹Spiegel› unmißverständlich klar: «Dr. Bucerius hat mir als dem verantwortlichen Chefredakteur des ‹Stern› inzwischen die Erklärung abgegeben, daß er sich in Zukunft wie in der Vergangenheit jeder redaktionellen Weisung enthalten wird.»

Bucerius würdigt den langjährigen Illustrierten-Chef: «Die Auseinandersetzungen mit Nannen waren hart. Es gab niemanden in meiner Umgebung, der nicht gesagt hätte: ‹Du mußt den Mann loswerden, der ist Dein Untergang.› Aber er hatte eine starke Position – nicht nur durch seinen Vertrag, sondern vor allem durch seine Leistung. Er war unentbehrlich. Die enge Verbindung zu Nannen gehört dann zu meinen großen Erlebnissen.»

Parallel zu den ‹Stern›-Rangeleien muß Gerd Bucerius sein Durchsetzungsvermögen und taktisches Können an einer anderen Front unter Beweis stellen. Unter den ‹Zeit›-Eignern ist ein heftiger Machtkampf um die Vorherrschaft im Verlag entbrannt, dessen Einzelheiten Gerd Bucerius in einer «Gesellschafterauseinandersetzungstabelle» festgehalten hat. Im August 1950 gehen Friedländer und Lorenz für eine Abfindung von 47 000 beziehungsweise 77 800 Mark. Unter den drei verbleibenden Gesellschaftern werden härtere Register gezogen. Laut Bucerius hatten Tüngel und Schmidt di Simoni je ein Drittel ihrer Anteile an ihn abgetreten, die beiden erklären diese Abtretung jedoch für null und nichtig. Es kommt zum Prozeß. Für den Fall ihres Sieges wollen Tüngel und Schmidt di Simoni die Verleger John Jahr und Rudolf Augstein an der ‹Zeit› beteiligen, was Bucerius gegen die Hamburger Kollegen einnimmt: «Das war für mich einer der Gründe, mich von diesen Leuten möglichst entfernt zu halten.» Zeitweilig will Bucerius sogar dem ‹Spiegel› per einstweiliger Verfügung jegliche Berichterstattung über die Gesellschafterkabale untersagen.

Nicht zuletzt weil Chefredakteur Tüngel einen strammen Rechtskurs einschlägt, eskaliert der Konflikt. Marion Gräfin Dönhoff verläßt das Haus und schreibt zeitweilig für ‹Die Welt›, Josef Müller-Marein wird von Tüngel geschaßt. Bucerius und Tüngel setzen sich gegenseitig als Geschäftsführer ab, eine interimistische, Bucerius zugeneigte Geschäftsführung übernimmt den Verlag und beurlaubt Tüngel. Die Vorfälle lösen eine regelrechte Prozeßlawine aus, erst im März 1957 schlichtet ein Schiedsgericht. Bucerius muß Tüngel und Schmidt di Simoni mit je einer Million Mark abfinden und darf dafür allein das Ruder übernehmen. Zum neuen Chefredakteur ernennt er Müller-Marein, Gräfin Dönhoff kommt als Politik-Chefin zurück.

Inmitten dieser Auseinandersetzungen kann der Bundesbeauftragte für die Berlinförderung auch private Ambitionen in der geteilten Stadt verfolgen: Bucerius erwirbt 1954 von den Ullstein-Erben Hans und Herrmann zehn Prozent der Ullstein AG. Zur Finanzierung nimmt er einen Kredit auf. Der Coup führt zu einem bedenklichen Liquiditätsengpaß, worauf ein Bankier bei Bucerius’ zweiter Frau Ebelin vorspricht und auf Liquidierung drängt. Der in Übersee weilende Ehemann kann ihn später durch gutes Zureden besänftigen. Über sein Berliner Verlagsengagement kommt Bucerius mit Axel Springer ins Geschäft. Springer hat 1956 an der Ullstein AG eine Sperrminorität erworben, 1958 hält er 73 Prozent. Diese Beteiligung genügt aber nicht, um die publizitätspflichtige AG in eine weniger auskunftsfreudige GmbH umzuwandeln. Die Metamorphose gelingt erst 1960, als ihm Bucerius seinen Anteil verkauft. Mitte der sechziger Jahre verhandelt Bucerius mit Springer auch über einen Verkauf des ‹Stern› – ohne daß Nannen etwas davon erfährt. Erst als Bucerius später die Größe des Springerkonzerns öffentlich kritisiert, bringen interessierte Kreise den Vorgang ans Tageslicht.

Ein weiterer Prozeß, in den Gerd Bucerius involviert ist, läßt nicht lange auf sich warten. 1960 waren durch John Jahrs Ausstieg beim ‹Spiegel› fünfzig Prozent freigeworden, die 1961 Richard Gruner übernimmt. Die Hälfte davon hält er treuhänderisch für Bucerius, der eigentlich mit Rudolf Augsteins Lebenswerk nichts zu tun haben wollte. Vereinbart war, daß sich Augstein im Gegenzug zur Hälfte an der ‹Zeit› beteiligt. Die verabredete Querverbindung kommt nicht zustande, dafür aber ein Rechtsstreit, bei dem Bucerius den Kürzeren zieht. Mit gut einer Million Mark Verlust verabschiedet er sich 1962 wieder vom «Sturmgeschütz der Demokratie». Das Verhältnis der beiden Verleger bleibt fortan immer angespannt. Als Bucerius dem ‹Spiegel› wegen der Aufdekkung des Abhörskandals im Fall des Atomphysikers Traube Geheimnisverrat vorwirft, bellt Augstein ausgerechnet in der ‹Zeit› zurück: «Buci, solch einen Schwachsinn hätten sie uns nicht vorsetzen dürfen.»

Ähnlich kurzfristig wie das ‹Spiegel›-Engagement ist Bucerius' Einsatz rund um das Frauenmagazin ‹Madame›. Im April 1964 kauft er sich mit 40 Prozent bei dem Nobelheft des Münchener Heilmaier-Verlags ein, dreizehn Monate später steigt er aus. Diesmal führen allerdings wichtige strategische Gründe zur Trennung: Bucerius fädelt die größte und wohl folgenreichste Verlagsehe der deutschen Medienszene ein, zu der ‹Madame› nicht paßt – 1965 legen Richard Gruner, John Jahr und Gerd Bucerius ihre Geschäfte zusammen. Anders als seine beiden Partner legt Bucerius keinen Wert darauf, daß sein Name in dem neugegründeten Druck- und Verlagshaus auftaucht. Denn korrekt müßte es eigentlich «Bucerius, Gruner + Jahr» lauten. Und anders als seine beiden Partner bescheidet er sich mit einem Anteil von unter 30 Prozent. In dem Trio kommt es rasch zu Querelen, die sich über Jahre hinziehen.

Augstein-Partner Hans Detlev Becker sieht in den beachtlichen juristischen Fähigkeiten eine spezifische Note des Verlegers Bucericus. Über dessen ausgereifte Kunst der Kontraktgestaltung schreibt er: «... man kennt ja nicht die Verträge im einzelnen, und der eigentliche Inhalt von Bucerius-Verträgen steckt in verwundenen Nebenbestimmungen, in Begleitschreiben und in Auslegungen von langer Hand. Die generöse Verleger-Attitüde hat den Advokaten, der er vor allem ist, nie wirksam tarnen können ...» Bucerius' Handschrift prägt auch den über hundert Seiten umfassenden Vertrag, der den Zusammenschluß von Gruner + Jahr besiegelt. Für seine ‹Zeit› hatte sich der listige Jurist spezielle Konditionen ausbedungen, die dazu führen, daß er die Wochenzeitung 1969 wieder aus dem Gruner + Jahr-Verbund herausnimmt und in seinen Tempus-Verlag überführt, der auch den ‹Wirtschaftswoche›-Vorläufer ‹Der Volkswirt› sowie das Literaturheft ‹Monat› erwirbt.

Als Richard Gruner 1969 Gruner + Jahr den Rücken kehrt und dafür Reinhard Mohn mit zunächst 25 Prozent eintritt, entsteht in dem Zeitschriftenkonzern ein kompliziertes Dreierverhältnis. Leidtragender in dem Bund ist John Jahr, der nicht verhindern kann, daß Bucerius und Mohn hinter seinem Rücken kooperieren. Gegen den erklärten Willen von John Jahr tauscht Bucerius seinen inzwischen auf 35 Prozent angewachsenen Anteil am Grundkapital von Gruner + Jahr gegen eine 11,5 Prozent-Beteiligung an Mohns Bertelsmann-Gruppe ein, die 1979 im Rahmen einer Kapitalerhöhung auf 10,74 Prozent absinken. Die ‹Frankfurter Allgemeine› berichtet am 16. Dezember 1972: «Gesellschafter John Jahr sen. erhebt in einem Brief, den er an alle Geschäftsführer, Chefredakteure und Betriebsräte geschickt hat, harte Vorwürfe gegen seine Partner (...). Vor allem Bucerius wird mangelnde Objektivität in seinem Urteil und in seinen Entscheidungen unterstellt.» Zunächst will Jahr das von ihm mitgeschaffene Unternehmen verlassen, schließlich reduziert er seinen Anteil auf eine Sperrminorität von 25,1 Prozent.

Normalerweise hätte die ‹Zeit›-Überführung sowie die Umwandlung der Gruner + Jahr- in Bertelsmann-Anteile dem Fiskus Einnahmen von rund hundert Millionen Mark beschert – wäre da eben nicht Gerd Bucerius, der ein kompliziertes steuersparendes Modell ersinnt. Im Zuge einer «kapitalistischen Springprozession» (‹Spiegel›) werden die Titelrechte der ‹Zeit› und der ‹Wirtschaftswoche› zwischen Zeit-Verlag, einer kurzfristig gegründeten Bertelsmann-Pressevertriebs- und Beteiligungs GmbH und der Zeit-Stiftung hin und her verschoben. Im Endeffekt ist kein Pfennig Einkommensteuer fällig.

Freude hat Bucerius an der nun wieder ihm allein gehörenden ‹Zeit› nicht: Sie befindet sich Ende der sechziger Jahre in einer ökonomisch ähnlich prekären Situation wie schon zu Beginn der fünfziger Jahre. Die Auflage stagniert bei rund 255 000 Exemplaren, die Herstellungskosten explodieren. Den Untergang vor Augen, entschließt sich Bucerius zu Investitionen. Im Oktober 1970 erscheint das erste ‹Zeit-Magazin›, das Vierfarb-Anzeigen beisteuern soll. Bucerius muß die Innovation gegen den Widerstand der Redaktion durchsetzen, die bunte Bilder im Blatt für eine völlig verfehlte Genesungsstrategie hält. Tatsächlich scheinen die Kritiker zunächst recht zu behalten: Noch 1972 macht das Magazin 3,87 Millionen Mark Verlust. Doch nach und nach stimuliert es die Auflage, allmählich steigt auch das Anzeigenaufkommen. Von 1975 an schreibt ‹Die Zeit› schwarze Zahlen. Angesichts der günstigen Entwicklung stimmt Bucerius ein hohes Lied auf die Privatinitiative im Kapitalismus an: «Solche Risiken wiederum kann nur durchstehen, wer ein eigenes Vermögen riskiert. Kein Staatsverlag, keine Stiftung hätte das Magazin gegen das Veto der Redaktion riskieren können. – Dazu braucht man Verleger.»

Beim ‹Monat› zeigt sich der Verleger weniger erfindungsreich: Das Litera-

105

turperiodikum muß 1971 eingestellt werden. Hingegen kann Bucerius die Auflage der ‹Wirtschaftswoche› durch Zukauf des ‹Aktionärs› aufpäppeln. Nach seinen Deals mit Gruner, Springer, Augstein, Jahr und Mohn bringt ihn die ‹Wirtschaftswoche› auch noch mit dem Großverleger Georg von Holtzbrinck ins Geschäft. In dessen Handelsblatt GmbH bringt er das Wochenmagazin 1974 ein und erhält dafür 15 Prozent des Düsseldorfer Wirtschaftsverlags. 1978 kann Bucerius seinen Anteil sogar auf 20 Prozent ausbauen, muß jedoch zum Jahresende 1984 nach Ablauf einer Zehn-Jahres-Frist ein Vorkaufsrecht der Holtzbrinck-Familie anerkennen.

Drei Jahre danach gründet Bucerius die Zeit-TV-GmbH – dafür wird der mittlerweile 82jährige vom Branchendienst ‹text intern› als Kandidat für den Titel «reifster Jungunternehmer Deutschlands» vorgeschlagen. Nicht genug damit: Auch an ‹Radio Hamburg› erwirbt er einen Anteil von fünf Prozent. Doch typisch für Bucerius: Bald darauf gelangt er zur Überzeugung, daß ein solches Engagement nur in einem großen Verbund Zukunft hat und verabschiedet sich wieder von der Hörfunkerei. Wie schrieb doch die ‹Frankfurter Allgemeine›: «Was in den Charakteristiken seine Sprunghaftigkeit heißt, ist eine Motorik, die sich in den gesettelten Verhältnissen unbehaglich fühlt. Darum muß er als Kaufmann kaufen und verkaufen, dazukaufen oder abstoßen, kurz, die Presselandschaft verändern.»

Eigentlich, so kommentiert Gerd Bucerius höchst eigenwillig sein Verlegerleben, habe er sich mit dem Zeitpunkt der Abgabe des ‹Stern› an Gruner + Jahr sukzessive aus dem Mediengeschäft zurückgezogen. Wenn die nach 1965 folgenden Operationen tatsächlich das Werk eines Aussteigers waren: Was hätte Bucerius wohl erst alles angestellt, wenn er aktiv geblieben wäre?

«Echte Freiheit heißt Risiko»
Die Bucerius-Chronik

1906 Gerd Bucerius wird am 19. Mai im westfälischen Hamm als Sohn eines hohen Verwaltungsbeamten geboren.

1923 Die Familie von Bucerius siedelt nach Hamburg über. Dort tritt der Vater als Vorstandsmitglied in die Hugo Stinnes Seeschiffahrt AG ein und eröffnet später in Altona eine Anwaltskanzlei.

1936 Nach seinem Jura-Studium in Berlin, Hamburg und Freiburg, einer Assessorentätigkeit an den Landgerichten Kiel und Flensburg sowie der Promotion tritt Gerd Bucerius in die väterliche Kanzlei ein.

1945 Der Nazigegner und spätere CDU-Politiker Erik Blumenfeld empfiehlt Bucerius den britischen Alliierten, die ihn daraufhin zum Hamburger Bausenator ernennen.
Gleichzeitig entwickelt Bucerius mit Freunden die ‹Welt› und bewirbt sich um Presselizenzen für Tageszeitungen und Illustrierte. Doch die Briten erlauben ihm lediglich die Herausgabe einer Wochenzeitung.

1946 Am 21. Februar erscheint die erste Ausgabe der ‹Zeit›. Lizenzträger sind neben Bucerius der ehemalige Chefredakteur Lowis H. Lorenz, der Verlagskaufmann Ewald Schmidt di Simoni und der Architekt Richard Tüngel. Chefredakteur Ernst Samhaber bleibt kein halbes Jahr im Amt: Wegen seiner kritischen Berichterstattung über die Besatzungspolitik wird er von den Briten zum Rücktritt

gezwungen. Sein Nachfolger wird ‹Zeit›-Mitbesitzer Tüngel. Bucerius, der nach Kriegsende mit der SPD sympathisierte, tritt der neugegründeten CDU bei.

1948 Die vier ‹Zeit›-Gesellschafter reduzieren gleichmäßig ihren Anteil und verkaufen zehn Prozent an den Kaufmann Ernst Friedländer.

1948 Hamburg entsendet Bucerius in den Frankfurter Wirtschaftsrat.

1949 Bucerius zieht für die CDU in den Bundestag ein und übernimmt den Vorsitz des Berlin-Ausschusses.
Er erwirbt für den Zeit-Verlag 50 Prozent der Henri Nannen GmbH (‹Stern›) von der Essener Nationalbank. Kaufpreis: 35 000 Mark.

1950 Friedländer und Lorenz scheiden als ‹Zeit›-Gesellschafter aus.

1951 Der Zeit-Verlag erwirbt für 375 000 Mark auch Henri Nannens ‹Stern›-Anteil von 37,5 Prozent. Bucerius überredet Nannen, trotz des Besitzwechsels Chefredakteur zu bleiben. Die restlichen 12,5 Prozent der Nannen GmbH behält der Drucker Richard Gruner.

1952 Die Auflage der ‹Zeit› sackt auf 44 000 Exemplare ab, nachdem sie 1950 bereits bei über 80 000 lag; der wirtschaftliche Ruin kann nur durch die ‹Stern›-Gewinne aufgefangen werden.
Das Bundeskabinett ernennt Bucerius zum Bevollmächtigten für die Auftragslenkung nach Berlin.

1953 Während des Volksaufstands am 17. Juni fährt Bucerius nach Ostberlin und führt dort unter Arbeitern eine Volksbefragung durch.

Bucerius will die ‹Welt› kaufen, die jedoch Axel Springer zufällt.

1954 Bucerius erwirbt zehn Prozent der Ullstein AG.

1956 Die ‹Zeit›-Teilhaber Tüngel und Schmidt di Simoni ziehen gegen Bucerius vor Gericht. Die drei Gesellschafter streiten über die Mehrheit der Anteile. Tüngel und Schmidt di Simoni wollen im Falle ihres Sieges Rudolf Augstein und John Jahr an der ‹Zeit› beteiligen.

Tüngel, der die ‹Zeit› für erzkonservative Autoren geöffnet hatte, muß als Chefredakteur zurücktreten. Neuer Mann an der Redaktionsspitze wird der Rheinländer Josef Müller-Marein.

1957 Tüngel und Schmidt di Simoni unterliegen vor dem Schiedsgericht. Bucerius, der somit Alleininhaber der ‹Zeit› wird, muß ihnen eine Abfindung von je einer Million Mark bezahlen.

Bucerius verliert seinen Wahlkreis an die SPD, kommt aber als Spitzenkandidat der Hamburger Landesliste wieder in den Bundestag.

1958 Ohne Wissen der ‹Stern›-Redaktion verhindert Bucerius die Veröffentlichung eines Berichts über die Gefahren der Atomrüstung.

1959 Bucerius initiiert in Hamburg ein Plebiszit gegen Kanzler Adenauer. Die CDU-Fraktion rügt das Vorgehen des Verlegers scharf.

1960 Mit Jahresbeginn geht John Jahrs ‹Spiegel›-Anteil von 50 Prozent an Richard Gruner über, der die Hälfte davon treuhänderisch für Bucerius hält. Aug-

stein will dafür mit 50 Prozent an der ‹Zeit› beteiligt werden.

In einem ‹Zeit›-Artikel fordert Bucerius den Vertriebenenminister Oberländer wegen seiner Nazi-Vergangenheit zum Rücktritt auf.

1962 Ein kirchenkritischer ‹Stern›-Beitrag («Brennt in der Hölle wirklich ein Feuer?»), den Bucerius vorab nicht kannte, führt zum politischen Eklat. Als der CDU-Parteivorstand überprüfen lassen will, «ob die Veröffentlichungen mit der Mitgliedschaft des Verlegers in der CDU/CSU-Bundestagsfraktion vereinbar sind», tritt der Attackierte aus Partei und Fraktion aus. Per Vergleich überträgt Bucerius seinen von Gruner gehaltenen ‹Spiegel›-Anteil wieder an Augstein.

1964 Bucerius beteiligt sich mit 40 Prozent an dem Münchener Monatsblatt ‹Madame›, steigt jedoch nach 13 Monaten wieder aus.

1965 Auf Betreiben von Bucerius wird die Gruner + Jahr GmbH & Co. gegründet. An ihr ist Bucerius zunächst mit 28,25, Richard Gruner mit 39,50 und John Jahr mit 32,25 Prozent beteiligt.

Gleichzeitig wandelt Bucerius die Henri Nannen GmbH in die Tempus Zeitungs- und Zeitschriften-Verlaggesellschaft GmbH um, deren alleiniger Gesellschafter der Zeit-Verlag ist.

1966 Bucerius kauft den ‹Volkswirt›. Die Auflage des ‹Wirtschaftswoche›-Vorläufers liegt bei 13 500 Exemplaren.

1967 Beim Christian Wegner Verlag steigt Bucerius mit 75 Prozent ein. Der Buchverlag geht fünf Jahre später an den Rowohlt Verlag über.

1968 Marion Gräfin Dönhoff wird Chefredakteurin der ‹Zeit›.

1969 Bucerius trennt die ‹Zeit› von Gruner + Jahr und überführt sie in seinen Tempus-Verlag, der auch 76 Prozent an dem literarischen Periodikum ‹Monat› hält.

1970 Das ‹Zeit-Magazin› erscheint – es soll der chronisch defizitären ‹Zeit› eine neue Anzeigenerlös-Quelle erschließen. Statt dessen macht das Magazin zunächst Millionenverluste.

Der Tempus Zeitungs- und Zeitschriftenverlagsgesellschaft mbH wird in Zeit-Verlag GmbH umbenannt.

Das Fachblatt ‹Der Volkswirt› verwandelt sich in das Nachrichtenmagazin ‹Wirtschaftswoche›.

1971 Bucerius zieht sich aus dem aktiven Gruner + Jahr-Geschäft zurück.

Der ‹Monat› wird eingestellt.

Bucerius gründet die Zeit-Stiftung und schenkt ihr die Titelrechte der Wochenzeitung. Ein Kuratorium entscheidet als Leitungsgremium über die Besetzung von Verleger und Chefredakteur. Die Stiftung darf jedoch nicht geschäftlich aktiv werden, die unternehmerische Initiative bleibt bei Bucerius.

Die ‹Wirtschaftswoche› schluckt das Gruner + Jahr-Blatt ‹Aktionär› und kann dadurch ihre Verkaufsauflage von 41.000 auf 77.000 Exemplare steigern.

1973 Bucerius veräußert seinen Gruner + Jahr-Anteil von inzwischen 37,5 Prozent an Reinhard Mohn und erhält dafür im Gegenzug 11,5 Prozent an Bertelsmann.

Gräfin Dönhoff rückt zur ‹Zeit›-Herausgeberin auf, der Historiker und Politikwissenschaftler Theo Sommer übernimmt die Chefredaktion.

1974 Bucerius veräußert die ‹Wirtschaftswoche› an Georg von Holtzbrinck

und erhält dafür 15 Prozent an der Handelsblatt GmbH.

Zeit-Verlag und Redaktion vereinbaren ein Redaktionsstatut, das den Mitarbeitern weitgehende Mitbestimmungsrechte einräumt.

1977 Diether Stolze wird zum ‹Zeit›-Verleger gekürt.

1978 Überlegungen zur Einführung eines Herausgebermodells nach dem Vorbild der ‹Frankfurter Allgemeinen Zeitung› lösen scharfe Proteste der Mitarbeiter aus. Weil Stolze auch noch Herausgeber wird, kommt es zu redaktionsinternen Querelen. Die Vermischung von redaktioneller und verlegischer Funktion stößt auf Vorbehalte.

‹Die Zeit›, seit drei Jahren aus den roten Zahlen, führt ein Gewinnbeteiligungsmodell für die Mitarbeiter ein.

Bucerius stockt seine Beteiligung an der Handelsblatt GmbH auf 20 Prozent auf.

1979 Durch eine Kapitalerhöhung bei Bertelsmann sinkt der Bucerius-Anteil von 11,5 auf 10,74 Prozent.

1982 Diether Stolze wechselt als Regierungssprecher nach Bonn, Bucerius kümmert sich wieder persönlich um die Verlagsgeschäfte.

1983 Ex-Kanzler Helmut Schmidt kommt als Herausgeber zur ‹Zeit›.

1985 Holtzbrinck macht gegenüber Bucerius ein 1974 vereinbartes Ankaufsrecht geltend. Für fünf Millionen Mark erhält er den 20-Prozent-Anteil an der Handelsblatt GmbH zurück.

Helmut Schmidt wird neben Hilde von Lang ‹Zeit›-Verleger.

1986 Bucerius steigt mit fünf Prozent bei ‹Radio Hamburg› ein und drei Jahre danach wieder aus.

1987 Der Versuch, die ‹Zeit› mit Bertelsmann zusammenzulegen, scheitert endgültig am Einspruch des Kartellamts.

1988 Die Zeit-TV-GmbH wird gegründet. Anteilseigner sind Gerd Bucerius (55 Prozent), Katherina Trebitisch (25 Prozent) und Hilde von Lang (20 Prozent).
‹Die Zeit› führt mit den «Zeitläuften» ein neues «Buch» ein.
Ein Layout-Änderung des ‹Zeit›-Magazins führt zu erheblichen Konflikten, Magazin-Chef Michael Schwelien muß seinen Sessel räumen.

1989 Pariskorrespondent Roger de Weck, der zum Nachwuchs-Verleger angelernt werden soll, entschließt sich nach einem kaufmännischen Traineeprogramm, dem Journalismus treu zu bleiben und kehrt in die Redaktion zurück.

1990 Helmut Schmidt schränkt sein ‹Zeit›-Engagement ein: Er gibt die Verlagsgeschäfte ab und zieht sich auf den Herausgeberposten zurück.

DAS BUCERIUS-REICH

| Die Zeit | Zeit TV | ZEIT magazin |

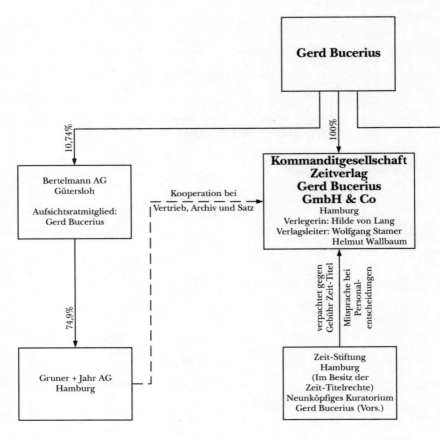
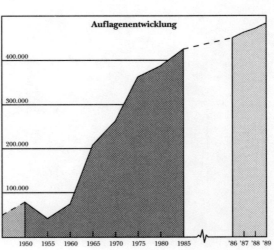

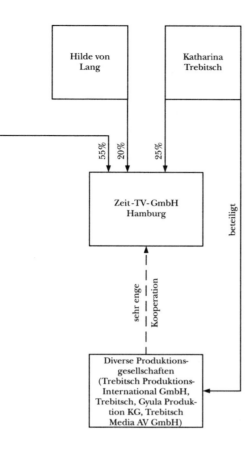
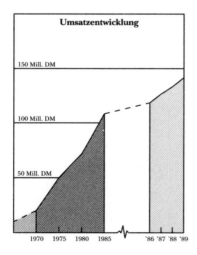

Stand: Januar 1990

Überblick

Charakteristik

Im Zeit-Verlag erscheint ausschließlich die Wochenzeitung ‹Die Zeit›. Alleininhaber ist Gerd Bucerius, der zugleich in der Zeit-Stiftung als Vorsitzender auf Lebenszeit fungiert. Der Stiftung gehören die Titelrechte der ‹Zeit›, die sie gegen eine Gebühr an den Verlag verpachtet.

Seit 1988 existiert die Zeit-TV-GmbH, die bisher Fernsehserien produziert hat. Möglicherweise wird sie sich an einer noch zu gründenden privaten Fernsehgesellschaft (der sogenannten Westschiene) beteiligen. Zwischen Zeit-TV und Zeit-Verlag bestehen weder gesellschaftsrechtliche noch redaktionelle Verbindungen. Mit geschätzten zwei Milliarden Mark ist der Anteil von Gerd Bucerius an dem Gütersloher Medienkonzern Bertelsmann rund zehnmal soviel wert wie der Zeit-Verlag.

Umsatz

1989 wird der Zeit-Verlag rund 140 Millionen Mark erlösen. Vom Umsatz der Bertelsmann AG (1988/89: 12,5 Milliarden Mark) ist ein Zehntel anteilig Gerd Bucerius zuzurechnen. Die Zeit-TV-GmbH dürfte einen einstelligen Millionenbetrag erwirtschaften.

Mitarbeiter

Von den insgesamt 265 Mitarbeitern des Zeit-Verlags sind 170 in der Verwaltung beschäftigt.

Reichweite

Im zweiten Quartal 1989 betrug die Verkaufsauflage 481 388 Exemplare. Bei einzelnen Ausgaben konnte 1989 erstmals mehr als eine halbe Million Exemplare abgesetzt werden.

HUBERT BURDA:

Der Schöngeist aus Offenburg

Im Osten von München, neben dem Arabellapark und unweit des Flughafens Riem, liegt das neue Verlagszentrum von Burda. Der 1983 bezogene Bau beherbergt im Inneren hochkarätige moderne Kunst. Bereits beim Betreten des Gebäudes erblickt der Besucher in der Eingangshalle hinter dem Pförtnerpult eine monumentale Andy-Warhol-Collage mit dem Titel «Images of Munich City». Auf der Seite gegenüber bekommt er sogleich eine zweite, ebenfalls riesige Fotomontage des 1987 verstorbenen Popart-Künstlers geboten – in allen Farbvariationen prangen da Titelbilder der Burda-Illustrierten ‹Bunte›.

In der Chefetage im siebten Stockwerk setzt sich die erlesene Sammlung mit Werken von A. R. Penck («Quo Vadis Germany», 1984/85), Mike Bidlo («Not Pollock», 1983) und Sandro Ghia («Garibaldi auf dem Weg nach Rom», 1980) fort. Die zeitgenössischen Gemälde zieren einen offenen Empfangsraum, der gelegentlich für das Forum ‹Politics meets Business› herhalten muß. Auf Plexiglastafeln aufgetragene Filzschreiber-Autogramme zeugen von so prominenten Teilnehmern wie Helmut Schmidt, Norbert Blüm, Hans-Dietrich Genscher, Franz Josef Strauß und Lothar Späth.

Hier oben, in einem durch eine Schleuse abgezirkelten, im Firmenjargon als Hochsicherheitstrakt bezeichneten Bereich, residiert Dr. Hubert Burda. Seit Januar 1987 herrscht er allein über die Burda GmbH.

Die sechstgrößte Verlagsgruppe der Bundesrepublik setzt mit rund 4 500 Mitarbeitern über eine Milliarde Mark um und besitzt drei Großdruckereien – eine in der badischen Kleinstadt Offenburg, die mit München Hauptsitz des Unternehmens ist, eine weitere in Darmstadt und eine im elsässischen Vieux Thann. In Süddeutschland mischt die Burda GmbH im privaten Hörfunk mit, so bei den reichweitenstarken Stationen ‹Antenne Bayern› und ‹Radio 7 Victoria›. Für ‹RTL plus› produziert sie «M – Das Männermagazin» und hält zwei Prozent der Gesellschaftsanteile des Kölner Kommerzsenders. Vor allem aber verlegt sie eine breit gefächerte Palette von fast 20 Publikumszeitschriften, die sich pro Ausgabe neun Millionen Mal verkaufen.

Hubert Burda, der Lenker dieses mächtigen Medienkonzerns, gilt als arbeitsam und anregend, beredt und belesen, ehrgeizig und eigenwillig, gewandt und galant, introvertiert und intelligent, kreativ und kompliziert, ungeduldig und unstet – kurzum, als sensibles Künstlernaturell. Fünf Jahre lang studierte er Philosophie, Archäologie und Kunstgeschichte, promovierte 1965 über «Die Ruinen in den Bildern von Hubert Robert», einem von 1733 bis 1808 lebenden französischen Maler. Als Hobbys gibt er noch heute die französische Malerei des 18. Jahrhunderts und die griechische Archäologie an, mit Leidenschaft sammelt er alte chinesische Vasen.

Über den Weinbergen von Fessenbach, einem Ort in der Nähe von Offenburg, wohnt Hubert Burda in einem ehemaligen Schlösschen. Sein Münchener Domizil liegt am Siegestor im Stadtteil Schwabing. Wenn es seine knapp bemessene Zeit erlaubt, verbringt der kaum 1,70 Meter große Medienmacher ein Wochenende in St. Moritz; kurze Trips führen ihn alle Herren Länder, meist haben sie jedoch einen geschäftlichen Anlaß. Urlaub hat der Workaholic schon seit einigen Jahren nicht mehr gemacht. Hubert Burda, der seine Haare stets streng nach hinten kämmt, «ist fast am Stück im Büro», berichtet ein Mitarbeiter.

Von der Existenz des Burda-Sohns Felix wissen nur wenige – der 1967 geborene Nachkömmling wird sorgfältig von der Öffentlichkeit abgeschirmt. Felix Burda lebt in München, wo er erst kürzlich sein Abitur abgelegt und den Kriegsdienst verweigert hat. Die Ehe seiner Eltern – 1967 heiratete Hubert die Kunststudentin Christa Krauss – ist seit langem geschieden. Hubert Burdas derzeitige Lebensgefährtin ist die Bühnenkünstlerin Maria Furtwängler. Wie eine Münchener Klatschkolumnistin zu berichten weiß, bewundert der Verleger an der Nachfahrin des legendären Stardirigenten «die unverbrauchte Jugend und das große schauspielerische Talent».

Deutschlands wohl feinsinnigster Verlagseigner zählt den österreichischen Schriftsteller Peter Handke, den Wuppertaler Ästhetikprofessor Bazon Brock und die Flick-Erben «Mick» und «Muck» zu seinen Freunden. Mit dem TV-Star Fritz Wepper und dessen Clique kreuzt er gelegentlich im Münchener Schicki-Micki-Treff «Zum Katzelmacher» auf. Unter Kulturschaffenden blüht er sichtlich auf, etwa wenn er alljährlich in prunkvollem Rahmen Film- und Fernsehgrößen mit goldenen Bambis beglücken läßt oder wenn er bei einem Galaempfang seinen Passe-partout-Preis verleiht, den er 1988 für besondere Leistungen auf dem Gebiet der Kunstausstellung und -vermittlung gestiftet hat. Daneben vergibt der Mäzen den mit 25 000 Mark dotierten Petrarca-Preis, mit dem «die poetische Suche nach Schönheit und Wahrheit» gefördert werden soll.

Politisch rechnet sich der Schöngeist zweifelsohne dem bürgerlichen Spek-

trum zu. Als Berater und Stellvertreter hat er mit dem langjährigen CDU-Bun-
destagsabgeordneten Jürgen Todenhöfer einen christdemokratischen Rechtsaußen verpflichtet, den er bereits während gemeinsamer Schultage schätzen
gelernt hatte. Peter Boenisch, ehemals Burda-Redaktionsdirektor, davor
Regierungssprecher und Chefredakteur bei ‹Bild› und ‹Welt›, stellt er seine
Blätter für Kolumnen zur Verfügung. Mit Boenisch dreht er gelegentlich auf
dem Golfplatz einige Runden. Schon seit langem kokettiert Hubert Burda
damit, einen «Anti-‹Spiegel›» aus der Taufe zu heben – nicht nur, um im
attraktiven Männermarkt stärker vertreten zu sein, sondern vor allem, weil
nach seiner festen Überzeugung «ein zivilisiertes Land» mindestens zwei
unterschiedlich ausgerichtete Nachrichtenmagazine braucht. Allein die enormen Investitionskosten bremsten bislang den politisch motivierten Tatendrang.

Statt eines rechtsgestrickten ‹Spiegel› hat Burda seine ‹Bunte›. Weil in ihr
noch bis vor kurzem jegliche Fleischbeschau verpönt war, genießt sie den Ruf
als «Deutschlands sauberste Illustrierte». Spötter sehen in ihr ein «Blatt für die
katholische Landfrau», Hubert Burda schätzt sie als «verläßliches Symbol des
bürgerlichen Lagers». Die traditionsreiche Zeitschrift, die erstmals 1948 unter
dem Titel ‹Das Ufer› erschien, ist vor allem in der Verlagsrechnung ein verläß-
licher Faktor. In ihrer Glanzzeit zu Beginn der siebziger Jahre fand sie fast 1,8
Millionen Abnehmer und war damit vor dem ‹Stern› die meistgekaufte Illustrierte Deutschlands.

Obwohl die ‹Bunte› inzwischen stärker als vergleichbare Konkurrenztitel
mit dem Auflagenschwund kämpft und die Verkaufszahl immer häufiger unter
die psychologisch wichtige Millionengrenze rutscht, ist sie nach wie vor recht
ertragreich. Mehr Anzeigenseiten als das bunte Bilderblatt verkaufen in der
Regel nur ‹Spiegel›, ‹Stern› und ‹Wirtschaftswoche›. Kurz dahinter liegt mit
der ‹Freundin› eine weitere Burda-Zeitschrift gut im Rennen – sie erzielt eine
ähnlich hohe Rendite wie das Flaggschiff des Hauses. An dritter Stelle der
Gewinnbringer im Hause Burda behauptet sich die ‹Freizeit Revue›, eine nied-
rigpreisige, wöchentlich erscheinende Frauenzeitschrift. Alle anderen Titel
bringen mit deutlichem Abstand weniger Geld in die Kasse.

Manche der Burda-Objekte lassen sich nur schlecht mit der musischen Ader
des kulturell ambitionierten Verlegers in Einklang bringen. So ist die ‹Glücksrevue› ein mit Rätseln, Preisausschreiben und Product-Placement vollgestopf-
tes Billigheft für schlichte Gemüter. In der 1988 aus der Taufe gehobenen
Astrologiegazette ‹Jupiter› deutet Chefredakteur Winfried Noé Gutgläubigen
allmonatlich die neusten Sternkonstellationen und mit dem an Supermarktkas-

sen vertriebenen Blatt ‹Meine Familie & ich› werden biedere Hausfrauen mit Kochrezepten versorgt. Hubert Burdas Stolz gilt eher den gehobenen und hochpreisigen Publikationen, die er überaus ambitiös als «Supermarken» tituliert. Dazu gehören neben der ‹Bunte› die Einrichtungszeitschrift ‹Ambiente›, das neu lancierte Reiseheft ‹Holiday› sowie das edel aufgemachte Modeblatt ‹Elle›. Die deutsche Ausgabe von ‹Elle› wird seit 1988 in einem gleichberechtigten Joint-venture mit dem französischen Großverlag Hachette herausgegeben und schneidet zur Freude der Münchener besser ab als das Konkurrenzobjekt ‹Viva› des Gruner + Jahr-Verlags aus Hamburg.

Seit Frühjahr 1990 versucht sich das Pressehaus Burda zudem im anspruchsvollen Wirtschaftssegment und bringt eine deutsche Lizenzausgabe von ‹Forbes›, das in den USA 740 000 Käufer findet, jährlich 3 500 Anzeigen hat und über einen erlauchten Leserkreis verfügt: Jeder fünfte Abonnent ist Dollarmillionär. Gegenüber dem Original zielt das sechs Mark teure ‹Forbes von Burda› deutlich tiefer. Es wendet sich an eine jüngere Zielgruppe im Alter von 20 bis 40 Jahren, mischt viel Lifestyle ins Blatt und hat noch nicht einmal ein Zehntel der amerikanischen Auflage. Das von dem US-Verleger Malcolm Stevenson Forbes für sein Erfolgsmagazin vorgegebene Motto «How to get rich and enjoy it» wandelten die Münchener Adepten in den vergleichweise harmlosen Slogan «How to earn money and spend it» um.

Mit besonderer Hingabe widmet sich Burda seiner Kunstzeitschrift ‹Pan›. «Je verlorener und bedrängter sich der Mensch heute in seiner rauhen Umwelt fühlt», bekam die Erstausgabe 1980 als Leitmotiv mit auf den Weg, «desto größer ist seine Sehnsucht nach edlen, schönen Dingen des Lebens.» Die Sehnsucht ist indes nicht so groß, daß sich daraus Kapital schlagen ließe: Man müsse, läßt ein leitender Mitarbeiter durchblicken, «‹Pan› als mäzenatische Tat des Verlegers verstehen». Der Dr. phil. verfaßt für das defizitäre Hochglanzobjekt höchstpersönlich Editorials. Seit 1989 leitet seine Ex-Frau Christa, die inzwischen wieder geheiratet hat und den Nachnamen Maar trägt, ‹Pan› als Chefredakteurin.

Hubert Burda ist ein typischer Vertreter der zweiten bundesrepublikanischen Verlegergeneration. Als Erbe hat er das von seinem Vater aufgebaute Familienunternehmen übernommen, in den Schoß fiel es ihm freilich nicht. Sein Aufstieg an die Spitze war dornenreich. Dem dritten Sohn des legendären Nachkriegsverlegers Franz Burda machte nicht nur der übermächtige Vater zu schaffen, ihn bedrohten zudem seine älteren Brüder Franz und Frieder. Uneingeschränkten Beistand fand er nur bei seiner Mutter Aenne, die den Jüngsten verhätschelte. Diese besonderen Umstände haben Hubert Burda nachhaltig geprägt und wirken heftig nach: Mit den Brüdern liegt Hubert im erbitterten Zwist. Der Vorgang, der die Gerichte beschäftigt, ist einzigartig in der bundesrepublikanischen Verlagslandschaft. Die Bruderfehde begann zunächst mit harmlosen Rangeleien, bewirkte eine gegenseitige Blockade, führte dann nach dem Tod des Vaters zur einvernehmlichen Aufteilung des Erbes und mündete schließlich in eine knallharte Kabale. In der Endphase wurde der Familienkrach ohne Rücksicht auf Verluste auf dem Markt ausgetragen. «Die Burdas gehen aufeinander los wie die Kesselflicker», kommentierte der ‹Stern›.

So hatte sich das der Verlagsgründer Franz Burda – er starb im September 1986 – wohl kaum ausgemalt.

*

Dieser Franz Burda war ein wahrhaftes Unikum, als Mensch wie als Verleger. Exzentrische Züge können auch seinen norddeutschen Kollegen John Jahr, Gerd Bucerius und Rudolf Augstein nicht abgesprochen werden. Doch gegenüber dem süddeutschen Paradiesvogel erscheinen sie geradezu wie farblose Gestalten. Der Journalist Gerhard Eisenkolb hat die Figur als dankbare Vorlage für seinen reißerischen Roman «Der Senator» benutzt. Die «Kolportage über den badischen Druckfürsten und seine Familie» gerät, so das Wirtschaftsmagazin ‹Capital›, zu einem «Dallas in Deutsch-Südwest». Voller Bewunderung, wenngleich mit einem ironischen Unterton in der Stimme, erinnert sich ein einstiger Untergebener: «Der Senator war eben der Senator.»

Der «Senator», wie er sich nach der Verleihung dieses Ehrentitels durch die Technische Hochschule Karlsruhe nennen läßt, sitzt nicht in der kühlen Medienmetropole Hamburg, sondern regiert fernab als selbstherrlicher Provinzpotentat in Offenburg, jener am Rande des Schwarzwalds gelegenen Kleinstadt, die seinetwegen auch Burdapest genannt wird. Dort ist er geachtet, dort kennt ihn jedes Kind auf der Straße, dort hängt sein Konterfei in der Amtsstube des Bürgermeisters, von dort aus macht er mit sicherem Instinkt und unbeeinflußt von allen intellektuellen großstädtischen Moden seine millionenfach verkauften Heile-Welt-Blätter, ganz nach dem Geschmack der Durchschnittsdeutschen.

Mit seinem «Lädle» brüstet sich der Badenser über alle Maßen – bis hin zur Grenze des Peinlichen. Dabei sind es in erster Linie die französischen Alliierten, die ihm nach dem Zusammenbruch des Dritten Reichs ein rasches Emporkommen ermöglichen. Eine Zeitschriften- oder Zeitungslizenz ist im Nachkriegsdeutschland Gold wert. Franz Burda aber erhält weiterreichende Hilfen als die bloße Erlaubnis zum Verlegen – wie kaum ein anderer wird er begünstigt. Es gibt in dem Offenburger Verlag, dessen Ursprünge bis zur Jahrhundertwende zurückreichen, keine «Stunde Null». Trotz der Vergangenheit von Franz Burda.

Der tritt 1934 in das paramilitärische NS-Kraftfahrer-Korps (NSKK) ein – «denn irgendwo mußte man damals ja mitmachen» – und sorgt in der Organisation als «Vergnügungsreferent» für gute Laune . Später wird Burda auch Parteigänger der NSDAP. Angeblich um einer Einberufung zur Wehrmacht zu entgehen, plant er den Bau von Panzermotoren und nimmt dazu Kontakt mit der Daimler Benz AG auf. Der Plan platzt, Burda dient mit der Schwarzen Kunst der deutschen Kriegsmaschinerie: Ab 1943 druckt er für die Heeres-Plankammer und das Oberkommando der Luftwaffe Karten und Luftbildpläne. Die Militärs sind «von der natürlichen Anschaulichkeit» des Materials begeistert, Burdas Retuscheure «schulten mit Feuereifer auf den neuen Beruf um», wie eine Firmenchronik notiert.

1945 überqueren die Franzosen den Rhein und besetzen die Druckerei. «Was zunächst wie ein Todesstoß aussieht», referiert die Chronik, «erweist sich als segensreich.» Beim «Service Geographique» sind Burdas karthographische Kenntnisse begehrt. Die Kooperation mit dem französischen Dienst läuft «sehr harmonisch, genauso harmonisch und reibungslos wie vorher mit den deutschen Wehrmachtsdienststellen». Franz Burda, der Sprache der Besatzer mächtig, versteht es blendend, die glückliche Fügung des Schicksals zu nutzen. Im Auftrag der Franzosen druckt er die Soldatenzeitung ‹Revue d'information›; für sie stellt er Schulbücher für den demokratischen Neubeginn sowie Briefmarken her, und noch auf ihr Geheiß hin startet er den ‹Bunte›-Vorläufer ‹Das Ufer›. Während andere Druckereien und Verlage in Schutt und Asche liegen, ist der Offenburger Betrieb schon wieder voll ausgelastet.

Systematisch und zielstrebig baut Franz Burda das Offenburger Verlags- und Druckhaus in den fünfziger Jahren aus. 1957 umfaßt die Belegschaft bereits über 1 400 Mitarbeiter, ‹Bild + Funk› hat eine Auflage von 445 000, ‹Das Haus› von 570 000, und die mittlerweile bei der halben Million angelangte ‹Bunte› erscheint nun wöchentlich statt wie bisher alle 14 Tage. Der Jahresumsatz liegt über 50 Millionen Mark. Steil bergauf geht es auch mit dem Aenne Burda Modenverlag, den Franz Burda 1949 seiner Frau geschenkt hatte und den sie bis heute eigenständig leitet. 1957 kann der Haupttitel ‹Burda-Moden› 620 000 Exemplare absetzen.

1962 veröffentlicht Franz Burda in der Gewerkschaftszeitung ‹Welt der Arbeit› eine einseitige Anzeige, in er sich über den grünen Klee loben läßt: «Mit

124

einem Zweimannbetrieb hatte es begonnen. Heute sind in Offenburg und in Darmstadt fast 2 400 Mitarbeiter in Druckerei und Verlag Burda tätig. Dieser Aufstieg ist das Lebenswerk eines als Techniker wie als Unternehmer in gleichem Maße hervorragenden Mannes. Der Erfolg ist weder dem Drucker noch dem Verleger in den Schoß gefallen, Dr. Franz Burda hat ihn sich hart erarbeitet.» Zu seinem 65. Geburtstag im Jahr 1968 verlegt der Senator das Jubelbuch «Dr. Franz Burda – Mensch und Werk». In dem 230 Seiten starken Band sind «so viel Komplimente in Wort und Bild verpackt, wie sie kein Mensch vertragen kann», befindet ein Mediendienst. Widerspruch duldet Franz Burda nie, beweihräuchern läßt er sich hingegen gern – auch auf Anordnung. Anläßlich eines Festessens müssen seine Mitarbeiter einen freudigen Chor anstimmen: «Was unser Dr. Burda schafft, ist wahrhaft so-zi-al. / Er gibt uns Mut und Lebenskraft, ganz wirklich i-de-al.»

«Burda ist der Geist, der stets bejaht», formuliert einmal ein Journalist treffend, «und er ist Fleisch gewordener Beweis dafür, daß Geld allein auch nicht unglücklich macht.» Die Frohnatur aus der Provinzstadt Offenburg huldigt den schönen Frauen ebenso wie der leichten Musik, verschreibt sich der Jagd, dem Faustball und dem Eisstockschießen, umgibt sich mit Meisterwerken von Ernst Ludwig Kirchner und Pablo Picasso, veranstaltet in Bonn ausgelassene badische Schunkelabende mit politischer Prominenz und ist allen Gaumenfreuden zugewandt: An den Schwarzwaldhängen züchtet er mit dem ‹Franzensberger› seinen eigenen Wein, und noch im Alter von 74 Jahren will er den Amerikanern mit der Gründung der German Butcher Inc. deutsche Wurstkultur bescheren.

Bei allem möglichen macht Franz Burda mit, Auszeichnungen häuft er dutzendfach. Um nur einige zu nennen: Ehrenmitglied des Turnvereins Garmisch, des Sportclubs Riessersee, des Wiener Schubertbundes und des Ortenauer Turngaues, Träger der goldenen Ehrennadel des Badischen Sportschützenverbandes und des deutschen Aeroclubs sowie des Ehrenzeichens des Deutschen Roten Kreuzes und der Wolf-Hirth-Spange, Schirmherr des Internationalen Fliegertreffens in Baden-Baden, Commendatore der italienischen Republik, Senator der Wiener Faschingsgesellschaft und natürlich auch Träger des Großen Verdienstkreuzes des Verdienstordens der Bundesrepublik Deutschland, das er sich freudestrahlend von dem badenwürttembergischen Ministerpräsidenten Hans Filbinger umhängen läßt.

Nie ist Franz Burda einer mildtätigen, vier- bis sechsstelligen Gabe abgeneigt. «Der Offenburger Drucker», unkt der ‹Spiegel›, «verkörpert jene Spezies des Provinz-Patriziats, die im kleinen Fähnlein der reichen Stifter durch die

Buntheit ihrer Spendierhosen hervorsticht.» Doch gedankt will er es haben – und wehe, wenn nicht. Die Gemeinde Menzenschwand, in der ihm ein Jagdrevier gehört, durfte sich glücklich schätzen, daß der Senator die angebotene Ehrenbürgerschaft entgegennahm – ebenso wie die von Offenburg und Philippsburg. Als das Hochschwarzwaldörtchen jedoch beim Ausbau des Kurbetriebs sich seinen Wünschen nicht beugt, ist es mit der Freundschaft urplötzlich vorbei. Unmittelbar nach Bekanntwerden des despektierlichen Akts beauftragt der Mäzen seinen Chauffeur; ein im Rathaus hängendes Bild, das ihn neben einem erlegten Hirsch zeigt, abzuholen.

Bonmots des Senators haben Geschichte gemacht: «Der Gewinn kommt vom Geld», «Politik paßt net zu mir, ich bin ein luschtiger Mensch», «Der Unternehmerberuf ist hart und kennt weder den Achstundentag noch das freie Wochenende», «In den anderen Ländern wäre vieles besser bestellt, wenn das Kaliber der Unternehmer dort dem unsrigen entspräche». Aufschlußreich sind vor allem zwei Aussprüche: «Ich bin der Patriarch, und das ischt gut so» und «Ich bin autoritär, aber ich mach's luschtig.»

‹Bild + Funk›-Chef Helmut Markwort, inzwischen Chef der TV-Zeitschrift ‹Gong› sowie einer gleichnamigen Radiostation, mag das 1970 anders empfunden haben. Er leistete sich damals die Ungeheuerlichkeit, ein Redaktionsstatut und «eine weniger autoritäre Konstruktion» zu verlangen. «Sie wollet mir mein Lade wegnehme», entsetzt sich der Senator. Markwort muß binnen 24 Stunden sein Münchener Büro unter Aufsicht des Hausmeisters räumen. Als ‹Freizeit Revue›-Chefredakteur Peter von Maydell in Offenburg ein Grundstück erwirbt, lobt ihn der Senator für diese Verbundenheit gegenüber seinem Unternehmen und drückt ihm spontan einen Scheck über den Kaufpreis in Höhe von mehreren zehntausend Mark in die Hand. Als von Maydell sich jedoch dagegen wehrt, daß ihm mit Wolfgang Brudermüller ein Verlagsleiter vor die Nase gesetzt werden soll und heftig opponiert, wird er vom Senator mit nur einem einzigen Satz gefeuert: «Raus, nie wieder betreten Sie das Haus!»

In der Familie führt der Souverän sein Regiment nicht weniger eisern. «Glaubt ja nicht, daß ich meinen Buben etwas schenke», erklärt er der Belegschaft in Anwesenheit seiner verlegen dreinschauenden Abkömmlinge auf einem Weihnachtsfrühschoppen, «die werden härter herangenommen als ihr alle». Auch öffentlichkeitswirksam verabreichte Maulschellen gehören zum schlagkräftigen Erziehungsprogramm. Zeit seines Lebens bemüht sich Franz Burda, die Kinder nach dem Motto: «Drei Söhne – ein Ziel» auf die Nachfolge zu drillen. Jeder wird für ein spezielles Arbeitsgebiet ausgebildet: Franz als

Drucker, Frieder als Fachmann für Finanzen und Verwaltung und Hubert Burda als Verleger. «Bevor ihr euch um alles streitet», gibt der Senior den Sprößlingen mit auf den Weg, «zündet ihr besser gleich den ganzen Laden an.» Das Zusammenschweißen des Trios mißlingt dennoch gründlich: Der willensstarke Patriarch, ein typischer Vertreter der restriktiven Wiederaufbaugeneration, will das Beste für seine Nachkommen und versteht es nicht, ihnen die Tugend der Solidarität zu vermitteln. Der Verbund funktioniert nur mit dem alleszusammenhaltenden Familienoberhaupt an der Spitze.

Die Gewichte sind von Anfang an ungleich verteilt. Franz und Frieder können sich halbwegs entziehen – der Ältere entlastet den Vater bei der Technik, Frieder hält ihm die ungeliebte kaufmännische Arbeit vom Leib. Hubert hingegen konkurriert mit ihm auf seinem ureigensten Gebiet: dem Blattmachen. Wie kein anderer muß er unter dem zur Despotie neigenden Vater leiden, immer wieder wird er öffentlich vorgeführt. Psychologisch aufschlußreich sind frühe Familienfotos: Sie zeigen einen stets hemdsärmligen Senator, Franz und Frieder als selbstbewußt auftretende junge Männer und daneben einen meist verschüchtert und unsicher wirkenden Hubert.

Der Benjamin versucht den Ansprüchen des übermächtigen Familienoberhaupts gerecht zu werden und sich gleichzeitig von ihm zu emanzipieren. Nach seiner Doktorarbeit volontiert er kurz bei Verlagen und Werbeagenturen in den USA, um sich dann im väterlichen Betrieb das Verlagshandwerk beibringen zu lassen. Bereits 1966 avanciert er zum Verlagsleiter ‹Bild + Funk›. Zu melden hat er wenig. Voller Mißtrauen beobachtet der Vater, daß sich sein Jüngster räumlich distanziert und nach München geht, wo er «dem Sohn Hubert zuliebe» eine Firmenfiliale aufmacht. Dort vermutet der Altverleger «fast nur schräge Linksvögel», vor Gästen äußert er sich unwirsch über Hubert: «Der steht viel zu weit links in seiner Münchener Schickeria.»

In der bayerischen Landeshauptstadt startet der Filius im Alter von 28 Jahren – mit dem Geld seiner Mutter und in ihrem Verlag – das Männermagazin ‹M›. Bei dem «Burda-Playboy» machte seinerzeit auch Klaus Bresser mit, der mittlerweile zum ‹ZDF›-Chefredakteur aufgestiegen ist. Die Mutter-Sohn-Veranstaltung findet keineswegs den Segen des Senators: «Für diese Sauerei ist meine Frau verantwortlich», tobt er ungehalten. Familiengerechte Sauberprodukte und Erotica unter einem Konzerndach, das behagt dem «Blättlesmacher» nicht. Dennoch: Er wäre froh gewesen, wenn das Projekt ‹M› geklappt hätte, versichern zumindest damalige enge Berater. Doch bereits nach zwölf Ausgaben ist Schluß – Huberts erster selbständiger Gehversuch beschert der Mutter einen Verlust von insgesamt zwölf Millionen Mark.

Der Senator, der hemmungslos Familienangelegenheiten an die große Glocke hängt, wettert nach dem ‹M›-Desaster, daß es für seinen Sohn das beste wäre, «der Vater nimmt ihn hier in Offenburg einige Jahre unter seine Kuratel». Dazu läßt er ankündigen, daß er die seinem Jüngsten unterstehende ‹Bild + Funk› von der bayerischen Landeshauptstadt nach Offenburg zurückverlegen werde. Hubert Burda, der ungern über die vergangenen Niederlagen und Demütigungen spricht, antwortet heute auf die Pleite mit dem Herrenblatt knapp: «Schade, daß wir das ‹M› heute nicht haben.» Die Namensgleichheit der Burdasendung «M – Das Männermagazin» auf ‹RTL plus› erinnert auf seine Weise an die Wunde.

1976, sieben Jahre nach dem Soft-core-Ausflug, übergibt Franz Burda die Chefredaktion der von ihm autoritär geführten ‹Bunte› an seinen inzwischen politisch folgsamen Sohn Hubert. Der bedankt sich artig mit einem Blumensträußchen – und muß sich fortan mühen, die permanenten Einmischungen des Vaters abzuwehren. «Ab 1981 hatte ich dann aber das Sagen», bekennt er. Der Abnabelungsprozeß setzt sich nicht zuletzt Ende 1983 durch den Umzug der ‹Bunte›-Mannschaft von Offenburg nach München fort. In dem Umzugsjahr feiert Franz Burda auch seinen 80. Geburtstag. Via Editorial, auf dem Umweg über die Leserschaft, lobt Chefredakteur Hubert Burda überschwenglich: «Rudolf Augstein machte den ‹Spiegel› zu dem deutschen Nachrichtenmagazin, der ‹Stern› ist ohne Henri Nannen nicht vorstellbar, ‹Hör zu›, ‹Hamburger Abendblatt›, ‹Bild›-Zeitung sind das Werk von Axel Springer. Und in ‹Bunte›, wenn ich es etwas poetisch sagen darf, schlägt das Herz des Senators. Denn, um es mit einem Wort des französischen Philosophen Vauvenargures zu sagen: Die großen Gedanken kommen aus dem Herzen.»

Anläßlich der Feier verkündet der Senator zuversichtlich: «Mir ist um die Zukunft nicht bang, weil es gelungen ist, die nächste Generation einzubeziehen.» Die ‹Frankfurter Allgemeine Zeitung› konstatierte schon 1976: «Der Generationswechsel bei Burda hat geklappt». De facto verliert das Burda-Triumvirat in den achtziger Jahren gegenüber der Konkurrenz deutlich an Terrain. Von 1980 bis 1986 steigt der Umsatz im Jahresschnitt um nur vier Prozent von 779 Millionen auf 955 Millionen. In diesem Zeitraum legt beispielsweise der Gütersloher Bertelsmann-Konzern von 5,6 Milliarden auf 9,2 Milliarden Mark und damit durchschnittlich um satte elf Prozent zu.

*

Das Erobern internationaler Märkte, das die Bertelsmann-Tochter Gruner + Jahr in der ersten Hälfte der Dekade mit Bravour vorexerziert, wird von Burda versäumt; im Inland kommen bis 1987 lediglich die drei Neugründungen ‹Ambiente›, ‹Pan› und ‹Glücksrevue› auf den Markt; die Hauptinvestitionsströme fließen jahrelang in die schwere Drucktechnik und damit in einen hartumkämpften Bereich mit niedriger Rendite; eine auf Wunsch von Axel Springer eingegangene Beteiligung über 24,9 Prozent am Axel-Springer-Verlag (ASV) – einen höheren Anteil untersagte das Berliner Kartellamt – bringt für die Burdas keinerlei Synergieeffekte; das zeitweilige Engagement bei dem Mainzer Kommerzsender ‹Sat 1› in Höhe von 8,2 Prozent beschert einen Verlust von gut 24 Millionen Mark; für den sich daran anschließenden Wechsel zu ‹RTL plus› müssen für zwei Prozent Gesellschaftsanteile nochmals zehn Millionen Mark hingeblättert werden.

Ende 1986, nach dem Tode des Vaters am 30. September, geht zunächst ein spürbarer Ruck durch das Unternehmen. Mit vielfältigen Aktivitäten versucht das Trio, verlorenen Boden wettzumachen – und sich dem väterlichen Vermächtnis würdig zu zeigen. Bereits zuvor engagierte Geschäftsführer legen Hand an: zur Druckdivision unter Franz Burda kommt Gerd Spraul, Herbert Warth wird für den Finanzmann Frieder und Peter Boenisch für Verleger Hubert auserkoren. Mit hektischer Betriebsamkeit treiben die Nachkommen mehrere Projekte gleichzeitig voran. Mit dem Heinrich Bauer Verlag sollen je 25 Prozent an der Kabel Media Programmgesellschaft (KMP) übernommen werden, um die TV-Station ‹musicbox› (die inzwischen ‹tele 5› heißt) aufzubauen. Verhandlungen über Verlags- und Druckbeteiligungen in Spanien und Frankreich sind so gut wie abgeschlossen. Frieder Burda beabsichtigt sogar eine Diversifikation ins Tageszeitungsgeschäft und hat eine Beteiligung an der Hamburger ‹Morgenpost› bis zur Unterschriftsreife ausgehandelt.

Aber kein einziges dieser Vorhaben kann realisiert werden – das Konfliktpotential unter den Brüdern vereitelt die hochschweifenden Pläne. Lediglich das für die Mutter vorbereitete UdSSR-Engagement wird durchgezogen: «Zarin Aenne» führt mit einer russischen Variante von ‹Burda-Moden› die erste westliche Publikumszeitschrift in der Sowjetunion ein.

Zuhause klappt jedoch rein gar nichts. Als «permanente gruppendynamische Auseinandersetzung» charakterisiert Hubert Burda den damaligen Zustand in der ungleichen Bruderriege. Die Streitereien beginnen im Grundsätzlichen und enden bei Kleinigkeiten. Während Franz und Frieder das Tagesgeschäft einem angestellten Management überlassen und sich als Mitglieder eines dem Amerikanischen entlehnten «board of directors» nur mit Basisentscheidungen auseinandersetzen wollen, besteht Hubert auf unmittelbarer und direkter unternehmerischer Einflußnahme. Hinzu kommen diverse Animositäten, die nicht nur sachlicher Natur sind. Frieder reibt sich an den hochfliegenden und kostspieligen TV-Plänen des Jüngsten. Den wiederum stört, daß Franz die Gewinne in die Rationalisierung der Druckkapazitäten stecken will. Franz und Frieder gemeinsam werfen dem mit der ‹Bunte›-Chefredaktion ausgelasteten Bruder vor, er zeige zuwenig verlegerische Initiative.

«Rien ne va plus» heißt es in dem komplizierten Dreierverhältnis zuletzt, komplizierte Abstimmungsprozesse blockieren die Handlungsfähigkeit. Insbesondere zwischen dem kühl kalkulierenden Frieder und dem intuitiv handelnden Hubert stimmt die Chemie absolut nicht mehr. Konsequenz ist die Aufteilung des Erbes, nur drei Monate nach dem Tod des Senators – ein Vorgang, der als «Realteilung» Geschichte gemacht hat. Nachdem Hubert Burda zunächst mit den Springer-Aktien abgefunden werden soll, einigen sich die drei Brüder dann anders: Die F&F-Brüder bekommen diverse familieneigene süddeutsche Speditionen, die Pressevertriebe Saar und Salzburg, die MD-Papierfabriken in Dachau, die gemeinsam mit der Verlegerfamilie Meredith betriebene Druckerei in den USA und den 24,9-Prozent-Anteil am Axel-Springer-Verlag.

Hubert Burda erhält mit der Burda GmbH im wesentlichen das vom Vater geschaffene Unternehmen. «Ich setze das von meinem Vater gegründete und nach dem Zweiten Weltkrieg zum Weltruf geführte Druck- und Verlagshaus allein fort», erklärt Hubert Burda in jenen Januartagen des Jahres 1987 mit stolz geschwellter Brust, «heute fühle ich mich freier in meinen unternehmerischen und publizistischen Entscheidungen.» Und dankt den Brüdern für die «unkomplizierte und faire» Loslösung.

Mit der Dankbarkeit ist es schnell vorbei. Für explosiven Zündstoff sorgt die Beteiligung der F&F-Burda-Gesellschaft am Axel-Springer-Verlag (ASV). Da die F&F-Brüder nicht mehr wie zuvor als Medienunternehmer aktiv sind, können sie zunächst ohne Einspruch des Kartellamts den Anteil auf 26,1 Prozent aufstocken. Gebracht hat ihnen die qualifizierte Schachtelbeteiligung wenig – die im Aufsichtsrat vertretenen Viertelgesellschafter kommen bei Springer nicht zum Zug. Voller Mißtrauen müssen Franz und Frieder mit ansehen, wie Springerchef Peter Tamm mit dem Münchener Filmhändler und ASV-Gesellschafter Leo Kirch paktiert, den sie für unseriös halten.

Um nicht aufs Abstellgleis geschoben zu werden, schließen sie schließlich mit dem ungeliebten Kirch einen Poolvertrag. Die Stimmrechtsvereinbarung ist unmittelbar gegen den Hauptaktionär AS Gesellschaft für Publizistik gerichtet, einer aus den Nachkommen von Axel Springer bestehenden Erbengemeinschaft. Die Hamburger ‹Zeit› meldet bereits: «Das Syndikat enteignet Springer». Tatsächlich beabsichtigt das bauernschlaue F&F-Duett keineswegs, mit Kirch, der wegen seiner Machtgier auch bei Tamm in Ungnade gefallen ist, gemeinsame Sache zu machen. Sie benutzen den Filmhändler lediglich, um sich ihren Anteil versilbern zu lassen. Der 1983 für geschätzte 250 Millionen Mark erworbene Anteil geht 1988 für 530 Millionen an die Erbengemeinschaft zurück. Der beachtliche Batzen bringt den Brüdern, die in einer hochherrschaftlichen Baden-Badener Jugendstilvilla ihr Domizil aufgeschlagen haben, die notwendige Manövriermasse für neue Beteiligungsvorhaben.

Hubert Burda empört der Springer-Ausstieg der Geschwister außerordentlich. Er fühlt sich hintergangen. Bezüglich der abgestoßenen Springer-Beteiligung macht er ein vertraglich vereinbartes Vorkaufsrecht geltend, da er seinen Brüdern auch ein Vorkaufsrecht für seine GmbH eingeräumt habe. Voller Wut über den F&F-Springer-Coup, der hinter seinem Rücken über die Bühne gezogen worden war, schickt Hubert Burda ein Telefax nach Baden-Baden, in dem er seinen Brüdern 24 Stunden Zeit gibt, sich seinem Rechtsstandpunkt anzuschließen. Die wiederum bitten um Zeitaufschub und bekommen ihn nicht gewährt – die Sache landet vor dem Offenburger Amtsgericht, wo Hubert Burda in erster Instanz Recht erhält.

Frieder und Franz haben das Vorkaufsrecht von Hubert stets bestritten – ebenso wie die Springer-Erben, die die F&F-Brüder in dem nun anhängigen Verfahren in der nächsten Instanz gegen den Bruder unterstützen. Unschöne Szenen folgen. In einem seltsamen Akt von brüderlicher Fürsorge rechnet Frieder der Öffentlichkeit vor, daß Hubert finanziell kaum in der Lage sei, die Springer-Aktien zu erwerben und macht dessen Pläne lächerlich: «Die Rendite reicht doch nicht einmal zur Zahlung der Zinsen.» Außerdem seien die Synergieeffekte zwischen den Verlagshäusern Springer und Burda klein und aufgrund der Kartellgesetzgebung dürfe sein Bruder ohnehin nur maximal 24,9 Prozent am ASV übernehmen. «Wir zerbrechen uns den Kopf», diktiert Frieder ganz gezielt Journalisten, «was Hubert überhaupt will». Hubert Burda wiederum macht geltend, daß ihm ein Einstieg bei Springer ein Zeitungsbein bescheren würde. Außerdem könnten die Springer-Erben das Aktienpaket an Zeitschriftenkonkurrenten wie Bauer oder Bertelsmann weiterverkaufen, wodurch sich «verheerende Folgen» für seine Illustrierten ergäben – eine Befürchtung, die bislang unbegründet blieb.

Unter den verfeindeten Brüdern kann es in Zukunft zu weiteren handfesten

Auseinandersetzungen kommen. Schließlich ist die Nachfolge beim Verlag Aenne Burda GmbH & Co völlig ungeklärt. An dem Modeverlag der Mutter sind gegenwärtig die drei Söhne mit je 25 Prozent beteiligt. Auf der Komplementärseite halten sie nur je 16 Prozent, die restlichen 52 Prozent liegen bei der rüstigen Altverlegerin, die damit die Stimmenmehrheit hat. Die Geschäfte führt sie ohnehin seit 1949 alleine.

Aenne Burda, die am 28. Juli 1989 ihren 80. Geburtstag feierte, wird einmal ein ansehnliches Lebenswerk hinterlassen. Ihr aus bescheidenen Verhältnissen hervorgegangenes Unternehmen erzielte 1988 mit rund 600 Mitarbeitern einen Umsatz von 174 Millionen Mark. Für die ‹Süddeutsche Zeitung› ist der Offenburger Verlag längst zu einem «Presseimperium im Dienst der Mode» geworden. In ihm erscheinen diverse Hefte rund um die Strickmasche wie ‹Carina›, ‹Verena› und ‹Anna›. Vor allem das Stammobjekt ‹Burda Moden› hat den Namen der badischen Verlegerfamilie weltweit bekannt gemacht – Monat für Monat erscheinen rund fünf Millionen Exemplare in 17 Sprachen und in über 100 Ländern.

«Zeitschriften werden im Laufe des Lebens wie eigene Kinder», gestand Aenne Burda einst, «man lebt und leidet mit ihnen, ist nie mit ihnen zufrieden, entdeckt viel Gutes an ihnen, aber oft auch Fehler.» Momentan werden ihr die Kinder wohl mehr Kopfzerbrechen bereiten als ihre Titel. Über deren Zwist und die Zukunft ihres Verlags hat sie sich öffentlich nie geäußert. Denkbar wäre, daß sie nach der Realteilung ihr Testament zugunsten ihres Lieblingssohns Hubert nachbessert. Gemeinsam mit dessen Burda GmbH verkauft sie seit 1989 Westwerbung für die sowjetische Regierungszeitschrift ‹Iswestija›.

«Ich weiß nicht, wie das Frau Burda im einzelnen regeln will», meint F&F-Geschäftsführer Herbert Warth. Er vermutet, daß die Selbständigkeit des Verlags Aenne Burda in jedem Fall erhalten bleiben wird und kann sich vorstellen, daß die Burda-Geschwister einmal gemeinsam in Form eines Beirats aktiv werden könnten. «Jede Auseinandersetzung endet irgendwann», hofft Warth vage. Gleichzeitig räumt er ein: «Die Distanz unter den Brüdern ist im Moment schon sehr groß, da gibt es kaum Kommunikation.» Die F&F-Brüder besorgen immerhin die gesamte Auslieferung der Zeitschriften von Hubert. Doch diese durch langjährige Verträge abgesicherte Kooperation ist so organisiert, daß niemand Einblicke in sensible Bereiche der anderen Seite erhalten kann.

Die F&F-Burda Gesellschaft für Beteiligungen GmbH & CoKG verfolgt unter Warth einen dynamischen Wachstumskurs und hat bereits einen Umsatz von über 1,5 Milliarden Mark erreicht. Die Brüder machen inzwischen bei der Lufthansa-Konkurrenz German Wings mit, verleasen Flugzeuge und wollen ihre Speditionen für den EG-Binnenmarkt ab 1993 fit machen. Auch mit dem Axel-Springer-Verlag, bei dem sie einst wenig zu melden hatten, machen sie wieder eifrig Geschäfte: So haben sie von der Erbengemeinschaft 24,5 Prozent an den ‹Kieler Nachrichten› erhalten, Mitte 1988 vermittelt Springer 38,2 Prozent am ‹Harburger Anzeiger›. Es handelt sich freilich um reine Finanzbeteiligungen. Für weitere Medieninvestments haben die Baden-Badener reichlich Kapital: Fast eine halbe Milliarde Mark erlösten sie Ende 1989 aus dem Verkauf der US-Druckerei Meredith.

*

Hubert Burdas Start als alleinverantwortlicher Verleger gestaltet sich da weitaus schwieriger. Nach der Realteilung befindet sich das Verlagshaus in einer kritischen Lage: Es mangelt an Liquidität, zukunftsweisenden Ideen und vor allem an Führungskräften. Mit seinen Brüdern verliert er auf einen Schlag den Finanz- sowie den Druckfachmann, aus der Realteilung ergeben sich weitere Aderläße beim Spitzenmanagement. Auch Redaktionsdirektor Peter Boenisch ist für lange Zeit nicht mehr an der Seite des neuen Inhabers – er hatte kurz nach dem Tode des Senators zum Entsetzen der Burdas auf dem Münchener Oktoberfest Frohsinn demonstriert. «Hubert Burda fehlt ein bündiges Konzept», argwöhnt das Hamburger ‹Managermagazin›. Frieder Burda soll sogar geäußert haben, daß der jüngere Bruder spätestens nach einem halben Jahr am Ende sei und die Burda GmbH dann billig zurückgekauft werden könne.

Ob richtig oder unwahr: Viele Medienexperten trauen Hubert Burda, dem «sensiblen, zu intellektuellen Ausflügen neigendem Muttersohn, der gern die Schuld an eigenen Mißerfolgen anderen in die Schuhe schiebt» (‹Spiegel›), die Konsolidierung des Verlags kaum zu. Doch der ehrgeizige Verlagsboß will nun sich und aller Welt zeigen, was in ihm steckt – ohne Vater und ohne Brüder. Unter diesem inneren Druck reifen Fähigkeiten und wohl auch die Erkenntnis, daß er sich fortan zuallererst um übergeordnete Belange zu kümmern habe: Hubert Burda, für den der Posten des Chefredakteurs «der schönste Job der Welt» ist, übergibt nach zehn Jahren endlich die ‹Bunte›-Führung an den smarten Lothar Strobach, der dabei zunächst von Hans-Hermann Tiedje – mittlerweile Chefredakteur bei ‹Bild› –, dann von Franz Josef Wagner unterstützt wird. 38 Jahre nach der Gründung heißt damit zum erstenmal der Mann an der Spitze dieser Illustrierten nicht mehr Burda.

Im Oktober 1987 legt der Besitzer in einer Ordnung Ziele und Grundsätze der Unternehmenspolitik sowie der Organisation des Verlags fest. Demzufolge soll die Burda GmbH ein «dynamisch geführtes, fortschrittliches, neuen Ideen gegenüber aufgeschlossenes Unternehmen» sein, das die «bestmögliche, jedoch mindestens dem Branchendurchschnitt entsprechende Gesamtrentabilität» erzielt, in dem auf allen Ebenen ein «kooperativer Führungsstil herrscht» und wo «die Förderung von Leistung, Verantwortungsgefühl, Kreativität, kritischer Loyalität, Aufrichtigkeit, Einsatzbereitschaft und Unternehmenstreue» anerkannt werden.

Über solche hehren Vorsätze hinaus gibt das Grundsatzpapier dezidierten Einblick in die Führungsstruktur. Demnach bilden neun Geschäftsführer die Verlagsspitze. Das Gremium, König Huberts Tafelrunde genannt, befindet über alle relevanten Vorgänge wie Neugründung von Unternehmen und Zeitschriften, Berufung und Abberufung von Herausgebern und Chefredakteuren, Erteilung und Widerruf von Prokuren und Handlungsvollmachten sowie Verabschiedung der jährlichen Unternehmensplanung. Entscheidungen müssen mehrheitlich und möglichst einstimmig gefällt werden. Je zwei Mitglieder vertreten sich in ihren Bereichen gegenseitig. Die Runde, die im ersten Bewährungsjahr alle 14 Tage zusammenkam, tagt inzwischen nur noch im Vier-Wochen-Takt, abwechselnd in München und Offenburg. Firmeneigene Flugzeuge und Hubschrauber sorgen für raschen Transfer der Verlagsführung.

Der Kreis besteht neben dem Vorsitzenden Hubert Burda aus Jürgen Todenhöfer, der sich als Stellvertreter um Aufgaben wie Unternehmenspolitik und um neue Medien kümmert. So sitzt er im Beirat von ‹RTL plus› und im Verwaltungsrat von ‹RTL Luxemburg›. Daneben macht sich der Hardliner mit der smarten Stimme Gedanken um die Organisation. Zur Hilfe holte er sich McKinsey – das Beratungsunternehmen sollte die behäbigen Verlagsstrukturen kräftig straffen. Ferner sorgt der CDU-Politiker für gute Großwetterlage in Bonn und bei Parteifreunden. Seine wichtigste Funktion ist freilich nicht schriftlich fixiert: Er kümmert sich um das Wohlbefinden des Verlegers, der sich bei allen Sorgen und Nöten ausgiebig von seinem Intimus beraten läßt. Rudolf A. Reiff managt die Verlagsleitung der in Offenburg, Horst Hilbertz die der in München erscheinenden Publikationen. Für Druck Inland zeichnet Gerd Spraul – übrigens ebenso wie Todenhöfer ein Schulfreund von Burda –, für Druck Ausland ist Klaus Buss verantwortlich. Finanzmann ist Fritz Burkhardt, Karl-Heinz Hiller dient als Berater, Robert Schweizer als Sonderbeauftragter.

Huberts Runde spricht viel über Verlagsroutine. Wichtige strategische Vorhaben reifen oft in kleineren Kreisen – und wer dort mitmischen darf, hängt nicht zuletzt von den wechselnden persönlichen Präferenzen des Verlegers ab. Die in diesen Klüngeln gereiften Pläne werden dann von der Geschäftsführung nur noch abgesegnet. In ihr wird auch über den jeweils neuesten Stand des Bruderzwists informiert, aber kaum diskutiert. Mitglieder des erlauchten Kreises loben den «relativ sachlichen» Stil und kritisieren zugleich, daß häufig Partikularinteressen den Blick auf das Gesamte verstellen und daß die Tagesordnung «zuviel Kleinkram» enthält. Konflikte resultieren vor allem aus unterschiedlichen Temperamenten – dem kreativen Hitzkopf Hubert geht es oft nicht schnell genug.

Zu Beginn ihrer Tätigkeit einigten sich die Geschäftsführer auf eine entscheidende Weichenstellung: Nach Inbetriebnahme der Hochgeschwindigkeitsrotation mit zehn Druckwerken und zwei Falzapparaten durch die hundertprozentige Tochter Imprimerie et Editions Braun S.A. in Vieux Thann im August 1987 wurden die Investitionsströme verstärkt vom Druck- in den Zeitschriftenbereich gelenkt. Die Drucksparte trug im Geschäftsjahr 1988 allerdings noch zu über einem Drittel des Umsatzes bei und verzeichnete höhere Zuwachsraten als Vertrieb und Anzeigen. Dies soll sich mittelfristig ändern.

Impulse werden von Günter Prinz erwartet. Der sitzt zwar nicht in der Geschäftsführung, hat aber Einfluß und einen direkten Draht zum Verleger. Hubert Burda hat den kreativen Blattmacher mit einem langjährigen Beratervertrag an sich gebunden. Der ehemalige stellvertretende Springerchef und berüchtigte Ex-‹Bild›-Macher, der manche Schlagzeile titelte, die er später verfluchte, hat den Job nicht nötig: Nach dem Flop der Zeitungsillustrierten ‹Ja›, den Prinz zu verantworten hatte, unterlag er in einem Machtkampf dem Springer-Boß Tamm und verließ den Hamburger Verlag – dank verschiedener Vertragsklauseln und Abfindungen um 16 Millionen Mark reicher. Bedingung für seinen Eintritt in München war denn auch die explizite Zusicherung des weitaus jüngeren Inhabers, ihm nicht ins Handwerk zu pfuschen. Prinz beeinflußt als Herausgeber den Kurs der ‹Bunte›, hat bei ‹Elle› und ‹Forbes› Starthilfe gegeben, soll bestehende Objekte überarbeiten und neue mitkonzipieren. Daneben beschafft er Personal, oft direkt von seinem ehemaligen Arbeitgeber Springer.

*

Hubert Burda kann nun endlich nach Gutdünken sein Unternehmen als Bühne und Forum benutzen. Im Spätsommer 1989 verpflichtet er den Düsseldorfer Werbepapst Michael Schirner für eine Imagekampagne, im Mittelpunkt der Verlagswerbung steht, wie könnte es anders sein, der Eigner höchstpersönlich. «Hubert Burda und sein Engagement in der Kunst soll kommuniziert werden», erklärt Schirner die ihm übertragene Mission. Der Verlegersohn inszeniert sich liebend gerne selbst. Dabei fühlt er sich in der Rolle des würdigen Nachfolgers am wohlsten.

Schon sein erster öffentlicher Auftritt als Alleinherrscher Mitte 1987 gerät diesbezüglich zur sorgfältig geplanten Personality-Show. Aus ganz Deutschland läßt er Journalisten nach Offenburg anreisen; Hubschrauber nehmen das schreibende Volk auf dem Frankfurter Airport auf und fliegen dann, exakt dem Verlauf des Rheins folgend, auf das badische Städtchen zu. Mit Bedacht hält Hubert Burda seine Antrittspressekonferenz in der oberen Etage des Burda-Hochhauses ab, in jenen Räumen, in denen der Senator einst seine Schaffenskraft unter Beweis stellte. Persönlich drückt er jedem Anwesenden die Hand und leitet die Runde mit nonchalantem Selbstbewußtsein. Die ersten Fragen beantwortet er selbst, später läßt er seine Manager («Karl-Heinz, wollen Sie ...») zu Wort kommen. Zwei Stunden später, bei Tisch, meint ein leitender Mitarbeiter: «Wenn ich ihn heute manchmal sehe, denke ich, der Alte steht vor mir.» Mit einer Geste, die seine Kunstbeflissenheit unterstreichen soll, beendet Hubert Burda die Pressekonferenz: Er verteilt handsignierte Warhol-Drucke und plädiert in einer kurzen Ansprache dafür, dem Genie des verstorbenen Düsseldorfer Künstlers Joseph Beuys mehr Respekt zu erweisen.

«Wir stehen am Anfang einer neuen Zeit: Aufbruchstimmung in Europa. Faszinierende Aufgaben warten auf uns alle», schreibt Hubert Burda mit der ihm eigenen Überschwenglichkeit in den Geschäftsbericht 1988 – ihn hat er erstmals allein zu verantworten.

Heute kommentiert ein ranghoher Burda-Mann: «Als die Realteilung bekannt wurde, dachte doch jeder: Mein Gott, der schafft das nie. Aber er hat in einer sehr schwierigen Zeit den Verlag gut geführt und er hat zum erstenmal sehr ordentliche Projekte gemacht.» Immerhin ist es dem Verleger gelungen, eine klaffende Lücke im Management zu schließen, in zwei Jahren mehr Neugründungen herauszubringen als in der Phase zwischen 1980 und 1987 und nach vielen mühseligen Anläufen 1988 endlich die Umsatzmilliarde zu überspringen. Vom Jahresüberschuß in Höhe von 17,5 Millionen Mark flossen rund 15 Millionen in die Rücklage, die Burda GmbH verfügt über eine solide Eigenkapitalquote von 32 Prozent.

Doch der Geschäftsbericht 1988 hat auch häßliche Seiten. So schrumpften bei gleichem Anzeigenseitenumfang die Anzeigenerlöse gegenüber dem Vorjahr um acht Millionen auf 319 Millionen Mark. Mit anderen Worten: Burda muß den Inserenten deutliche Preiszugeständnisse machen. Dies wiegt schwer, zumal die neu auf den Markt gebrachten Titel alle im Hochpreissegment angesiedelt sind. Andere Defizite werden mühsam kaschiert. «Burda goes international» heißt es in der Hochglanzschrift großspurig. Doch die Münchener haben lediglich mit der Gartenzeitschrift ‹Vivre au Jardin› ein halbwegs passables Auslandobjekt lanciert. Deshalb müssen ein englisch- und ein französischsprachiges Rätselheftchen (‹Puzzle Parade› und ‹Roi des jeux›) sowie die Fotoagentur ‹Bamboo›, die Blumen- und Pflanzenbildchen verkauft, als Beleg für Internationalität herhalten.

Nicht alle anfangs erhofften Blütenträume sind aufgegangen. Gegenüber einem Medienfachblatt äußerte Hubert Burda anläßlich seines Amtsantritts: «Wir wollen im elektronischen Bereich nicht nur als Financier, sondern auch unternehmerisch und kreativ beteiligt sein.» Tatsächlich sind auf der bundesdeutschen Privat-TV-Bühne die Hauptrollen an die luxemburgische CLT, Bertelsmann, Kirch und Springer vergeben – für die Burda GmbH bleibt nur der Part als Statist. Ihre Produktionsgesellschaft Pan TV dreht rund 40 Sendestunden pro Jahr. Während Burda bei ‹Sat 1› die «Bunte Talkshow» bestritt, wartet der Verlag bei ‹RTL plus› mit der schlüpfrigen Sendung «M – Ein Männermagazin» auf. Statt in eigenen Räumen wird unterdessen bei der TV One Studio GmbH in Ottobrunn produziert.

Weit kleiner ausgefallen als geplant sind auch die einst unter Harald Jossé, dem heutigen Geschäftsführer des Hessenradios ‹ffh›, ausgetüftelten Hörfunkpläne. Dessen Vorhaben, die unzähligen baden-württembergischen Sender via «Partner- bzw. Burda-Modell» mit einem Mantelprogramm zu beglücken, ist gescheitert. Statt dessen mußten die Münchener kleinere Brötchen backen und die Kooperation mit einstigen Widersachern suchen. Mit verschiedenen Partnern wird nun ein Rahmenprogramm für die aus mehreren Regionalsendern bestehende ‹Radio 7›-Kette gemacht. Bei der Spotakquisition hat sich Burda ebenfalls Abstinenz auferlegt – im Ländle wird sie weitgehend von der ‹RTL plus›-Werbetochter IPA besorgt. Abstand genommen hat der Verlag auch von dem Plan, in Rheinland-Pfalz auf Äther zu gehen. Das München-Offenburger Verlagshaus hält inzwischen fast ein Dutzend Radiobeteiligungen in Höhe von 7 bis 30 Prozent, doch darunter sind viele Kleinstsender wie das Freiburger ‹Schwarzwald Radio Blauen› und das Aalener ‹Radio Ostalb›.

Schwierigkeiten dürfte Hubert Burda auch im Zeitschriftenbereich bekommen. Zwar schielt die vornehmlich aus Hamburg stammende Konkurrenz wieder aufmerksamer darauf, was sich in den Münchener Entwicklungsstuben regt, doch absolute Billiggazetten und teure Nobelblätter lassen sich nur schwer in ein einheitliches Marketingkonzept integrieren. So arbeitete bei Burda noch 1989 – ein Kuriosum – jeder Anzeigenverkäufer gleichzeitig für jedes Produkt, versuchte also bei Kunden sowohl Schaltraum für das Low-level-Objekt ‹Glücksrevue› als auch für die elegante ‹Elle› loszuschlagen. Gravierender als solche verlagskaufmännische Fehlkonstruktionen: Dem Hersteller eines Rätselheftes wird – zumindest auf seiten der Käufer – nicht ohne weiteres die Kompetenz und Glaubwürdigkeit zum Verlegen eines anspruchvollen Objekts wie etwa ‹Forbes› abgenommen.

Das Wirtschaftsmagazin ‹Forbes›, für das rund zehn Prozent der Anzeigeneinnahmen als Lizenzgebühr abgeführt werden müssen, bietet immerhin die Chance, die verschlafene Internationalisierung anzugehen. Burda hat sich vertraglich die Rechte gesichert, um in jedem europäischem Land, Großbritannien und Italien ausgenommen, ‹Forbes›-Ausgaben zu lancieren. Allerdings gibt es keine Strategie, wie überhaupt in den hart umkämpften Auslandsmärkten vorgegangen werden soll. Bislang ist nicht einmal geklärt, wie solche Engagements personell ins Management eingebettet werden – von weiterreichenden Überlegungen, ob etwa schwerpunktmäßig in ausgewählte Länder oder mit bestimmten Produkten in möglichst viele Länder gleichzeitig gegangen werden soll, ganz zu schweigen.

Hubert Burda baut auf Intuition – und den Zufall. So fragte der US-Medienkonzern Hearst überraschend in München an, ob man denn bereit sei, bei einer amerikanischen ‹Jupiter›-Variante mitzumachen. Dankbar willigten die gebauchpinselten Deutschen ein. Mit Malcolm Stevenson Forbes wiederum traf Burda zufällig in Übersee zusammen und erzählte ihm ganz nebenbei von einem Entwicklungsprojekt namens ‹Power›. Der steinreiche und erzreaktionäre Multimillionär bekundete Neugierde – und bekam die Pläne bald darauf in New York von Günter Prinz erläutert. Burda hatte den in der Karibik urlaubenden Chefentwickler kurzerhand in die Staaten beordert. Nach einer weiteren Präsentation war es dann soweit: Aus dem selbstgestrickten ‹Power› wurde eine Variation des international bekannten ‹Forbes›-Magazins. Der Zürcher Jean-Frey-Verlag und die Düsseldorfer Handelsblatt-Gruppe, beide ebenfalls an der Lizenz interessiert, gingen leer aus.

Hubert Burda, nun endlich sein eigener Herr, zeigt bislang alles in allem ein glückliches Händchen. Die eigentliche Bewährungsprobe steht ihm indes noch bevor. Schließlich ist das in der Branche mit viel Skepsis verfolgte Projekt ‹Forbes› nicht nur irgendeine Blattgründung. Der neue Verlagschef hat sich mit seiner ganzen Person für das Gelingen des vollmundig angekündigten Objekts verbürgt und dafür sein gesamtes Prestige in die Waagschale geworfen. Er hat somit mehr zu verlieren als einige Millionen Mark – seine Glaubwürdigkeit steht auf dem Spiel.

«Erfolg hat man mit einer guten Idee»
Die Burda-Chronik

1903 Am 24. Februar, einem Fasnachtsdienstag, erblickt Franz Burda im badischen Philippsburg das Licht der Welt. Sein Vater hat ein Jahr zuvor die Witwe seines verstorbenen Meisters geheiratet und ist dadurch Druckereibesitzer geworden.

1908 Die Geschäfte laufen schlecht, das Familienoberhaupt wechselt den Standort: In Offenburg baut er eine kleine Druckerei auf.

1909 Anne Magdalena Lemminger, die spätere Ehefrau von Franz Burda, wird als Tochter eines Offenburger Lokomotivführers geboren.

1921 Nach dem Abitur beginnt Burda eine kaufmännische Lehre. Sein Arbeitgeber, die Firma Freihandel, versetzt ihn später in die Filiale nach Freiburg, wo er nebenbei Volkswirtschaft studiert.

1925 Das Handelshaus Freihandel muß Konkurs anmelden, der Angestellte Burda hat ein Vermögen von 1 500 Mark angehäuft – es ermöglicht ihm, in Wien, München und Erlangen sein Studium zu beenden.

1926 Sein kränkelnder Vater bittet ihn, in die Druckerei, in der nun drei Mann beschäftigt sind, zurückzukehren; der Sohn: «Ja, ich komme! Ich laß' das Geschäft nicht untergehen!»

1927 Die Burdas redigieren und setzen die ‹Süddeutsche Radio-Zeitung Sürag›.

Zum Start werden 3 000 Exemplare gedruckt. Eine pfiffige Vertriebsidee sorgt für stetigen Absatz: Radiohändler verkaufen mit jedem Gerät ein Abonnement. Die ‹Bild + Funk›-Vorgängerin verhilft dem Betrieb zu einer beträchtlichen Expansion.

1928 Burda promoviert über «Die Entwicklung der badischen Produkten-Börsen».

1929 Der frischgekürte Doktor legt seine Gesellenprüfung als Buchdrucker ab. Sein Vater stirbt an einem Leberleiden; kurz vor seinem Tode stellt er noch voller Befriedigung fest, daß er «‹sürag›-reich» geworden ist.

1931 Nach beharrlichem Drängen gelingt es dem studierten Buchdrucker, «die schwarze Aenne» zu ehelichen; das Lehrmädchen hat ihren späteren Gatten in unangenehmer Mission kennengelernt: Immer wieder wird sie vom Elektrizitätswerk zu ihm geschickt, um offenstehende Stromrechnungen einzukassieren.

1932 Am 24. Mai kommt Nachwuchs; er erhält den Namen Franz.

1933 Im Jahr der Machtergreifung durch die Nazis beschäftigt Burda bereits 100 Mitarbeiter, die ‹Sürag› ist auf eine Auflagenhöhe von 60 000 Exemplaren emporgeklettert.

1935 Das Offenburger Unternehmen floriert: Ein großes neuerrichtetes Betriebsgebäude wird eingeweiht; die Umstellung auf Tiefdruck erlaubt die Katalogfertigung.

1936 Frieder Burda wird am 29. April geboren.

1938 Burda, inzwischen NSDAP-Mitglied, fällt dank der Arisierung jüdischen Eigentums die Tiefdruckfirma Gebrüder Bauer zu. Der Mannheimer Betrieb beschäftigt 400 Mitarbeiter.

1940 Als dritter Sohn kommt am 9. Februar Hubert auf die Welt.

1943 Burda fabriziert Karten und Luftbildpläne für das Militär.

1945 Die Franzosen überqueren den Rhein, der Offenburger Verleger kommt mit ihnen rasch ins Geschäft. Er darf Schulbücher mit Millionenauflagen, Briefmarken und die französische Soldatenzeitung ‹Revue d'Information› drukken.

1946 Burda wird nachgesagt, er stelle bevorzugt alte Nazis ein. Trotzig hängt er an seinem 43. Geburtstag ein Transparent über die Pforte seines Betriebs: «Naturschutzpark für politisch Verfolgte».

1948 Die erste Ausgabe von ‹Das Ufer›, dem ‹Bunte›-Vorläufer, erscheint.

1949 Die Programmzeitschrift ‹Sürag› wird wiederbelebt, neu kommt ‹Das Haus› hinzu. Burda entschließt sich, Bildbände zur Zeitgeschichte zu verlegen. Sie bringen ihm später eine Privataudienz bei Papst Paul VI. und einen Orden der Mönchsrepublik Athos ein. Außerdem übernimmt er einen maroden Modeverlag und schenkt ihn seiner Frau.

1950 Die Technische Hochschule Karlsruhe verleiht Burda für seine Verdienste um die Drucktechnik den Titel eines Ehrensenators.

1954 Per Preisausschreiben wird für ‹Das Ufer› der Titel ‹Bunte Ilustrierte›, kurz ‹Bunte› ermittelt. Burda entschließt sich, mit der Werbung «in die Luft zu gehen» – die Burda-Flugzeugstaffel dreht insgesamt 18 Jahre ihre Kreise.

1955 15 Jahre vor der gesetzlichen Regelung gewährt der «Senator», wie er sich selbst nennt, eine Lohnfortzahlung im Krankheitsfalle.

1958 Der Verlag Aenne Burda beschäftigt 100 Menschen; stets insistiert die Besitzerin auf Eigenständigkeit; die Ehefrau zu ihrem Mann: «Ich habe meinen Betrieb, Du hast Deinen.»

1960 2,5 Millionen Mark kostet die ‹Münchener Illustrierte›, die eine Auflage von etwa einer halben Million hat. Burda kauft die C.G. Kelbe-Druckerei in Darmstadt.

1962 Dem Imperium werden 55 Prozent der Neuen Verlagsgesellschaft GmbH., Karlsruhe, einverleibt, zu der die Zeitschriften ‹Freundin› und die ‹Film-Revue› gehören; mit dem Cineastenblatt geht auch die Bambi-Verleihung an die Offenburger über, die sie fortan pompös inszenieren.

1963 Die Frankfurter Sozietätsdruckerei stößt die ‹Frankfurter Illustrierte› mit einer Verkaufsauflage von rund 420 000 Exemplaren ab; sie wird mit der ‹Bunten Münchener Illustrierte› zur ‹Bunte Münchener Frankfurter Illustrierte› verschmolzen.

1964 Burda druckt das Vierfarb-Magazin ‹Weekend Telegraph›, das dem ‹Daily Telegraph› beiliegt; damit holt er den ersten großen regelmäßigen Druckauftrag einer britischen Tageszeitung nach Deutschland.

1969 Hubert Burda bringt in München das Herrenmagazin ‹M› heraus, das im Sommer 1970 wieder eingestellt werden muß.
Mit der US-Verlegerfamilie Meredith vereinbaren die Burdas den Bau einer Tiefdruckerei; das gleichberechtigte Joint-venture wird Ende 1989 für 960 Millionen Dollar verkauft.

1970 Die ‹Bunte› verkauft im 1. Quartal 1 796 933 Hefte und ist damit Deutschlands meistgelesene Wochenpublikation. Der Senator kreiert das Unterhaltungsblatt ‹Freizeit-Revue›.
Sigfried Dinser, von dem «kleinstädtischen Traumtänzer» wegen Abdruck eines Sex-Romans geschaßter und beschimpfter ‹Freundin›-Chefredakteur, wehrt sich öffentlich: «Ich wurde im SPIEGEL nun schon vier- oder fünfmal als ‹Drecksau› apostrophiert, nur weil Herr Senator Dr. Franz Burda (...) sich berechtigt fühlt, seine Untertanen ebenso ordinär zu qualifizieren wie seine eigene Frau.»

1971 Burda kauft vom Franzis Verlag die wirtschaftlich angeschlagene ‹Sport-Illustrierte› – sie wird zwei Jahre später eingestellt.

1972 Er beteiligt sich mit 27,5 Prozent an dem Grossohaus Saar; inzwischen gehören 45 Prozent des Presse-Vertriebs Saar der F & F Burda Beteiligungsgesellschaft; ‹Mein schöner Garten› kommt auf den Markt.

1973 Kunstmäzen Burda läßt den amerikanischen Pop-Künstler Andy Warhol nach Offenburg anreisen, der von ihm und seinen drei Söhnen mehrere Porträts anfertigt.

1974 Burda erwirbt eine Schachtel an den MD-Papierfabriken.

1975 Der 72jährige delegiert Aufgaben an seine Söhne: Franz Burda jr. zeichnet für den Geschäftsbereich Druck, Frieder für Finanzen und Verwaltung und Hubert für den Bereich Verlag verantwortlich.
Aenne Burdas Verlag macht über 100 Millionen Mark Umsatz.

1980 Mit der Wohnzeitschrift ‹Ambiente› und dem Kunstblatt ‹Pan› bringt der Altverleger zwei Schöngeist-Magazine auf den Markt.

1983 Zum Jahresbeginn beteiligt sich Burda auf Wunsch von Axel Springer mit 24,9 Prozent am Axel-Springer-Verlag; eine höhere Beteiligung untersagt das Kartellamt. Die ‹Bunte›-Redaktion wechselt in das neue Münchener Verlagszentrum am Arabellapark.

1986 Die ‹Glücksrevue› kommt als letzte Tat von Franz Burda, der am 30. September im Alter von 83 Jahren stirbt. Die Kinder steigen bei ‹Sat 1› aus, wo sie eine Beteiligung von 8,2 Prozent hielten.

1987 Im März erscheint erstmals in der Sowjetunion mit ‹Burda-Moden› eine westliche Modezeitschrift; anläßlich des Starts trifft Aenne Burda mit Raissa Gorbatschow zusammen.
Uneinigkeiten über die Geschäftsstrategie führen zur Realteilung der Burda-Gruppe in die F & F Burda Gesellschaft für Beteiligungen und die Burda GmbH; die F & F-Brüder Franz und Frieder erhalten Meredith-Burda USA, die MD-Papierfabriken, die Pressevertriebe Salzburg und Saar, verschiedene Speditionsfirmen sowie die Springer-Beteiligung; Hubert Burda fällt der vom Vater geschaffene Verlag zu.
Die Burda GmbH beteiligt sich mit zwei Prozent an ‹RTL plus›.

1988 F & F Burda, die kurzzeitig mit dem Filmhändler und Springer-Mitgesellschafter Leo Kirch gegen die Springer-Erbengemeinschaft paktiert haben, verkaufen im April ihren 26-Prozent-Anteil für 530 Millionen Mark an die Springer-Erben; Hubert Burda macht sein Vorkaufsrecht geltend, klagt und gewinnt in der ersten Instanz. Seine Brüder legen Revision ein.

Die Burda GmbH schließt mit dem französischen Großverlag Hachette ein Jointventure ab und publiziert die hochpreisige Frauenzeitschrift ‹Elle›. Das Reiseblatt ‹Holiday› präsentiert im November die Nullnummer, mit ‹Jupiter› sollen Astrologie-Fans als Leser gewonnen werden.

1989 Der Verlag Aenne Burda und die Burda GmbH akquirieren für die sowjetische Regierungszeitschrift ‹Iswestija› Westwerbung.

Mit ‹Vivre au Jardin› gibt die Burda GmbH in Frankreich ihr erstes nennenswertes Auslandsobjekt heraus.

Der amerikanische Verleger Malcolm Stevenson Forbes und Hubert Burda unterzeichnen in New York einen Vertrag für die deutsche Lizenzausgabe von ‹Forbes›.

DER BURDA-KONZERN

Bunte	Elle	Freundin	Glücksrevue

Ambiente	Freizeit Revue	Pan	Das Haus

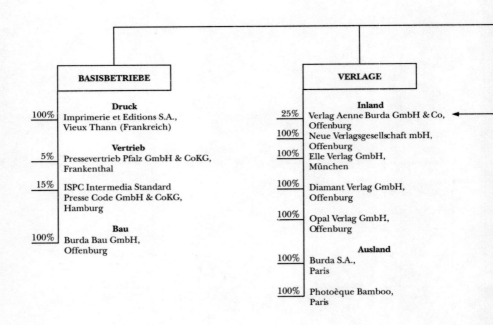

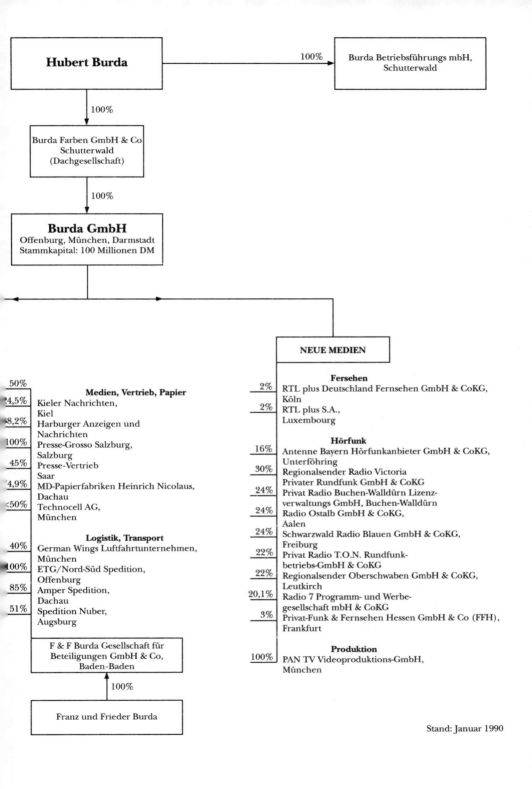

Überblick

Charakteristik

Der Burda-Konzern ist die sechstgrößte Verlagsgruppe der Bundesrepublik. Er verlegt zahlreiche Zeitschriften. Rund 40 Prozent des Umsatzes stammen aus Druckaktivitäten. Im Ausland gibt es nur kleinere Engagements.

Umsatz

1988: 1 023,4 Mio DM	1970: 332,7 Mio DM
1987: 969,3 Mio DM	1965: 197,5 Mio DM
1986: 954,9 Mio DM	1960: 81,4 Mio DM
1985: 941,3 Mio DM	1955: 37,1 Mio DM
1980: 778,6 Mio DM	1950: 7,1 Mio DM

Gewinn

1988: 17,5 Mio DM	1985: 13,5 Mio DM
1987: 16,7 Mio DM	1980: 13,5 Mio DM
	1975: 15,5 Mio DM

Mitarbeiter

1988: 4 542 Mitarbeiter	1970: 4 956 Mitarbeiter
1987: 4 491 Mitarbeiter	1960: 2 113 Mitarbeiter
1980: 4 681 Mitarbeiter	1950: 650 Mitarbeiter

Reichweite *

Bunte	956 380	Mein schöner Garten	383 078
Freundin	777 796	Pan	145 369
Glücksrevue	376 593	Bild + Funk	985 660
Elle	163 368	Meine Familie und ich	760 343
Freizeit-Revue	1 351 775	Das Haus	2 485 891

* Verkaufsauflage wichtiger Objekte (IVW 2/89)

GÜNTHER GROTKAMP UND ERICH SCHUMANN:

Die Pressebarone aus dem Revier

Die beiden drehen ein großes Rad, hängen aber nichts an die große Glocke. Effizient und immer lautlos – das ist die oberste Maxime von Günther Grotkamp und Erich Schumann. Kein Zufall, daß bei ihnen öffentlicher Bekanntheitsgrad und publizistische Machtfülle himmelweit auseinanderklaffen. Nur Eingeweihte können mit ihren Namen etwas anfangen, das breite Publikum zwischen Füssen und Flensburg hat vermutlich nie von ihnen gehört. Dabei wirft das unscheinbare Duo beträchtlich mehr Wirtschaftskraft in die Waagschale als viel prominentere Vertreter der Szene; es stellt etwa Rudolf Augstein oder Hubert Burda deutlich in den Schatten. Grotkamp und Schumann, die schweigsamen Regionalverleger aus der Ruhrgebietsmetropole Essen, gehören zu den chronisch unterschätzten Akteuren im Kommunikationsbusiness.

Im Stammland Nordrhein-Westfalen reicht ihr Einfluß bis weit in die Düsseldorfer Staatskanzlei hinein, kaum ein wichtiges Mediengesetz passiert ohne ihr Zutun das sozialdemokratisch majorisierte Parlament; so beruht beispielsweise das Modell für den landesweiten Hörfunk fast ausschließlich auf ihrem Konzept. Auch bundespolitisch spielen Grotkamp und Schumann eine bedeutende Rolle. Die Berichterstattung in ihren millionenfach verbreiteten Blättern könnte wahlentscheidend sein, befand einst der CDU-Vorstand. Und sinnierte darüber, was zu tun sei, um bei den mächtigen Medienmachern aus Essen Wohlverhalten zu erreichen.

Grotkamp und Schumann sind geschickte Juristen und noch ausgefuchstere Verlagschefs, die ihre Position zu schätzen und zu nutzen wissen. Doch sie werden nicht primär von einer politischen Mission angetrieben, sie stimuliert ein schlichteres Motiv – es lautet Ertrag, Ertrag und nochmals Ertrag. Mit rigoroser Konsequenz haben sie ihr Haus in einen publizistischen und einen betriebswirtschaftlichen Teil aufgesplittet. Die Ruhrgebietsmanager regieren mit viel Gespür für Synergien und einem derart geschärften Kostenbewußtsein, daß es selbst dem routiniertesten Kostenkiller von McKinsey schwer fallen dürfte, irgendwelche Einsparpotentiale ausfindig zu machen. Hingegen werden die Redaktionen – seien sie nun sozialdemokratisch angehaucht, konservativ ausgerichtet oder nur dem Klatsch verhaftet – an der langen Leine gehalten, jedenfalls solange sie die hart ausgehandelten Redaktionsetats beachten und ordentlich Auflage machen.

Mit dieser in über vierzig Jahren ausgereiften Philosophie steuern Grotkamp und Schumann konsequent auf Erfolgskurs: Sie erzielen eine Umsatzrendite, die selbst im profitablen Pressemetier als atemberaubend hoch gilt und um ein Mehrfaches über der eines so ertragsstarken Unternehmens wie Daimler-Benz liegt. Nun ist die Jagd nach immer höheren Gewinnen eine relativ nüchterne Angelegenheit. Wozu sich also publikumswirksam exponieren? Weshalb teure Imagepflege betreiben oder gar Pressekonferenzen einberufen? Was die Leute nicht wissen, mögen Grotkamp und Schumann denken, macht sie nicht heiß; und wer von der schreibenden Zunft seine Neugier partout nicht zügeln kann, wird sich schon von selbst melden. Auch dann ist nicht alles zu erfahren, was das Journalistenherz begehrt: Kennziffern über Ergebnisse und Erlöse gehen niemanden etwas an.

Die scheue Zurückhaltung reicht bis in die Namensgebung hinein. «Zeitungsgruppe WAZ» heißt das illustre Medienimperium, dem Grotkamp und Schumann vorstehen. Die Tiefstapelei verschleiert die Konturen eines gewaltigen Kolosses. Wer ahnt schon, daß sich hinter der harmlos anmutenden Firmierung ein breit diversifiziertes und komplex verschachteltes Konglomerat mit mehr als zwei Dutzend eigenständigen Gesellschaften verbirgt? Wer vermutet schon hinter diesem Etikett ein (solide geschätztes) Umsatzpotential von mindestens 1,65 Milliarden Mark? Wer außer einigen Insidern weiß schon, daß hinter diesem Kürzel der größte deutsche Regionalverlag und – nach Bertelsmann, Springer und Bauer – das viertgrößte Medienhaus der Republik steht?

Zeitungsgruppe WAZ – dieser Ausdruck hat längst seine Berechtigung verloren. Nur in der Vergangenheit machte er Sinn: Die in der Ruhrgebietsmetropole Essen ansässige Pressemacht wurde rund um die 1948 von den Briten lizenzierte ‹Westdeutsche Allgemeine Zeitung› (WAZ) aufgebaut. Spätestens Ende der siebziger Jahre hätte aber zumindest «Zeitungsgruppe Nordrhein-Westfalen» auf dem Firmenschild stehen müssen. Seinerzeit gesellten sich zur ‹Westdeutschen Allgemeinen›, die sich rund 665.000 mal verkauft und damit die größte deutsche Abonnementzeitung ist, drei weitere potente Titel: die ‹Neue Ruhr/Neue Rhein Zeitung› (NRZ), die ‹Westfalenpost› (WP) und die ‹Westfälische Rundschau› (WR). Das Gazettenquartett im einheitlichen Kleinformat bringt es auf eine Auflage von über 1,2 Millionen Exemplaren – mehr Zeitungen verkauft nur der Springer-Verlag. Das Verbreitungsgebiet zieht sich als langgestreckter Korridor quer durch Nordrhein-Westfalen und reicht von der holländischen bis zur hessischen Grenze. Es ist annähernd so groß wie Belgien und hat rund sieben Millionen Einwohner. Allein 5,5 Millionen davon leben in Deutschlands bevölkerungsreichster Großstadt – dem Ruhrgebiet.

Bei einem monatlichen Bezugspreis von knapp siebzehn Mark gehören die vier Blätter im bundesweiten Vergleich zu den ausgesprochen preiswerten Regionalzeitungen. Gleichwohl kann sich das redaktionelle Angebot sehen lassen. Woche für Woche werden die Käufer – einzigartig in deutschen Landen – mit drei kostenlosen Tiefdruck-Supplements verwöhnt. Samstags liegt das Magazin ‹Freizeit und Reisen›, freitags die Programmzeitschrift ‹BWZ› und dienstags neuerdings die Szene-Schrift ‹Akku› bei. Rund vierzig Korrespondenten fangen die Geschehnisse im In- und Ausland ein, 92 Lokalredaktionen sorgen jeweils vor Ort für die Leser-Blatt-Bindung. Der für Regionalzeitungen hohe redaktionelle Standard wird durch üppige Anzeigenerlöse ermöglicht. Eine in allen vier Titeln geschaltete Schwarz-weiß-Seite kostet werktags 152 051 und am Wochenende 157 216 Mark. Die ‹Frankfurter Allgemeine Zeitung› kann von ihren Inserenten nur ein Viertel dieser Preise abverlangen. Mittlerweile finanzieren sich die WAZ-Blätter zu über siebzig Prozent aus dem Anzeigengeschäft. Bei anderen Regionalzeitungen liegt dieser Satz in der Regel um zehn Prozentpunkte niedriger. Insgesamt dürften die vier Titel knapp eine Milliarde Mark erwirtschaften, das sind immerhin rund sechzig Prozent des Gesamtumsatzes.

Der Begriff «Zeitungsgruppe WAZ» verheimlicht auch, daß die Gruppe ein knappes Dutzend national verbreiteter Zeitschriften verlegt. Der zweitgrößte Umsatzbringer des Essener Unternehmens ist der Düsseldorfer Verlag Welt am Sonnabend (Waso). In der hundertprozentigen Tochter erscheinen wöchentlich die drei Yellow-Press-Paper ‹Echo der Frau›, ‹Neue Welt› und ‹Frau aktuell›. Anspruchslose Herz- und Schmerzgeschichten sind ein ganz besonderer Stoff, aus dem beständig süßer Honig trieft – unterm Strich bleiben im Vergleich zum Branchendurchschnitt unüblich hohe Profite hängen. Der Münchener SZV Spezialzeitschriftenverlag ist ebenfalls ein Ableger der WAZ-Gruppe, der acht Special-Interest-Blätter herausgibt. Die drei Spitzentitel ‹Video Magazin›, ‹Stereo› und das ‹Fachblatt Musik Magazin› laufen in jedem Monat 1,3 Millionen mal von den Rotationen.

Mit zwei Dritteln ist die WAZ darüber hinaus an dem in München ansässigen Moderne Zeitschriften Vertrieb (MZV) beteiligt, durch dessen Kassen jährlich fast zweihundert Millionen Mark fließen. Damit gehört der MZV mit den Vertriebsgesellschaften von Springer, Gruner + Jahr und Bauer zu den umsatzstärksten im Lande. Verlagskenner vermuten sogar, daß die WAZ ihre Konkurrenten auf diesem Feld bereits abgehängt haben.

Das Medienhaus aus dem Kohlenpott hat stets früh die Zeichen der Zeit zu deuten gewußt. «Zwischen Rhein und Ruhr», postuliert der Medienwissenschaftler Ulrich Pätzold, «führt kein Medienentwicklungsweg an der WAZ-Gruppe vorbei.» In der Tat: Die WAZ-Oberen lassen nichts liegen, wenn sich in ihrer Hemisphäre eine Chance bietet, Einfluß und Ertrag zu vergrößern. Als viele Zeitungsverleger noch lauthals über die kostenlos verteilten Anzeigenblätter wetterten, weil sie ihnen das lokale Anzeigengeschäft zu vermasseln drohten, gaben die Essener bereits ein solches Objekt heraus. Dem 1966 lancierten ‹Vest-Anzeiger› sind inzwischen über fünfzig weitere solcher Gratisgazetten gefolgt, hinzu kommen nochmals rund zwanzig in Kooperation mit anderen Verlagen. Sie werden mit einer Auflage von über drei Millionen Exemplaren verbreitet – auch das ist in der Verlagsszene ein Superlativ. Die Anzeigenblätter nehmen unter den Umsatzposten der WAZ-Aktivitäten Platz drei ein.

Scheinbar spät, aber nicht zu spät hat sich die WAZ-Gruppe auch in das Geschäft mit den Neuen Medien eingeklinkt. Sie hält inzwischen über ihre Tochter Westfilm Medien GmbH zehn Prozent an dem TV-Sender ‹RTL plus›. Zum Vergleich: Die Burda GmbH nennt nur zwei, die ‹Frankfurter Allgemeine Zeitung› ein Prozent der Kölner Kommerzstation ihr eigen. Seit ihrem Eintritt im Jahr 1986 hat die WAZ-Gruppe bei ‹RTL plus› ein gewichtiges Wort mitzureden, sie ist die innig umworbene dritte Kraft. So verhinderte sie gegen den Willen des zweitgrößten Gesellschafters Bertelsmann, daß der unter Druck geratene Programmdirektor Helmut Thoma in die Wüste geschickt wurde. Gemeinsam mit der Compagnie Luxembourgeoise de Télédiffusion (CLT) verfügt die WAZ über die Majorität; mit Bertelsmann wiederum und einem der kleineren Partner ist eine Mehrheitsbildung gegen die Luxemburger möglich.

Andere deutsche Regionalverleger haben beim Privatfernsehen kaum etwas zu melden. Sie sind über den Zusammenschluß Aktuell Presse Fernsehen (APF) an der ‹RTL plus›-Konkurrenz ‹Sat 1› beteiligt. Außer Geld für den kostspieligen Aufbau der Mainzer Privatanstalt durften sie dort bislang nur wenig beitragen. Der WAZ-Generalbevollmächtigte für Neue Medien, Günter Müggenburg, hat für sie nur Spott übrig: «Bekanntermaßen hatte die WAZ jahrelang gewartet, während andere Häuser sich in kostenträchtige Aktivitäten verstrickt haben.»

Die cleveren Spätzünder aus dem Ruhrgebiet legen nun um so stärker los: In Essen sind vor kurzem in einem ehemaligen Gebäude des Springer-Verlags zwei Fernsehstudios in Betrieb genommen worden, in denen Sendeteile für ‹RTL plus› hergestellt werden. Im Auftrag von ‹ARD› und ‹ZDF› wird die Berliner

154

Allianz Filmproduktion tätig, die die WAZ-Gruppe 1986 hinzugekauft hat. Ferner ist der Medienkonzern – noch ambitionierter – bei ‹Tele West› mit von der Partie. Die Gesellschaft produziert ein Fensterprogramm für Nordrhein-Westfalen, das gleichzeitig über ‹Sat 1› und ‹RTL plus› ausgestrahlt wird. Neun Millionen Zuschauer können seit April 1990 an jedem Werktag das 45minütige Angebot empfangen. An ‹Tele West› halten die WAZ-Verantwortlichen und die rheinischen Zeitungsverleger jeweils vierzig Prozent, die westfälischen Verleger die restlichen zwanzig Prozent. Fünf Prozent werden künftig an gemeinnützige Gruppen fallen. Obwohl die WAZ-Gruppe nur einer von drei Anteilseignern ist, gilt für sie ein ganz besonderer Status. Schumann: «Bei ‹Tele West› kann nichts gegen unseren Willen entschieden werden.»

Bei einem weiteren Fernsehveranstalter, der in den neunziger Jahren den direktstrahlenden TV-Satelliten der sogenannten Westschiene nutzen will, möchten die Medienmächtigen aus Essen ebenfalls einsteigen, und zwar mit einem signifikanten Anteil. Der West-Kanal soll vornehmlich mit Verlagsprogrammen wie ‹Spiegel-TV›, ‹Stern-TV›, ‹Zeit-TV› und eben auch WAZ-Produktionen bestückt werden. Experten räumen dem Newcomer, für den die zuständigen Bundesländer Nordrhein-Westfalen, Hessen, Bremen und das Saarland eine Lizenz erteilen, gute Zukunftsaussichten ein. Sie erwarten, daß er möglicherweise die Münchener Sender ‹Tele 5› und ‹Pro 7› überflügeln und sich nach ‹RTL plus› und ‹Sat 1› als dritte Kraft etabliert.

Selbstredend haben die WAZ-Männer in ihrem Stammland das Hörfunkgeschäft nicht an sich vorbeilaufen lassen. Nicht umsonst heißt die maßgebliche nordrheinwestfälische Mediengesetz-Konstruktion «Schumann-Modell». Das laut ‹Wirtschaftswoche› «komplizierteste Medienrecht der Welt» trägt die deutliche Handschrift des WAZ-Chefs. Das Regelwerk ruht auf zwei Säulen: Das Programm der 45 landesweiten Lokalsender verantworten Veranstaltergemeinschaften, die sich aus gesellschaftlich relevanten Gruppen wie Kirchen, Vereinen, Gewerkschaften, Verlegern, aber auch Einzelhändlern zusammensetzen. Finanziert werden diese Gemeinschaften durch Betriebsgesellschaften, die die zweite Säule bilden. Sie sind zu 75 Prozent im Besitz von Regionalverlagen, die örtlichen Kommunen können sich mit einem Viertel beteiligen. Allein in 11 der insgesamt 45 Betriebsgesellschaften hat die WAZ-Gruppe die unternehmerische Führung, an zahlreichen weiteren wirkt sie entscheidend mit.

Dreh- und Angelpunkt des komplexen Gebildes ist ein Mantelprogramm, das wegen seiner großen Reichweite für die überregionalen Werbetreibenden große Attraktivität besitzt. Es wird den einzelnen Lokalstationen zugespielt und von ihnen bis zu neunzehn Stunden am Tag genutzt. Zwei Anbietergruppen konkurrieren bei der Erstellung des Mantels miteinander. Der Kölner Kanal 4 hatte von Anfang an wenig Chancen gegen die Radio NRW GmbH, hinter der mächtige Interessenten stehen. Neben der WAZ-Gruppe sind weitere Regionalverlage, die Bertelsmanntochter Ufa, der Axel-Springer-Verlag und mit dem ‹WDR› auch eine öffentlich-rechtliche Anstalt beteiligt. An diese Medienunternehmen werden allerdings lediglich 15 Prozent der anfallenden Gewinne ausgeschüttet. Die restlichen 85 Prozent muß Radio NRW an die lokalen Betriebsgesellschaften weiterleiten – eben dorthin, wo die WAZ massiv vertreten ist. Das Organisationsmodell hat «zielsicher die Interessenlage der WAZ-Gruppe getroffen», analysiert der Medienwissenschaftler Pätzold. Die ‹Süddeutsche Zeitung› vermutet ihrerseits, daß die Dominanz der Essener im nordrhein-westfälischen Hörfunk «der regierenden SPD so unlieb nicht ist, da die WAZ in ihren Publikationen nicht gerade bösartig mit der Regierung Rau umgeht».

Für das elektronische Segment dürfte die Gruppe zwischen 1986 und 1991, dem ersten Fünfjahreszeitraum, insgesamt mindestens 400 Millionen Mark locker machen.

Kapital ist für den «Ruhrgebietskraken» (Branchenjargon) freilich kein Engpaß. Parallel zum Einstieg in die elektronischen Medien hat die WAZ-Gruppe ganz nebenbei und quasi im Handstreich den österreichischen Pressemarkt erobert. Selbst das stets nüchtern reportierende ‹Handelsblatt› erspähte einen «Einmarsch». Es sei ein «medienpolitischer Anschluß», befand Günther Nenning, Österreichs sarkastischster Journalist. Sein Kommentar: «Der neue Anschluß ist die Fortsetzung des alten mit anderen Mitteln. Hitler hat's blöd gemacht. Heimlich, still und leise, demokratisch und gewaltlos sei die Gewalttat.»

Im Oktober 1987 erwarb die WAZ-Gruppe zunächst für 1,6 Milliarden Schilling oder umgerechnet 230 Millionen Mark exakt 45 Prozent an der Krone-Verlag Gesellschaft (KVG). In ihr erscheint die ‹Neue Kronen Zeitung› (NKZ), die es auf eine Druckauflage von über eine Million Exemplaren bringt. Vier von zehn Österreichern lesen das Rühr- und Revolverblatt, das wegen seiner guten Ertragskraft den Spitznamen «Ringeltäubchen» trägt. Weniger rentabel, dafür aber breit diversifiziert, ist die Kurier AG. 1988 blätterten Grotkamp und Schumann für wiederum 45 Prozent 115 Millionen Mark auf den Tisch. Die Kurier AG verlegt den ‹Kurier›, von dem täglich 450 000 Exemplare gedruckt werden. Die beiden K- und K-Blätter halten an der österreichischen Tagespresse einen Anteil von über fünfzig Prozent. Die Kurier AG ist ferner mit den Titeln ‹Profil›, ‹Trend›, ‹Wochenpresse›, ‹Sportmagazin›, ‹Basta› und

‹Rennbahn-Express› der publizistisch bedeutendste Zeitschriftenverlag der Donaurepublik.

Appetit auf die beiden größten Verlagshäuser Austrias verspürten auch andere deutsche Mediengiganten: Die Bertelsmanntochter Gruner + Jahr, der Springer-Verlag und der Bauer-Konzern entsandten ebenfalls Delegationen nach Wien. Doch die Nummer vier der Branche stach die drei größeren Mitbewerber in einem langwierigen Verhandlungsmarathon aus. Grotkamp und Schumann boten nicht nur einen beachtlichen Kaufpreis, sondern lockten mit ihrem zeitungswirtschaftlichen Know-how. Kein leeres Versprechen: In einer beispiellosen Aktion haben die Westdeutschen nach ihrem Einstieg die gesamte österreichische Presselandschaft umgekrempelt und einen neuen Supermulti aus der Taufe gehoben. Die einst verfeindeten Verlage Krone und Kurier wurden auf Anregung der WAZ-Gruppe über die neugegründete Gesellschaft Mediaprint de facto fusioniert. Konkurrenz ist in diesem Duopol nur noch im publizistischen Bereich erwünscht. Mediaprint steuert zentral für beide Häuser Anzeigenakquisition, Vertrieb, Druck sowie Rechnungs- und Personalwesen. Motor des synergieträchtigen Verbundes ist der Westfale Bernd Nacke, der als WAZ-Statthalter in Wien residiert.

Mit der Vorwärts AG hat sich die potente Holding inzwischen auch noch in Wien die Hausdruckerei der sozialistischen SPÖ einverleibt. Sie soll nun modernisiert werden. Für ‹Kurier› und ‹Krone› will Mediaprint außerdem eine Druckerei in der Nähe von Salzburg und eine weitere in der Umgebung von Graz bauen. Der Investitionsbedarf für diese Projekte liegt bei über hundert Millionen Mark.

Allmählich gewinnt das wenig bekannte WAZ-Imperium Konturen: Die «Zeitungs»gruppe läßt sich als ein multimediales Unternehmen charakterisieren, das vorrangig im Bundesland Nordrhein-Westfalen verankert ist, in einzelnen Marktsegmenten jedoch nationale Bedeutung hat. Auslandsaktivitäten werden lediglich im deutschsprachigen Österreich wahrgenommen – dort allerdings in einem so beträchtlichen Ausmaß, daß Kritiker von einer «VerWAZung» der Presselandschaft sprechen. Neben seinen unmittelbaren publizistischen Engagements verfügt der Essener Konzern in Nordrhein-Westfalen über wichtige technische Basisbetriebe: Er besitzt drei Großdruckereien, eine Reproanstalt, Vertriebsfirmen und ist ferner mit 30 Prozent an der Papierfabrik E. Holtzmann & Cie AG beteiligt.

*

Seit über einem Jahrzehnt lenken Günther Grotkamp und Erich Schumann gemeinsam die WAZ-Gruppe. Auf die Früchte ihrer gemeinsamen Arbeit sind sie stolz. Mit vollem Recht können sie für sich reklamieren, daß sich ihr Haus «vor niemandem zu verstecken braucht». Die Vielfalt der Aktivitäten sind für einen regional verankerten Verlag schlechthin imposant, die Ertragskraft ist enorm.

Die Erfolgsbilanz der beiden WAZ-Herren muß verwundern – schließlich herrscht zwischen ihnen knisternde Spannung und Rivalität. Grotkamp und Schumann beziehen beide das gleiche Gehalt, beide residieren im dritten Stock des WAZ-Verlagsgebäudes in der Essener Friedrichstraße 34–38, beide haben als angestellte Gehaltsempfänger begonnen und wurden durch eine wundersame Metamorphose WAZ-Miteigentümer. Damit erschöpfen sich aber auch schon die Gemeinsamkeiten.

Grotkamp und Schumann, das gilt in Medienkreisen als offenes Geheimnis, sind Antipoden, die notgedrungen miteinander harmonieren müssen. Sie legen verschiedene Mentalitäten an den Tag, verkörpern diametral entgegengesetzte politische Traditionen und stehen vor allem für konträre Gesellschafterinteressen. Und doch: Den antagonistischen Grotkamp und Schumann bleibt keine andere Wahl, als sich immer wieder zusammenzuraufen – in einer ironischen Laune hat das Schicksal die beiden in eine Zwangsgemeinschaft gepreßt, in der sie auf Gedeih und Verderb aufeinander angewiesen sind. Jeder für sich allein hat keinerlei Befugnisse, Entscheidungen müssen immer einstimmig gefällt werden. Die konfliktbeladene Konstellation hat in der Vergangenheit zu Turbulenzen geführt und bestenfalls einen distanziert pragmatischen Umgangsstil zugelassen.

«Im Geschäft muß man sich nicht lieben», gibt Schumann über seine Ehe mit Grotkamp zu Protokoll. «Der jahrelange Machtkampf», charakterisiert der ‹Spiegel›, würde «reichlich Stoff für eine Seifenoper-Serie à la Denver oder Dallas bieten.» Die WAZ-Episoden haben es in sich – selbst dem phantasiebegabtesten Drehbuchautor dürfte es schwerfallen, einen packenderen Stoff zu erfinden.

Der ältere Grotkamp stammt aus dem Revier: Er wird 1927 im Essener Stadtteil Werden geboren, wo er mit vier Geschwistern in einem wohlsituierten Elternhaus aufwächst. Das Dritte Reich prägt die Jugendjahre, er dient als Luftwaffenhelfer, besucht ein Wehrertüchtigungslager und leistet Reichsarbeitsdienst. Der Einfluß der nationalsozialistischen Bewußtseinsmaschinerie bleibt dank der Mutter begrenzt; die tiefreligiöse Katholikin hat für die braunen Machthaber wenig übrig, nach 1933 unterstützt sie heimlich

Juden. Als der Traum vom Großdeutschen Reich längst ausgeträumt ist, muß Grotkamp noch als Artillerist nach Italien, 18jährig erlebt er den Zusammenbruch.

Im Frühjahr 1946 drückt er in Essen wieder die Schulbank, macht ein Jahr darauf Abitur und bekommt in Freiburg einen Studienplatz für Betriebswirtschaft und Rechtswissenschaft zugewiesen. 1954 legt er sein zweites juristisches Staatsexamen ab. Zu diesem Zeitpunkt hat er bereits einen Anstellungsvertrag in der Tasche: Er beginnt als Geschäftsführer des Verbandes der Führungskräfte im Bergbau. Dort registriert er verwundert, daß manche der von ihm betreuten Bergwerkassessoren ihre Häuschen auf Ölheizung umstellen. Daraufhin geht dem hellen Geschäftsführer ein Licht auf: «Mensch, wenn schon die auf andere Energiequellen umstellen, bist du in der falschen Branche.» Bald darauf stellt er sich beim WAZ-Verlag vor, der einen jungen Juristen sucht. Unter der Auflage, noch Steuerrecht zu pauken, bekommt Grotkamp die Stelle.

Als Grotkamp 1960 bei der WAZ anfängt, ist er der einzige Akademiker im Verlagsbereich. Gemessen an der seinerzeit üblichen Besetzung des Verlagsmanagements darf man den als Steuerfachanwalt zugelassenen Juristen getrost als hoffnungslos überqualifiziert bezeichnen. Doch der Newcomer hegt große Pläne: Er will mit raschen Schritten die Karriereleiter erklimmen und die Differenz von Status und Ausbildung wettmachen. Zunächst muß Grotkamp jedoch in einem schwierigen Terrain agieren: Seine Brötchengeber überwerfen sich.

Der Grundstein zu diesem erbitterten Konflikt, der 1962 unter den beiden WAZ-Gesellschaftern ausbricht, wurde schon früh gelegt. Schließlich fanden 1948 zwei höchst unterschiedliche Partner zueinander: Der Danziger Erich Brost, ein überzeugter und aktiver Sozialdemokrat, der während der Nazidiktatur emigrieren mußte, verband sich mit Jakob Funke, einem Konservativen, der während des Dritten Reichs als Hauptschriftleiter dem ‹Essener Anzeiger› vorstand. Der von den britischen Besatzern hofierte ‹WAZ›-Alleinlizenzinhaber Erich Brost hatte dem mittellosen Redakteur «Köbes» Funke die gleichberechtigte Partnerschaft an der WAZ-Verlagsgesellschaft angeboten, weil er sich im Ruhrgebiet nicht auskannte. Das ungleiche Duo teilte sich die Aufgaben, Brost kümmerte sich vornehmlich um die ‹WAZ›-Chefredaktion, während Funke sein Augenmerk vor allem auf das Verlagsgeschäft richtete.

Die Balance unter den beiden Eignern wird zu Beginn der sechziger Jahre, kurz nach Grotkamps Eintritt, empfindlich gestört. Ein Grund ist der zeitweilige Mitgesellschafter Rolf Ippen. Brost fürchtet, daß Ippen sich mit Funke verbündet. Also schreitet er zur Gegenoffensive und versucht 1962 den Mitbegründer Funke mit 55 Millionen Mark aus dem Unternehmen zu drängen – vergeblich. Als Ippen schließlich 1963 als Gesellschafter ausscheidet und somit die alte Hälfteparität unter den Eigentümern wiederhergestellt werden kann, entspannt sich die Situation keineswegs. Brost verkehrt mit dem in Ungnade gefallenen Funke nur noch schriftlich. Eine spannungsreiche Situation zwischen zwei Eignergruppen kennzeichnet in der Folgezeit und bis in die Gegenwart hinein die WAZ-Gruppe.

«Ich habe mich so neutral wie möglich zu verhalten versucht», beschreibt Grotkamp sein Verhalten in dem damaligen Gesellschafterdisput. Sein Aufstieg verläuft trotz der widrigen Umstände wunschgemäß: Rasch avanciert er zum Personalchef, dann betreut er Beteiligungsverwaltungen und betreibt Verlagsjuristerei. Bereits 1964 wird er unter den Prokuristen zum Primus inter pares («Ich erhielt da eine gewisse Überordnung») und zum Verlagsleiter ausgelobt. Zwangsläufig arbeitet er nun enger mit dem für Verlagsbelange zuständigen Funke zusammen.

Mit Grotkamp halten beim WAZ-Verlag aggressivere Wettbewerbsmethoden Einzug. Der branchenfremde Quereinsteiger traktiert die Konkurrenz, indem er sie mit zahllosen Unterlassungsverfügungen und Gerichtsverfahren überzieht. Unumwunden gibt er zu: «Das äußere Wachstum durch zugekaufte Auflage wäre ja nie so groß gewesen, wenn wir da nicht ordentlich ran gegangen wären.» Das Ziel heißt Größe, und Größe rechtfertigt harte Methoden – daraus macht der hemdsärmlige Verlagschef überhaupt keinen Hehl. Mit einer geradezu erfrischenden Offenheit beschreibt er die Regeln des Business, so wie er sie begreift. Der Stärkere schluckt den Schwächeren, das ist nun einmal das Wolfsgesetz der Branche. Da gibt es nichts schön zu reden, Grotkamp pflegt ein ungeschminktes Vokabular. Da hat sich ein Verlag mit dem Bau einer Druckerei «die Hose etwas größer gemacht, als der Hintern war», da ist er «scharf» auf eine Akquisition, da geht ihm angesichts einer Gesellschafterfehlentscheidung «das Messer in der Tasche auf», da soll ein Manager, der seine Zeitung zum Kauf anbietet, aber mit Zahlen zurückhält, «die Hosen richtig runterlassen».

Günther Grotkamp weiß, daß die Gesellschafter Brost und Funke sein Gebaren «unterstützen, indem sie das jedenfalls nicht untersagt haben.» Vor allem aber: Er fühlt sich durch den Erfolg legitimiert. So stört es ihn wenig, daß er zeitweilig unter den nordrhein-westfälischen Verleger als Buhmann Nummer eins gilt. «Heute sagen die», so glaubt er, «verdammt, so falsch hat der Grotkamp das nicht gemacht.» Es läßt ihn erst recht kalt, daß er von Gewerkschaftern wegen der sprichwörtlichen WAZ-Sparsamkeit und diverser Rationalisierungsmaßnahmen als «ökonomischer Scharfrichter» tituliert wird. Selbst private Anfechtungen läßt er souverän an sich abgleiten. Seiner ersten, inzwischen verstorbenen Frau und seiner Tochter Claudia, die ihn beide hin und wieder wegen seines Vorgehens kritisieren, rät er: «Ihr müßt Euch aus meinen Geschäften raushalten, dann bleibt der Seelenfrieden und der Friede zuhause erhalten.»

Ein eiskalter, rücksichtsloser und brutal agierender Manager? Um solche Eigenschaften auf sich zu vereinen, ist Grotkamp ein viel zu barocker Mensch. Einer eben, der von sich sagt: «Ich gehe gerne in die Kirche und habe manchmal auch das Bedürfnis danach.» Einer, der viele Ehrenämter bekleidet, obwohl sie «eine Menge Arbeit machen». Einer, der jahrelang im Kirchenvorstand der Essener St. Josephs-Gemeinde saß und das zur Kirche gehörende Krankenhaus unentgeltlich in Rechtsfragen beriet. Grotkamp hat ethische Grundsätze, das ist die eine Seite der Medaille. Und das Geschäft ist die andere, dort gilt eine eigene Logik. Wer Erfolg haben will, muß sich an sie halten.

Der WAZ-Erfolg basiert entscheidend auf der Person Günther Grotkamp. Spätestens zu Beginn der siebziger Jahre ist er der strategische Kopf der Gruppe und genießt unter den Gesellschaftern fast uneingeschränktes Vertrauen. Der rigorose Macher fädelt jene bedeutenden Akquisitionen ein, die den Grundstock für die heutige Macht des Medienhauses legen. 1974 fügt er die konservative ‹Westfalenpost› (WP), 1975 die SPD-Zeitung ‹Westfälische Rundschau› (WR) und 1976 die ‹Neue Ruhr-Zeitung/Neue Rhein-Zeitung› (NRZ) in den Verlag ein. Aufgrund der dreifachen Meisterleistung verleiht ihm das Wirtschaftsmagazin ‹Capital› den Ehrentitel «Metternich der Zeitungsgeheimdiplomatie», unter seinen Kollegen bringen ihm die raumgreifenden Taten den wenig schmeichelhaft gemeinten Ruf eines «Generals» ein.

Mitten in die Übernahmen fällt 1975 der Tod von Grotkamps Mentor Jakob Funke. Daraufhin verpflichten die vier Funke-Kinder den langgedienten Grotkamp als persönlichen Geschäftsführer für ihren ererbten Gesellschafteranteil. Die zweite Funke-Generation besteht aus Gisela Holthoff, Renate Schubries, Ute Funke (sie hat nach ihrer Scheidung wieder den Mädchennamen angenommen und lebt in der Schweiz) sowie Petra Wilcke, der jüngsten Tochter des Mitbegründers. Bei ihr gelingt dem General die wohl bedeutendste Eroberung seines Lebens – er führt sie nach der Trennung von ihrem ersten Mann 1986 vor den Traualtar. Seitdem ist Günther Grotkamp via Ehepartnerschaft mit 12,5 Prozent an der WAZ-Gruppe beteiligt.

Erich Schumann schaffte den Sprung zum WAZ-Gesellschafter ohne Vermählung – ein Vorgang, der ebenso schillernd ist wie seine gesamte Biographie.

Schumann wird 1930, drei Jahre später als Grotkamp, in Nürnberg geboren. Als «kleinbürgerlich» bezeichnet er die Verhältnisse, in denen er aufgewachsen ist. Zu seinen Vorfahren gehörten ein Kammacher und ein Schlosser, eben einfache Leute. Schumann steht zu seiner Herkunft, gleichwohl packt ihn früh der Ehrgeiz: Er will es einmal weiter bringen. Zunächst jedoch hegt Schumann kaum karrieredienliche Sympathien: Nach dem Zweiten Weltkrieg läßt er sich mit Kommunisten ein. Es ist weniger die weltanschauliche Gesinnung, die ihn anzieht; ihn fasziniert, daß diese Leute «literarisch und politisch sehr geschliffen argumentieren konnten». Schumann macht Abitur und schreibt sich danach in Erlangen für das Studium der Rechts- und Betriebswirtschaft ein. Sein Vater kann zu dieser Ausbildung nur eine kleine Summe beisteuern, den Rest muß sich der Sohn durch journalistische Arbeit finanzieren. Er berichtet für die Lokalpresse über Hockey- und Tennisveranstaltungen, daneben verfaßt er Beiträge für studentische Verbandspublikationen. Der lernbegierige Studiosus wechselt schließlich zur Bonner Universität, Stipendien führen ihn nach Paris und New York.

Als der frischgebackene Akademiker dann in Bonn eine Anwaltspraxis eröffnet, sind die einstigen Präferenzen für den Kommunismus längst reformistisch verwässert – Schumann wird Mitglied der SPD. Während er als Parteigänger im Sozi-Spektrum ausgiebig Genossenluft schnuppert, lernt er gleichzeitig als Wirtschaftsjurist bei Klienten seine Lektion in Sachen konservativer Geisteshaltung. Die Mischung bekommt dem Aufstieg bestens: Schumanns Geschäfte florieren, der gebürtige Nürnberger reüssiert in der Bundeshauptstadt. Bald sitzt er in den Aufsichtsräten von kleineren Kapitalgesellschaften sowie in den Beiräten von mittelständischen Firmen. «Der Genosse Erich», beschreibt der ‹Spiegel›, «ging im Kapitalismus auf die Überholspur.»

Später wird die Baracke auf das emporstrebende Mitglied aufmerksam. Der Bundestagsabgeordnete Horst Ehmke und der Parteikassierer Alfred Nau kannten Schumann bereits aus gemeinsamen Studientagen, beide protegieren nun seinen Aufstieg als Politanwalt. Auch in dieser Rolle schlägt sich Schumann wacker. Die SPD beruft ihren Gefolgsmann in eine Steuerreformkommission sowie in eine Sachverständigenkommission für die Reform des Jugendhilferechts, darüber hinaus wird er juristischer Berater von Willy

Brandt und Herbert Wehner. In seiner Bonner Zeit habe er «vieles und auch Spektakuläres gemacht», räumt Schumann ein. In der Tat: Er sitzt im Aufsichtsrat der Internationale Baumaschinen Holding (IBH), die Horst-Dieter Esch sehenden Auges in den Bankrott steuert, wodurch einer der größten Finanzskandale der Nachkriegszeit ausgelöst wird. Schumann hält seinen schützenden Sachverstand über Karl Wienand, der wegen angeblicher Abgeordnetenbestechung ins Zwielicht gerät; und Schumann unterstützt hessische Genossen, die in eine Parteispendenaffäre verwickelt sind.

Seine anwaltliche Tätigkeit für die SPD will Schumann inzwischen als «eine Art Hobby» verstanden wissen: «Honorare waren nicht so wichtig und flossen auch nie besonders stark.» Sein Geld habe er im wirtschaftlichen Bereich verdient. Soll heißen: ohne jede Protektion, nur durch eigenes Können. Freilich dürfte Schumann die Wirkungsweise von Vitamin B kaum verschlossen geblieben sein – das Parteiticket eröffnet ihm wichtige Zukunftsoptionen. Und wenn es nicht ganz anders gekommen wäre, hätte der stets braungebrannte, eloquente und überaus charmante Advokat auf dieser Schiene gewiß über kurz oder lang einen Platz ganz, ganz oben gefunden – etwa an der Spitze eines wichtigen Gewerkschaftsunternehmens. Doch es kommt anders, für Schumann bietet sich plötzlich eine unverhoffte Chance.

Erich Brost will sich anläßlich seines 75. Geburtstages zur Ruhe setzen und lediglich ‹WAZ›-Herausgeber bleiben. Er schaltet deshalb Schumann ein, der 1977 einen entsprechenden Herausgebervertrag erarbeiten soll. Nebenbei wird dem Wirtschaftsanwalt aufgetragen, nach einem geeigneten Geschäftsführer Ausschau zu halten. Doch die Kandidatenkür für einen Brost-Nachfolger gestaltet sich schwierig, an zahlreichen Bewerbern findet der WAZ-Senior keinen Gefallen. An einem schönen Samstagnachmittag im Herbst 1977 erhält Schumann, der gerade mit seiner Frau eine Flasche Wein leert, einen überraschenden Anruf – an der Leitung ist niemand anderes als Erich Brost, der ihm nun telefonisch den Geschäftsführerposten in Essen andient. Nach kurzer Bedenkzeit packt Schumann die verlockende Gelegenheit beim Schopf.

Seinerzeit ist Erich Brost allerdings nicht mehr uneingeschränkter Herr über seinen hälftigen Anteil an der WAZ-Gruppe. Wie sein Kompagnon Funke hatte er ihn bereits 1971 steuersparend an die nächste Generation weitergereicht und seinem einzigen Kind Martin übertragen. Allerdings sichert ihm eine Prämisse im Schenkungsvertrag zu Lebzeiten weitreichende Entscheidungsbefugnisse zu. Martin Brost mag die Einschränkung zunächst kaum gestört haben – er beschäftigt sich ohnehin nur halbherzig mit den Verlagsgeschäften. Schon als junger Mann zeigt er gänzlich andere Interessen als der Vater: Nach seinem Philosophiestudium probiert er sich zunächst in Süddeutschland als Gartenbau-Kommunarde, verschreibt sich dann der buddhistischen Zen-Meditation und dem autogenen Training. Erst auf Drängen des Vaters riecht er ins Zeitungsgeschäft hinein und hospitiert bei Verlagen in Kassel und München. Mitte der siebziger Jahre nimmt er endgültig von dem Gedanken Abschied, selbst in der WAZ-Gruppe aktiv zu werden.

Bei der Benennung von Schumann interveniert Martin jedoch – er hat einen anderen Nachfolger im Auge. Schließlich beugt er sich dann aber dem Wunsch seines Vaters. Hellauf empört von der Wahl Schumanns sind hingegen die Funke-Gesellschafter. Dem neuen Geschäftsführer wird brieflich «ein vollständiger Mangel an Sach- und Fachverstand» bescheinigt. Um ihn auszuhebeln, kungeln die Funkes mit Martin Brost, der sich zum Entsetzen seines Erzeugers auf Gespräche einläßt und die Stämme miteinander versöhnen will. Sogar eine Klage gegen die Besetzung des Geschäftsführerpostens durch Schumann erwägt die Funke-Gruppe. «Sie hatte damals vielleicht die Vorstellung», räsoniert Schumann inzwischen, «daß auf ihrer Seite möglicherweise eine Alleingeschäftsführung herauskäme.» Grotkamp will die Vorgänge anders gewertet wissen: «Die Funke-Familie hat die Brost-Gruppe aufgefordert – das ging nach den Vorschriften des Gesellschaftervertrags –, einen Mann einzusetzen, der schon über Qualifikationen in der Zeitungsbranche verfügt.» Erst nach einem dreimonatigem Rechtsstreit endet die Kraftprobe mit einem außergerichtlichen Vergleich, der den neuen Mitgeschäftsführer anerkennt.

Dennoch gestaltet sich Schumanns WAZ-Start im Jahre 1978 alles andere als erfreulich: Er sitzt zwischen allen Stühlen. Die Funkes intrigieren gegen ihn, zumal er Kompetenzen beansprucht, die bislang ausschließlich ihr Geschäftsführer Grotkamp ausgeübt hatte. Diese Ablehnung verschafft Schumann zwar die ungeteilte Sympathie von Brost senior, doch auch der junge Stammhalter Martin, dessen Angestellter Schumann de facto ist, läßt ihn nicht voll zum Zuge kommen. Auf sein Betreiben darf Schumann die Brost-Gruppe nicht – anders als Grotkamp die Funke-Gruppe – in allen branchenfremden Beteiligungen vertreten. Somit steht Schumann mitunter auch zwischen Vater und Sohn. Weniger robuste Naturen hätten bei dieser unangenehmen Gemengelage schleunigst die Segel gestrichen. Anders der selbstbewußte und energische Schumann: Er baut beharrlich seine neue Position aus. Mit zielsicherem Instinkt setzt er dabei auf Erich Brost, der ihn zunehmend ins Vertrauen zieht.

Wahrhaft dramatische Züge nimmt die Kabale an der Ruhr Mitte der achtziger Jahre an. Martin Brost wird von einem Berater (Schumann: «ein Anwalt, der wenig Erfolg hatte und bis dahin nur kleine Sachen gemacht hatte») dazu gedrängt, den Entscheidungsprimat des Vaters zu beseitigen und alle mit Gesellschaftsbesitz verbundenen Rechte einzufordern. Mit diesem Anliegen wendet er sich auch an Schumann, der ihm jedoch eine Abfuhr erteilt. Martin Brost verfolgt sein Ziel weiter; daraufhin kommt es zum Bruch mit dem Vater, der das Erbe zurückverlangt. Zunächst weigert sich der Sohn und warnt eindringlich vor Schumann. Im Auftrag des bedrängten Nachfolgers wird sogar belastendes Material gegen den Manager zusammengestellt. Die Frankfurter Wirtschaftsdetektei Klaus-Dieter Matschke übernimmt die delikate Aufgabe – sie schnüffelt ausgiebig in Schumanns Anwalt- und Privatsphäre herum. Minuziös listet ein Dossier diverse Vorfälle aus Schumanns illustrem WAZ-Vorleben auf. Zum Einsatz bringt Martin Brost das Material nicht. Erst Jahre später wird es auf nicht mehr nachvollziehbaren Wegen dem ‹Spiegel› zugespielt, der den Stoff genüßlich auf vier Seiten auswälzt.

In dem schwelenden Vater-Sohn-Konflikt soll zu guter Letzt der SPD-Krisenmanager Hans-Jürgen Wischnewski vermitteln. Da es aber nichts mehr zu kitten gibt, läßt Martin Brost sich abfinden. Seinetwegen bekommt die WAZ-Gruppe eine neue Struktur. Vier branchenfremde Engagements – die Langenberg Kupfer- und Messingwerke GmbH, die beiden Autozubehörfirmen A. Kiekert sowie Tack und Gabel und ferner eine 50prozentige Schachtel am Hamburger Otto Versand – werden aus dem WAZ-Verbund ausgegliedert. Die Hälfte an diesen Unternehmen bleibt bei den Funkes, die andere Hälfte erhält Martin Brost. Für seinen Verzicht auf alle Ansprüche als WAZ-Erbe erhält er außerdem eine beträchtliche Abfindung, die auf dreihundert Millionen Mark geschätzt wird. Außerdem bekommt er rund zwölf Millionen Mark aus dem Verkauf des ihm verbliebenen Münchener Spezialzeitschriften Verlag an die WAZ-Gruppe.

Schumann rückblickend: «Vielleicht habe ich die Auseinandersetzung mit einer zu großen Härte geführt, vielleicht war das ein Fehler.» Martin Brost, der über Domizile in München, Obersöchering und London verfügt, mag über die Vergangenheit nicht mehr sprechen und verweist lediglich darauf, daß unter den drei Beteiligten «heute wieder das beste Einvernehmen herrscht.» Bevor sich alles wieder einrenkt, bedarf es noch einer pikanten Regelung. Schließlich verfügt Erich Brost nach der wirtschaftlichen Trennung von seinem leiblichen Sohn über keinen Erben mehr. Zwecks Nachfolge adoptiert er deshalb Ende 1985 den Wunschsohn Schumann, der per Ausnahmeregelung seinen eigenen Nachnamen behalten darf. Der Vorgang ist beim Essener Amtsgericht unter der Geschäftsnummer 78/XVI 11/85 festgehalten. Dem kinderlosen Schumann wird somit nach dem Tode des hochbetagten Brost (Jahrgang 1903) ein Nachlaß zufallen, der gemäß der Branchenformel «Umsatz mal 1,5» mindestens 1,2 Milliarden Mark wert ist. Die Verwandlung des Kleinbürgersohns in einen Milliardär kann es zweifelsohne mit jeder noch so rührenden Tellerwäscherlegende aufnehmen.

*

Von den Turbulenzen innerhalb der WAZ-Führungscrew ist stets nur wenig nach außen gedrungen. Anders verhält es sich bei den Auseinandersetzungen mit externen Konkurrenten: Sie sind in unzähligen Dokumenten festgehalten und ergeben eine mediengeschichtlich höchst aufschlußreiche Sammlung.

Am 5. Mai 1981 ergeht vor dem Bundesgerichtshof ein Spruch, der die WAZ-Männer zutiefst erzürnt: Die Karlsruher Richter schmettern ein von ihnen gegen Rolf-Michael Kühne angestrengtes Unterlassungsbegehren ab (Aktenzeichen VI ZR 184/79). Der Herausgeber einer Zeitungsmarkt-Landkarte darf somit weiterhin ungestraft zum Besten geben, was er bereits in einem Hearing des Düsseldorfer Landtages zur Pressekonzentration ausgeführt hatte. Kühne 1976 vor nordrhein-westfälischen Parlamentarieren: «Ich möchte (...) ganz prononciert feststellen, daß das WAZ-Reich ohne jeden Zweifel nur durch brutalen Machtmißbrauch zusammengeschmiedet worden ist.» Daneben wartete der Beklagte mit einem Zitat von Grotkamp auf, der vor Verlegern in Wanne-Eickel gesagt haben soll: «Leute, verkauft jetzt, wenn wir euch noch mehr an die Wand gespielt haben, kriegt ihr nichts mehr.»

Sein zweiundzwanzigminütiges Plädoyer vor Volksvertretern und Sachverständigen hatte Kühne mit folgendem Satz eingeleitet: «Ich glaube, die Machtübernahme durch die WAZ in der nordrhein-westfälischen Presselandschaft ist so weit gediehen, daß vorsichtige Worte nicht mehr ausreichen.» Dann zog der scharfzüngige Doktor kräftig vom Leder. Im WAZ-Haus ortete er «eine brutale Grundstimmung», hinter dem «der unbeugsame Wille der beiden Verlegerfamilien zur Macht» stünde. Bei den vier Hauptzeitungen der Gruppe handle es sich tatsächlich um ein einziges «homogenes Produkt, das nur in vier verschiedenen Fassaden auftritt». Ausführlich beschäftigte sich Kühne (Spitzname: «Verleger-Wallraff») mit dem seiner Ansicht nach wettbewerbswidrigen Konkurrenzverhalten. Unverblümt prangerte er das brachiale «Schluck-Instrumentarium» der Essener an. Es bestehe aus einer

Mixtur von unfairer Anzeigenpreispolitik, Rechtsmißbrauch durch Prozeßlawinen, knallharter Vertriebswerbung, Abwerbung von Mitarbeitern der Konkurrenz, psychologischer Angstmacherei und verlockend hohen Übernahmepreisen.

Die WAZ-Gruppe – ein Konzern, dessen Fundament auf üblen Machenschaften basiert? Lauter Raffgierige, die zielgerichtet mit fragwürdigen Geschäftsmethoden arbeiten? Allesamt Brachialmanager, die kapitalschwächere Konkurrenten so lange drangsalieren, bis sie sie letztendlich an die Wand gedrückt haben?

Grotkamp und Schumann wehren sich gegen das wenig ehrenvolle Bild. Mit beredtem Eifer kehren sie die Vorzüge des WAZ-Modells für die nordrhein-westfälische Presselandschaft heraus. Gemäß ihrer Analyse gäbe es in dem bevölkerungsreichsten Bundesland ohne die WAZ-Gruppe weitaus weniger Zeitungstitel, da sie dank ihrer wirtschaftlichen Potenz angeschlagene Blätter aufgekauft und erfolgreich saniert habe. Ihre eingängige Formel, die auf das vortrefflichste eigenen und öffentlichen Nutzen zu verbinden scheint, läßt sich auf einen einfachen Nenner bringen: Um die Meinungsvielfalt in der Region ist es gut bestellt, wenn viele publizistisch eigenständige Zeitungen unter einem einzigen großen betriebswirtschaftlichem Dach zusammengefaßt werden. ·

Ein Blick in die Geschichte zeigt, daß ein konstitutives Element der WAZ-Entwicklung der unbändige, keineswegs regional begrenzte Wille zur Expansion ist. Bereits 1953, fünf Jahre nach Gründung der ‹Westdeutschen Allgemeinen›, bemühen sich die Essener um die national verbreitete ‹Welt›. Doch das defizitäre Blatt geht für offiziell 3,7 Millionen Mark an Axel Springer. Der ‹Bild›-Mann sticht die WAZ auch in Berlin aus, wo sie bei dem Verlagsimperium Ullstein einsteigen möchte. Als Ende der sechziger Jahre die Privatisierung der landeseigenen ‹Saarbrücker Zeitung› mit einer Auflage von 165 000 Exemplaren eingeleitet wird, zieht der Generalbevollmächtigte Grotkamp alle Register. Er spannt zahlreiche Prominente – darunter auch den FDP-Vorsitzenden Walter Scheel – vor seinen Karren und verspricht der saarländischen Regierung, zwei WAZ-eigene Fertigungsunternehmen ins Saarland zu verlegen. Als sich 1969 eine Vorentscheidung zugunsten des Stuttgarter Verlegers Georg von Holtzbrinck abzeichnet, erhöht Grotkamp sein bereits großzügig bemessenes Kaufangebot für einen Anteil von 49 Prozent auf rund 35 Millionen Mark. Die Saarländer geben dennoch Holtzbrincks Offerte mit 25 Millionen Mark den Vorzug. Dessen konservative Linie passt dem CDU-Ministerpräsidenten Franz-Josef Röder besser ins Konzept.

Auch am Zeitschriftenkonzern Gruner + Jahr will sich die WAZ-Gruppe um jeden Preis beteiligen. «Wir kaufen, sobald es akut wird», verrät Grotkamp einem Mediendienst. 1969 ist eine Schachtel von 25 Prozent auf dem Markt, die vom Drucker Richard Gruner stammt und vorübergehend von Gerd Bucerius und John Jahr gehalten wird. Mit 92,5 Millionen Mark gibt Grotkamp wiederum das attraktivste Angebot ab. Doch die beiden Hamburger Verleger bevorzugen Bertelsmann-Chef Reinhard Mohn, obwohl er fünf Millionen Mark weniger zahlt. Bucerius erinnert sich: «Die WAZ wollten wir bei Gruner + Jahr nicht hineinnehmen, weil das ein sehr kommerziell geführtes Medienunternehmen war. Wir haben das Journalistische und Politische höher bewertet.»

Eine weitere Gelegenheit, sich ein starkes Standbein außerhalb des Ruhrgebiets zuzulegen, vermasseln sich die Essener schließlich durch eigenes Verschulden. Über Kaufgespräche mit dem angeschlagenen SPD-Blatt ‹Neue Hannoversche Presse› kommt Grotkamp Mitte der siebziger Jahre auch mit Luise Madsack in Kontakt. Die Besitzerin der ‹Hannoverschen Allgemeinen Zeitung› (HAZ) hatte sich durch den Neubau eines Verlags- und Druckhauses am Stadtrand der niedersächsischen Landeshauptstadt in eine prekäre Liquiditätskrise hineinmanövriert. Grotkamp, auf solche Sanierungsfälle spezialisiert, nutzt die günstige Gelegenheit: Der von ihm ausgehandelte Übernahmevertrag für die «‹FAZ› des Nordens» sieht einen Kaufpreis von einer Million Mark für je ein Prozent Beteiligung vor und wird von der Hannoverschen Seite rechtsverbindlich abgezeichnet. Erst in allerletzter Sekunde verweigern die WAZ-Gesellschafter ihre Unterschrift – Finanzberater warnen vor einem angeblich zu hohen Risiko. Inzwischen bereuen die Eigner ihre Zurückhaltung zutiefst. Kaum auszumalen, welche Rolle die WAZ im Falle einer geglückten Übernahme heute spielen würde. Die Madsack Verlagsgesellschaft nimmt immerhin Platz 13 unter den deutschen Verlagen ein, setzt fast 400 Millionen Mark um und verkauft mehr als eine halbe Million Zeitungen.

Die WAZ-Gruppe hat zwar stets ihre Verbundenheit mit und ihre Verpflichtung gegenüber dem Revier betont, doch wie die fünf angestrebten Akquisitionen dokumentieren, unternimmt sie erhebliche Kraftanstrengungen, um sich aus der Ruhrgebietsfixierung zu lösen. Den immer wiederkehrenden Ausbruchbemühungen liegt keine systematische Strategie zugrunde: Verhandelt wird, sobald sich erfolgsversprechende Möglichkeiten auftun. Zielgerichteter gehen die Essener in ihrem Verbreitungsgebiet vor: Es soll von allen Konkurrenten freigehalten und an den Rändern allmählich ausgedehnt werden. Dabei verfährt der WAZ-Verlag, der 1948 unter idealen Startbedingungen loslegte, überaus geschickt.

Die ‹Westdeutsche Allgemeine› ist die letzte Zeitung, die die Briten in Nordrhein-Westfalen lizenzieren, und die erste, die keiner Partei zugehörig ist. Von vorneherein wird sie als ein Blatt für das gesamte Ruhrgebiet konzipiert und kann dank eines großzügig bemessenen Papierkontingents mit einer Auflage von 250.000 Exemplaren starten. Journalistisch wird sie konsequent auf die industrielle Arbeiterschaft im Revier zugeschnitten: Sie wählt eine leicht verständliche, anekdotenreiche und populistische Ansprache, legt Wert auf viele Kurzberichte sowie zahlreiche Fotos und versteht es darüber hinaus, trotz regionaler Verbreitung als bodenständige Familien- und Heimatzeitung aufzutreten. Die «Wazz», wie sie im Revierjargon heißt, begreift sich als ausgewogen und parteiübergreifend. Gleichwohl nimmt sie auf die Interessen der mehrheitlich dem sozialdemokratischen Milieu entstammenden Leserschaft Rücksicht, ohne jedoch dabei andere Parteianhänger zu vergraulen. Dieses in Grundzügen immer noch gültige Konzept bildet das publizistische Fundament für den Erfolg der WAZ-Gruppe.

Hinzu kommt verlagsstrategisches Können. Ihr erstes Gesellenstück legen die WAZ-Chefs bereits ein Jahr nach der Gründung ab. Nach Aufhebung des Lizenzzwangs will Altverleger Otto Dierichs den 1893 gegründeten ‹Bochumer Anzeiger› wieder aufleben lassen. Zu Recht fürchten Brost und Funke die Konkurrenz des traditionsreichen, in der Bevölkerung verwurzelten Blatts – sie verhandeln deshalb mit dem Widersacher. Das Ergebnis: Die WAZ-Verlagsgesellschaft wird umstrukturiert. Für Aktivitäten in Bochum ist nunmehr der neugegründete Zeitungsverlag Ruhrgebiet zuständig, an dem die WAZ-Eigner Dierichs mit 50 Prozent beteiligen. Der Altverleger reicht davon fünf Prozent an seinen Vertrauten Rolf Ippen weiter. Der Konkurrent darf partizipieren, die drohende Gefahr ist damit gebannt. Schon 1956 kann Dierichs abgefunden werden: Er erhält für seinen Anteil von 45 Prozent zwei Drittel an den Kasseler ‹Hessischen Nachrichten›, die der Zeitungsverlag Ruhrgebiet zwei Jahre zuvor aufkaufte. Ippen wird 1963 ausbezahlt.

Eine weitere Variante des WAZ-Vorgehens wird am Fall des Altverlegers Wilhelm Girardet deutlich. Girardet zeigt sich weniger gefügig als Dierichs und bringt gegen den Willen von Brost und Funke zum 22. November 1949 die ebenfalls traditionsreiche ‹Essener Allgemeine Zeitung› heraus. In einem knapp fünf Jahre währenden Kampf wird Girardet förmlich niederkonkurriert. Mit dem Erscheinen seiner ‹Essener Allgemeinen› senken Brost und Funke, die selbst noch rote Zahlen schreiben, den monatlichen Bezugspreis für die ‹WAZ› um fünfzig Pfennig auf 2,70 Mark, verbilligen Anzeigenpreise und fügen der Wochenendausgabe eine illustrierte Beilage hinzu. Girardet muß 1954 aufgeben und verkauft seinen Abonnentenstamm an die WAZ. Auch bei den Siegern hat der harte Wettbewerb Spuren hinterlassen: 1954 stehen Brost und Funke am Rande des Konkurses. Nur ein für die Zeit ungewöhnlich hoher Kredit von 900 000 Mark ermöglicht das Weitermachen.

Weniger spektakulär, aber durchaus effizient ist eine andere Konstante, die sich wie ein roter Faden durch die WAZ-Geschichte zieht: Die Essener kaufen Auflage hinzu, indem sie eine Vielzahl kleiner Zeitungen schlucken. Im Einzelfall können dadurch zwar meist nur geringfügige Auflagengewinne realisiert werden, doch sie summieren sich über Jahre hinweg zu beträchtlichen Steigerungen und helfen, das Verbreitungsgebiet auszudehnen. Einige der Akquisitionen, die in den sechziger Jahren vorgenommen werden: ‹Annener Zeitung› (1960), ‹Westdeutsches Tageblatt› (1963), Teile der ‹Westfälischen Rundschau› (1964), ‹Duisburger Generalanzeiger› (1966), ‹Ruhrwacht› (1967) sowie die Recklinghäuser Bezirksausgabe der ‹Westfälischen Rundschau› (1967). Gleichzeitig gründen Brost und Funke diverse Regionalausgaben.

In den sechziger Jahren kann der WAZ-Verlag seinen Größenvorteil bereits voll ausspielen. Die Ressourcenverteilung dient zuallererst dem Konkurrenzkampf. Wo starke Mitbewerber agieren, baut die ‹Westdeutsche Allgemeine› mit erheblichem personellen sowie materiellem Aufwand ihr redaktionelles Angebot in den jeweiligen Lokalteilen aus. In diesen Regionen liegen daneben die Verkaufs- sowie Anzeigenpreise deutlich unter dem Schnitt aller ‹WAZ›-Ausgaben. 1967 müssen sich die Essener vom Deutschen Presserat ins Stammbuch schreiben lassen, daß sie «Wettbewerb durch Dumpingpreise» betreiben. Der Rat weiter: «Auf diese Weise hat die WAZ die Rentabilität der kleinen und mittleren Zeitungen (…) systematisch geschwächt. (…) Die Methoden, die hierbei von der WAZ angewendet werden, haben die Empörung aller Zeitungsverleger hervorgerufen.»

Neu in der WAZ-Historie ist der eigenständige Erhalt von aufgekauften Zeitungen. General Grotkamp exerziert diese Spielart zwischen 1974 bis 1976 in drei wichtigen Fällen durch. Publizistische Vielfalt rechnet sich dabei besser als Fusionen. Der Medienwissenschaftler Ulrich Pätzold betont die negativen Folgen, die eine Zusammenlegung der Titel nach sich gezogen hätte. Dabei «wären zu viele Leser an die Konkurrenz verlorengegangen, die Position auf dem regionalen Anzeigenmarkt wäre geschwächt, die Verbundmöglichkeiten auf dem großen einheitlichen Anzeigenmarkt wären geschmälert worden.» Erstmals findet das Verfahren bei der konservativen ‹Westfalen-

170

post› Anwendung – und nicht bei der ‹Westfälischen Rundschau›, wie irrtüm-
lich oft behauptet wird. An der ‹Westfalenpost›, die durch heftige Gefechte
mit den ‹Ruhr-Nachrichten› des Dortmunder Verlegers Florian Lensing-
Wolff ins Minus gekommen war, beteiligt sich der WAZ-Verlag bereits 1973
und übernimmt im März 1974 die Mehrheit. Die Angestellten erfahren von
der klammheimlichen Transaktion kein Sterbenswörtchen. Erst Ende 1975
werden sie über den neuen Herrn im Hause aufgeklärt.

Zwischenzeitlich hatte sich die WAZ-Gruppe auch die ‹Westfälische Rundschau› einverleibt. Die große SPD-Zeitung war durch übermütige Expan-
sionspläne – das Mißmanagement bei sozialdemokratischen Blättern hat eine
lange Tradition – in rote Zahlen gerutscht. Dank der WAZ-Kur gelingt eine
schnelle Genesung. Seitdem kann der jeweilige SPD-Schatzmeister wieder
jährlich einen Scheck aus Essen verbuchen – seine Partei ist über Zwischenge-
sellschaften an der ‹Rundschau› noch mit 13,1 Prozent beteiligt. Verleger
Dietrich Oppenberg gibt nach erfolglosen Verhandlungen mit der Düsseldorfer ‹Rheinischen Post› seine ‹Neue Ruhr/Neue Rhein Zeitung› 1975 in WAZ-
Hände. Gegenüber Grotkamp kann er durchsetzen, daß er Herausgeber
bleibt und ihm Einstellung sowie Entlassung von Chefredakteuren und Ressortleitern obliegen. Außerdem behält Oppenberg an der Zeitung einen
Anteil von 10,6 Prozent. Mit der dreifachen Übernahme verdoppelt die
WAZ-Gruppe innerhalb von nur drei Jahren ihre Auflage.

Dem «Wolf im Blätterwald» (‹Stern›) hat das Bundeskartellamt inzwischen
einen Maulkorb angelegt. Qualifizierte Zeitungs- und Zeitschriftenbeteiligun-
gen sind für die WAZ-Gruppe in Nordrhein-Westfalen nicht mehr möglich.
Die sich in ihrem Verbreitungsraum noch bietenden Miniakquisitionen können den erheblichen Investitionsdruck der WAZ-Gruppe ohnehin kaum mil-
dern. Schließlich dürften sich deren Bruttogewinne jährlich auf rund eine
Viertelmilliarde Mark belaufen. Und da davon ein Mindestbetrag von 20
Prozent thesauriert wird – vor Steuern, die Abgaben an das Finanzamt ent-
richten die Gesellschafter aus ihrer Privatschatulle –, bleibt ein beträchtlicher
Betrag, der erst einmal untergebracht sein will. Daß bei einer solchen
Ertragslage die WAZ-Gruppe ihre Engagements konservativ finanziert und
nur selten den Gang zum Finanzmarkt einschlägt, versteht sich von selbst.

Dennoch verspüren die WAZ-Männer im Revier mitunter Appetit und
hebeln das Kartellgesetz schon mal fintenreich und juristisch unanfechtbar
aus. Als die Berliner Wettbewerbshörde 1987 den Kauf zweier kleiner Essener
Wochenzeitungen (‹Borbecker Nachrichten› sowie ‹Werdener Nachrichten›)
untersagt, wird kurzerhand die Gesellschaft für Beteiligungsbesitz GmbH

gegründet. Gesellschafter ist niemand anderes als Erich Brosts Ehefrau und die volljährigen Kinder der vier Funke-Töchter. Grotkamp: «Das hat das Kartellamt geärgert, doch wir haben uns gesagt: ‹Unmut ist noch kein Untersagungsgrund›.» Da die Kartellwächter gegen solches Familiensplitting machtlos sind, mußte ein gegen die WAZ-Gruppe angestrengtes Verfahren eingestellt werden.

Außerhalb des Ruhrgebiets schlägt sich die WAZ-Gruppe durchaus noch mit großen Mitbewerbern wie der ‹Rheinischen Post› herum. Das in Düsseldorf ansässige Blatt bringt in ihrem Verbreitungsgebiet ebenfalls viele lokale Ausgaben heraus. Die ‹Neue Rhein Zeitung›, mit der die WAZ-Gruppe in der nordrhein-westfälischen Landeshauptstadt ihre Flagge hochhält, macht jährlich gut drei Millionen Mark Verluste. Auch andere WAZ-Zeitungen – so die in Soest und im Siegerland – sind ebenfalls defizitär.

Anders sieht die Pressesituation im Ruhrgebiet aus. Hier fühlt sich ein westfälischer Verleger an einen «Käse mit Löchern» erinnert. Der feste Block besteht aus den WAZ-Titeln, in einigen wenigen Hohlräume haben sich konkurrierende Zeitungen eingenistet. Zuallererst ist da der unbeugsame Dirk Ippen, der keinem Konflikt mit der WAZ-Gruppe aus dem Wege geht. Aus Hamm, wo Ippens ‹Westfälischer Anzeiger› beheimatet ist, mußten sich die Essener nach erbitterten Kämpfen zurückziehen. Dirk Ippen, Sohn des Ex-WAZ-Gesellschafters, verfügt über die notwendige Potenz, um Paroli bieten zu können – sein Medienhaus, zu dem in München der ‹Merkur› sowie das Boulevardblatt ‹tz› gehören, ist annähernd so umsatzstark wie der Verlag der ‹Frankfurter Allgemeinen Zeitung›. In intensivem Wettbewerb mit der WAZ-Gruppe steht auch der Verleger Lensing-Wolff. Seine ‹Ruhrnachrichten› sind im Dortmunder Stadtgebiet der auflagenstärkste Titel. Freilich haben die Scharmützel gegenüber den siebziger Jahren spürbar an Härte verloren. Lensing-Wolff und die WAZ-Gruppe fanden zu kostensparenden Kooperationen zusammen: Im Verbreitungsgebiet der ‹Ruhrnachrichten› geben die beiden Pressehäuser gemeinsam und gleichberechtigt Anzeigenblätter heraus.

Der ‹Iserlohner Kreisanzeiger (IKZ)› galt zeitweilig als weiterer Konkurrent der WAZ-Gruppe. Mit ihrer ‹Westfalenpost› und der ‹Westfälischen Rundschau› setzten die Essener dem Iserlohner Blatt bis September 1989 systematisch zu. Die Attacke kostete pro Jahr mehrere Millionen Mark und wurde auch nicht eingestellt, als sich die WAZ-Gruppe 1983 mit 24,8 Prozent am ‹Kreisanzeiger› beteiligen konnte. ‹IKZ›-Verlagsleiter Klaus Wichelhoven beschwerte sich zwar im Kollegenkreis immer wieder über den Einfluß der Ruhrgebietsgroßmacht in seinem Haus, doch schließlich gab er klein bei.

Seit Ende 1989 übernimmt der ‹Kreisanzeiger› den Mantel von der ‹Westfalenpost›, deren Iserlohner Ausgabe im Gegenzug eingestellt wurde. Wichelhovens ‹Kreisanzeiger› wird nunmehr in der Hagener WAZ-Druckerei hergestellt, hat das einheitliche WAZ-Format übernommen und gehört zum WAZ-Anzeigenverbund. Damit das Kartellamt an dieser zeitungswirtschaftlichen Verzahnung keinen Anstoß nehmen konnte, veräußerte die WAZ-Gruppe ihren 24,8-Prozent-Anteil an die familieneigene Gesellschaft für Beteiligungsbesitz.

Standhaften Widerstand gegen die WAZ leistet der 1871 gegründete Bauer Verlag. Dessen ‹Recklinghäuser Zeitung› kommt samt Unterausgaben sowohl in der Stadt wie auch im Kreis Recklinghausen auf eine höhere Auflage als die ‹WAZ›. Dem jungen Kurt Bauer, der das Familienunternehmen in der sechsten Generation leitet, bereitet der Wettbewerb mit dem Essener Stammblatt ausgesprochenes Vergnügen. Gegen den potenten Koloß setzt er die Flexibilität des Kleineren und viel Lokalberichterstattung. Bei einem Umsatz von rund vierzig Millionen Mark ist ihm allerdings klar, daß ihn die WAZ-Gruppe jederzeit an den Garaus bereiten könnte. Hoffnung kann ihm ein Satz von Grotkamp machen, der generös versichert: «Die Wettbewerber, die wir hier haben, sollen weiterbestehen.»

*

Der Ruhrgebietsriese kann angesichts außerordentlich positiver Ergebnisse und einer gefestigten Marktposition gelassen in die Zukunft schauen. Die Probleme liegen eher im Detail. So hat der Ausbau des Managements mit dem dynamischen Wachstum nicht standgehalten. In der Stärke der WAZ liegt zugleich auch ihre Schwäche begründet: Die beiden Geschäftsführer lieben die Eigenregie – von der Einstellung leitender Mitarbeiter bis hin zur detaillierten Ausarbeitung von Verträgen. Nicht einmal persönliche Assistenten billigen sie sich zu, auch umfangreiche Stäbe, wie sie bei Gruner + Jahr oder Springer üblich sind, kennt die WAZ-Gruppe nicht. Konzernübergreifende Einrichtungen sind auf ein Minimum beschränkt und bestehen aus Personal-, Rechts-, Dienstleistungs- und EDV-Abteilung sowie dem Finanz- und Rechnungswesen.

Die mager ausgestattete Organisationsstruktur spart Overheadkosten, die in anderen Häusern beträchtlich zu Buche schlagen. Gleichzeitig ermöglicht sie ungewöhnlich kurze Entscheidungswege. Ein Vorteil, der in wichtigen Verhandlungen zum Tragen kommt: Hier können Grotkamp und Schumann, von ihren Gesellschaftern zumeist mit weitreichenden Vollmachten ausgestattet, wesentlich flexibler, entscheidungsfreudiger und effizienter zur Sache gehen als die Mitbewerber. Ausgezahlt hat sich diese Stärke nicht zuletzt beim ‹Krone›- und ‹Kurier›-Deal. Doch die Struktur hat eben auch kontraproduktive Seiten. «Bei unserem Unternehmen, in dem die beiden Geschäftsführer sehr viel selbst machen, erfordert ein kleines Objekt ebenso viel Engagement wie ein großes», gibt Schumann zu bedenken. Die Folge: Die WAZ-Gruppe kann angesichts der knapp bemessenen Führungsressourcen viele Möglichkeiten nicht wahrnehmen. Die Fixierung des Unternehmens auf lediglich zwei Entscheider ist umso problematischer, als sowohl Grotkamp und Schumann kurz vor dem Pensionsalter stehen. Nachfolger sind nicht in Sicht, bei dem kinderlosen Schumann ist überdies unklar, was einmal aus dem ihm zufallenden Gesellschaftsanteil werden soll. Eine Stiftung, wie sie der ebenfalls kinderlose ‹Zeit›-Eigner Gerd Bucerius ins Leben rief, verbieten die WAZ-Gesellschafterverträge.

«Wenn wir uns andere Häuser anschauen, müssen wir feststellen, daß wir auf der Geschäftsführer-Ebene auf die Dauer mit zwei Mann zu knapp besetzt sind», konstatiert Grotkamp. Er erwägt derzeit, eine neue Organisationstruktur aus der Taufe zu heben. Sie sieht zwei den Gesellschafterfamilien zugeordnete Über-Geschäftsführer sowie mehrere Fachbereichsgeschäftsführer vor. Grotkamp hat erkannt, daß «man hochqualifizierten Kräften auch entsprechende Organstellungen, also Geschäftsführerposten, anbieten muß». Die Schwierigkeit des Modells liegt im Detail. Jede Lösung muß schließlich peinlich genau die verbürgte Parität unter den beiden Gesellschaftergruppen wahren.

Grotkamp und Schumann preisen ihr Zeitungs-Modell der publizistischen Vielfalt unter einem betriebswirtschaftlichen Dach in den höchsten Tönen. Doch den damit verbundenen Mangel an ernsthafter Konkurrenz begreifen sie inzwischen längst nicht mehr nur als Segen. Grotkamp räumt ein: «Eine Schwäche unseres Unternehmens liegt darin, daß unsere Leute bis hinauf zur Prokuristenebene die Stärke unserer Machtposition gelegentlich, aber zu oft falsch begreifen. Sie lassen die Kundschaft viel zu oft wissen, daß sie zu uns keine oder zu wenig Alternative haben. Im echten Wettbewerb zwischen marktstarken Häusern kommt so etwas nicht so leicht vor.» Doch echter Wettbewerb existiert zumindest im Ruhrgebiet nicht mehr. Grotkamp hat sich für die unheilbare Krankheit eine ganz eigene Therapie ausgedacht: Der Gebieter über fast 5000 Mitarbeiter kümmert sich höchstpersönlich um jeden einzelnen Beschwerdebrief und macht bei Bedarf «ordentliches Theater».

174

Schwerer wiegt ein anderes Manko der WAZ-Gruppe. Die harschen Methoden, mit denen die Essener gegen ihre Wettbewerber vorgegangen sind und vorgehen, haben auch im Inneren des Imperiums häßliche Spuren hinterlassen. Als das Rheinische Journalistenbüro bei Rowohlt seine «Reportagen aus Grauzonen der Arbeitswelt» veröffentlichte und sich die Behinderung von Betriebsräten vorknüpfte, widmete es nicht ohne Grund der WAZ-Gruppe ein ausführliches Kapitel. An diesem restriktiven Stil änderte sich auch nichts, als 1978 der «Genosse WAZ-Direktor» Schumann in das Unternehmen eintrat. Der gesteht immerhin: «Ich will nicht bestreiten, daß die eine oder andere Auseinandersetzung mit dem WAZ-Betriebsrat überflüßig ist und überflüßig gewesen ist.» Um ungeliebte freigestellte Arbeitnehmer-Vertreter loszuwerden, jonglieren die WAZ-Oberen schon mal geschickt mit ihren einzelnen Gesellschaften und schieben zwischen ihnen die Mitarbeiter solange hin und her, bis der Freistellungsanspruch entfällt. In Sachen Betriebsrat schlägt der WAZ-Hausjurist, so berichten Insider, aus Prinzip den Rechtsweg ein, mögen die Erfolgsaussichten auch noch so gering sein. Gestritten wird oft um wenige hundert Mark für die Betriebsratsarbeit. Unter Essener Arbeitsrichtern kursiert seit langem der geflügelte Spruch, daß für die WAZ eigentlich eine eigene Kammer notwendig wäre.

Unternehmenskultur ist ein weiterer Schwachpunkt der WAZ-Gruppe – hier hat sie einiges aufzuholen. Interne, vor allem aber externe Kommunikation wird denkbar klein geschrieben, Imagepflege ist in Essen ein Fremdwort. Die WAZ überläßt die Berichterstattung über sich grundsätzlich anderen, beharrlich verweigert sie die längst üblich gewordene Veröffentlichung von Geschäftszahlen. Die defensive Öffentlichkeitsarbeit zieht zwangsläufig Mißtrauen und Akzeptanzvorbehalte nach sich. Nicht nur in der kritischen Bevölkerung, auch in der Branche ist es um den Ruf der WAZ schlecht bestellt. Als das ‹Manager Magazin› von Presseverantwortlichen die zwanzig umsatzstärksten Druck- und Verlagshäuser nach Kriterien wie Innovation, Kommunikation und Solidität bewerten ließ, landete die WAZ weit abgeschlagen auf Platz siebzehn. Noch schlechtere Sympathiewerte erzielten nur die Rheinisch-Bergische Druckerei, die Mainzer Verlagsanstalt und die Rheinpfalz-Gruppe.

Günther Grotkamp, abgehärtet durch allerlei Anfeindungen, die er in seinem WAZ-Dasein abwehren mußte, vermag auf diesen Feldern keinen Handlungsbedarf erkennen. Darin pflichtet ihm auch Sozialdemokrat Erich Schumann bei: «Wenn das Defizite wären, die sich in der Unternehmensentwicklung entscheidend niederschlagen, würde ich sofort darüber nachdenken. Doch im Grunde genommen haben sie unser Geschäft bisher kaum beeinträchtigt.»

An dieser WAZ-Eigenart wird sich wohl so rasch nichts ändern: Wahrgenommen wird nur, was sich unmittelbar in Mark und Pfennig niederschlägt.

«Wir kaufen, sobald es akut wird»
Die WAZ-Chronik

1927 Günther Grotkamp wird am 20. Januar in Essen geboren.

1930 Erich Schumann kommt am 13. Dezember in Nürnberg zur Welt.

1948 Die Briten erteilen Erich Brost die Lizenz Nr. 192 für die ‹Westdeutsche Allgemeine Zeitung› (WAZ). Die Alliierten bestehen zunächst auf einer Verbreitung in ganz Nordrhein-Westfalen, stimmen schließlich aber einer vom Lizenzträger präferierten Konzentration auf das Ruhrbiet zu. Der Sozialdemokrat Brost beteiligt den konservativen Jakob Funke mit 50 Prozent an der WAZ-Verlagsgesellschaft.
Am 3. April erscheint die erste ‹WAZ›-Ausgabe. Das Blatt verfügt bereits über zwölf Inlandskorrespondenten und kann dank großzügig bemessener Papierzuteilung 253 000 Exemplare drucken.

1949 Die ‹WAZ› erreicht zeitweise eine Auflage von 350 000 Exemplaren. Als im Herbst der Bezugspreis auf 3,20 Mark erhöht wird, sinkt sie auf 270 000 Exemplare.
Altverleger Otto Dierichs will mit seinem Vertrauten Rolf Ippen nach Aufhebung des Lizenzzwangs den traditionsreichen ‹Bochumer Anzeiger› wiederbeleben. Brost und Funke vereiteln diesen Plan geschickt. Sie splitten ihr Unternehmen in die Essener WAZ Verlagsges. m.b.H. und den Bochumer Zeitungsverlag Ruhrgebiet (ZVR) auf. Am ZVR beteiligen sie Dierichs mit 50 Prozent, der dafür auf

sein Zeitungsprojekt verzichtet. Von seinem ZVR-Anteil tritt Dierichs fünf Prozent an Ippen ab.
Mit dem Essener Altverleger Wilhelm Girardet, der die renommierte ‹Essener Allgemeine Zeitung› (EAZ) neu auflegen will, gelingt keine Einigung. Daraufhin setzt die ‹WAZ› mit dem Tag des ‹EAZ›-Erscheinens den Bezugspreis auf 2,70 Mark herunter, verwöhnt die Abonnenten am Samstag mit einer illustrierten Beilage und senkt die Anzeigenpreise.

1950 Die Gesellschafterversammlung beschließt eine Verlegung des Verlagssitzes von Bochum nach Essen. Vom Krupp-Konzern wird eine Parzelle an der Essener Friedrichstraße erworben, um dort einen Verlags- und Druckerei-Neubau zu errichten.

1952 Nach dem ‹Hamburger Abendblatt› ist die ‹WAZ› die auflagenstärkste Zeitung in der Bundesrepublik.

1953 Die Zentralredaktion siedelt im Frühjahr von Bochum nach Essen über. Mitte des Jahres nimmt dort eine ‹WAZ›-eigene Druckerei den Betrieb auf. Der Druckvertrag mit der ‹Welt›-Druckerei wird gekündigt. ‹Die Welt› gerät nicht zuletzt deshalb in Schwierigkeiten. Die ‹WAZ› möchte das noch in britischen Händen befindliche Blatt übernehmen. Doch den Zuschlag erhält Axel Springer.

1954 Girardet muß aufgeben. Die ‹WAZ› übernimmt von seiner ‹EAZ› den Abonnentenstamm. Die ‹WAZ›-Auflage steigt daraufhin auf rund 360 000 Exemplare.

Die ‹WAZ› gerät in einen ernsten Liquiditätsengpaß. Ein für die Zeit enorm hoher Kredit in Höhe von 900 000 Mark hilft über den Berg.

1955 Der WAZ-Verlag übernimmt 50 Prozent an der Welt am Sonnabend GmbH (Waso), die später ganz einverlebt wird. In dem Düsseldorfer Verlag erscheinen die Yellow Paper ‹Echo der Frau›, ‹Frau aktuell› und ‹Neue Welt›.

1956 Gesellschafter Dierichs scheidet aus dem Zeitungsverlag Ruhrgebiet (ZVR) aus. Für seine 45 Prozent erhält er zwei Drittel am Verlag der ‹Hessischen Nachrichten›, den der ZVR 1954 erworben hatte.

Mit einer Beteiligung an der Kupfer- und Messingwerke GmbH diversifiziert der WAZ-Verlag in medienfremde Bereiche.

1958 Im Jahr des zehnjährigen Bestehens erreicht die ‹WAZ› eine tägliche Auflage von 400 000 Exemplaren – größer ist nur Springers ‹Bild›-Zeitung.

1960 Günther Grotkamp tritt als Justitiar in den WAZ-Konzern ein und baut dort die Rechtsabteilung auf.

1963 ZVR-Mitgesellschafter Rolf Ippen scheidet aus. Mit seiner Abfindung probiert er sich zunächst wenig erfolgreich als Strumpffabrikant («nur die»), später kauft er die Hammer Tageszeitung ‹Westfälischer Anzeiger›. Aus diesem Grundstock baut Sohn Dirk ein beachtliches Medienimperium (‹Münchner Merkur›, ‹tz›) auf.

1966 Mit dem ‹Vest-Anzeiger› gibt der WAZ-Verlag sein erstes Anzeigenblatt heraus. Heute hat er über 50 solcher kostenlos verteilter Blätter. An weiteren 20 ist er beteiligt.

1967 Der Deutsche Presserat attackiert die ‹WAZ› scharf: «Schon seit sechs Jahren [treibt sie] einen Wettbewerb durch Dumpingpreise. Auf diese Weise hat die ‹WAZ› die Rentabilität der kleinen und mittleren Zeitungen in ihrem Verbreitungsgebiet systematisch geschwächt. (...) Die Methoden (...) haben die Empörung aller Zeitungsverleger hervorgerufen.»

1968 Der WAZ-Konzern setzt inklusive Industriebeteiligungen rund 400 Millionen Mark um und beschäftigt etwa 9 000 Mitarbeiter.

Günther Grotkamp, inzwischen Verlagsleiter, verhandelt mit der saarländischen Landesregierung über 49 Prozent der zur Privatisierung anstehenden ‹Saarbrücker Zeitung›. Obwohl er mit 35 Millionen Mark das höchste Angebot unterbreitet, erhält 1969 der Stuttgarter Verleger Georg von Holtzbrinck den Zuschlag.

1969 Durch den Ausstieg von Richard Gruner bei Gruner + Jahr (G+J) steht eine Schachtel von 25 Prozent zur Disposition. Grotkamp bietet für das Paket 92,5 Millionen Mark. Dennoch entscheiden sich die G+J-Eigner John Jahr und Gerd Bucerius sich für den Bertelsmann-Eigner Reinhard Mohn, der fünf Millionen Mark weniger bietet.

1970 Erich Brost gibt die Redaktionsleitung der ‹WAZ› an Siegfried Maruhn ab. Einmütig beschließen 205 ‹WAZ›-Redakteure ein Statut, das der Redaktion wichtige Mitbestimmungsrechte einräumen soll. Verleger Jakob Funke blockt das Statut ab.

1971 Im Rahmen einer vorweggenommenen Erbregelung werden die vier Funke-Töchter Gisela Holthoff, Renate Heckel, Ute Ferrer-Aza und Petra Wilcke zu je 12,5 WAZ-Gesellschafter, Erich

Brost überträgt seine Hälfte an sein einziges Kind Martin. Die Altbesitzer behalten sich allerdings wichtige Rechte vor. Zugleich vereinbaren die beiden Familien «eherne Parität».

1972 Grotkamp handelt mit dem Verleger Sträter eine Beteiligung von 26 Prozent an dessen ‹Westfalenpost› aus. Der Vorgang wird geheimgehalten.

1974 Die WAZ übernimmt die ‹Westfalenpost› mehrheitlich. Erst im November 1975 werden die Redakteure über den neuen Besitzer informiert.

1975 Zum Jahresbeginn steigt die WAZ bei der SPD-Zeitung ‹Westfälische Rundschau› ein. Noch heute halten die Sozialdemokraten über eine Zwischengesellschaft 13,1 Prozent an dem Zeitungsverlag Westfalen, in dem die ‹Rundschau› erscheint.
Grotkamp handelt mit Luise Madsack einen Übernahmevertrag für die ‹Hannoversche Allgemeine Zeitung› (HAZ) aus. Für knapp 50 Prozent will er rund 50 Millionen Mark zahlen. Erst in allerletzter Minute wird das Geschäft auf WAZ-Seite rückgängig gemacht. Berater hatten die WAZ-Gesellschafter vor einem vermeintlich zu hohen Risiko gewarnt.
Jakob Funke stirbt. Seine vier Töchter inthronisieren Grotkamp als Geschäftsführer für ihren Gesellschafteranteil.

1976 Die ‹Neue Ruhr-Zeitung/Neue Rhein-Zeitung› (NRZ) kommt zum WAZ-Verbund. Altverleger Oppenberg behält sich die Ernennung der Chefredakteure vor und wird an dem neugegründeten Gesellschaft Zeitungsverlag Niederrhein (ZVN) mit 10,6 Prozent beteiligt.

1978 Erich Schumann wird für den Brost-Stamm Geschäftsführer. Die Funke-Seite widersetzt sich der Berufung des Sozi-Anwalts – in ihren Augen ist er nicht hinreichend qualifiziert. Die heftigen Dissonanzen enden nach drei Monaten mit einem Vergleich.

1984 Das Essener Medienhaus gründet die Westfilm Medien-GmbH, die die Aktivitäten im Bereich Neue Medien koordiniert.

1985 Nachdem Martin Brost versucht hatte, seinen Vater zu entmachten, muß er ihm den ererbten Anteil wieder zurückgeben. Martin Brost erhält eine dreistellige Millionenabfindung, 50 Prozent an allen WAZ-Industriebeteiligungen sowie 12,5 Prozent vom Otto Versand. Erich Brost adoptiert seinen Geschäftsführer Schumann um einen Nachfolger zu haben. Per Ausnahmeregelung darf das Stiefkind weiterhin seinen alten Nachnamen behalten.

1986 Die WAZ-Gruppe kauft sich mit zehn Prozent bei ‹RTL plus› ein, an der bereits Bertelsmann-Tochter Ufa beteiligt ist. Ferner übernimmt sie die Berliner Allianz-Filmproduktion GmbH.
Auf den XI. Stendener Medientagen unterbreitet Schumann wichtige Vorschläge zur Organisation des privaten Rundfunks für Nordrhein-Westfalen. Betriebsgesellschaften und Veranstaltergemeinschaften sollen eine Trennung von publizistischem und betriebswirtschaftlichem Bereich bewirken. Das sogenannte «Schumann-Modell» wird in der Mediengesetzgebung weitgehend realisiert.

1987 Grotkamp heiratet die in der Zwischenzeit geschiedene Funke-Tochter Petra und avanciert via Ehe zum WAZ-Mitgesellschafter.
Im November wird die WAZ-Gruppe mit 45 Prozent Gesellschafter beim Wiener Krone-Verlag. Kaufpreis: 1,6 Milliarden Schilling.

1988 Im März beteiligen sich die Essener für 800 Millionen Schilling mit 45 Prozent an der österreichischen Kurier-Gruppe. In ihr erscheinen neben dem Boulevardblatt ‹Kurier› zahlreiche Zeitschriften wie ‹Profil›, ‹Trend› und ‹Basta›. Auf WAZ-Anregung wird Mediaprint gegründet, in der Kurier- und Krone-Verlag nun zeitungswirtschaftlich zusammengeschlossen sind.

1989 Die WAZ-Gruppe gründet in Nordrhein-Westfalen die ersten Betriebsgesellschaften für den privaten Hörfunk. In 22 der insgesamt 45 Gesellschaften halten die Essener die unternehmerische Führung.

Seit Spätherbst liegt den vier WAZ-Titeln neben dem Programmheft ‹BWZ› und dem Magazin ‹Freizeit und Reisen› auch noch das neuentwickelte Szene-Supplement ‹Akku› bei.

1990 Das WAZ-Medien-Haus nimmt den Betrieb auf. In ihm wird unter anderem ein nordrhein-westfälisches Mantelprogramm für die Kommerzsender ‹Sat 1› und ‹RTL plus› hergestellt. Mantelbetreiber ist ‹Tele West›, eine Gesellschaft, die die WAZ-Gruppe maßgeblich beeinflußt.

DER WAZ-KONZERN

Westdeutsche Allgemeine Zeitung	Westfalen Post	Neue Rhein/ Ruhr-Zeitung (NRZ)	Westfälische Rundschau
Echo der Frau	RTL plus	Neue Kronen Zeitung	Profil

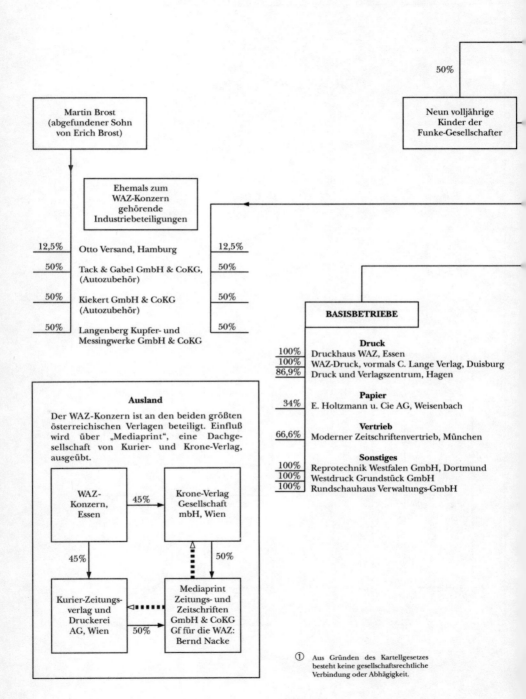

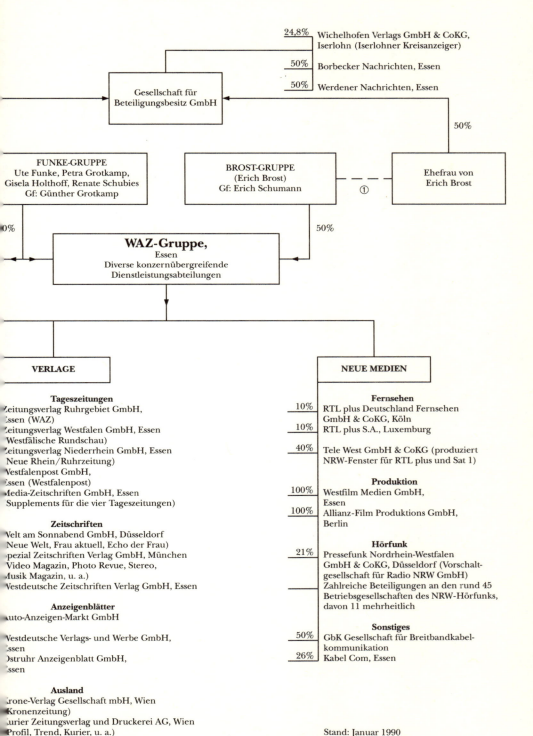

Überblick

Charakteristik

Der WAZ-Konzern ist die viertgrößte deutsche Mediengruppe sowie der größte Regionalverlag. Wichtigster Umsatzträger sind vier Tageszeitungen im Ruhrgebiet. Bedeutung haben daneben der Düsseldorfer Welt am Sonnabend-Verlag, Anzeigenblattaktivitäten und der Münchener Moderne Zeitschriften-Vertrieb. Die WAZ verfügt über Druckereien und verfolgt im Bereich der Neuen Medien ehrgeizige Ziele.

Umsatz

Jede Auskunft über den Umsatz wird verweigert. Solide Schätzungen beziffern ihn für 1988 auf 1,65 Milliarden Mark.

Gewinn

Unter den zehn größten deutschen Mediengruppen gilt die WAZ als eine der ertragreichsten. Die Umsatzrendite vor Steuern dürfte um die 15 Prozent liegen.

Mitarbeiter

Der WAZ-Konzern beschäftigt rund 4 400 Mitarbeiter, 1 100 davon im Redaktionsbereich.

Reichweite *

Westdeutsche Allgemeine Zeitung (WAZ)	666 449
Neue Rhein/Ruhr Zeitung (NRZ)	183 520
Westfalenpost (WP)	159 620
Westfälische Rundschau (WR)	210 126
Neue Welt	452 482
Frau aktuell	307 284
Echo der Frau	315 294

---

* Verkaufsauflage wichtiger Objekte nach IVW-Meldung zweites Quartal 1989 (Zeitschriften) und erstes Quartal 1988 (Zeitungen)

DIETER VON HOLTZBRINCK:

Der scheue Erbe

Die schönen Worte verloren sich ein wenig im schicken Eingangsfoyer des Düsseldorfer Handelsblatt-Hauses. Inmitten des modern-technisch anmutenden, in dezentem Sandsteinbraun gehaltenen Raums, eine Bildschirmwand im Rücken und die Mitarbeiter vor Augen, würdigte Verleger Dieter von Holtzbrinck sein Magazin ‹Wirtschaftswoche›, das soeben 60 Jahre alt geworden war. Die Rede an jenem Herbsttag im Jahr 1986 war eine höchst seltene Gelegenheit für die Mitarbeiter der Verlagsgruppe Handelsblatt, ihren Arbeitgeber persönlich zu erleben.

Von Holtzbrinck bevorzugt eine dezentrale Organisation, es gilt das Prinzip «Steuern durch Nicht-Steuern». Nur sporadisch dirigiert er direkt von seiner Konzernzentrale in Stuttgart aus die Geschäfte in den verschiedenen Töchtern. Und wenn er sich, wie beim ‹Wirtschaftswoche›-Jubiläum in Düsseldorf, einmal zeigt, erfüllt er ganz und gar nicht die hochtrabenden Erwartungen, einen forschen Medientycoon zu erleben. Der Herr über 5 000 Mitarbeiter wirkt zurückhaltend, fast schüchtern. Das runde Gesicht wird von einer großen Brille beherrscht, die Haare haben die hohe Stirn freigegeben. Ein Durchschnittstyp, nett und vertrauenserweckend. Auch die Statements, die von Holtzbrinck abgibt, beinhalten kaum Spektakuläres. Seine Empfehlung auf dem ‹Wirtschaftswoche›-Fest, die Redakteure könnten ruhig öfter mal über das eigene Haus schreiben, geht im Stimmengewirr fast unter. Es scheint, als habe der Verleger, der immerhin die fünftgrößte Mediengruppe der Bundesrepublik lenkt, selbst bei solch programmatischen Sätzen ein wenig Angst vor Macht und repräsentativen Pflichten.

Da verwundert es kaum, daß nur 33 Prozent der ‹Handelsblatt›-Leser den Namen von Holtzbrinck kennen, wie das Institut für Demoskopie in Allensbach herausgefunden hat. Dabei steht der große Unbekannte der Wirtschaftstageszeitung höchstpersönlich als Herausgeber vor; eine Pressestelle aber, die vom Wohl und Wirken des introvertierten Magnaten künden könnte, existiert weder in Düsseldorf noch in Stuttgart. Das ist nicht der Stil des Hauses. Wenn von Holtzbrinck sich überhaupt öffentlich äußert, schimmert eine Grundhaltung konsequenter Rechtschaffenheit und Normalität durch. «Fragwürdig» etwa nennt der Verlagsunternehmer die Auffassung, Medien seien die «vierte Gewalt» im Staat. Journalisten sollten lieber «kritische Beobachter auf ihren Rängen sein, nicht aber auf offener Bühne Polizist oder Staatsanwalt spielen». Wird gegen diese Regeln verstoßen, vergißt von Holtzbrinck schon mal seine Maxime, die eigenen Firmen an der langen Leine zu führen, und läßt intervenieren. Beispielsweise handelte sich die ‹Wirtschaftswoche›, als sie auf einem Titelbild Kanzler Kohl kurz vor dem Ertrinken zeigte, eine Rüge ein. Bösartigkeiten wie diese stören das gute Klima unter politischen Freunden. Ätzende Kritik und Häme, so hat einmal ein leitender Holtzbrinck-Manager betont, wolle man gern «gewissen Magazinen aus Hamburg» überlassen. Investigatives Schmutz-Aufwühlen und triefender Spott – so stellt sich das Weltbild in Stuttgart dar – ist etwas für ‹Spiegel› und ‹Stern›.

Bei aller Linientreue und moralischer Festigkeit lassen die Geschäfte der Stuttgarter Mediengruppe manchen Schwung vermissen. 1983, als der charismatische Firmengründer Georg von Holtzbrinck starb, wies der Konzern in etwa bereits jene Umsatzdimension auf, die er heute hat. Die Stagnation resultierte aus dem überraschenden Verkauf des Buchklubgeschäfts an die Leo-Kirch-Gruppe und an den Bertelsmann-Konzern im August 1989; damals ging ein Umsatzvolumen von rund 300 Millionen Mark verloren. Holtzbrinck heute, das sind: rund 1,2 Milliarden Mark Umsatz, Dominanz im deutschen Buchmarkt und in der Wirtschaftspresse, Engagements beim Privatfernsehsender ‹Sat 1› und etlichen kleinen Radiostationen, Besitz zweier wichtiger Regionalzeitungen in Saarbrücken und Konstanz, Vorstöße in den US-Markt. Dieter von Holtzbrinck, der Mann, den keiner kennt, hält ohne Zweifel immer noch gewichtige Trümpfe in der Hand – doch wichtige Eroberungszüge und Weichenstellungen gingen an ihm vorbei. Der Geschäftsführungsvorsitzende des vorsichtigen Unternehmens, dessen Anteile er sich paritätisch mit Schwester Monika Schoeller und Stiefbruder Stefan von Holtzbrinck teilt, muß und will sich an seinem 1983 verstorbenen Vater Georg, einer legendären Gründerpersönlichkeit, messen lassen.

*

1694 wurde dem westfälischen Kriegsrat Georg Hermann von Holtzbrinck von Kaiser Leopold I. der erbliche Adelstitel verliehen. Der Neu-Aristokrat erwarb Haus Rhade bei Oberbügge an der Volme, das über 200 Jahre der Familiensitz blieb. Der Großvater des heutigen Medienbetreibers kaufte ein Gut südlich von Hagen, wo Georg von Holtzbrinck 1909 geboren wurde. Das Anwesen aber erwies sich bald als zu kostspielig, und das damalige Familienoberhaupt beschloß, in Hagen einen Holzhandel aufzuziehen. Sohn Georg machte in der westfälischen Stadt das Abitur und studierte in Bonn und Köln Jura. Schnell entdeckte der Werkstudent eine lukrativere Beschäftigung: 1930, mitten in der Wirtschaftskrise, reiste der damals 21jährige für die Union Deutsche Verlagsgesellschaft umher, lebte in den feinsten Hotels und verkaufte «Das gute Buch für alle». Sein persönlicher Verdienst: in den ersten drei Monaten satte 4000 Mark. Auch in den folgenden Semesterferien warb Holtzbrinck für Printware. Schließlich durfte der Westfale 1933 den Außendienst der Union Deutsche Verlagsgesellschaft leiten, das Studium brach er ab. Es ging nun alles Schlag auf Schlag: Bereits drei Jahre später gründete der frisch gebackene Buchhändler zusammen mit seinem Freund Wilhelm Schlösser die Deutsche Verlagsexpedition. Die beiden wollten nicht zum Leipziger Vobach Verlag wechseln, wohin ihr Arbeitgeber «Das gute Buch für alle» verkauft hatte. 1937 erwab das Duo von der scheiternden Verlagsfirma, die nach den NS-Gesetzen nicht als Aktiengesellschaft weitergeführt werden durfte, die alteingesessene «Bibliothek der Unterhaltung und des Wissens». Die monatlich erscheinende «Zeitschrift in Buchform» trieben die beiden Außenseiter, die nur in der Reichspressekammer, nicht aber im Börsenverein des Deutschen Buchhandels Mitglied waren, innerhalb dreier Jahre von 27 000 auf 32 000 Verkaufsexemplare hoch. 1940 beteiligten sie sich am Verlag Deutscher Volksbücher in Wiesbaden, der ihnen 1943 komplett gehörte.

Zum beruflichen Erfolg gesellte sich privates Glück. 1938 führte von Holtzbrinck die westfälische Fabrikantentochter Addy Griesenbeck zum Traualtar. Der Ehe entstammen Tochter Karin (1939), Sohn Dieter (1941) und Tochter Monika (1943). Den Krieg erlebte von Holtzbrinck als Gefreiter, das Kriegsende verbrachte er mit seiner Familie in Dillingen an der Donau, da das Haus in Stuttgart zerbombt war.

Nach 1946 rief der Literaturfan, dessen Verlag Deutsche Volksbücher gerade lizenziert worden war, eine Innovation ins Leben: das Buch-Abonnement. Er schuf eine Mischung aus Reisebuchhandel – in «Bücherwagen» betrieben – und Verlag; seine Vertreterorganisation verkaufte eigene Bücher, aber auch die anderer Verleger. Georg von Holtzbrinck zu seiner Motivation: «Viele Leute glaubten damals, daß man in Deutschland nur an Kleidung, Schuhe, Essen und den Wiederaufbau der Häuser dächte und nur für diese Dinge Geld haben würde. Ich war nicht der Ansicht. Ich glaubte nur, daß der seit Jahrzehnten unveränderte Vertriebsstil des Buches allein nicht mehr genügte. Es genügte nicht mehr, daß das Buch nur vom Ladentisch aus verkauft würde...» 1948 entstand die Stuttgarter Hausbücherei, die 1959 in den Deutschen Bücherbund überging. Ihn hatte Holtzbrinck zwei Jahre zuvor vom Düsseldorfer Droste-Verlag gekauft. Später wurde der Bücherbund von der Deutschen Hausbücherei (1960) aus dem Vermögen der Deutschen Angestellten-Gewerkschaft, der Evangelischen Buchgemeinde (1960) und dem Deutschen Buchclub (1966) flankiert.

*

Beizeiten suchte von Holtzbrinck nach weiteren Investitionsmöglichkeiten im Medienmarkt. Mit der Zeit kamen Produktionsstätten wie Intercord für Schallplatten, Franz Spiegel und Clausen & Bosse für Druckware hinzu, vor allem aber Zeitungen und Buchverlage wurden zu wichtigen Säulen. 1951 erwarb von Holtzbrinck die Hälfte an der protestantischen Wochenzeitung ‹Christ und Welt›, brachte 15 000 Mark ein und kooperierte mit den anderen prominenten Teilhabern, dem CDU-Politiker Eugen Gerstenmaier, dem Politprofessor Klaus Mehnert und dem Personalchef im Auswärtigen Amt, Georg Federer. Aber auch nachdem der Medien-Gewaltige 1974 die Mehrheit übernommen hatte, kam das rund 135 000 mal verkaufte Objekt – inzwischen ‹Deutsche Zeitung› getauft – nicht aus dem Minus. Pläne, die Konkurrenten ‹Allgemeines Sonntagsblatt› und ‹Rheinischer Merkur› aufzukaufen, scheiterten. Schließlich blieb Holtzbrinck nichts anderes übrig, als den Verlustbringer im Oktober 1979 an den viel kleineren ‹Merkur› zu verkaufen. Andere Zeitungen bereicherten dafür das Sortiment: Zwischenzeitlich die ‹Rheinische Post› zu zehn Prozent, oder große Beteiligungen an der ‹Saarbrücker Zeitung› (ab 1969) und dem in Konstanz herausgegebenen ‹Südkurier› (ab 1979), oder seit 1968 das ‹Handelsblatt› aus Düsseldorf, an dem Holtzbrinck etappenweise die Mehrheit übernahm und das 1970 mit dem im selben Gebäude domizilierenden ‹Industriekurier› verschmolzen wurde. Der rund um das Wirtschaftsorgan gruppierte Verlag, einst von dem kinderlos gebliebenen Verleger Friedrich A. Vogel gegründet, erlebte 1974 durch Gerd Bucerius eine Befruchtung: Der Hamburger Verleger brachte seine ‹Wirtschaftswoche› ein und wurde Anteilseigner. Zehn Jahre später schied er mit 20 Prozent aus, seitdem gehört die Handelsblatt GmbH ganz zur Holtzbrinck-Gruppe. 1979 wurde die ‹Wirtschaftswoche› der neu gegründeten Handelsblatt-Tochter Gesellschaft für Wirtschaftpublizistik (GWP) zugeordnet, die außerdem in München den Management Presse Verlag betreibt. Hier erscheinen die Zeitschriften ‹Management Wissen› (rund 34 000 verkaufte Exemplare) und ‹High tech› (32 000 Exemplare).

Erstes Zeichen, daß Georg von Holtzbrinck die unmittelbaren Bereiche rund um die Buchklubs erobern wollte, war 1960 die Gründung des Coron-Verlags;

über diesen neuen Vertriebskanal gelangt die Sammlung «Nobelpreisträger für Literatur» zum Publikum. Bedeutendere Deals waren nur eine Frage der Zeit, da aufgrund der Lizenzgeschäfte hervorragende Kontakte zu Verlagen bestanden und die florierenden Buchklubs Jahr für Jahr reichlich Erträge abwarfen. Den ersten großen Coup im Buchmarkt landete der Stuttgarter Entrepreneur – nach zehnjährigem Antichambrieren – 1962 mit dem Erwerb der Hanseatischen Druckanstalt und damit einer 40-Prozent-Beteiligung am renommierten Fischer-Verlag, die sukzessive auf hundert Prozent ausgebaut wurde. Hinzu kamen in der zweiten Hälfte der Sechziger die Verlage Steingrüben, Goverts, Stahlberg und Amadis, die aber als eigenständige Unternehmen nicht überlebensfähig waren und in Fischer aufgingen. Die Expansion lief flott weiter: 1970 klappte mit zunächst 26 Prozent der Einstieg bei Rowohlt, im gleichen Jahr gelangte die Droemersche Verlagsanstalt T. Knaur in die Fänge – anfangs mit 46 Prozent, 1980 wurde die Schachtel auf hundert Prozent aufgestockt. Als sich von Holtzbrinck 1977 auch noch bei der Münchner Kindler GmbH einkaufte, schraubte er seinen Rowohlt-Anteil aus kartellrechtlichen Gründen auf 24,9 Prozent herunter und prozessierte erfolgreich gegen die Wettbewerbshüter; im April 1983 war Rowohlt schließlich zur Gänze unter dem Holtzbrinck-Dach. Mit dem 1792 gegründeten, in Konkurs gegangenen Schulbuchverlag Hermann Schroedel stieß der Konzernbastler in ein neues Buchsegment vor.

Am 27. April 1983 starb Georg von Holtzbrinck, der umtriebige Firmenstratege. Schon 1980 hatte er die Geschäftsführung an Sohn Dieter übertragen und war in den neu gegründeten Aufsichtsrat gewechselt, ohne allerdings die Fäden aus der Hand zu geben. Der Nachfolger machte vor allem 1985 und 1986 durch Einkäufe in den USA von sich reden: Nacheinander gingen der Buchverlag Henry Holt sowie die ‹Scientific American›-Gruppe mit dem angegliederten Freeman-Verlag (Kaufpreis: 52 Millionen Dollar) ins Netz; dazu gehört der deutsche Ableger ‹Spektrum der Wissenschaft›. 1988 erstand der Erbe zudem 40 Prozent am Verlag des Verbands Deutscher Ingenieure (VDI), der die technisch orientierte Wochenzeitung ‹VDI-Nachrichten› mit einer Auflage von knapp 130 000 Exemplaren herausgibt.

«Lautlos und öffentlich fast unbemerkt», wie ‹Christ und Welt› 1969 notierte, war die Holtzbrinck-Gruppe in die erste Reihe gelangt. 1955 setzte sie sieben Millionen um; 1971, als rund 30 Firmen in einer Holding zusammengefaßt wurden, waren es 275 Millionen, die 3 500 Beschäftigte erwirtschafteten. Die Stimmung seinerzeit: Man sei «voll auf Deck». Schnurstracks ging es auf die Milliardengrenze zu, die Anfang der Achtziger erreicht wurde. Doch was auch immer sich die Holtzbrinck-Verlagsgruppe zusammenkaufte: Stets sah sie nur die Fersen von Reinhard Mohn und seinem Bertelsmann-Unternehmen, das in den sechziger Jahren aus ähnlicher Position zum Höhenflug angesetzt hatte und bereits 1970 auf 600 Millionen Mark Umsatz und 3,5 Millionen Buchklub-Kunden kam. Heute erwirtschaften die alten Erzrivalen aus Gütersloh sogar neunmal soviel wie die Mannen aus Stuttgart. «Holtzbrinck blieb immer ein Bertelsmännchen», unkte Medienexperte Alfred Adam in seiner Publikation «Der Dienst», obwohl er nach dem Krieg ein Jahr früher als die Gütersloher auf dem Markt war. Der «ewige Zweite» verhielt sich unternehmerisch wie ein vorsichtiger Hausvater und vermied große Aufkäufe auf Pump. «Wir haben», vertraute Georg von Holtzbrinck dem Fachmagazin ‹Buchmarkt› an, «immer eine Politik betrieben, die ihre Kraft aus dem eigenen Haus geschöpft hat, also weitgehend ohne Fremdfinanzierung. Deswegen habe ich auch auf große Objekte verzichtet, die ich hätte haben können. Manchmal hat sich dann herausgestellt, daß es besser gewesen wäre, sie anzunehmen.»

Ein großer Wurf, den Georg von Holtzbrinck im Sinn hatte, wurde Legende, nicht Realität. 1969 verkündete der Medien-Grandseigneur zusammen mit den Verlegern Willy Droemer, Erwin Barth von Wehrenalp (Econ), Friedrich Vogel (‹Handelsblatt›) und Ernst Leonhard (Deutsche Buch-Gemeinschaft), daß sie gemeinsame Sache machen wollten. Schon nach wenigen Monaten löste sich der Bund der großen Fünf auf: von Wehrenalp wollte Econ nicht aufgeben und verabschiedete sich sogar von seinem ‹Handelsblatt›-Anteil, Leonhard verhökerte die Hälfte seiner Buch-Gemeinschaft für 20 Millionen Mark ausgerechnet an die Bertelsmann AG, die dort seit Anfang 1989 die gesamte Macht übernommen hat. Die Elefantenhochzeit stob mit Pauken und Trompeten auseinander, Holtzbrinck verlor eine wichtige Schlacht.

Der Krieg mit Bertelsmann dauerte noch ein wenig an.

*

Selbst zu seiner Bestzeit vereinigte der Deutsche Bücherbund kaum mehr als 1,5 Millionen Lesefreunde. Er vertrieb neben Büchern seit 1958 zunehmend auch Schallplatten und später Videokassetten – Georg von Holtzbrinck hatte früh die Form eines «Medienklubs» praktiziert, die der Münchner Unternehmer und Buchklub-Käufer Leo Kirch heute als richtungsweisende Zielmarke propagiert. Als Kirch, der Protegé der Deutschen Genossenschaftsbank, das einstige Holtzbrinck-Juwel für schätzungsweise 250 Millionen Mark erstand, wies es 1,4 Millionen Mitglieder auf. 1970/71 hatten die Buchklubs zu 52 Prozent zum damaligen Gruppenumsatz beigetragen, am Schluß lag der Anteil bei

20 Prozent. Noch stärker fiel der Beitrag zum Cash-Flow. Die Rahmenbedingungen waren immer schwieriger geworden: Zum einen scheuten junge Zielgruppen die Verpflichtung, für die Mitgliedschaft jährlich vier Bücher abnehmen zu müssen. Zum zweiten war das Image schlecht geworden, weil in der Vergangenheit Drückerkolonnen die Bevölkerung mit brachialen Methoden zur Mitgliedschaft bringen wollten. Und schließlich setzte sich der Buch-Discount immer mehr durch: Kaufhäuser vergrößerten ihre Buchabteilungen, Großbuchhandlungen mutierten zu Buchkaufhäusern und selbst der Lebensmitteleinzelhändler Aldi bietet heute Buchware zum Billigtarif an. Es wurde ein sehr sumpfiges Terrain für den Holtzbrinck-Konzern, der nur knapp jeden Vierten der insgesamt 6,5 Millionen bundesdeutschen Buchclübler in seinen Reihen wußte. Konzernherr Dieter von Holtzbrinck befürchtete, daß enorme Werbeinvestitionen nötig seien, um den Status quo zu halten, denn immerhin beträgt die Fluktuation pro Buchblub rund 15 Prozent. Zudem: Neue Konzepte, die sich nicht nur auf den Versandhandel und einen relativ zurückhaltenden Vertrieb über die eigenen 110 Klubshops beschränkt hätten, wären nach Holtzbrincks Analyse eine Provokation des traditionellen Buchhandels gewesen, mit möglichen negativen Folgen für die eigenen Buchverlage. Auch die mit dem Otto-Versand (seit 1980) und dem Schwab-Versand (seit 1985) vollzogenen Joint-ventures – «Freizeit-Clubs» genannt – halfen nicht weiter.

So gab der Stuttgarter Medien-Eigner den jahrelangen Kampf gegen Bertelsmann endgültig verloren. Die mühsam und viel zu spät errichtete Buchklub-Armada im Ausland – Frankreich, Italien, Holland, Spanien – war über die Jahre hinweg zusammengebrochen und Stück für Stück an Bertelsmann übergegangen. Pikanterweise hat auch Wilhelm Schlösser, Holtzbrincks Gefährte aus den dreißiger Jahren, seinen Europäischen Buchclub, den er nach dem Krieg in Eigenregie betrieb, an den westfälischen Konzern verkauft. Als letztes Stück kassierte die Bertelsmann AG, die nach wie vor auf das Buch und den Buchklub setzt, per 1. November 1989 die österreichische Holtzbrinck-Tochter.

«Tatsächlich», rechtfertigte das ‹Handelsblatt› den kurzfristigen Ausverkauf, «ist es kein Bruch mit der Tradition, sondern eine – sicherlich schmerzhafte – Reaktion auf Veränderungen, die sich seit Jahren vollziehen.» Indes: Firmengründer Georg von Holtzbrinck hatte die besondere Beziehung zwischen Verlagen und Buchklub penibel gepflegt und in manchen Fällen darauf geachtet, daß interessante Stoffe an den Bücherbund und nicht an Bertelsmann gingen. Ein ehemaliger Top-Mitarbeiter ist sich sicher, daß er das frühere Kernstück Bücherbund niemals verkauft hätte: «Da hing sein Herz dran.» Der baden-württembergische IG Medien-Chef ortete einen «Deal aus dem Bilderbuch des schönen Profits»: Offensichtlich sei es von Holtzbrinck gleichgültig, daß Arbeitsplätze «zur Ware und zum Spielmaterial» des fernseh- und filmorientierten Unternehmers Kirch würden, der die Bücherbund-Adressen vor allem als Entree für das Marketing seiner Pay-TV und Videoware dringend braucht.

*

Seit Jahren ist Holtzbrinck der Meister der deutschen Belletristik. Die Crème de la Crème gehört zum Stuttgarter Riesen – und kaum einer der Buchkäufer weiß dies. Mario Puzo, John Kennth Galbraith, Ulrich Klever (alle Droemer/ Knaur), Walter Jens, Tom Wolfe, Ilja Ehrenburg (Kindler), Thomas Mann, Alexander Solschenizyn, Sigmund Freud (Fischer), Ernest Hemingway, Max Brod, Jean Paul Sartre (Rowohlt) sind nur einige prominente Beispiele der Parade an Edelfedern. Der Kindler-Verlag wartet mit etlichen Enzyklopädien auf, Coron beliefert einen Kreis von 70 000 kaufkräftigen Kunden mit Edelbüchern und Faksimiles. In den USA verlegt der New Yorker Verlag Henry Holt hochkarätige Autoren wie zum Beispiel Norman Mailer. Exakt 403 Millionen brachten die Buchaktivitäten dem Holtzbrinck-Konzern 1988/89 ein – rund 26 Prozent des Gesamtumsatzes. Doch da das Kartellrecht weitere Zukäufe verbietet, bleibt künftig nur inneres Wachstum. In dem überfüllten Markt haben es freilich auch solch renommierte Verlage wie Rowohlt oder Fischer schwer, Jahr für Jahr mehr zu verkaufen. Die Konkurrenz ist knüppelhart – immerhin brachten die deutschen Buch-Unternehmer 1988 rund 68 000 Titel heraus, ein Rekordergebnis. Im Holtzbrinck-Reich erscheinen jährlich rund 1 800 Buchtitel, der Marktanteil bei Schulbüchern liegt knapp unter, der bei Taschenbüchern knapp über 25 Prozent.

Hinter der imposanten Fassade knistert es immer häufiger – und das hängt nicht unwesentlich mit Stil und Führungskunst im Hause Holtzbrinck zusammen. Monika Schoeller, geborene von Holtzbrinck, vergraulte in ihrer Eigenschaft als Geschäftsführerin des Verlages S. Fischer in Frankfurt gleich reihenweise bekannte deutsche Autoren. Darunter war der inzwischen verstorbene Schweizer Hermann Burger, der Frau Schoeller öffentlich unterstellte, «drei für das Management unerläßliche Dinge» nicht zu können: «Entscheidungen treffen, spontan kommunizieren und delegieren.» Die Autoren der Reihe «Collection» hatten in einem Grundsatzpapier detaillierte Forderungen nach Autorenprozenten, Nebenrechten und Mitsprache bei der Werbung niedergeschrieben. Für die wie ihr Bruder Dieter gleichermaßen scheue Verlegerin Schoeller – sie gilt als «lieb, brav und nett» - kam der forsche Wunsch nach «gleichen Ausgangsbedingungen für alle Autoren» einem Kriegsaufruf gleich. Neben Burger gingen auch Gerhard Köpf, Hanns-Josef Ortheil und Gerold Späth. «Man hat gute Flaschen im Keller, aber man pflegt den Weinberg nicht», kritisierte Köpf. Und Späth beklagte lauthals «die Führungslosigkeit des Verlags».

Für Kapriolen sorgte auch der Rowohlt Verlag, diesmal vor dem Arbeitsgericht. Im September 1987 wollte Cheflektor Freimut Duve ein Buch über die Barschel-Affäre publizieren, sein Verlagsleiter Michael Naumann hielt den Zeitpunkt aber für verfrüht. Kurze Zeit später erschien der Band dann in einem Göttinger Kleinverlag – inklusive eines Beitrags von Duve, der Rowohlt der «Feigheit» bezichtigte. Nicht weniger als drei Kündigungen sprach Naumann aus, um den ungeliebten SPD-Bundestagsabgeordneten loszuwerden. Monatelang geisterte der Zwist – publicityträchtig und imageschädigend – durch die Gazetten. Vor dem Kadi bekam Duve zweimal recht, schließlich einigte man sich auf eine Abfindung. Der Aussteiger hatte insgesamt 19 Jahre beim Rowohlt-Verlag gearbeitet und dort die Taschenbuch-reihe «rororo-aktuell» aufgebaut. Als die Holtzbrinck-Gruppe 1984 den Reinbeker Verlag zu hundert Prozent übernahm, machte sich Duve Hoffnungen auf den Managersessel, doch von Holtzbrinck eiste statt dessen Naumann vom ‹Spiegel› los – «ein kultureller Trendwende-Mann» und «Büttel von Holtzbrinck» hieß es bald bei Rowohlt.

Es handelte sich, unterm Strich, wohl hauptsächlich um weitere Ungeschicklichkeiten des Managements und eine eskalierende Privatfehde zwischen Naumann und Duve. Daß Holtzbrinck seine alte Strategie verläßt und nun den Verlagen vorschreibt, was sie zu publizieren haben, dafür gibt es bis jetzt keinen stichhaltigen Beleg. Auch wenn Kritiker immer wieder Angleichung und Begradigung befürchten – am gesellschaftskritischen, «links» angehauchten Stil von Fischer und Rowohlt hat sich nichts geändert, obwohl diese Tendenz kaum der konservativen Haltung der Holtzbrinck-Familie entspricht.

*

Laute Töne in der Öffentlichkeit wie beim Showdown zwischen Naumann und SPD-Duve oder dem Exodus im Fischer Verlag passen überhaupt nicht zu der diskreten Art, mit der von Holtzbrinck seine Geschäfte betreibt. So traf es ihn im Juni 1989 wie ein Blitz, daß Renate Piller, Pressesprecherin seiner für die elektronischen Medien zuständigen Tochter AVE Gesellschaft für Medienbeteiligung in München, einen Eklat provozierte und ausgerechnet der Illustrierten ‹Stern› ihre Intimerlebnisse mit dem verstorbenen bayerischen Ministerpräsidenten Franz Josef Strauß ausplauderte: Die redselige Mitt-Vierzigerin wurde ihren Job schnell los. Dabei hatte sie vorher, als FJS noch lebte, viel Gutes tun können. Der Länderchef wohnte etwa im Sommer 1988 gern einem AVE-Sommerfest bei, politisch ließ sich immer wieder ein gutes Klima schaffen. Lady Piller war 1987 vom Regionalsender ‹TV-weiß-blau›, wo Strauß-Sohn Franz-Georg einen unternehmerischen Bock nach dem anderen schoß, zum Holtz-brinck-Konzern gewechselt. Die Kontakte liefen über Diether Stolze, der 20 Prozent an AVE besitzt. Der ehemalige ‹Zeit›- und ‹Wirtschaftswoche›-Heraus-geber, 1982 für acht Monate Regierungssprecher von Kanzler Kohl, ist Holtz-brincks rechte Hand bei Ausflügen in den privaten Rundfunk. Auch an der AV Euromedia Gesellschaft für Audiovision, einer Schwester der AVE Medienbe-teiligungscompany, hält Stolze 20 Prozent. Euromedias einziges Asset ist eine 15-Prozent-Schachtel am TV-Sender ‹Sat 1›. Neben Stolze wirkt Hilmar von Poser, ehemaliger niedersächsischer Regierungssprecher, als einflußreicher AVE-Manager.

Print-Mann von Holtzbrinck braucht solch starke Assistenz. Er sieht «nicht unerhebliche Risiken» bei der Entwicklung zur Mediendemokratie; «Die Erwartung, daß sich das Fernsehen schnell und vielfältig erweitern läßt, trügt», glaubt der Multi-Verleger, der kräftige investive Verluste eingefahren hat: Als einziger seiner Bereiche sind die Neuen Medien (Umsatz: 56 Millionen) in den roten Zahlen. Beim Hörfunk ortete Holtzbrinck zwar sehr früh eine «Phase der Renaissance», doch konstatierte er im März 1988 bei einer Rede vor der ameri-kanischen Handelskammer in Stuttgart, daß viele kleine Anbieter keine Über-lebenschancen hätten, weil für sie der Werbekuchen nicht ausreicht. Damit hatte der Medienchef wohl in erster Linie das eigene Unternehmen gemeint – in den darauffolgenden Monaten verbuchte sein Privatradio-Geschäft eine Pleite nach der anderen. Die ehedem emsig geknüpfte Kette an Beteiligungen verlor wichtige Prunkstücke. So wurde beispielsweise Ende 1988 seine Programm-firma Radio Media in die Heusteig-Produktionsgesellschaft, die eine baden-württembergische ‹Bürgerradio›-Kette versorgte, eingebracht. Ende Septem-ber 1989 aber mußte Heusteig liquidiert werden, ein Kölner Wirtschaftsanwalt wacht seitdem über den konservierten Mantel von Radio Media, dem einstigen «Dienstleistungszentrum für Privatradios» (Eigenwerbung). Auch bei direkten Engagements an Sendern segelte die Holtzbrinck-Gruppe in die Flaute. Die Stuttgarter fütterten zwar das Hamburger ‹Radio 107›, wo sie ein Sechstel der Anteile hielten, beständig mit Nachrichten und anderen Programmteilen, doch ernteten sie damit stürmischen Protest – der lokale Bezug fehlte. Der am Tropf hängende Sender war nicht zu retten, das Monate zuvor bereits an den Start gegangene ‹Radio Hamburg› erwies sich als übermächtig. Schließlich stiegen

Holtzbrinck und der Luxemburger Großgesellschafter RTL aus. Den nächsten Flop mußte Holtzbrinck in Berlin hinnehmen. Dort war er bei ‹Radio in Berlin› mit 22,5 Prozent dabeigewesen – doch auch dieser später ‹Hit Radio 103› getaufte Sender war nur als Zweiter an den Start gegangen. Rivale ‹Radio Hundert,6› von Ex-Filmer Ulrich Schamoni hatte längst das Publikum mit Boulevard-Berichten, Softmusik und Sex nach Mitternacht für sich eingenommen und die Werbewiesen tüchtig abgegrast. Zusammen mit von Holtzbrinck gingen Springer und Bertelsmann über Bord.

Es sind diese herben Einbrüche, die Holtzbrinck im Kreis der Rundfunkprofis als – gelinde gesagt – Mann ohne Fortüne wirken lassen. Der geheime Gigant aus Schwaben «ist auf dem richtigen Bahnhof, setzt sich aber in den falschen Zug», skizziert ein Hörfunkmanager. Vor allem Süddeutschland wurde schließlich zum Terrain für eine Reihe von Minderheitsbeteiligungen bei Kleinfirmen wie ‹Regionalsender Ulm›, ‹Regionalsender Oberschwaben›, ‹Schwarzwaldradio Blauen›, ‹Radio Regional Heilbronn›, ‹Radio Regenbogen Mannheim›, ‹Radio Ostalb›, ‹Regionalsender Stuttgart›, ‹Radio Gong 2000 München› und ‹Regionalsender Hornisgrinde›. Eine quantitativ imponierende Anzahl von Beteiligungen, zweifellos, aber keinesfalls die große Zirkusnummer.

Als hätte Holtzbrinck mit der Position als Zweitanbieter von Privatradioware nicht schon genug schlechte Erfahrungen gemacht, legte er sich auch in Niedersachsen aus ungünstiger Startposition heraus ins Zeug. Dort spielte das außerordentlich gut gemachte ‹Radio ffn› 1988 über 55 Millionen Mark ein – eine verlockende Summe. Holtzbrinck schuf 1989 im Poker um die zweite Lizenz eine Allianz, die schließlich den Segen von CDU-Ministerpräsident Ernst Albrecht und seinem Landesrundfunkausschuß fand – gegen den Berliner Radiomacher Schamoni und gegen Mitbewerber aus der Industrie. Am Lizenzempfänger ‹Antenne Niedersachsen› hält Holtzbrinck 20 Prozent; unter seinen Mitstreitern sind das Münchner Studio ‹Gong› mit 19 Prozent und der Großkinobesitzer Hans-Joachim Flebbe aus Hannover mit 18 Prozent. Als fruchtbar erwiesen sich von Holtzbrincks First-Class-Verbindungen zu Albrechts Machtzentrale: Kompagnon Stolze war nach seinem schnellen Abgang bei Kohl 1984 medienpolitischer Berater von Albrecht geworden; und Ex-Albrecht-Sprecher von Poser, seit Mai 1988 Holtzbrinck-Manager, hat die Drähte nie erkalten lassen.

Diether Stolzes taktische Geschmeidigkeit fügt sich bei ‹Sat 1› mit dem kühlen Manager-Drive von Leo Kirchs Steuermann Joachim Theye und dem Finanzdenken von DG-Bank-Chef Helmut Guthardt zu einem starken Block. Holtzbrincks Euromedia hält 15 Prozent, die Kirch-Guthardt-Firma PKS 40 Prozent – zusammengenommen die Gesellschafter-Majorität. Im Clinch mit dem Axel

199

Springer Verlag, der über 20 Prozent verfügt, stärkt Stolze der Kirch-Gruppe den Rücken und schlägt so für eigene Magazinsendungen viel Platz frei. Kirch ließ die Holtzbrinck-Gruppe angesichts der Stimmen-Poolung auch bei dem Versuch gewähren, eigenmächtig ihre ‹Sat 1›-Quote zu erhöhen – entgegen einer 1986 geschlossenen Optionsvereinbarung, wonach ein noch nicht vergebener Anteil von 13 Prozent an Springer, die Regionalzeitungsverleger und PKS gehen sollte.

Über hundert Sendungen pro Jahr produziert die hundertprozentige AVE-Tochter Gesellschaft für Kulturfernsehen mit den vier «Telethemen» Kultur, Natur, Umwelt und Gesundheit. Geschäftsführer sind Stolzes Gattin Sylvia und der ehemalige ‹Hör zu›-Chefredakteur Felix Schmidt. Noch mehr Programm für ‹Sat 1› fertigt die ebenfalls in München ansässige Gesellschaft für Wirtschaftsfernsehen – über zwölf Stunden im Monat. Die 1984 gegründete Firma gehört zu 60 Prozent dem Handelsblatt-Verlag, zu 30 Prozent Sylvia Stolze und zu zehn Prozent der AVE. Im Auftrag der Deutschen Börsenfernsehen GmbH produziert GWF die täglich auf ‹Sat 1› ausgestrahlte ‹Tele Börse›, die das allgemeine Interesse an Aktien erhöhen will. Neben Commerzbank, Deutsche Bank, DG Bank, Dresdner Bank, Deutsche Girozentrale, BHF, dem Springer Verlag und der ‹Börsen-Zeitung› mischt das ‹Handelsblatt› zu über 20 Prozent mit. Eine ihrer vielen Töchter, TV Media, spezialisiert sich auf Werbespots für Fernsehen und Kino – «in enger Zusammenarbeit erfahrener Fernsehprofis mit qualifizierten Wirtschaftsjournalisten». Letzte Holtzbrinck-Errungenschaft ist die in Bremen angesiedelte ‹Spektrum TV›, ein Ableger von ‹Spektrum der Wissenschaft›, der auch für öffentlich-rechtliche Sender produzieren möchte.

*

Dr. Pierre Gerckens ist der Allzweckmanager im Holtzbrinck-Konzern. Der gebürtige Belgier bestimmt über das Wirtschaftsfernsehen, gibt den ‹Südkurier› heraus und zeichnet in der Stuttgarter Holding als Geschäftsführer für Zeitungen und Zeitschriften verantwortlich, immerhin mit einem Umsatzbeitrag von 35 Prozent der größte Konzernbereich. Dem Konzerneigentümer ist er eng verbunden, schließlich haben die beiden Anfang der siebziger Jahre in Düsseldorf gemeinsam das Verlegerhandwerk gelernt und wertvolle Erfahrungen gemacht. «Gerckens hat bei manchen Aktionen seine schützende Hand über den Junior gehalten», weiß ein ehemaliger Manager. Als der freundliche Helfer bis 1987 in der ‹Handelsblatt›-Geschäftsführung dem Medien-Adligen von Holtzbrinck assistierte, bewohnte er im Düsseldorfer Vorort Kalkum das ehemalige Gesindehaus des dortigen Wasserschlosses.

Der weltmännisch wirkende Vertraute ist nicht der Typ des knöchernen Administrators, Gerckens exekutiert vor Ort. Er scheut keine Auseinandersetzung und geht Konflikte, juristisch gut präpariert, unverblümt an. Nach seiner Zeit als Geschäftsführer der Verlagsgruppe Handelsblatt schickte ihn von Holtzbrinck an den Bodensee in die Geschäftsführung des ‹Südkurier›. Zu diesem Zeitpunkt war der Verlag der 140 000mal verkauften Zeitung aus Konstanz nur zur Hälfte im Konzernbesitz – Gerckens regelte die Modalitäten.

Der ‹Südkurier› war am 7. September 1945 als eine der ersten deutschen Zeitungen nach dem Krieg erschienen. Als treibende Kraft wirkte damals Johannes Weyl, bis 1944 Zeitschriftenleiter im Berliner Ullstein-Verlag. Der promovierte Biologe wurde zusammen mit seiner Familie größter ‹Südkurier›-Gesellschafter, holte viele gestandene Journalisten aus der Berliner Zeit nach Konstanz und baute das Buchunternehmen Südverlag auf. Der ‹Südkurier› deckt mit 14 Ausgaben eine weite Fläche ab und ist weltweit in einer Hinsicht einmalig: Management und Redaktion konferieren in einer mittelalterlichen Kapelle, an deren Decke ein altes, denkmalgeschütztes Fresko zu sehen ist.

Ende der siebziger Jahre kam Weyl zu der Überzeugung, daß der Verlag zur Zukunftssicherung einen starken Partner brauche. Als scheinbar zuverlässiger Gefährte galt Georg von Holtzbrinck, der 1979 ein Viertel der Anteile erhielt. Gleichzeitig vereinbarte Weyl, daß weitere 32 Prozent etappenweise auf von Holtzbrinck übergehen sollten. Doch schon in der ersten gemeinsamen Gesellschafterversammlung kam es zum Streit, weil von Holtzbrinck den knapp in der Gewinnzone operierenden Verlag in Gefahr sah und drastische Sparmaßnahmen empfahl. Weyl dagegen lehnte diese Pläne sowohl aus publizistischen Gründen als auch aus Verantwortung den Mitarbeitern gegenüber ab und wollte die Vereinbarung mit von Holtzbrinck rückgängig machen. Schließlich war ein Prozeß unvermeidlich; die Verträge erwiesen sich aber als absolut wasserdicht, das Oberlandesgericht Karlsruhe gab dem Stuttgarter Großunternehmer recht. Ende 1985 war die juristische Lage geklärt.

Mitte 1988 kam von Holtzbrinck, früher als erwartet, in den Besitz der Kapitalmehrheit. Die Erben zweier ‹Südkurier›-Altgesellschafter hatten ihre Genußscheine verkauft. Schließlich stellten auch die kinderlose Brigitte Weyl, deren Vater im September 1989 verstarb, und Friedrich Breinlinger ihre Anteile zur Verfügung, womit von Holtzbrinck nunmehr zur Stimmenmehrheit gelangte. Ende März 1989 schied Brigitte Weyl schließlich als ‹Südkurier›-Herausgeberin aus. Nach diesen turbulenten Umschichtungen besitzt von Holtzbrinck heute 96 Prozent am ‹Südkurier›. Er hält sich jetzt schon zugute, das Unternehmen «völlig restrukturiert und modernisiert» zu haben – mitsamt

Druckerei-Neubau. Die technischen Investitionen sollen zwischen 1988 und 1992 rund 80 Millionen Mark betragen.

Einen anderen Erfolg steuerte Gerckens aus Saarbrücken bei. Dort kämpfte die Holtzbrinck-Gruppe jahrelang erbittert um die Majorität der ‹Saarbrükker Zeitung›, 1988 war es auch hier soweit. Bereits Ende der sechziger Jahre hatte Georg von Holtzbrinck anläßlich einer Reprivatisierung 49 Prozent der früher landeseigenen Zeitung kassiert und der CDU-FDP-Koalition dafür rund 25 Millionen Mark bezahlt – ein Vorzugspreis. Die SPD-nahe ‹Westdeutsche Allgemeine Zeitung (WAZ)› bot zehn Millionen mehr, weil sie sich an den guten Gewinnen des Saar-Objekts orientierte, doch waren der «politische Ruf und der Stallgeruch» wohl nicht gut genug, wie sich der abgeblitzte WAZ-Geschäftsführer Günther Grotkamp erinnert: «Damals war ich noch recht naiv und dachte, das läuft alles korrekt. Ich habe dann später gehört, daß es beträchtliche Spendenzahlungen gegeben haben soll.» Den dubiosen Vorgang nutzte ein junger Diplomphysiker namens Oskar Lafontaine zur Profilierung. «Bedenkliche Verflechtungen von öffentlichen und privaten Interessen» bei der Regierung unter CDU-Mann Franz Josef Röder machte der SPD-Politiker aus – die Regierung wolle Landtagsabgeordnete durch «Korruption» für den Verkauf der ‹Saarbrücker Zeitung› gewinnen. In dem darauffolgenden Prozeß wegen Beleidigung, den die Landesregierung anstrengte, erklärte der Heißsporn, er habe verhindern wollen, daß die größte saarländische Tageszeitung in den «Strudel der Konzentration» gerissen werde. Die FDP habe, so Lafontaine, mehrere hunderttausend Mark Spenden von Holtzbrinck erhalten. Reinhard Koch, seinerzeit FDP-Landesvorsitzender und Wirtschaftsminister, mußte vor dem Kadi einräumen, daß Spendengelder in Höhe von «mindestens 30 000 Mark» geflossen seien. Georg von Holtzbrinck gab später selbst zu, den Freidemokraten im September 1969 eine «bescheidene Wahlkampfhilfe» verabreicht zu haben; die CDU sei leer ausgegangen. Der Prozeß war da schon lange zu Ende – Lafontaine hatte sich mit Röder auf eine moderate Erklärung geeinigt, wonach der SPD-Mann keine Vorwürfe gegen die Landesregierung erhob und nur auf Vorgänge habe hinweisen wollen, die seiner Überzeugung nach öffentlicher Diskussion und Kritik bedürften. Ironischerweise war es 17 Jahre später die vom Genossen-Filz heimgesuchte, ehedem gewerkschaftseigene Bank für Gemeinschaft – nunmehr zur Aachen-Münchener-Gruppe zugehörig –, die mit dem Transfer ihrer Anteile zum Holtzbrinck-Konzern das lang ersehnte Take-over ermöglichte. Seit 1988 hält die süddeutsche Gruppe 52,33 Prozent des Stammkapitals von knapp 41 Millionen Mark, der Rest liegt bei einer gemeinnützigen

Fördergesellschaft, der Belegschaft, der Deutschen Bank und der Landesbank Saar.

Der linke Lafontaine, Saarlands Top-Politiker und Kanzler-Aspirant, ist mehr denn je auf das Wohlwollen des rechtsliberalen Monopolblatts ‹Saarbrücker Zeitung› (Auflage: rund 200 000) angewiesen, das 1988 mit 1 100 Mitarbeitern rund 189 Millionen Mark erwirtschaftete. Zu ihr gehören auch der in Zweibrücken vertriebene ‹Pfälzische Merkur› sowie eine 15prozentige Beteiligung am ‹Trierischen Volksfreund›. Mitte 1989 bezog die 1761 gegründete Zeitung, das drittälteste unter den deutschen Blättern, ein neues Druckhaus, in das hundert Millionen Mark investiert wurden.

Über Holtzbrincks Stellung in der deutschen Tagespresse sind noch nicht einmal die Fachleute genau informiert. So fehlt bei Branchenlisten regelmäßig eine aggregierte Rechnung für die Blätter des Neu-Schwaben. Zusammengenommen nämlich kommen ‹Saarbrücker Zeitung›, ‹Südkurier› und ‹Handelsblatt› auf eine Verkaufsauflage von 460 000 Exemplaren – das ist immerhin, mit einem Marktanteil von 1,90 Prozent, der achte Platz unter den Zeitungsverlagen. Nur knapp davor, mit 2,04 Prozent, rangiert die Verlagsgruppe der ‹Frankfurter Allgemeine Zeitung›, die vorwiegend vom Tageszeitungsgeschäft lebt.

Die Macht der Holtzbrinck-Familie ist bei der Düsseldorfer Verlagsgruppe Handelsblatt offenkundig: Sie ist die Nummer eins der deutschen Wirtschaftspresse. Der Umsatz verzehnfachte sich von 1971 bis 1989 auf gut 300 Millionen Mark. Die prosperierende Konzernfiliale ist in drei Segmente aufgeteilt: Den Hauptpart trägt das ‹Handelsblatt› (Auflage: 120 000 Exemplare), dann kommt die Gesellschaft für Wirtschaftspublizistik (GWP) mit der flotten, attraktiven ‹Wirtschaftswoche› (130 000 Exemplare) und der Anzeigenakquisition für das Magazin ‹DM› (170 000 Exemplare), das formal zur Handelsblatt GmbH gehört. Und da ist schließlich der Bereich Fachzeitschriften mit Titeln wie ‹Der Betrieb› oder ‹Absatzwirtschaft› und dem seit 1979 ebenfalls zur Gruppe gehörende Stuttgarter Schäffer-Verlag für Wirtschaft und Steuern. Eine betriebswirtschaftlich noch untergeordnete Rolle spielen Genios, ein Pool von Wirtschaftsdatenbanken, und der World-Patentservice (WPS).

Die dominante Figur im Haus war bis zu seinem Tode im November 1989 Klaus Bernhardt, ein enger Vertrauter des Verlegers. Bernhardt übernahm Anfang der Siebziger die ‹Handelsblatt›-Chefredaktion und hielt sie fortan eisern im Griff, auch nachdem er im Frühjahr 1989 mit Vollendung des 60. Lebensjahres auf den Posten eines Herausgebers gerückt war. Die Chefredaktion wurde Sache einer Troika; einer der Neuen auf der Kommandobrücke,

Waldemar Schäfer, ehemals Wirtschaftsredakteur der ‹Stuttgarter Zeitung›, gehört zu den persönlichen Bekannten Holtzbrincks. In seiner Stuttgarter Zeit verbrachten das Ehepaar Schäfer und das Ehepaar Holtzbrinck manchen Abend im Landestheater.

Zu Georg von Holtzbrinck hatte Bernhardt ein fast ehrfurchtsvolles Verhältnis. «Es gehört nahezu zu den Merkwürdigkeiten dieser Zeit, daß es schier unmöglich erscheint, einer mehr als mißtrauischen Umwelt verständlich zu machen, daß Sie und die Verlagsgruppe Georg von Holtzbrinck keine machtgierigen, freiheitsbeschränkenden Konzernspitzen darstellen, sondern eine, im besten ordnungspolitischen Sinne, dienende Aufgabe erfüllen», schrieb Bernhardt in einem offenen Brief anläßlich des 70. Geburtstags seines Verlegers. Die Vertrautheit übertrug sich auf Sohn Dieter. Der altgediente Profi Bernhardt war der einzige im ‹Handelsblatt›-Haus, der Gerckens Paroli bieten konnte.

Wegen der Kooperation zwischen von Holtzbrinck und Kirch litt die ehedem «beispielhafte Unabhängigkeit» (Bernhardt) empfindlich. In der ‹Wirtschaftswoche› durfte ein Kirch-kritischer Beitrag nicht erscheinen, nachdem Gerckens, so wollen zumindest Auguren wissen, höchstpersönlich das Manuskript gegengelesen hatte. Im ‹Handelsblatt› wiederum wurde der Münchner Medienhändler über den grünen Klee gelobt. Mitchefredakteur Schäfer brach seinen Urlaub vorzeitig ab, weil er auf der Springer-Hauptversammlung dem Kampf von Kirch um Einfluß in dem Großverlag beiwohnen wollte; unter der Überschrift «Ein Anteilseigner nimmt sein Recht wahr» folgte ein einseitiger Bericht. Schließlich durfte Kirch, der in jüngerer Zeit strikt jeden Kontakt zur Presse gemieden hat, auf einer Dreiviertelseite den Springer-Verlag für sein angeblich laxes Engagement bei ‹Sat 1› scharf tadeln und der Holtzbrinck-Gruppe unverhohlen Applaus spenden. Drei Wochen später übernahm der Medien-Hai den Deutschen Bücherbund und wurde dabei von Holtzbrinck als «sehr kompetent» und «absolut zuverlässig» gewürdigt.

In seiner Amtszeit hatte Chefredakteur Bernhardt erfolgreich verhindert, daß sein ‹Handelsblatt› zum Medienkampfblatt degeneriert. Die kluge Selbstbeschränkung wurde offenbar aufgegeben. Der Münchner Fachjournalist Klaus Ott sieht in den Holtzbrinck-Organen eine «publizistische Hilfstruppe» für Leos Regiment – die unkritische Veröffentlichung erwecke den Eindruck «einer Antwort aus der Pressestelle von Kirch». Der dem Haus wohlgesonnene ‹Zeit›-Verleger Gerd Bucerius warnt zwischen den Zeilen: «Holtzbrinck junior ist heute einer der angesehensten Verleger. Seine Zusammenarbeit mit Kirch ist ärgerlich, aber er ist ein kühler und überlegter

Rechner. Holtzbrinck wird sich ausgerechnet haben, daß er dabei auch moralisch der Stärkere bleibt.»

Wie schnell im Zweifelsfall die Hausmarke «Liberalität» kippen kann, demonstrierten von Holtzbrinck und Gerckens bereits 1984 an der ‹Wirtschaftswoche›. Das Blatt hatte den ersten Beitrag zu einer kritischen, vierteiligen Serie über Kernenergie veröffentlicht, in dem auf mögliche Katastrophen – wie sie später in Harrisburg und Tschernobyl passierten – hingewiesen wurde, als ein gigantischer Anzeigenboykott der Energieindustrie einsetzte. Um die Werbekunden zu besänftigen, stoppten die Holtzbrinck-Spitzen kurzerhand die unbotmäßige Serie. Chefredakteur Dieter Hünerkoch, der heute das ‹Stern›-Wirtschaftsressort leitet, und Verlagsleiter Christian Wenger warfen aus Protest das Handtuch.

Die ‹Wirtschaftswoche› und mit ihr die Gesellschaft für Wirtschaftspublizistik spielen seit Jahren die Rolle des «Paradiesvogels» im Handelsblatt-Gebilde›, die unter dem jetzigen Chefredakteur Wolfram Baentsch zur üppigen Anzeigenplantage gedieh, und beständig an Auflage zulegte. Bei ihrer Gründung 1977 war der gestandene Verlagsmanager Rolf Poppe mit 25,1 Prozent beteiligt gewesen, doch konnte der spätere Chef der Nachrichtenagentur ‹vwd› eine Kapitalerhöhung nicht mitmachen und schied 1980 aus.

Sowohl auf organischem Wege als auch per Akquisition möchte von Holtzbrinck die ihm äußerst wichtige Handelsblatt-Gruppe weiter wachsen sehen. So erstand die Düsseldorfer Schaltstelle 40 Prozent des auf Wirtschafts- und Technikthemen fixierten VDI-Verlags, der nach Fehlspekulationen kräftig ins Schlingern geraten war. Mit dem Entwickeln neuer Zeitschriften hat sich von Holtzbrinck jedoch sehr zurückgehalten, auch ins Ausland wagte er sich mit seiner Produktpalette lange Zeit nicht – obwohl er entsprechende Schritte bereits 1977 und 1980 im Brustton der Überzeugung verkündet hatte. Die ‹Wirtschaftswoche›, propagierte er damals, solle sich über die Grenzen hinweg zu einer Zeitschrift analog den großen Titeln des englischsprachigen Raums entwickeln. Weit gediehen war beispielsweise eine österreichische Ausgabe, doch wurde das Projekt jäh gestoppt. Der Verlagserbe wartete lieber auf günstige Kaufmöglichkeiten. Solch ein Schnäppchen schien die Wiener Publikation ‹Option› zu sein, an der die Handelsblatt GmbH mittlerweile 50 Prozent hält. Allerdings wird die verbreitete Auflage von 30 000 Exemplaren zum großen Teil verschenkt. Hochkarätiger kommt die redaktionelle Zusammenarbeit des ‹Handelsblatts› mit der rechts-konservativen Tageszeitung ‹Le Figaro› aus Paris und dem italienischen Wirtschaftsblatt ‹Il Sole 24 Ore› daher. Daraus könnte einmal eine gemeinsame Europa-Beilage erwachsen. Um den geringen Auslandsumsatzanteil von zehn Prozent zu steigern, will von Holtzbrinck zudem vermehrt englischsprachige Titel auf den Markt bringen. Basis für weitere Expansionen, so der Verleger schwammig, könnte die Minigazette ‹Corporate Finance› in New York werden, an der er 1988 die Mehrheit erwarb. Im zweiten großen Wachstumsfeld, den Wissenschaftspublikationen, ist die weltweit über eine Million mal verbreitete Zeitschrift ‹Scientific American› das Herzstück. Die Holtzbrinck-Manager kamen auf die Idee, eine Europa-Ausgabe herauszubringen, zunächst als englischsprachige Beilage zu den jeweiligen Nationalausgaben. Startzeit: Frühjahr 1990.

Unklar ist freilich, wo von Holtzbrinck seine angekündigten Akquisitionen verwirklichen will: Selbst wenn die Kasse nach dem Bücherbund-Verkauf voller geworden ist, reichen die Millionen im überhitzten Global-Medienmarkt nicht, um über «Peanuts» hinaus aktiv zu werden. Durch das hektische Gefeilsche von Rupert Murdoch, Robert Maxwell, Hachette, Sony und Bertelsmann sind Übernahmen nur zu Mondpreisen denkbar.

*

Die Zentrale der Holtzbrinck-Verlagsgruppe liegt auf einem der zahlreichen Hügel rings um Stuttgart. Die Gegend ist gutbürgerlich, der Blick über den Talkessel und die Landeshauptstadt postkartenreif. Der Betonbau, in dem die Holding seit 1974 residiert, hat den grauen, dezenten Charme eines Bonner Ministeriums und wirkt menschenleer. Kaum zu glauben: Hier arbeiten, inklusive Fahrer, nur 35 Personen. Sieben davon handeln in leitender Position: die Geschäftsführer Dieter von Holtzbrinck (Vorsitz), Pierre Gerckens (Zeitungen und Zeitschriften), Werner Schoenicke (Buchverlage) und Arno Mahlert (Finanzen, Planung, Controlling), denen drei Prokuristen zuarbeiten. Den Bereich Neue Medien, Technik, Musik verantworten von Holtzbrinck und Schoenicke gemeinsam. In dem Führungsquartett hat Zahlmeister Mahlert die Schlüsselfunktion inne, das weitgehende Laissez-faire-Management wird durch genaue Budgetvorgaben entscheidend beeinflußt. Positiv dargestellt: Die selbständig operierenden Firmen «erhalten die Mittel, die sie zur Wahrnehmung ihrer Marktchancen benötigen», wie Dieter von Holtzbrinck umreißt. Der noch junge Ex-Bertelsmann Mahlert – Jahrgang 1946 – ersetzte Anfang 1988 die einstige Machtperson Peter Block, der nach 17 Jahren überraschend den Holtzbrinck-Job hinwarf und Mitgeschäftsführer der ‹Augsburger Allgemeinen› wurde. Schon früh erblickte der vorsichtige Finanzstratege angeblich in dem Buchklub-Engagement eine große, auf Dauer kaum profitable Last. Anders dürfte in der Geschäftsführung der gelernte Verlagsbuch-

206

händler Schoenicke diesen Fall analysiert haben: Der ehemalige Manager des Düsseldorfer Droste-Verlags (Jahrgang 1925) ist die personifizierte Haustradition, untrennbar mit der Aufbauleistung rund um die Buchklubs verbunden. Gemeinsam mit Georg von Holtzbrinck war es der kundige Generalbevollmächtigte, der die legendären Alt-Verleger Gottfried Behrmann Fischer, Ernst Ledig-Rowohlt und Willy Droemer ins Boot holte.

An vielen Stellen im Unternehmen ist noch immer die Person Georg von Holtzbrinck spürbar. Sichtbares Indiz ist ein großes Fotoporträt, das in der Empfangshalle in Stuttgart auf einer Vitrine steht. Das übermächtige Vaterbild stellt, ähnlich wie bei Hubert Burda, eine feste Größe im Leben Dieter von Holtzbrincks dar. Unter den wachsamen Augen des Familienoberhaupts studierte Dieter von Holtzbrinck Ökonomie in St. Gallen, ging in die USA zum Verlag McGraw Hill und machte von 1970 bis 1974 im ‹Handelsblatt›-Haus erste Gehversuche in Sachen Medienmanagement. Ohrenbetäubende Kritik des Vaters, der bei Versagen sehr rigoros werden konnte, blieb nicht aus. Der Buchklub-Verkauf mag alles in allem auch ein Akt innerer Befreiung, ein Teil persönlicher Emanzipation gewesen sein.

Gewisse patriarchalische Züge legt der neue Mann an der Spitze durchaus an den Tag. In seinem Schreiben an die Bücherbund-Belegschaft anläßlich des Kirch-Deals heißt es: «Ich weiß, daß vielen Mitarbeitern, die unserem Haus jahrelang engagiert und loyal dienten, die Umorientierung auf einen neuen Gesellschafter nicht leicht fallen wird.» So ähnlich hätte auch sein Vater formulieren können – nur wäre er seinen «dienenden» Untergebenen keine Antwort schuldig geblieben und hätte, anders als sein Sohn, persönlich mit ihnen gesprochen. Der Firmengründer, ein «soignierter, hochgewachsener und gepflegter Willy-Birgel-Typ» (‹Stuttgarter Zeitung›), war eine in vielerlei Hinsicht durch und durch bemerkenswerte Persönlichkeit. 61jährig durchschwamm er, sehr zum Entsetzen seiner Entourage, den Luganer See. Ansonsten zeigte sich Georg von Holtzbrinck als Weinconnaisseur, Kunst- und Gartenfan; gern wanderte er im Elsaß oder zog sich auf ein großzügig dimensioniertes Refugium der Familie auf Teneriffa zurück. Bisweilen wurde er, fälschlicherweise, für einen spröden Calvinisten gehalten. In Wahrheit lebte von Holtzbrinck sehr aktiv, liebte Opernbälle und nahm regen Anteil am kulturellen Leben. Sich selbst charakterisierte der Patriarch als «typischen Westfalen, aber rheinisch gemildert» - Späße gehörten für ihn zum Leben dazu. Anfang der dreißiger Jahre, als Buchvertreter, nahm er sich mit sieben Kollegen einmal vor, der häßlichsten Kandidatin bei der Wahl zur Schönheitskönigin von Breslau zum Sieg zu verhelfen. Zum Gaudium aller ging der Plan auf.

Und später, als mächtiger Medienchef, konnte er sich gegenüber der Fachpresse königlich freuen, den ersten Strandkorb von Stuttgart zu besitzen. Nach außen gab sich der liberal-konservative Firmenboß meist bescheiden. Das Wort «Konzern» hörte er nicht gern, stets sprach er nur von «Verlagsgruppe». Und philosophierte: «Was man tut, ist wichtiger als man selbst.»

1971 hatte Georg von Holtzbrinck, der seinen Beruf als «Kombination von Konstrukteur, Finanzdirektor und kaufmännischem Leiter» begriff, eine Holding gegründet, an der neben ihm Sohn Dieter und Tochter Monika Anteile bekamen. Georgs ältestes Kind, Karin, ist wegen einer Behinderung nicht geschäftsfähig. Monika Schoeller hatte gemäß Zeitzeugen anders als ihr älterer Bruder einen leichten Stand. Die ‹Frankfurter Allgemeine› schrieb 1979: «Aber spätestens jene Attitüde, mit der er 1974 sein Imperium wie König Lear unter seinen Kindern aufteilte, und nach einigen Enttäuschungen der schönen, die Milde des Vaters einnehmenden Tochter Monika den Verlag S. Fischer schenkte, diese jedes bürgerliche Maß fast sprengende, fürstliche Gebärde schien unerhört und zwang den Verlag, seitdem sich fortwährend durch die Art seiner Produktion zu rechtfertigen.» Die ‹Welt› weiß, daß Frau Schoeller den Fischer Verlag quasi als «Mitgift» erhielt.

Erst Anfang der achtziger Jahre wurde einem kleineren Kreis offenbar, daß der verdienstvolle und vielseitige Medienherrscher noch einen weiteren Nachkommen hatte: den 1963 unehelich geborenen Sohn Stefan. Zu seinem jüngsten Sproß bekannte sich von Holtzbrinck erst in seinen letzten Lebensjahren. Der Mittzwanziger studierte zunächst vier Semester Jura in Tübingen und wechselte dann nach München, um zielstrebig seinen Abschluß zu machen. Entwickelt der Drittel-Eigner künftig großen unternehmerischen Ehrgeiz, könnte es zu wechselnden Koalitionen mit den Stiefgeschwistern oder zur Schwächung des Geschäftsführungsvorsitzenden Dieter von Holtzbrinck kommen. Dieser Gefahr soll eine neu in die Unternehmensverfassung aufgenommene Stammesregelung vorbeugen. So ist vorgesehen, daß im Aufsichtsrat, dem der Bosch-Industrielle Hans L. Merkle jahrelang vorstand, die dort agierenden Räte paritätisch die Interessen der drei Holtzbrinck-Erben vertreten.

Ungeachtet der immer bedeutender werdenden Stammesfragen muß Dieter von Holtzbrinck, noch Primus inter pares, Ergebnissicherung betreiben. Fehlsteuerungen wie bei den Neuen Medien dürfen nicht zur Regelerscheinung werden, das Eigenkapital soll gemäß einer freiwilligen internen Selbstbeschränkung nicht unter 25 Prozent sinken. Bislang dürfte die Umsatzrendite schätzungsweise bei rund fünf Prozent liegen, was derzeit zwischen 60 und 70 Millionen Mark pro Jahr ausmacht. Jenseits konkreter pekuniärer Erwartungen kommt der Konzernlenker nicht umhin, seiner Holding mehr Profil zu verleihen. Aufgrund der neuen Engagements, etwa in den USA, ist das Führungspersonal überlastet, neue Controller müßten engagiert werden. Die Top-manager verschleißen sich in diversen Räten und Boards, in denen sie in wechselnden Besetzungen sitzen. Auch die Etablierung einer Pressestelle gehört zu den Notwendigkeiten, die allzu lange ignoriert wurden; im Rotationsverfahren erledigten die Geschäftsführer den wichtigen Kommunikationsjob en passant mit. Für ein Novum sorgte von Holtzbrinck Ende 1989, als er 55 Prozent an dem ertragsschwachen Forschungsinstitut Prognos in Basel (Jahresumsatz: fast 20 Millionen Franken) übernahm – bis dato war noch kein anderes deutsches Medienunternehmen auf die Idee gekommen, sich einen großen Trupp Wissenschaftler und Prognostiker ins Haus zu holen. Mit dieser Tat setzte der Stuttgarter eine alte ‹Handelsblatt›-Tradition durch, auch für Ungewöhnliches und Einzigartiges zuständig zu sein. Der Düsseldorfer Verlag nämlich hatte nach dem Krieg bis 1966 den Anzeigenkunden mit der Prokura GmbH eine eigene Werbeagentur ans Herz legen können. Die deutsche Werbewirtschaft tobte.

Seine ruhige, humorvolle, menschliche Art im direkten Umgang mit anderen mag Dieter von Holtzbrinck, der entschieden eine noch engere Verzahnung mit Kirch ablehnt, sehr dabei helfen, die bei dem großen Problemkranz unvermeidlich auftretenden Dissonanzen im Keim zu ersticken. Der unauffällige Verleger gilt als sehr feinsinnig und musisch, bei familieninternen Weihnachtsfeiern lauscht er zum Beispiel mit Wonne dem Opernsänger Hermann Prey. Seine Frau Richild, mit der er drei Kinder hat, wirkt nebenbei als Malerin. Einerseits beklagt der Freund von Wirtschaft und Kunst kokett einen Mangel an Verlegerpersönlichkeiten, andererseits gibt er sich aber sehr offensiv und dynamisch: «Wir nehmen in Europa den Wettbewerb mit der Wirtschaftspresse auf», formuliert er beispielsweise mit kecker Bestimmtheit. Der Stuttgarter Verlagskenner Günther Kress attestiert dem Ortsgefährten neuerdings denn auch «entschiedenen Führungswillen» sowie «Format». Für eine bestimmte Philosophie oder Managementlehre steht der Gelobte nicht, höchstens für den seit Jahren hausintern gepredigten Grundsatz, daß die vertriebenen Produkte von allerhöchster Geistesqualität sind – also «Schmutzware» wie Boulevardgazetten, Sexillustrierte oder Herz-Schmerz-Blätter nie zum Sortiment gehören dürfen.

Die Schönheit des Edlen und der Flair des Höherwertigen ist der Balsam, der über die Niederlagen gegen andere renditestarke Wachstumsstars hinweghilft. «Die anderen mögen größer sein», soll Georg von Holtzbrinck kurz vor seinem Tod über seinen Duzfreund Reinhard Mohn von Bertelsmann gesagt haben, «wir aber machen Fischer».

«Das Wort ‹Konzern› höre ich nicht so gern . . .»
Die Holtzbrinck-Chronik

1909 Georg von Holtzbrinck wird am 11. Mai auf einem Gut in der Gemarkung Waldbaur, südlich von Hagen, geboren.

1930 Der Jurastudent verkauft mit großem Erfolg nebenbei für die in Stuttgart ansässige Union Deutsche Verlagsgesellschaft Bücher. Diesen Job nimmt er auch in den nächsten Semesterferien wahr.

1933 Von Holtzbrincks Door-to-Door-Geschäfte werden immer lukrativer. Er gibt das Studium auf und leitet den Außendienst der Union.

1936 Zusammen mit seinem Freund Wilhelm Schlösser gründet von Holtzbrinck in Stuttgart die Deutsche Verlagsexpedition, die von der aufgelösten Union die Verlagsrechte für die «Bibliothek der Unterhaltung und des Wissens» erwirbt.

1938 Georg von Holtzbrinck heiratet die westfälische Fabrikantentochter Addy Griesenbeck.

1939 Karin von Holtzbrinck wird geboren.

1940 Die Deutsche Verlagsexpedition beteiligt sich am Wiesbadener Verlag Deutsche Volksbücher, der 1943 komplett übernommen wird.

1941 Am 29. September erblickt Dieter von Holtzbrinck das Licht der Welt.

1943 Monika von Holtzbrinck, später Frau Schoeller, wird geboren. Der Vater muß als Gefreiter in den Krieg.

1946 Der Verlag Deutsche Volksbücher wird von den Alliierten lizenziert. Georg von Holtzbrinck läßt sich eine Mischung aus Reisebuchhandel und Verlag einfallen und kreiert ein neues Buchabonnement.

1948 Mit der Stuttgarter Hausbücherei entsteht die Keimzelle der Holtzbrinck-Gruppe.

1949 Die altehrwürdige «Bibliothek der Unterhaltung und des Wissens» erlebt ein elf Jahre währendes Revival.

1951 Die Hälfte der protestantischen Wochenzeitung ‹Christ und Welt› geht an Georg von Holtzbrinck.

1958 Holtzbrincks Leseringe vertreiben neben Büchern auch Schallplatten, in den achtziger Jahren kommen Videokassetten hinzu.

1959 Von Holtzbrinck kauft vom Düsseldorfer Droste-Verlag den Deutschen Bücherbund, in den die Stuttgarter Hausbücherei übergeht.

1960 Die Deutsche Angestellten-Gewerkschaft verkauft ihre Deutsche Hausbücherei an von Holtzbrinck, der des weiteren die Evangelische Buchgemeinde gründet.
Der Coron-Verlag entsteht: Hier wird unter anderem die Sammlung «Nobelpreisträger für Literatur» vertrieben.

1962 Über die Hanseatische Druckanstalt ersteht von Holtzbrinck nach jahrelangen Verhandlungen 40 Prozent am Fischer Verlag. Die Beteiligung wächst in den nächsten Jahren sukzessive auf 100 Prozent.

1963 Stefan, unehelicher Sohn von Georg von Holtzbrinck, wird geboren.

1966 Der Deutsche Buchclub und die Schallplattenfirma Intercord gelangen zum Unternehmen.

1967 Der Bücherbund Wien beginnt zu arbeiten und wird später als einziger internationaler Holtzbrinck-Buchclub überleben. Alle anderen Versuche in Holland (1967), Spanien (1969), Italien (1975) und Frankreich (1971) sind nur von kurzer Dauer.
In rascher Folge kauft von Holtzbrinck die Verlage Steingrüben, Goverts, Stahlberg und Amadis. Teils werden sie zu einer «Möhringer Gruppe» zusammengefaßt, die aber letztlich scheitert und in den Fischer-Verlag aufgeht.
Werner Schoenicke, als Chef des Deutschen Bücherbunds rechte Hand des Alleineigentümers, wird Generalbevollmächtigter.

1968 Vom kinderlos gebliebenen Verleger Friedrich Vogel kauft von Holtzbrinck 43 Prozent der Handelsblatt GmbH.

1969 Georg von Holtzbrinck erwirbt von der saarländischen CDU-FDP-Regierung für einen günstigen Preis 49 Prozent an der ‹Saarbrücker Zeitung›. Vorher hatte er der FDP eine Wahlkampfspende zukommen lassen.
Der ‹Industriekurier› wird mit dem ‹Handelsblatt›, das mehrheitlich zur Holtzbrinck-Gruppe gehört, zusammengelegt.
Aus einer «Elefantenhochzeit» mit von Holtzbrinck, Willy Droemer und Friedrich Vogel lösen sich nach kurzer Zeit Erwin Barth von Wehrenalp (Econ-Verlag) und Ernst Leonhard (Deutsche Buch-Gemeinschaft).

1970 Mit 26 Prozent kauft sich von Holtzbrinck in den Rowohlt-Verlag ein, mit 46 Prozent in die Droemersche Verlagsanstalt T. Knaur.

1971 Eine Holding – die Verlagsgruppe Georg von Holtzbrinck GmbH – wird aus der Taufe gehoben. An ihr sind Georg von Holtzbrinck und seine beiden Kinder Dieter und Monika beteiligt. Die so vereinigten 30 Firmen setzen 275 Millionen Mark um. Der Schweizer Verlag Fretz & Wasmuth wird übernommen und später dem Coron-Verlag zugeordnet.

1974 Von Holtzbrinck hat die Mehrheit an ‹Christ und Welt›.
Der Hamburger Verleger Gerd Bucerius verkauft die ‹Wirtschaftswoche› an die Handelsblatt GmbH, an der er von da an für ein Jahrzehnt mit zunächst 15, dann 20 Prozent beteiligt ist.
Monika Schoeller wird Geschäftsführerin des Fischer-Verlags; ihr Bruder Dieter, der vorher in der Handelsblatt-Geschäftsführung wirkte, geht in die Holding nach Stuttgart.

1975 Der Musikverlag Nobile aus Stuttgart geht an von Holtzbrinck.

1976 Der Deutsche Bücherbund betreut nun auch die Mitglieder des Fackel-Buchklubs und gründet zusammen mit dem Axel Springer Verlag den Hör zu-Buchservice, der es in der Folge nur auf 56 000 Mitglieder bringt. 1981 löst Springer die Kooperation.

1977 Die Handelsblatt GmbH kauft die Zeitschrift ‹DM› und gründet zusammen mit dem Verlagsmanager Rolf Poppe, der 25,1 Prozent hält, die Gesellschaft für Wirtschaftspublizistik (GWP).

Die Münchner Kindler GmbH geht zu 49 Prozent an von Holtzbrinck.

1979 Der ‹Rheinische Merkur› schluckt ‹Christ und Welt›.
Nach einer Kapitalerhöhung besitzt die Holtzbrinck-Gruppe 25 Prozent am ‹Südkurier› in Konstanz. Die frühere Großgesellschafterin, die Familie Weyl, widerruft kurze Zeit später die gegebene Zusage, etappenweise die Mehrheit auf von Holtzbrinck zu übertragen, verliert aber vor dem Oberlandesgericht.
Die Holtzbrinck-Gruppe erwirbt zunächst ein Drittel am Ulmer Buchhersteller Franz Spiegel. Bis 1986/87 steigt der Anteil auf 70 Prozent.

1980 Georg von Holtzbrinck überträgt die Geschäftsführung seinem Sohn Dieter und zieht sich in den neu gegründeten Aufsichtsrat zurück.
Droemer-Knaur gehört zu 100 Prozent zum Konzern.
Der Deutsche Bücherbund gründet zusammen mit dem Otto-Versand einen «Freizeit-Club».
Rolf Poppe scheidet aus der GWP aus, die nun ganz in Holtzbrinck-Besitz gelangt.

1981 Von Holtzbrinck kauft den in Konkurs gegangenen Schulbuchverlag Hermann Schroedel in Hannover.
Der Kindler Verlag ist vollständig im Konzernbesitz.

1983 Rowohlt – und damit verbunden die Druckerei Claussen & Bosse – ist zu 100 Prozent im Reich von Georg von Holtzbrinck, der kurze Zeit später, am 27. April, stirbt.
AV Euromedia und die überwiegend dem Handelsblatt gehörende Gesellschaft für Wirtschaftsfernsehen (GWF) entstehen.

1985 Die Holtzbrinck-Gruppe wird über AV Euromedia Konsortiumsmitglied beim Satellitenfernsehen ECS-Westbeam in Ludwigshafen.
In Partnerschaft mit dem Schwab-Verlag startet der Deutsche Bücherbund den Schwab-Freizeit-Club.

1986 In einem Joint-venture führt Schroedel das Schulbuch-Programm des List Verlags als Mehrheitsgesellschafter weiter.
Dieter von Holtzbrinck kauft den amerikanischen Buchverlag Henry Holt und die Scientific-American-Gruppe mit dem angegliederten Wissenschaftsverlag Freeman.
AV Euromedia wird mit 15 Prozent Gesellschafter der neu gegründeten Sat 1 GmbH.

1987 Zusammen mit sechs Banken, dem Springer-Verlag und der ‹Börsen-Zeitung› ist das ‹Handelsblatt› am Deutschen Börsenfernsehen beteiligt.
Die auf den privaten Hörfunkmarkt zielende AVE Gesellschaft für Medienbeteiligungen entsteht.

1988 Die Handelsblatt GmbH beteiligt sich zu 40 Prozent am VDI-Verlag.
Die gescheiterte AVE-Mantelprogrammgesellschaft Radio Media wird Teil der baden-württembergischen Heusteig-Firma, die ein Jahr später liquidiert wird.
Mitte des Jahres hat der Holtzbrinck-Konzern zunächst die Kapital- und später die Stimmenmehrheit beim ‹Südkurier› in Konstanz. Auch bei der ‹Saarbrücker Zeitung› ist von Holtzbrinck Herr im Haus, nachdem die Bank für Gemeinwirtschaft ihren Anteil abstößt.
In Düsseldorf nimmt die Georg-von-Holtzbrinck-Schule für Wirtschaftsjournalisten die Arbeit auf.
In der Holding ersetzt Arno Mahlert den Finanzexperten Peter Block.

1989 Überraschenderweise verkauft die Holtzbrinck-Familie den Deutschen Bücherbund (1,4 Millionen Mitglieder) an die Leo-Kirch-Gruppe. Der Wiener Bücherbund Wien geht an Bertelsmann. Eine neue Unternehmensverfassung entsteht, die die drei Teilhaber Dieter von Holtzbrinck, Monika Schoeller und Stefan von Holtzbrinck paritätisch berücksichtigt.

Holtzbrinck löst sich von ‹Radio 107› in Hamburg und ‹Hit Radio 103› in Berlin, wird aber mit 20 Prozent größter Gesellschafter von ‹Antenne Niedersachsen›.

Zu jeweils 50 Prozent beteiligt sich die Handelsblatt-Gruppe an den kleinen Wirtschaftsmagazinen ‹Option› (Österreich) und ‹Corporate Finance› (USA).

Der ‹Südkurier›-Herausgeber und frühere Handelsblatt-Geschäftsführer Pierre Gerckens verantwortet in der Holding den Bereich Zeitungen und Zeitschriften. Holtzbrinck erwirbt 55 Prozent am Basler Forschungsinstitut Prognos.

1990 Die Handelsblattgruppe stockt ihren Anteil am Münchner Managementpresseverlag von 50 % auf 100 % auf.

DIE HOLTZBRINCK-GRUPPE

Handelsblatt	Wirtschafts-woche	Spektrum der Wissenschaft	Südkurier

Saarbrücker Zeitung	Management Wissen	Tele-Börse	Sat 1

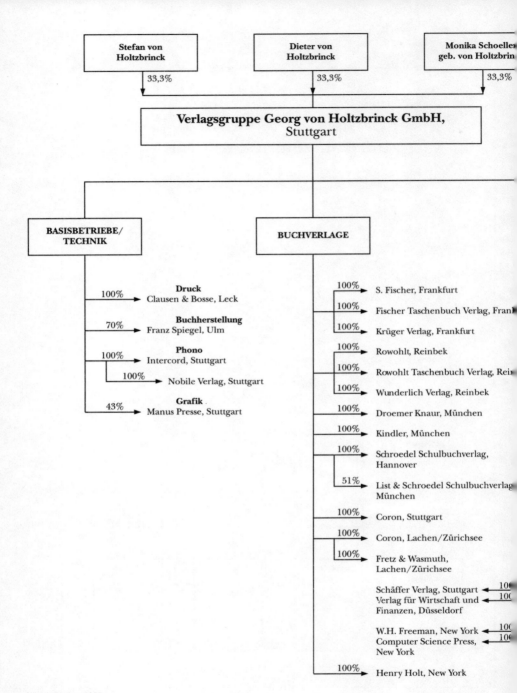

Stand: Januar 1990

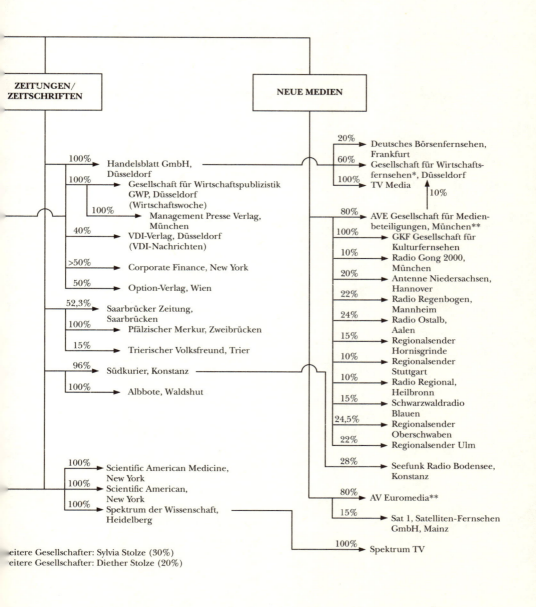

Überblick

Charakteristik

Die Holtzbrinck-Gruppe ist das fünftgrößte bundesdeutsche Medienhaus. Es vereinigt renommierte Buchverlage, Regionalzeitungen, Rundfunksender sowie angesehene Wirtschafts- und Wissenschaftspublikationen. Fern von der kleinen Holding in Stuttgart fungieren die Handelsblatt-Gruppe in Düsseldorf und Scientific American in New York als Schaltstationen. Holtzbrinck hält 15 Prozent am TV-Sender Sat 1.

Umsatz

Nach dem Verkauf des Deutschen Bücherbunds im Oktober 1989 liegt der Umsatz bei rund 1,2 Milliarden Mark.

1988: 1,55 Mrd DM	1971: 275 Mio DM
1983: 1,2 Mrd DM	1965: 85 Mio DM
1974: 450 Mio DM	1955: 7 Mio DM

Gewinn

Der Gewinn dürfte rund fünf Prozent vom Umsatz ausmachen. Das sind für 1989 mindestens 60 Millionen.

Mitarbeiter

1989: 5 000 Mitarbeiter	1988: 6 000 Mitarbeiter

Reichweite *

Handelsblatt	119 989
Wirtschaftswoche	132 568
DM	177 058
Management Wissen	36 324
High Tech	37 496
VDI-Nachrichten	129 432
Saarbrücker Zeitung	198 429
Südkurier	137 624
Spektrum der Wissenschaft	125 501

* Verkaufsauflage wichtiger Objekte (IVW 2/89)

JOHN JAHR:

Architekt und Geschäftemacher

Das gerät nur allzu schnell in Vergessenheit: Ohne John Jahr wäre es Axel Springer schwerer gefallen, sein mächtiges Zeitungsimperium aufzubauen; ohne John Jahr wäre Rudolf Augstein – und mit ihm vielleicht die gesamte Republik – um ein bekanntes Nachrichtenmagazin ärmer; ohne John Jahr wäre Reinhard Mohns Bertelsmann AG keine zehn Milliarden Mark schwerer und weltumspannender Medienkonzern, sondern eine deutlich kleinere Veranstaltung in der westfälischen Provinz.

Der rührige John Jahr, er hatte seine Finger fast überall mit im Spiel. Es gibt kaum eine bedeutende Gestalt im bundesrepublikanischen Kommunikationsbusiness, mit der er nicht seinen Handel trieb – egal, ob sie nun politisch links oder rechts stand. Weltanschauliche Gesinnung hin oder her, vor allem die Kasse mußte stimmen. Das bewährte Prinzip fand schon früh Anwendung: In der Weimarer Republik ließ sich John Jahr mit den Kommunisten ein, im Dritten Reich arrangierte er sich mit den braunen Machthabern. Trotz dieser unheiligen Allianz gelang es ihm, nach 1945 wieder in den Besitz einer Zeitschriftenlizenz zu gelangen. Ein «Schlitzohr» sei er, urteilte Henri Nannen. Der ehemalige ‹Stern›-Chef über seinen langjährigen Chef: «Fürs Geschäft hat er einen Riecher – zum Teufel mit dem, der schlecht darüber denkt.»

Das Talent des ausgefuchsten Taktikers mit dem Kürzel «JJ» bekamen viele zu spüren. Adolf Theobald war einer davon. Der heutige ‹Spiegel›-Geschäftsführer lernte John Jahr 1965 kennen, als er für sein finanziell angeschlagenes Wirtschaftsmagazin ‹Capital› einen solventen Partner suchte. Sein erster Eindruck: «Das ist nicht ein Verleger, das ist *der* Verleger.» Jahr witterte einen guten Schnitt und half – mit weitreichenden Folgen für den Bittsteller Theobald: «Nach zwei Jahren besaß ich zwar das Vertrauen von John Jahr, aber keine Prozente mehr.»

Selten hat Rudolf Augstein euphorische Töne über einen Geschäftspartner gefunden. Aber an John Jahr faszinierten ihn Kommerzsinn und Integrität gleichermaßen. Warmherzig schrieb der ‹Spiegel›-Gründer zum 80. Geburtstag: «Auf der Bahnhofstraße in Zürich hast Du mir bei Bucherer meine erste goldene Uhr geschenkt, nach langem Handeln und mit 15 Prozent Rabatt, versteht sich. Es machte mir wenig, daß diese später in unseren Geschäftsbüchern auftauchte: 50 Prozent hatte ich mir selber geschenkt. Seitdem bewundere ich Dich.»

Die Jahrs heute: Das ist der Senior John Jahr und seine Frau Elli. Dann die vier Kinder John junior, Michael, Alexander und Angelika. Sowie die dritte Generation, die zehn Kinder der Kinder von John Jahr. Last but not least sind da noch die zwei familienfremden Geschäftsführer Klaus Unger und Rudolf Illies, beide knallharte Kaufleute hanseatischen Zuschnitts. Sie dürfen nicht unerwähnt bleiben: Auf Geheiß des Oberhaupts dirigieren sie das Jahr'sche Imperium mit weitreichenden Kompetenzen.

John Jahr stiftete nicht nur dem größten deutschen Zeitschriftenkonzern die Hälfte des Namens. An der Gruner + Jahr AG hält seine Familie auch eine qualifizierte Beteiligung von 25 Prozent plus einem Promille. Dem einflußreichen Alster-Clan gehören daneben Anteile an drei renommierten Bankhäusern, umfangreicher Immobilienbesitz in Hamburg, in den Vereinigten Staaten und Kanada, ein Spezialzeitschriftenverlag, ein Viertel an der Buch- und Schallplattenkette Montanus und diverse Engagements an Industrieunternehmen. Nicht zu vergessen: Auch über die Hamburger Spielbank gebietet der Klüngel. Mindestens eine Milliarde Mark ist das Jahr-Vermögen schwer. Damit befindet sich die Familie in guter Gesellschaft mit den Quandts, Flicks und Henkels, deren vornehmstes Merkmal darin besteht, ihre beachtliche Machtfülle sorgfältig abzuschirmen.

Die Jahrs stehen den bekannten Dynastien in nichts nach. Sie meiden strikt Publicity und Presse. «Wir sind ein viel zu kleiner Laden, um wirklich interessant zu sein», entschuldigt Jahr-Chefmanager Klaus Unger seine spürbar gebremste Auskunftslust. Diskretion Ehrensache, die Fäden werden still und heimlich gespannt. Der Geschäftsführer einer bekannten Hamburger Consulting-Firma weiß: «Die Familie Jahr macht vieles, was nicht in die Öffentlichkeit gerät.» Die Paradoxie liegt auf der Hand: Verlegerfamilien wie die Jahrs, die vom Herstellen von Öffentlichkeit leben, deren Wohlstand auf brandheißen Informationen beruht, die Hunderte von Journalisten einzig dazu in Lohn und Brot halten, damit sie Verborgenes ans Tageslicht zerren, scheuen das Scheinwerferlicht, sobald es auf sie selbst gerichtet wird. Mehr noch: Dank ihrer enormen publizistischen Potenz können sie das Bild, daß sich die Gesellschaft von ihnen machen soll, entscheidend mitformen.

John Jahr hat sich weitgehend aus dem aktiven Geschäft verabschiedet. Im Herbst 1987 legte er sein Aufsichtsratmandat bei Gruner + Jahr nieder, einer der ganz Großen im Kommunikationsbusiness zog sich zurück. Freilich: Nicht

immer agierte das «Schlitzohr» glücklich, zweimal hat er sich schlimm verspe-
kuliert. Beide Fehlentscheidungen kosteten John Jahr und seine Familie viel
Einfluß. Soviel jedoch ist gewiß: Ohne «das Denkmal aus verlegerischem Urge-
stein» (‹Welt›), «den Pionier beim Wiederaufbau der deutschen Verlagswelt»
(die Nachrichtenagentur ‹vwd›) würde die bundesrepublikanische Medienszene heute beträchtlich anders aussehen und ohne diese Zentralfigur bleibt sie
unverständlich. Grund genug, das Lebenswerk des Grand old man der Presse
ausführlich zu würdigen.

*

Wegen der Doppelnull im Geburtsdatum sprechen die Familienangehörigen
respektlos vom «Klosettjahrgang»: Am 20. April 1900 erblickt John Jahr im
Hamburger Stadtteil Eppendorf das Licht der Welt. Er wächst in bescheidenen
Verhältnissen auf. Sein aus Danzig stammender Vater ist gelernter Zimmermann, in der Elbmetropole findet er eine Stelle als Feuerwehrmann. Nebenbei
verdient er sich als Hausverwalter ein Zubrot, immerhin hat er eine Frau und
vier Söhne zu ernähren. John Jahr besucht erst die Volks-, dann die Realschule
und beginnt 1916 eine kaufmännische Lehre. Sein Ziel ist die Herrenartikelbranche. Im letzten Kriegsjahr des Wilhelminenreichs muß er noch kurz den
Uniformrock überstreifen. Wieder in Zivil und nun in der Weimarer Republik
verändert eine Begegnung mit Adolf Jäger, einem Star des jungen deutschen
Fußballs, seine Berufspläne: Er verschreibt sich dem Sportjournalismus. Ab
1920 volontiert er bei dem neugegründeten Hamburger ‹Sport-Extrablatt› und
wechselt noch im selben Jahr in die Sportredaktion der konservativen ‹Hamburger Nachrichten›.

Recht bald setzt sich bei dem jungen Jahr die Einsicht durch, daß die Sport-
berichterstattung zwar eine wunderschöne Beschäftigung ist, doch in den sel-
tensten Fällen zu Reichtümern verhilft. Kurzentschlossen hebt er im Alter von
24 Jahren den Sportchronik-Verlag aus der Taufe. Die gleichnamige Zeitschrift ist reichhaltig illustriert – ein Novum in der deutschen Sportpresse. Um
den redaktionellen Teil kümmert sich John Jahr nur wenig. Weitaus früher als
andere erkennt er, daß viele Inserate – zumindest aus dem Blickwinkel des Ver-
leger-Portemonnaies – die schönste Zier eines jeden Printprodukts ist. «Anzeigen zu werben», resümiert er, «war eigentlich mein Geschäft».

Als der Sportchronik-Verlag dann in vereinspolitische Abhängigkeit zu
geraten droht, trennt sich John Jahr von ihm und erwirbt 1926 den Autoadres-
sen- und Sportverlag Dr. Arnim & Co. Damit allein läßt sich sein Auskommen

nicht bestreiten, er wird gleichzeitig Leiter eines Anzeigenbüros. Die Agentur muß 1929 im Gefolge der Weltwirtschaftskrise schließen. John Jahr findet umgehend eine andere einträgliche Beschäftigung – er bandelt mit dem kommunistischen Großverleger Wilhelm Münzenberg an.

Seine Grundüberlegung: Die Kommunisten sind zu dumm, um die fetten Werbetöpfe des Klassenfeindes zu erleichtern («Leute mit ›ner Ballonmütze, die kamen beim Portier großer Markenartikelfirmen höchstens an die Tür, aber nie herein»). Der geschäftstüchtige Makler Jahr ist da weitaus geschickter – er gelangt dank seines gepflegten Äußeren und vieler Kontakte recht problemlos bis in die obersten Chefetagen. Dort macht er beispielsweise Philipp Reemtsma klar, daß die Proleten zwar möglicherweise ideologisch verblendet, aber nichtsdestotrotz eifrige Raucher und somit eine nicht zu unterschätzende Zielgruppe sind. Der Generalanzeigen-Vertreter John Jahr kann zugleich mit einem vielgelesenen Medium aufwarten: Münzenbergs Wochenzeitschrift ‹Arbeiter-Illustrierte-Zeitung› bringt es auf eine Auflage von 700 000 verkauften Exemplaren. Auch aus anderen Gründen rät er dem Zigarettenkrösus, bei ihm zu inserieren: «Wir wissen ja gar nicht, wie die politische Entwicklung ist. Es wäre also ganz gut, wenn Sie sich da ein bißchen mit absichern.» Reemtsma läßt sich überzeugen und schaltet ein Jahr lang für seine Marke «Juno» Werbung. Der Verkäufer im Dienste des Sozialismus kassiert an dem Abschluß beachtliche zwanzig Prozent Provision. Ab 1931 akquiriert Jahr zusätzlich noch für den neu gegründeten ‹Weg der Frau›, der wie die ‹Arbeiter-Illustrierte› aus dem Münzenberg-Konzern stammt.

Gemocht hat Jahr die Kommunisten bestimmt nicht. An Münzenberg schätzt er bestenfalls dessen Tüchtigkeit, ansonsten tituliert er den Reichstagsabgeordneten geringschätzig als «eine Art Goebbels der KPD». Die Basis der ungleichen Partner ist – da agiert Jahr ganz materialistisch – rein kaufmännischer Natur: «Das war für die ein gutes Geschäft und für mich auch.»

Mit dieser pragmatischen Grundeinstellung kommt Jahr auch im Dritten Reich bestens zurecht. Seine Geschäfte blühen zwischen 1933 und 1945 prächtig auf. Später hat er sich freilich gelegentlich zum Verfolgten der Nazis stilisiert oder stilisieren lassen. Doch das geben die Fakten beim besten Willen nicht her. Zunächst siedelt Jahr in die Reichshauptstadt über. Dazu meint die zum 80. Geburtstag herausgegebene Festschrift «Die Jahre mit Jahr»: «Der Umzug nach Berlin war politisch bedingt: John Jahr war zuletzt in Hamburg Generalvertreter von radikal linken Zeitungen. Er mußte ‹untertauchen› (...).»

Untertauchen? In Berlin? Ausgerechnet in der Reichshauptstadt, mitten im Zentrum der nationalsozialistischen Machthaber? Dem Boxer Max Schmeling, einem langjährigen engen Gefährten John Jahrs, dürfte ein Schritt von solcher Tragweite kaum entgangen sein. Doch in seiner Autobiographie «Erinnerungen» heißt es lapidar: «Da ist John, ich weiß nicht, ob aus persönlichen Gründen oder aus verlegerischen, nach Berlin gegangen.» Völlig demontiert wird die Version vom politisch Verfolgten durch ein wenig bekanntes Detail, auf das Silvia Lott in ihrer sehr profunden Doktorarbeit «Die Frauenzeitschriften von Hans Huffzky und John Jahr» hinweist: Der Anzeigenverkäufer wird im Mai 1933 Parteimitglied der NSDAP, ein Schritt, der wohl vor allem Goodwill signalisieren soll.

Zweifelsohne handelt sich Jahr mit der Münzenberg-Verbindung und aktenkundig gewordenen Schimpfkanonaden über Nazigrößen einigen Ärger ein. Doch den kanalisiert ein einflußreicher Freund: Nach der nationalsozialistischen Machtergreifung hält der Hamburger Gestapochef Bruno Streckenbach seine schützende Hand über John Jahr. Die beiden kennen sich aus gemeinsamen früheren Sportvereinszeiten. Trotz solcher Bekanntschaften und Verflechtungen bleibt John Jahr politisch auf Distanz zu den braunen Machthabern. Er braucht sie für seine Zwecke wie zuvor die Kommunisten, mehr nicht. Sein Sohn Alexander, der nächtelang mit seinem Vater über dessen Engagement im Dritten Reich diskutiert hat, urteilt: «Der hat sich so durchlaviert und sein Gewissen dadurch beruhigt, daß er überall da, wo er helfen konnte, sich einsetzte.» So beschäftigt John Jahr ehemalige KPD-Sympathisanten und bewahrt nach eigener Auskunft einen zum Tode verurteilten Holländer vor der Hinrichtung.

Gleichzeitig bastelt John Jahr an ambitionierten Projekten. Er vermarktet Werbung für die Olympischen Sommerspiele 1936 in Berlin und produziert für die Reichssportführung einen Olympiakalender. 1937 gründet er dann «Die Heimbücherei John Jahr». Das Verlagsprogramm charakterisiert der Zeitzeuge Wolfgang Hicks in der ‹Welt› vom 19. April 1980: «Als dann deutsche Lautsprecher verkündeten, daß wir gegen England Krieg führen und dort selbst auch Bomben abwerfen würden, handelte Jahr nach einem abgewandelten Wort Kurt Tucholskys: Schnelles Erfassen der Kriegslage ziert den Verleger. Die Bücher über erfolgreiche U-Boot-Kommandanten, Jagdflieger und Bomberpiloten erreichten Auflagen, die heute selbst Mario Simmel ein achtungsvolles Erstaunen abnötigen würden.»

Ebenfalls 1937 übernimmt Jahr die Anzeigenvertretung für verschiedene Publikationen, darunter sind auch NS-Blätter. Und 1937 wird John Jahr – eine zukunftsweisende Weichenstellung – zum Verleger einer Frauenzeitschrift. Er erwirbt das Wochenblatt ‹Die junge Dame›. Zum Chefredakteur wird Hans Huffzky berufen, ein talentierter Journalist, der über Jahrzehnte für Jahr arbeitet und mit ihm bis zu seinem Tode im Dezember 1978 eng befreundet ist. «Völlig unpolitisch» sei die ‹Junge Dame› gewesen, meint Jahr einmal rückblickend. Kann es in einem autoritären System, das mit äußerster Rigorosität die gleichgeschalteten Presseprodukte überwacht und lenkt, unpolitische Verleger geben? Silvia Lott in ihrer Dissertation: «Tatsächlich war die ‹Junge Dame› aber seit Kriegsbeginn, spätestens seit Mitte 1940 keineswegs unpolitisch.»

Schon 1943 bringt John Jahr seine Familie in Westerland auf Sylt in Sicherheit. 1944 stimmt Propagandaminister Josef Goebbels im Berliner Olympiastadion eine willfährige Masse auf den «totalen Krieg» ein. Die Volkswirtschaft wird restlos militarisiert. John Jahr muß seine Unternehmungen einstellen.

*

Mitunter herrscht das Mißverständnis, daß die alliierten Siegermächte das Pressewesen im Nachkriegsdeutschland neu geordnet hätten. Es ist bestenfalls die halbe Wahrheit. Die Amerikaner hatten sich soeben in der Normandie festgesetzt, da wird von den Noch-nicht-Besiegten schon wieder Pressepolitik «für die Zeit danach» gemacht. Boxchampion Max Schmeling in seinen Memoiren: «Am offenen Kamin haben wir diskutiert und auf das Ende des Krieges gewartet. Haben Pläne geschmiedet. Schon damals wurden Pläne geschmiedet, verlegerische Pläne: Was wird nach dem Krieg geschehen?» Die letzten Kriegstage verbringt Jahr in Hamburg, von wo aus er sein Comeback als Verleger plant. In seinen Nachkriegsplänen nimmt Schmeling eine Schlüsselstellung ein. Der schlagkräftige, aber branchenunerfahrene Sportsmann über die Rolle, die ihm John Jahr zugedacht hat: «Da ich gänzlich unbelastet war, machte er mir den Vorschlag, das Unternehmen unter Zuhilfenahme meines Namens zu gründen. Er setzte dabei auch auf den Sportsgeist der Engländer, die einem ehemaligen Boxchampion die Genehmigung wohl nicht verweigern würden. Als Dritten im Bunde wollte er einen gemeinsamen Freund aus Vorkriegstagen dabei haben, den jungen Axel Springer.»

Ironie des Schicksals: Ausgerechnet Max Schmeling, der Mann mit der weißen Weste, eckt bei den Briten an. Die berühmte, im Oktober 1947 erteilte Lizenz Nummer 150 zur Herausgabe der Frauenzeitschrift ‹Constanze› ist deshalb nur auf die Namen John Jahr und Axel Caesar Springer ausgestellt. Jahr, der es virtuos verstand, sich den jeweiligen politischen Umständen anzupassen, hatte es wieder einmal geschafft. An der im Dezember 1947 gegründeten Constanze-Verlags GmbH halten Springer und Jahr je 50 Prozent. Den Namen für das Frauenblatt stiftet Chefredakteur Hans Huffzky – in Erinnerung an seine ehemalige Berliner Wohnung in der Konstanzestraße. Am ersten März 1948, noch vor der Währungsreform, erscheint die erste ‹Constanze›: 24 Seiten dick, 1,20 Reichsmark teuer und mit einer Auflage von 60 000 Exemplaren.

Mit ‹Constanze› beginnt Jahrs dritte Verlegerkarriere im dritten deutschen Staat – es wird seine erfolgreichste. Die ersten Ausgaben der vierzehntäglich herausgegebenen Frauenzeitschrift sind rasch vergriffen, 1950 werden bereits über 380 000 Exemplare verkauft. In kürzester Zeit erscheinen zahlreiche Sonderhefte wie ‹Wohne glücklich mit Constanze› (1949), ‹Sei schön mit Constanze› (1949) und ‹Die Mode 1950›. Für das Objekt kann ein ungewöhnlich hoher Anzeigenpreis durchgesetzt werden: Im Mai 1949 muß der Werbungtreibende für eine ‹Constanze›-Seite 5 850 Mark hinblättern. Ende der fünfziger Jahre wird aufgrund der hohen Nachfrage sogar eine Warteliste für Inserenten eingeführt. Im Herbst 1961 ist es mit der Zwangsbewirtschaftung vorbei – ‹Constanze› erscheint nun im Wochenrhythmus.

Im Mai 1960 scheidet Axel Springer aus. Schon ab 1955 hält er nur noch 25 Prozent an der Constanze-Verlags GmbH. Die Geschäftsleitung liegt ohnehin von Anfang an fest in John Jahrs Händen. In einem Interview mit dem ‹Norddeutschen Rundfunk› erklärt er: «Und ich hab' ihm [Axel Springer] dann natürlich gesagt: ‹Hör mal zu, das hat ja keinen Zweck, ich mach' die Arbeit hier für Dich mit.›» Nicht zuletzt aufgrund der Gewinnteilhaberschaft an der Constanze-Verlags GmbH – dies bleibt festzuhalten – kann Axel Springer rasch seinen Zeitungskonzern aufbauen.

Mit Springer ins Geschäft kommen will ein anderer: Rudolf Augstein. Ihn plagen Anfang der fünfziger Jahre erhebliche Sorgen, sein ‹Spiegel› macht monatlich rund 10 000 Mark Verlust. Doch der umgarnte Springer winkt ab. Statt dessen hilft John Jahr. Für einen Apfel und ein Ei, genau für 15 000 Mark, kauft er 50 Prozent vom Verlag des Nachrichtenmagazins. Dank Jahr kann der ‹Spiegel› 1952 von Hannover nach Hamburg umsiedeln, dank zahlreicher Synergieeffekte mit dem Constanze-Verlag im Bereich Vertrieb, Anzeigenakquisition und Druck wird der ‹Spiegel› in gewinnträchtige Regionen katapultiert. 1960 wirft er bereits rund fünf Millionen Mark Gewinn ab. Ausgerechnet zu diesem Zeitpunkt verkauft John Jahr seine Anteile wieder.

1980 schreibt Augstein rückblickend an John Jahr: «Ich weiß, Du hast Dein Ausscheiden später bereut. Aber es gibt da für Dich eine Entschuldigung: Du warst zum kritischen Zeitpunkt nicht ganz bei Kräften.» Was war geschehen?

Augstein will 1960 der Hamburger ‹Zeit› Konkurrenz machen. Er plant eine überregionale Wochenzeitschrift mit dem Titel ‹Deutsche Allgemeine Zeitung›. Jahr hält die Idee – die dann auch nicht realisiert wird – für unsinnig. Da er seinen Partner aber nicht überzeugen kann, trennt er sich von ihm. Der Ausstandspreis liegt zwar mit zehn Millionen Mark um 66 666 Prozent über dem Einstiegspreis, doch aufgrund der weiteren Renditeentwicklung des ‹Spiegel› ist das Geschäft für den Aussteiger ausgesprochen unvorteilhaft. John Jahr: «Nachträglich gesehen war das eine falsche Entscheidung». Weshalb ist dem kühlen Kalkulierer, der stets auf seinen Schnitt bedacht ist, ein solcher gravierender Fehler unterlaufen? Wieso gibt der erfahrene Verlagskaufmann Jahr wegen Augsteins unausgegorener Pläne ein Magazin mit goldenem Boden auf?

Die Gründe sind vielschichtig. Einmal ist da Jahrs Bewunderung für den ‹Spiegel›, die während seiner zehnjährigen Beteiligungszeit ebenso wächst wie seine innige Freundschaft zu Augstein. Mit dem 23 Jahre jüngeren Kollegen verbindet ihn ein weitaus persönlicheres Verhältnis als zu anderen Verlegern. (Mit Springer pflegt Jahr einen distanziert-freundschaftlichen Umgang, der sich durch dessen Drift nach rechts – «politisch ist er mir ein bißchen zu extrem geworden» - zunehmend abkühlt; seine späteren Partner Richard Gruner, Reinhard Mohn und Gerd Bucerius bezeichnet Jahr zeitlebens ausdrücklich nie als Freunde.)

«John Jahr hat neben seinen leiblichen Kindern immer noch andere Söhne gehabt», meint ein Hamburger Medienmanager. So einer ist inzwischen sein Vermögensverwalter Klaus Unger und seinerzeit eben Rudolf Augstein. John Jahr junior wertet die Zusammenarbeit zwischen seinem Vater und dem ‹Spiegel›-Mitbegründer als «sehr vertrauensvoll, sehr gut und sehr freundschaftlich». Für Augstein besorgt Jahr ein Haus in Hamburg, unmittelbar neben seiner eigenen Villa. Augstein spielt auf dem Tennisplatz der Jahrs, nimmt an ihren Festen und ihrem Familienleben teil. Wie einen Sohn führt Jahr seinen Zögling in die Finessen und Feinheiten des Verlagsgeschäfts ein. Vor dem Hintergrund dieser intensiven Beziehung mag John Jahr – wider alle rechnerische Vernunft – 1960 eine konfliktarme Trennung bevorzugt haben.

Als dann 1962 die Staatsgewalt zu einem mächtigen Schlag gegen das unehrerbietige Hamburger Magazin ausholt und die ‹Spiegel›-Affäre die Republik erschüttert, hilft der Aussteiger John Jahr sofort. Umgehend protestiert er per Fernschreiben beim Bundesjustizminister; und nachdem der ‹Spiegel›-Ver-

230

lagsdirektor Hans Detlev Becker unter dem Verdacht des vorsätzlichen Landesverrats verhaftet wird, springt er in die Bresche und übernimmt höchstpersönlich die Verlagsführung. Mit seinem gesamten Einfluß bemüht er sich, Schaden von seinem Freund Augstein abzuwenden.

1960 ist John Jahr – ein weiterer Grund für die Loslösung vom ‹Spiegel› – mit seinem eigenen Verlag und neuen Objekten vollauf beschäftigt. Das Unternehmen wächst in neue Dimensionen. Schon 1957 übernimmt Jahr kostenlos die traditionsreiche Frauenzeitschrift ‹Brigitte› vom Ullstein-Verlag. Den Transfer des bis dato erfolglosen Blattes fädelt Axel Springer ein. 1960 wird die ‹Constanze›-Beilage ‹Schöner Wohnen› als eigenständige Zeitschrift lanciert. Gleichzeitig fällt der Constanze-Verlags GmbH die ‹Star-Revue› zu, die seit 1955 zum Spiegel-Verlag gehört. Später, 1964, erscheint mit ‹Petra› ein Titel, der sich an jüngere Frauen wendet. Und 1964 steigt John Jahr, wie eingangs erwähnt, bei Adolf Theobalds Wirtschaftsmagazin ‹Capital› ein.

Zudem investiert John Jahr zu Beginn der sechziger Jahre viel Zeit in die jungen Neuen Medien. Im Juli 1960 wird auf Betreiben von Bundeskanzler Konrad Adenauer und gegen den politischen Widerstand der Länder die Freies Fernsehen GmbH gegründet. Der Gesellschaft, die dem öffentlich-rechtlichen Monopol der ‹ARD› Paroli bieten will, dient Jahr als Repräsentant einer Gruppe von Verlegern. Der Geschäftsführer und spätere Daimler-Benz-Vorstand Heinz Schmidt über Jahrs Rolle: «Im Gesellschafterausschuß nahm er bald eine maßgebende Position ein. (...) Mir ist in Erinnerung geblieben, als er in einer heftigen Diskussion zu Grundsatzfragen Stellung nahm: ‹Ich bin kein politischer Anhänger von Herrn Adenauer. Aber diese Gesellschaft hat einen Vertrag mit dieser Regierung geschlossen, und ich werde mich voll und ganz dafür einsetzen, daß dieser Vertrag gehalten und tadellos erfüllt wird.›» Das Verfassungsgericht verbietet schließlich das «Adenauer-TV». Dafür flimmert ab 1962 das Programm des ‹Zweiten Deutschen Fernsehens› (ZDF) über bundesdeutsche Mattscheiben.

John Jahrs wohl größte und zugleich schicksalhafteste Stunde als Verleger schlägt am 1. Juli 1965: Nach anderthalbjähriger Verhandlung setzen Gerd Bucerius, Richard Gruner und John Jahr ihre Unterschrift unter ein mehr als 100 Seiten umfassendes Vertragswerk – das Trio besiegelt in der Jahr-Villa an der Alsterkrugchaussee die Mammutfusion zur Gruner + Jahr GmbH & Co, die nach dem Axel-Springer-Verlag Deutschlands größtes Presseunternehmen wird. Der ‹Spiegel› witzelt über die publizistische Machtfülle des neugegründeten Konzerns: «Drei Männer wollen gemeinsam ‹Schöner Wohnen›; sie haben ‹Zeit› und ‹Capital›; ihnen leuchtet wöchentlich ein guter ‹Stern› von allen

Kiosken, und die Mitgift der drei fetten Schwestern ‹Constanze›, ‹Brigitte› und ‹Petra› ist ihnen gewiß.»

An Gruner + Jahr ist zunächst Gerd Bucerius mit 28,25 Prozent, Richard Gruner mit 39,50 Prozent und John Jahr mit 32,25 Prozent beteiligt. Die sieben zusammengelegten Objekte bringen es pro Ausgabe auf eine Verkaufsauflage von 4,8 Millionen Exemplaren und erwirtschaften einen Jahresumsatz von 250 Millionen Mark. Hinzu kommen 150 Millionen Mark Umsatz aus Druckaktivitäten. 4 100 Angestellte stehen auf der Gehaltsliste der neuen Gesellschaft, die von sechs Verlagsdirektoren geführt wird. Mit dabei: der ‹Stern›-Chefredakteur Henri Nannen sowie Jahr-Sohn John junior. Der Zusammenschluß eröffnet im Bereich Verwaltung, Vertrieb und Anzeigenakquisition bedeutende Rationalisierungsmöglichkeiten. Allein durch die nun intern verrechneten Druckkosten werden über zweieinhalb Millionen Mark Umsatzsteuer gespart.

«Unterzeichnung im Gewitter» titelt der ‹Spiegel› in Anspielung auf meterologische Gegebenheiten beim Vertragsabschluß. Das Donnerwetter, das sich unter den ungleichen Gesellschaftern zusammenbraut, soll sich freilich erst in der Folgezeit heftig entladen. Zunächst beurteilt das Augstein-Blatt die Zukunft des Verlegerdreigestirns noch recht optimistisch: «Erfolg und Mißerfolg der neuen Gesellschaft werden weitgehend vom Vertrauen und Mißtrauen der neuen Gesellschafer untereinander abhängen. Alle drei sind einander über 15 Jahre geschäftlich und freundschaftlich verbunden: der großzügige Tycoon Jahr, der idealistische Irrwisch Bucerius und der stets leise sprechende Gruner, an Lebensjahren ärmstes, an Gesellschaftsanteilen reichstes Mitglied der Troika.»

Freundschaftlich geht es in der Troika indes von Anfang an nicht her. Einer der Streitpunkte: Bucerius und insbesondere Gruner sind strikt gegen die großzügige Altersversorgung und Gewinnbeteiligung, die Jahr seinen Mitarbeitern gewährt hatte. Auch geschäftliche Probleme fördern nicht gerade die Laune im Trio. Zeitweilig sackt die Umsatzrendite von Gruner + Jahr auf einen jämmerlichen Prozentpunkt ab, nicht zuletzt weil eine Koordination der zusammengefügten Bürokratien unterbleibt. Tiefe Schnitte werden notwendig. Im Laufe des Jahres 1969 müssen drei Objekte liquidiert oder verkauft werden: das erst 1967 aus der Taufe gehobene Mutter-Magazin ‹es›, die Jahr-Kreation ‹Petra› und ‹Constanze› – Jahrs liebstes und lange Zeit überaus erfolgreiches Nachkriegskind macht zum Schluß pro Monat eine Million Mark Defizit. Außerdem führt Gerd Bucerius zum 1. Januar 1969 seine Wochenzeitung ‹Zeit› in einen eigenen Verlag über. Dafür kann Gruner + Jahr die Mehrheit an Kindler &

Schiermeyer und damit die Blätter ‹Jasmin›, ‹twen› und ‹Eltern› erwerben. Überleben wird nur der letzte Titel.

Zu Beginn des Jahres 1969 kracht es im Firmament von Gruner + Jahr gewaltig. Es folgt ein quälender Dauerknatsch, der dem heutigen Streit zwischen dem Springer-Verlag und dem Münchener Filmhändler Leo Kirch in nichts nachsteht. Der rothaarige Drucker Gruner macht den dreisten Eröffnungszug: Er setzt seinen Mitgesellschaftern die Pistole auf die Brust und verlangt ultimativ die Mehrheit von 51 Prozent an Gruner + Jahr. Andernfalls würde er seinen Anteil an den konkurrierenden Bauer-Verlag veräußern – eine Drohung, die einer üblen Erpressung gleichkommt. Bucerius und Jahr protestieren wütend und drohen ihrerseits gerichtliche Schritte an. Tatsächlich ist Gruner, dessen Lieblingslektüre Gewinn- und Verlustrechnungen sind, überhaupt nicht an der Verlagsmehrheit, sondern nur an Bargeld interessiert. Sein effektvoll inszenierter Abgang bringt ihm runde 130 Millionen Mark ein – eine enorme Summe zu Beginn der siebziger Jahre. Zunächst gibt er 14,5 Prozent an seine beiden Partner ab, die zweite Tranche von 25 Prozent werden im Mai 1969 auf Vorschlag von Bucerius auf den Bertelsmann-Inhaber Reinhard Mohn übertragen. Jahr und Bucerius halten je 37,5 Prozent. Nun geht die Kabale um die Vorherrschaft bei Gruner + Jahr freilich erst richtig los.

Leichtsinnig stimmt John Jahr der veränderten Gesellschafterstruktur zu – ihm unterläuft damit sein zweiter Fehler. Ein Lapsus, der noch gravierender ist als der ‹Spiegel›-Ausstieg neun Jahre zuvor. Der Mann mit dem «prachtvoll erblühten geschäftlichen Riecher» (Augstein) wird von seinem Instinkt wieder im Stich gelassen.

Welche Möglichkeiten gibt es für John Jahr im Mai 1969? Er hätte, finanziert durch Banken, den 25-Prozent-Anteil von Gruner selbst übernehmen können und wäre damit Hauptgesellschafter von Gruner + Jahr geworden. John Jahr junior erinnert sich: «Die Kinder haben ihm zugeraten: Verschulde Dich. Damals mit einem Betrag von 100 Millionen, das war ja vorstellbar. Theobald hat ihm zugeraten, seine leitenden Mitarbeiter haben ihm zugeraten, Johannes Gross hat ihm zugeraten.» Doch mit zunehmendem Alter operiert John Jahr vorsichtiger und auch ängstlicher – ein verhängnisvolles Verhalten. Gut zehn Jahre später räumt er ein: «Mir war das zu dem Zeitpunkt einfach zu riskant. Das war auch eine Fehlentscheidung.»

Die Risikoscheu rächt sich bitter. Zunächst muß Jahr ohnmächtig hinnehmen, daß sich sein neuer Partner Reinhard Mohn mit einem Drittel am Axel-Springer-Verlag beteiligt. Somit entsteht eine Achse Bertelsmann / Gruner +

Jahr / Springer, die von ungeheuerer gesellschaftlicher Tragweite und politischer Sprengkraft ist: Der «linke» ‹Stern›-Verlag wird durch die Klammer Bertelsmann indirekt mit dem «rechten» ‹Bild›-Konzern verbunden. John Jahr lehnt Mohns gleichzeitige Teilhabe an den beiden größten deutschen Medienunternehmen rigoros ab. Als kurze Zeit später Springer von sich aus den Verkauf an Bertelsmann rückgängig macht, konzentriert Mohn seine Kräfte wieder auf Gruner + Jahr. Er will Einfluß und Macht, jedes Mittel ist ihm dazu recht. John Jahr frustriert diese Entwicklung zutiefst, Mitte 1970 kündigt er seinen Rückzug aus dem Verlagsgeschäft an.

Tatsächlich wird zum Jahresbeginn 1971 bei Gruner + Jahr eine neue fünfköpfige Geschäftsführung unter dem Vorsitz von Ernst Naumann aktiv. John Jahr gerät vollends ins Abseits: Naumann kungelt mit Reinhard Mohn, und dieser wiederum versteht sich geschäftlich blendend mit Gerd Bucerius. In einer Hausmitteilung schildert Jahr seine ausweglose Situation: «Ich versuchte mit Herrn Mohn zu vereinbaren, daß keiner der Gesellschafter jemals die Mehrheit in unserem Haus übernehmen sollte. Mein Vorschlag wurde abgelehnt und die Zielsetzung des Hauses Bertelsmann damit offenkundig. Als ich mich daraufhin bemühte, die Anteile von Herrn Dr. Bucerius selbst zu kaufen, scheiterte dieser Versuch an der sehr engen Verbindung Mohn/Bucerius.»

Möglicherweise hat Bucerius schon 1970 Mohn heimlich zugesichert, ihm seine Beteiligung an Gruner + Jahr zu übertragen. Die beiden Verleger bestritten dies stets. Ihren Versicherungen traut John Jahr jedoch nicht, und auch der ‹Spiegel› argwöhnt: «Bucerius wie Mohn hatten ihrem dritten Mann freilich seit langem Gründe geliefert, solchen Abstinenz-Beteuerungen mit Mißtrauen zu begegnen. Beide liebten nämlich schon früher heimliche Kungeleien mit Kapital, beide leugneten ab und ließen sich sogar beim Spurenverwischen noch ertappen.» Bucerius willigt dann 1973 offiziell in den Verkauf an Mohn ein. Statt eines Bündels Banknoten läßt er sich einen Anteil von 11,5 Prozent an Bertelsmann geben.

Obwohl John Jahr mit diesem – für ihn ungünstigen – Ausgang rechnen mußte, ist er tief getroffen. In dem von ihm mitbegründeten Verlag, den er von seinem ältesten Sohn John weitergeführt sehen wollte, hat er auf einmal nichts mehr zu sagen. John Jahr – dessen oberster Grundsatz es laut Augstein ist, «daß man niemals einen Menschen beim Staatsanwalt anzeigen soll –», erwägt gerichtliche Schritte und will ein Vorkaufsrecht geltend machen. Sohn Alexander Jahr, der Jurist der Familie, bereitet entsprechende Gutachten vor. Zu dem Streit vor dem Kadi kommt es aber nicht. John Jahr, resigniert und zermürbt, will sich völlig von Gruner + Jahr trennen. Nur durch intensives Zureden können seine vier Kinder ihn von dem trotzigen Entschluß abhalten. Jahr senkt schließlich seinen Anteil auf eine Sperrminorität ab, indem er dem ungeliebten Mohn knappe zehn Prozent verkauft.

Den Erlös verwendet er für medienfremde Engagements. Zu ihnen gehört inzwischen ein Zehntel der noblen Hamburger Privatbank M. M. Warburg Brinckmann, Wirtz & Co, 80 Prozent am Hamburger Bankhaus Fischer sowie 38 Prozent der Essener CTB-Bank Thielert & Rolf KG – die Jahrs sind damit auch bedeutende Bankiers. An der bekannten Buch- und Schallplattenhandelskette Montanus halten sie ein Viertel. Über diese Schachtel sind sie indirekt an der Stilke Buch- und Zeitschriftenhandelgesellschaft beteiligt. Die aus den diversen Aktivitäten fließenden Gewinne werden daneben in der Industrie untergebracht. So hält die Jahr-Familie 45 Prozent an der in der Nähe von Bielefeld beheimateten Hettich GmbH & Co, einem wichtigen Zulieferer der Möbelbranche mit einem Umsatz von rund 800 Millionen Mark.

Nach der Transaktion Anfang der siebziger Jahre erhält die Gruner + Jahr AG die bis heute gültige Gesellschafterstruktur: Bertelsmann hält 74,9 und die Familie Jahr über den Constanze-Verlag 25,1 Prozent. Vor dem Hintergrund der erbitterten Auseinandersetzungen zwischen den Gesellschaftern muß man sich Reinhard Mohns Grußadresse anläßlich des 80. Geburtstags von John Jahr zu Gemüte führen: «In einer Dekade konstruktiver und erfolgreicher Zusammenarbeit durfte ich Sie kennenlernen. Unser Meinungsaustausch war stets erfrischend direkt und oft genug durch ein hartes Ringen um den besten Weg gekennzeichnet.»

*

Noch immer mischt die Jahr-Familie auf vielfältige Weise bei Gruner + Jahr mit. Es ist eine höchst seltsame Konstruktion: Drei der vier Jahrs sind Angestellte des Verlags, der ihnen zugleich selbst zu etwas mehr als einem Viertel gehört. Einerseits beziehen sie ganz normale Angestelltengehälter, andererseits aber auch Gesellschaftertantiemen. Einerseits ist Vorstandsvorsitzender Gerd Schulte-Hillen ihr Vorgesetzter, andererseits bezieht der Verlagsmanager quasi jede vierte Mark seiner Vorstandsbezüge von ihnen. Die Funktionen im einzelnen: John Jahr junior sitzt im Vorstand und kümmert sich dort vornehmlich um den Unternehmensbereich Handel und Papiereinkauf. Ferner vertritt er die Interessen von Gruner + Jahr bei dem TV-Sender ‹RTL plus› und der Bertelsmanntochter Ufa. Ihm untersteht der jüngere Bruder Michael, der die Position des Geschäftsführers Handel inne hat. Angelika Jahr, die jüngste in der Familie, dient dem Hause journalistisch als Multichefredakteurin: Sie leitet unter anderem die Objekte ‹Essen & Trinken› sowie ‹Schöner Wohnen› und gibt ‹Marie Claire› heraus. Im Aufsichtsrat wird die Familie durch Alexander Jahr und Klaus Unger vertreten.

Das Verhältnis zwischen den sich einst befehdenden Gesellschaftern hat sich weitgehend entspannt. Daß es keineswegs frei von Konflikten ist, versteht sich bei selbstbewußten Partnern von selbst. Gerd Schulte-Hillen macht freilich nach außen ganz auf Harmonie – das schuldet er schon seiner Position als Vorstandsvorsitzender. Der gelernte Drucker aus dem Sauerland überschlägt sich förmlich, wenn er auf die beiden Gesellschafter zu sprechen kommt: «Das ist ein Bilderbuchverhältnis, ein Musterbeispiel für eine vernünftige Partnerschaft, da hat es nie etwas anderes als Sonnenschein gegeben.»

Alexander Jahr läßt tiefer blicken: «Natürlich gibt es Vorgänge, wo man unterschiedlicher Meinung sein kann und auch ist.» Die Gegensätze beginnen bei einfachen Bilanzierungsgrundsätzen. Schließlich stehen sich Personen- und Kapitalgesellschafter gegenüber, die schon steuerlich unterschiedliche Interessen verfolgen. Vor allem bei neuen Auslandsengagements wird gelegentlich gerungen, in welcher Unternehmensrechtsform sich für die beiden Eigner die Anfangsverluste am besten rechnen. Kontroversen sind ferner bei weitreichenden Investitionsplänen möglich. Darüber hinaus schmeckt den Jahrs nicht, daß der chronisch eigenkapitalschwache Mehrheitsaktionär Bertelsmann seinen aus ambitionierten Expansionsplänen resultierenden Finanzhunger nicht zuletzt bei der Hamburger Zeitschriftentochter stillen möchte.

Dissens entsteht nicht nur im harten betriebswirtlichen Feld, sondern es werden auch Eitelkeiten berührt. Als die ambitionierte Angelika Jahr vor nicht allzu langer Zeit eine hochpreisige Frauenzeitschrift herausgeben wollte, streckte der Vorstand die Daumen nach unten. John Jahr junior: «Das hat Angelika sehr geschmerzt, daß der Titel nicht gemacht wurde.» Bald darauf lancierte Gruner + Jahr in dem von Angelika Jahr angepeilten Segment, aber ohne ihre Beteiligung, ‹Viva›. Die ehrgeizige Jahr-Tochter soll auch nicht in den Vorstand aufrücken – da ist Schulte-Hillen vor. Für sein Empfinden ist in dem Leitungsgremium einer aus der Jahr-Familie genug. Die Vakanz, die im Vorstand durch den Ausstieg von Peter Scholl-Latour entstand, hat er durch den ‹Stern›-Herausgeber Rolf Schmidt-Holtz geschlossen.

Bertelsmann und Jahr: Das ist ein komplizierter Interessensausgleich. Mitunter werden dabei die Samthandschuhe auch ausgezogen. Für die Jahrs streift sich dann der Aufsichtsrat Klaus Unger die Boxhandschuhe über: «Ich kenne das Haus von der Druckerei bis zum letzten Handelsbetrieb», meint er selbstbewußt. Zehn Jahre lang war der Diplom-Kaufmann Steuerabschlußprüfer in dem prosperierenden Gruner + Jahr-Verlag. 1978 machte ihn dann der listige John Jahr zu seinem persönlichen Geschäftsführer. Kolportiert wird ein Jahresgehalt von über einer Million Mark – ein üppiges Salär. Das Geld ist gut investiert, Michael Jahr würdigt Unger: «Er kann in einer sicher sehr freundlichen und verbindlichen, aber knochenharten Art und Weise die Interessen unserer Familie wahrnehmen.» Dann gäbe es «schon mal heftige Dialoge zwischen Herrn Unger und Herrn Schulte-Hillen», berichtet er. Zwiegespräche, bei denen der Vermögensmehrer Unger «im Familieninteresse schon mal die Hand in irgendeine offene Wunde legt».

So what? Business as usual? Lediglich ein ständiges Geschacher um Prozente und Positionsvorteile? Nicht nur. Bei dem Minderheitsgesellschafter ist darüber hinaus eine Spur Mißtrauen gegenüber dem Partner aus Gütersloh geblieben. Michael Jahr artikuliert, was seine drei Geschwister vielleicht nur insgeheim denken: «Bei so einer Entwicklung wie bei Bertelsmann könnte ich mir auch gut vorstellen, daß die mal sagen: Was sollen wir noch mit den 25 Prozent rumkaspern? Versucht denen doch mal ein bißchen auf dem Nerv rumzutreten und die auseinanderzudividieren. Vielleicht zieht dann einer von denen auf die Bahamas und will nur noch Cash sehen.»

*

Bei einer Würdigung des Lebenswerks von John Jahr darf eines nicht unerwähnt bleiben: Das Geschick, mit dem er seine eigene Nachfolge geregelt und seine Familie intern organisiert hat. «Wir sind vom Vater zum Clan-Denken erzogen worden», meint Michael Jahr. Anders als dem Verleger Franz Burda ist es John Jahr noch zu Lebzeiten gelungen, seine Kinder fest zusammenzuschweißen – nicht zuletzt dank den zwei familienfremden Generalbevollmächtigten Unger und Illies, die er mit viel Macht ausgestattet hat.

Die Jahrsche Dynastie, die vornehmlich auf der Rechtskonstruktion GmbH & Co KG fußt, wird intern wie eine Aktiengesellschaft geführt. Sie ist in vier Divisionen gesplittet, von denen die «Vorstände» Unger und Illies als operative Organe jeweils zwei managen. Ihnen ist als «Aufsichtsrat» für jeden Bereich ein Jahr-Kind zugeordnet. Der hochdotierte Unger entfaltet mit John Jahr junior sein Geschick bei der Hamburger Spielbank und im Immobilienhandel, gemeinsam mit Alexander Jahr ist er für Gruner + Jahr zuständig. Der nicht minder gut bezahlte Kompagnon Illies, der seit 1980 bei der Familie angestellt ist, kümmert sich mit Angelika Jahr um Beteiligungen und zusammen mit Michael Jahr um Bankgeschäfte und Umlaufvermögen. Oberstes Beschlußorgan der «Jahr AG» ist die Gesellschafterversammlung, die drei- bis viermal im Jahr tagt. Ihr Votum ist immer dann maßgeblich, wenn sich Nachkömmlinge und Generalbevollmächtigte in ihrem Bereich nicht einig sind. Mit zur Runde gehören Unger und Illies. Formal verfügen sie über kein Stimmrecht, de facto läuft an ihnen jedoch keine Entscheidung vorbei. Sie sind, so ein Familienfreund, «die beiden Säulen, auf denen die Jahr-Holding ruht». Angelika Jahr bestätigt: «Auf unsere Geschäftsführer hören wir sehr stark.» Die Kinder akzeptieren die vom Vater auserkorenen Unternehmensführer und begnügen sich damit, selbst die zweite Geige zu spielen.

Als Angelika Jahr 1962 volljährig wurde, ließ der Vater seine Kinder weitreichende Erbverträge unterzeichnen. Sie wurden mehrfach überarbeitet und sind bis zum Jahr 2010 bindend. Danach werden die Kinder mit jeweils 25 Prozent am Erbe bedacht und disponieren in gleichem Umfang über Stimmrechte in der Gesellschafterversammlung. Alle Gewinne werden, egal in welchem Bereich sie anfallen, gleichmäßig verteilt. Die Standardquotierung ist nur bei der Hamburger Spielbank außer Kraft gesetzt. Aufgrund von Eigenaktivitäten erhält dort John Jahr junior einen höheren Anteil. Eine Realteilung des Nachlasses soll durch die Abmachungen um jeden Preis vereitelt werden. Bei Verkaufsabsichten eines Kindes können die anderen jederzeit zum Buchwert – also weit unter Marktwert – übernehmen.

Daneben bedürfen sämtliche substantiellen Entscheidungen, wie etwa Änderungen der Gesellschafterverträge, der Zustimmung aller. Um die Handlungsfähigkeit in der Holding nicht zu blockieren, sind mitunter auch Entscheidungen mit einer Dreiviertel-Mehrheit möglich. Trotz dieses komplexen Regelwerks scheint der Senior John Jahr dem Frieden unter den Kindern nicht völlig trauen. Um allen Eventualitäten und Erbkrächen vorzubeugen, hat er deshalb eine weitere Sicherheit eingebaut: Dem Externen Bernhard Servatius («Serva») wird als Testamentsvollstrecker und Schlichter eine außergewöhnlich starke Position eingeräumt.

Der Rechtsanwalt Servatius ist außerdem Geschäftsführer der Jahr-Gesellschaft Asset Beteiligungs GmbH & Co, die ihrerseits mit einem knappen Viertel an der amerikanischen Gruner + Jahr-Tochter G + J Printing & Publishing Company beteiligt ist. Äußerst pikant: «Serva» ist auch Aufsichtsratchef vom Axel-Springer-Verlag, über sein Mandat bei der Familie Jahr erhält er somit zwangsläufig gleichzeitig Einblick in das Geschäftsgebaren des Springer-Erzrivalen Gruner + Jahr. Ein Vertrauter der Familie über die Funktion, die John Jahr dem hanseatischen Topanwalt zugedacht hat: «Mir hat der Senior gesagt, daß Servatius die letzte Stimme hat, wenn ein Ungleichgewicht auftritt.» John Jahr junior bestätigt: «Den haben wir uns als Neutralen mit reingezogen, wenn es nun doch mal zu Streitereien kommt.»

Zwar halten die vier Erben zusammen, aber nicht immer ziehen sie an einem Strang – dazu sind sie viel zu eigen und exzentrisch. Auf Mißfallen stößt vor allem ein Projekt von Alexander Jahr, das er in seinem Jahr-Verlag betreibt: Unter dem Titel ‹Bild der Geschichte› verkauft er Hochglanzhefte, die sich in längst vergessen geglaubter Manier mit dem Dritten Reich beschäftigen. Darin erscheint Hitler ganz privat und menschlich, in Landsermanier werden die Leistungen der deutschen Soldaten in der heißen Wüste Afrikas und in der Kälte des russischen Raums gewürdigt. Begleitet wird die gedruckte NS-Verharmlosung durch zahlreiche audiovisuelle Angebote: Für 120 Mark können sich Ewiggestrige nochmals Hitlers 50. Geburtstag auf die Mattscheibe holen, für 19,80 Mark gibt es Schallplatten wie «Marschmusik im Dritten Reich», «Die Geschichte der Waffen-SS» und «Ein Volk, ein Reich, ein Führer», die die großdeutsche Vergangenheit akustisch aufleben lassen. Bereits Ende der siebziger Jahre warf Alexander Jahr Hefte ähnlichen Kalibers auf den Markt. Geworben wurde seinerzeit in ganzseitigen Anzeigen unter dem Slogan: «Wir Deutschen sind die besten Soldaten der Welt». Der Verlegersohn erinnert sich: «Das hat gewaltigen Ärger gegeben, die Familie hat irgendwann gesagt: ‹Das verbieten wir Dir jetzt›. Und untersagen lasse ich mir ungern etwas.»

Warum gibt sich ein Alexander Jahr für ein solch fragwürdiges Projekt her? Man dürfe Hitler «nicht nur als verrückten Teppichbeißer» darstellen, sondern müsse, «wenn die Opfer einen Sinn gehabt haben sollen», auch die von ihm ausgehende Faszination zeigen. Die Jahr-Familie, der die eskapadenhafte Erweiterung des Programms nicht behagt, hat 1989 die Verhältnisse in dem Verlag rückwirkend zum Juli 1988 neu geordnet: Alle Anteile wurden restlos an Alexander Jahr übertragen. Sonderlich gewinnträchtig ist das Unternehmen, das mit Spezialtiteln wie ‹Fliegen fischen›, ‹St. Georg›, ‹Surfen›, ‹Tauchen› und ‹Golf› rund 40 Millionen Mark jährlich umsetzt, ohnehin nicht. «Mein Lebensstandard hängt nicht von diesem Verlag ab», verrät Alexander Jahr, «wenn ich hier Renditen von zehn Prozent rausnehmen würde: Was soll ich damit?»

*

Die Hamburger Spielbank erwies sich dagegen schon früh als wahre Bonanza. Sie ist im Nobelhotel Intercontinental untergebracht, hat Dependancen am Steindamm, in Wandsbek und seit August 1987 auch eine auf der Reeperbahn. Bei einem Bruttospielertrag von rund 94 Millionen Mark in 1988 plus einem Tronc von 17,5 Millionen Mark kassiert die Jahr & Achterfeld KG als Konzessionärin kräftig ab: Nach Abzug der Kosten bleibt unterm Strich ein Betrag von mindestens drei Millionen Mark übrig; es können auch bis zu zehn Millionen Mark sein, wie Beobachter nachgerechnet haben wollen. 1986 hat der Senat ohne Wissen des Parlaments die zunächst von 1977 bis 1992 begrenzte Konzession um zehn weitere Jahre verlängert. Geschätzter steuerfreier Gewinn für die Betreiber in dieser Dekade: 100 Millionen Mark.

Eine Spielbankkonzession ist ein ganz besonderes Privileg. Der Staat vergibt ein Monopol, das goldene Eier legt. Wenn schon überhaupt Privatleute bei diesem Glücksspiel mitmischen müssen: Sollen ausgerechnet publizistisch Mächtige in den Genuß eines solchen Vorrechts kommen? Dürfen sie sich um ein solches Privileg bewerben? Die Vorgänge um die Hamburger Spielbank zeigen die Brisanz der Fragen.

Auf den Dreh, auch in der Hansestadt mit der kleinen Kugel große Gewinne einzurollen, kam ‹Stern›-Redakteur Wilfried Achterfeld Anfang der Siebziger und verbündete sich mit seinem Skatbruder John Jahr junior. Gemeinsam trugen sie dem Senior die gewinnträchtige Idee vor – und flogen achtkantig aus dem Zimmer. John Jahr der Ältere hatte, ganz entgegen seine Gepflogenheiten, bei einem Geschäft moralische Skrupel. Irgendwie muß es ihm aber doch unter den Fingern gejuckt haben, denn er versprach seinem ältesten Sohn und dessen Kompagnon, den damaligen Hamburger Bürgermeister Herbert Weichmann zu konsultieren. Der Sozialdemokrat äußerte sich zwar negativ («Herr Jahr, so ein seriöser Mann wie Sie und eine Spielbank – eine Spielbank ist für mich der Eingang zur Hölle»), doch als dann unter Bürgermeister Hans-Ulrich Klose das Spielbankgesetz beschlossen wurde, tauchte unter den zahlreichen Bewerbergruppen auch der Name Jahr & Achterfeld KG auf. Die Kommanditgesellschaft erhielt die Konzession, und der ‹Spiegel› flachste: «Altverleger Jahr wäre nicht er selbst, hätte er sich nicht nach den Talern auch hier gebückt.» Zehn lange Jahre flossen die Münzen ganz problemlos in die Spielcasinokasse, mühsam bücken mußte sich niemand. Dann hagelte es böse Schlagzeilen, wenngleich auch nur von einem ausgewählten Teil der Presse – nämlich in den Konkurrenzblättern von Gruner + Jahr.

Die Vorgänge und die Vorwürfe: Parlamentarisch wurde die Konzessionsvorgabe in den Jahren 1976 und 1977 von dem Haushaltsausschuß der Hansestadt vorbereitet. Vorsitzender des Ausschusses war der SPD-Bürgerschaftsabgeordnete Gerd Weiland. Privat teilte und teilt sich Weiland eine Anwaltskanzlei mit Alexander Jahr. Daß so einer befangen ist, versteht sich auch für den Laien von selbst. Das Dilemma wurde geschickt und formaljuristisch einwandfrei beiseite geschoben. Spielbankmitbetreiber Achterfeld über Weilands Verhalten, wenn im Ausschuß der Tagesordnungspunkt «Spielbank» aufgerufen wurde: «Der hat sich immer mit Persilschein rechtzeitig abgemeldet.»

Werden Entscheidungen tatsächlich hinter verschlossenen Ausschußtüren gefällt? Konnte Weiland, der die Jahr-Familie in Sachen Spielbank beriet, möglicherweise informell auf die Mitglieder einwirken? Auftrieb erhielten solche 1988 aufgekommenen Spekulationen durch den Ex-Bürgermeister Dieter Biallas (FDP), der Ende der siebziger Jahre als Beauftragter des Senats in einer Spielbank-Kommission saß. Biallas in einem Interview: «Ich habe zwar keine hieb- und stichfesten Anhaltspunkte, aber mir war damals sehr unbehaglich. (...) Ich habe seinerzeit als Mitglied der Senatskommission, soweit ich mich erinnere, ziemlich nachdrücklich versucht, mir ein Bild darüber zu machen, warum die Finanzbehörde dem einen Bewerber so deutlich den Vorzug gab.» Der FDP-Mann wollte ausdrücklich nicht ausschließen, daß Schmiergelder und Parteispenden geflossen sein könnten. Diese Anspielungen brachten Spielbank-Chef Achterfeld mächtig in Wallung: Professor Biallas sei eine «akademische Dreckschleuder», erklärte er.

Die CDU-Opposition bemäkelt bis zum heutigen Tag die ungewöhnlich günstigen Bedingungen für die Betreiber, konstatiert ein Verstoß gegen das Verbot der Unterbeteiligungen (stille Teilhaber an der Spielbank sind eine Hotelverwaltungsgesellschaft sowie mehrere Mitglieder der Jahr-Familie, die erst nach der Konzessionsvergabe beteiligt wurden) und kritisiert, daß die Verlängerung bis 2002 unter Umgehung des Parlaments zustande kam und den Jahrs dabei wiederum traumhafte Konditionen zugebilligt wurden. Der christdemokratische Politiker Ove Franz vieldeutig: «Man muß schon sehr naiv sein, um zu glauben, daß da der Senat lediglich über den Tisch gezogen wurde.» Schon seit längerem bemüht sich Franz um Akteneinsicht, der Senat will jedoch wegen dem Schutzinteresse der Begünstigten nicht alle Dokumente ausliefern.

Die Jahrs betonen ihrerseits, daß es keinerlei dunkle Machenschaften gebe und die Hamburger Union mit einer üblen Kampagne von ihren eigenen Problemen ablenken wolle. «Da ist alles 110prozentig korrekt gehandhabt worden», versichert Klaus Unger. Die Konzessionsverlängerung sei nur deshalb erfolgt, weil 1987 die neue Dependance auf der Reeperbahn eröffnet wurde und damit erhebliche Investitionen verbunden wären, die sich amortisieren müßten. John Jahr junior bewußt bildhaft: «Wenn Sie wirklich große Räder drehen wollen, müssen Sie absolut seriös sein.»

Mag sein. Es ist mehr als fraglich, ob die Vorgänge überhaupt noch wahrheitsgemäß und lückenlos aufgeklärt werden können. Interessant ist hier auch einzig und allein die Frage, welches Echo die Ereignisse in den Medien fanden. Und da lassen sich, ganz objektiv und nüchtern betrachtet, einige Eigentümlichkeiten feststellen.

So produzierte ‹Radio Bremen› einen Hörfunk-Beitrag über die ins Gerede gekommene Spielbank, der von verschiedenen ‹ARD›-Anstalten ausgestrahlt wurde. Der in Hamburg ansässige und eigentlich zuständige ‹NDR› übernahm die Sendung nicht. Verantwortlich dafür: Direktor Gerhard Gründler – er arbeitete bis 1980 bei Gruner + Jahr. Im Gegensatz zu Zeitungen wie ‹Frankfurter Allgemeine›, ‹Welt›, ‹Hamburger Abendblatt›, ‹Bild› und ‹taz› hielt sich Gruner + Jahrs ‹Morgenpost› spürbar zurück. Das Verlags-Flaggschiff ‹Stern› konnte dem Vorfall überhaupt nichts Berichtenswertes abgewinnen. ‹Spiegel›-Leser wissen mehr, wohl wahr: Die Spielbankskandale in Hannover, Mainz und Saarbrücken wurden auf endlos vielen Seiten ausgewälzt. Doch bei den Roulettegeschäften der Jahrs schonte das enthüllungsfreudige Nachrichtenmagazin seine investigativen Kräfte. Zunächst wurde das vor der Haustür liegende Casino mit keiner Silbe erwähnt, später dann mit einem verschämten zweispaltigen Kästchen bedacht. Gruner + Jahr ist zu einem Viertel am ‹Spiegel› beteiligt.

Nein, so funktioniert das bestimmt nicht: Es gibt keine Anweisungen «von oben», keine an die Redaktionen gerichteten Direktiven. So plump sind die Mechanismen (zumindest bei Gruner + Jahr) nicht, das Geflecht ist viel feiner gewirkt. Rücksichtnahmen und Augen-zu, dazu bedarf es keiner schriftlichen Dekrete, sogar Worte sind überflüssig. Man kennt sich schließlich, arbeitet im gleichen Haus. Und auf der unteren Ebene mag es möglicherweise schlicht an Courage mangeln – schließlich gibt es genügend Themen, die weniger heikel sind.

Christdemokrat Ove Franz über das Vorgehen der Gruner + Jahr-Redakteure in Sachen Spielbank: «Wenn die überhaupt recherchieren, dann ausgesprochen lustlos.» Bissig seien hingegen die Journalisten aus dem linken Spektrum (gegen die ‹taz› wurde eine einstweilige Verfügung verhängt), die Springer-Blätter würden zumindest umfassend informieren. Was für ein kurioses Bündnis: Die Linkspresse Hand in Hand mit Springergazetten gegen die stummen Aufklärungsorgane von Gruner + Jahr – wer hätte diese Konstellationen zu Zeiten der Studentenbewegung und der «Enteignet Springer»-Kampagnen für möglich gehalten?

«Geschäfte werden nun einmal mit Geld betrieben»
Die Jahr-Chronik

1900 Am 20. April wird John Jahr im Hamburger Stadtteil Eppendorf als Sohn eines Feuerwehrbeamten geboren.

1916 Anders als seine drei Brüder studiert John nicht – er beginnt eine Lehre als Exportkaufmann. Sein Ziel: die Herrenartikelbranche.

1920 Nach dem 1. Weltkrieg orientiert sich Jahr um: Er volontiert beim ‹Sport-Extrablatt› und wechselt kurz darauf in die Sportredaktion der konservativen ‹Hamburger Nachrichten›.

1924 Jahr wird Verleger: Er gründet den Sport-Chronik-Verlag, in dem eine gleichnamige Zeitschrift erscheint.

1925 Jahr kommt durch seinen Beruf mit dem Boxer Max Schmeling zusammen. Die beiden verbindet eine lebenslange Freundschaft.

1926 Der Hamburger Sportverein versucht die redaktionelle Linie der ‹Sport-Chronik› zu beeinflussen. Jahr trennt sich daraufhin von ihr und erwirbt den Autoadressen- und Sportverlag Dr. Armin. Gleichzeitig wird er Leiter einer Werbeagentur, die 1929 nach dem «Schwarzen Freitag» Pleite macht. Zuvor vermittelt Jahr bedeutende Etats für Reemtsma, Phönix und Kaffee Hag.

1928 Jahr erwirbt für die Olympischen Spiele in Amsterdam die Exklusiv-Bildrechte für Deutschland.

1929 SPD-Sympathisant Jahr kommt mit dem kommunistischen Großverleger Münzenberg ins Geschäft: Er wird Anzeigen-Generalvertreter für dessen wöchentlich erscheinende ‹Arbeiter-Illustrierte-Zeitung›.

1931 Jahr beschafft auch für die neugegründete Münzenberg-Zeitschrift ‹Weg der Frau› Anzeigen.

1932 Im September heiratet Jahr die Rechtsanwaltsgehilfin Elli Kleese. Die beiden lernen sich kennen, weil sie in demselben Gebäude arbeiten.

1933 Jahr siedelt nach der nationalsozialistischen Machtergreifung von Hamburg nach Berlin über.
Ein Tag nach dem Weihnachtsfest kommt der Stammhalter auf die Welt, er wird auf den Namen John getauft.

1936 Bei den Olympischen Spielen in Berlin, die das Dritte Reich zur Selbstinszenierung nutzt, ist Jahr – wie schon vier Jahre zuvor – mit dabei: Er produziert einen Olympia-Kalender und verkauft für das Spektakel Anzeigen.

1937 Die John-Jahr-Heimbücherei wird gegründet; sie verlegt heroische Werke über das Soldatenleben.
John Jahr erwirbt das seit 1933 erscheinende Blatt ‹Die junge Dame› – mit diesem Schritt begründet er seinen Ruf als Experte für Frauenzeitschriften.

1938 Der zweite Jahr-Sohn Michael erblickt das Licht der Welt.

1940 Alexander wird geboren.

1941 Mit Angelika kommt weiblicher Nachwuchs ins Haus.

1944 In Deutschland wird der totale Krieg ausgerufen, John Jahr muß seine Frauenzeitschrift ‹Die junge Dame› und alle Unternehmen einstellen. In seiner Berlin-Dahlemer Villa schmiedet er Pläne für die Zeit danach.

1945 Jahr und Max Schmeling flüchten mit dem Auto aus der umkämpften Reichshauptstadt und gehen nach Sylt. Dorthin wurde schon zuvor Jahrs Familie in Sicherheit gebracht.
Die amerikanische Besatzungsmacht verwehrt Jahr die Herausgabe einer Zeitschrift. Weil er im Dritten Reich außergewöhnlich gut verdient und jährlich im Durchschnitt 200 000 Reichsmark versteuert hatte, ist er ihnen suspekt.

1947 Die Briten in Hamburg zeigen sich großzügiger: Jahr bekommt zusammen mit Axel Springer eine Lizenz für den Frauentitel ‹Constanze›.

1948 Am ersten März, noch vor der Währungsreform, erscheint ‹Constanze› – 24 Seiten dick, 1,20 Mark teuer und mit einer Auflage von 60 000 Exemplaren. Chefredakteur wird Hans Huffzky, der bereits ‹Die junge Dame› leitete.

1950 Für 15 000 Mark bekommt Jahr 50 Prozent vom notleidenden ‹Spiegel› – ein lohnendes Investment, wie sich später zeigt.

1957 Vom Ullstein-Verlag übernimmt Jahr kostenlos die erfolglose ‹Brigitte› und baut sie zur meistgelesenen Frauenzeitschrift Deutschlands aus.

1960 John Jahr trennt sich von Axel Springer und führt den Constanze-Verlag alleine weiter.
Für 3,2 Millionen Mark verkauft Jahr die Hälfte seiner ‹Spiegel›-Beteiligung an den Drucker Richard Gruner. Aus der ‹Constanze›-Beilage ‹Schöner Wohnen› wird eine eigenständige Zeitschrift.
Jahr arbeitet bei der Freies Fernsehen GmbH mit. Das Verlegerfernsehen, auch «Adenauer-TV» genannt, scheitert am Verfassungsgericht.

1961 Jahr gibt seine restlichen ‹Spiegel›-Anteile an Gerd Bucerius ab. Später hält er den Ausstieg aus dem Nachrichtenmagazin für seinen größten unternehmerischen Fehler.

1964 Mit ‹Petra› kommt der dritte Frauentitel.

1965 Nach anderthalbjährigen Verhandlungen wird mit der Gruner + Jahr GmbH & Co (G+J) Deutschlands mächtigster Zeitschriftenkonzern aus der Taufe gehoben. Gruner hält 39,5, Jahr 32,25 und Bucerius 28,25 Prozent der Anteile. Der Jahresumsatz addiert sich auf 400 Millionen Mark.

1969 Gruner droht: Wenn er nicht die Mehrheit an Gruner + Jahr erhalte, werde er an den Bauer-Verlag verkaufen. Tatsächlich will er nur Cash sehen, sein Abschied von Gruner + Jahr bringt ihm rund 130 Millionen Mark ein. Bucerius und Jahr erhöhen ihre Anteile auf je 37,5 Prozent, Bertelsmann bekommt 25 Prozent. Später bedauert Jahr den Einstieg der Gütersloher («auch eine Fehlentscheidung»).
Jahrs erstem Nachkriegskind geht die Luft aus. Der ‹Spiegel› in einem Nachruf: «Mit 13 wurde ‹Constanze› zu fett. Man verordnete ihr eine Abmagerungskur, doch darüber wurde sie unstet: Sie wech-

selte immer häufiger ihre Herren, verlor zunehmends an Attraktivität und stürzte sich am Ende auch noch in Schulden. Nun, kaum 21, ging sie dahin.»

1971 Jahr und Bucerius geben je 2,5 Prozent der G+J-Anteile an den Verlagsmanager Ernst Naumann ab, die dieser bis 1976 hält.

1973 Bucerius kooperiert, hinter dem Rücken von Jahr, mit Reinhard Mohn und ermöglicht, daß Bertelsmann Mehrheitsaktionär wird. Jahr, der gegen diese Transaktion ein Vorverkaufsrecht geltend machen möchte, erwägt gerichtliche Schritte.
John Jahr will mit dem Sexualforscher Ernest Bornemann das radikale und frauenbewegte Blatt ‹Lib› in seinem Jahr-Verlag herausbringen. Schließlich scheitert das Projekt am Dissens der Partner.

1974 Jahr überlegt, ob er sein Gruner + Jahr-Paket abstoßen soll. Auf Anraten seiner Kinder speckt er lediglich auf eine Sperrminorität von 25,1 Prozent ab. Jahr resigniert: «Ich habe erkannt, daß ich bei Gruner + Jahr nicht in die Majorität kommen kann.»

1978 Klaus Unger wird Mitgeschäftsführer der Jahr-Familienholding. Der bisherige Alleingeschäftsführer Manfred Guth opponiert gegen die Entscheidung und muß gehen. Als zweiter kommt 1980 Rudolf Illies.

1987 John Jahr legt aus Altersgründen sein Aufsichtsratsmandat bei Gruner + Jahr nieder. Sein Nachfolger wird Klaus Unger.

1988 Die Jahr und Achterfeld KG, Betreiberin der Hamburger Spielbank, gerät unter politischen Beschuß. Die erhobenen Vorwürfe sind bis heute ungeklärt.

1989 Die Eigentümerstruktur in dem auf Spezialtitel fixierten Jahr-Verlag wird neu geordnet: Die Familienmitglieder treten ihre Anteile an Alexander Jahr ab.

DAS JAHR-REICH

Stern	essen & trinken	schöner wohnen	Bild der Geschichte
St. Georg	Spielbank Hamburg	M. M. Warburg Brinckmann Wirtz & Co	Fliegen- fischen

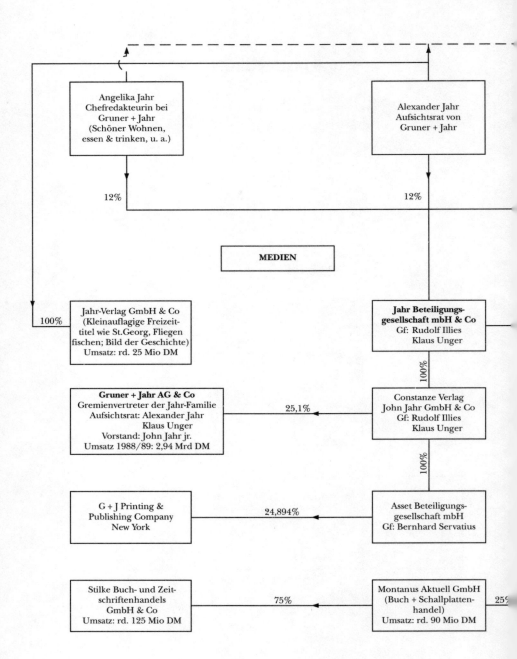

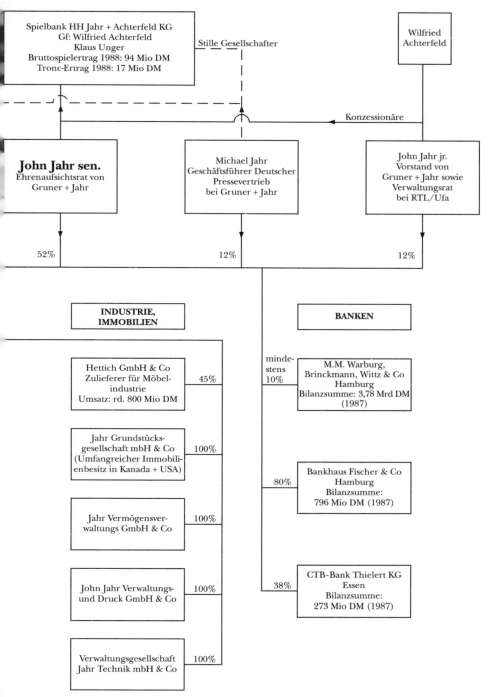

Überblick

Charakteristik

Die Jahr-Dynastie ist ein von John Jahr sen. aufgebautes Familienunternehmen, das nach seinem Tode zu gleichen Teilen an seine vier Kinder übergehen wird. Da über Aktivitäten striktes Stillschweigen bewahrt wird, dürften die dargestellten Beteiligungen – insbesondere im gewerblichen Bereich – bei weitem nicht vollständig sein. Wichtigstes Asset bildet eine qualifizierte Schachtelbeteiligung an der Bertelsmann-Tochter Gruner + Jahr. Von zentraler Bedeutung sind daneben Anteile an drei Banken sowie eine Beteiligung an einem großen Zulieferer der Möbelindustrie.

Besonderheiten

Bei der Hamburger Spielbank ist die Standardquotierung außer Kraft gesetzt. Hier hat John Jahr jun. entscheidenden Einfluß. Der Jahr-Verlag gehört Alexander Jahr allein.

Bedeutung

Das Vermögen der Jahr-Familie liegt erheblich über einer Milliarde Mark. Der auf die Holding entfallende anteilige Umsatz übersteigt deutlich 1,6 Milliarden Mark.

Lenkung

Die Holding ist zweistufig organisiert. Das operative Geschäft besorgen die beiden Geschäftsführer Rudolf Illies und Klaus Unger. Die vier Kinder bilden eine Art Aufsichtsrat.

Strategie

Gesucht werden qualifizierte Minderheitsbeteiligungen in den verschiedensten Bereichen.

LEO KIRCH:

Kunstfreund und Hasardeur

Als Leo Kirch in den sechziger Jahren noch ein kleines Büro in der Münchener Innenstadt hatte, war zuweilen ein besonderer Gag fällig. Journalisten, die ihn nach Herrn Doktor Kirch fragten, schickte er einfach mit einem kleinen Lächeln auf den Lippen in die falsche Richtung. Jahrelang war der Name des Mannes, der sich auf diese Weise selbst erheiterte, nur Insidern ein Begriff. Leo Kirch («LK»), das unbekannte Wesen, der geheime Zar des deutschen Fernsehens. Heute wären die Scherze von früher unmöglich, schließlich kennt mittlerweile jeder Zeitungsbote sein Gesicht. Und Kirch befehligt längst nicht mehr die ehemalige Mini-Betriebsstätte in der Kardinal-Faulhaber-Straße, sondern residiert in einer Beton-Trutzburg vor den Toren Münchens. Hier, in Unterföhring, in unmittelbarer Nachbarschaft zu Dependancen von ‹ZDF› und ‹ARD›, ist der Medien-Boß für die Öffentlichkeit unerreichbar.

Sein Geld hat der Mogul seit Ende der fünfziger Jahre mit dem Verkauf von Filmrechten an deutsche Fernsehsender verdient. Erst nahm die ‹ARD› dankbar die kostbare Zelluloid-Ware, die der Bayer Kirch aus Italien, Frankreich und vornehmlich den USA lieferte. Dann griff auch das 1962 gestartete Zweite Deutsche Fernsehen (‹ZDF›) zu. Der Film-Tycoon schnupperte endgültig Morgenluft, als privater Rundfunk Wirklichkeit wurde. «Ich habe 20 Jahre lang darauf gewartet, daß eines Tages die Konkurrenz auf der Kundenseite eintritt, die nun da ist», frohlockte er in einem Interview mit dem ‹Spiegel›. An dem links gestrickten Nachrichtenmagazin war der CSU-Anhänger nicht mehr vorbeigekommen, weil er im Herbst 1987 nach der Macht im größten Zeitungshaus der Bundesrepublik, dem Axel-Springer-Verlag, strebte und seine publizistischen Ambitionen legitimieren mußte. Vergebene Liebesmüh': Verlegerwitwe Friede Springer schien erst begeistert, zeigte letztlich aber die kalte Schulter.

Leo Kirch ist der Aufsteiger par exellence. Ein Self-made-Mann will nach ganz oben und scheut sich nicht, im Poker um Macht und Geld alles zu riskieren. Der Sproß des Wirtschaftswunders liebt den Bluff ebenso wie den satten Gewinn. Doch «LK» betreibt, beraten vom Bremer Rechtsanwalt Dr. Joachim Theye und finanziert vom DG-Bank-Chef Helmut Guthardt, ein gefährliches Spiel. Bisweilen ähnelt er der Hauptfigur aus einem Film, der zu seinem Repertoire gehört: Orson Welles' «Citizen Kane». Wenn Macht zum Wunsch nach Über-Macht führt, ist schnell ausgeprägte Hybris die Folge und ein scheinbar glanzvolles Reich erweist sich als Blendwerk. «Citizen Kirch», der Magnat mit einst unbestritten vielen Optionen auf Zukunftsgeschäfte, hat begonnen, die Hauptrolle in seinem eigenen Film zu spielen. Nur: Es ist alles andere als sicher, ob es sich um ein Hollywood-Epos mit Happy-End handelt.

Durch die vielen Manöver im versuchten Take-over im Springer-Verlag wirkt Kirch in der Öffentlichkeit suspekt und undurchsichtig. Der am 21. Oktober 1926 im fränkischen Volkach bei Würzburg geborene Winzersohn verkörpert zu stark jene Qualitäten, die im schwierigen Handel mit Filmrechten gefragt sind: Chuzpe, Verschlagenheit, Cleverness. Daß Kirch in einer Bestechungsaffäre in die Schlagzeilen kam, paßt vielen ins Bild. Zudem macht ihm eine Zuckerkrankheit zu schaffen: Der Großhändler der leichten Ware kann kaum mehr sehen und muß die Augen zusammenkneifen. Von Springer-Chef Peter Tamm ist der entlarvende Ausspruch bekannt, daß «der Mann, der aussieht wie Dschinghis-Kahn, uns in kurzer Zeit alle um seinen Finger gewickelt hat». Kirch, der mongolische Eroberer im betulichen deutschen Medienmarkt?

«Dickschädelig» nannte ihn die ‹Frankfurter Allgemeine Zeitung›, «Howard Hughes of Germany» die Boulevard-Gazette ‹Münchner Abendzeitung›. Kirch-kritische Magazine wie ‹Spiegel› oder das inzwischen eingestellte Fachblatt ‹Neue Medien› stellten immer gern Wortspiele mit seinem Vornamen an – von «allmächtiger Leo» bis «Zwielicht muß sein, wenn Leo kommt». Die Pressesprecherin des Zelluloid-Löwen, Armgard von Burgsdorff, ärgert sich regelmäßig über die schnöde Sprache, die ihrem Chef entgegenschlägt. Auch das Wort «Filmhändler» mag sie nicht mehr hören – «das klingt wie Teppichhandel oder – schlimmer noch – Drogenhandel». Dabei hatte Kirch selbst im Oktober 1987 verkündet: «Ich fühle mich glücklich als Filmhändler.»

Knapp die Hälfte seines Firmenumsatzes von schätzungsweise 900 Millionen Mark realisiert Kirch noch immer im Lizenzgeschäft, das über die Keimzellen Beta- und Taurus-Film läuft. Fast ein Drittel macht sein Medienklub, rund 20 Prozent tragen internationale Produktionen und Co-Produktionen bei, die Kirch oft in nur geringem Umfang eingeht, um sich die Rechte zu sichern. Sein Geschäft ist weit aufgesplittet und kaum zu erfassen: Beta Technik kümmert sich um Synchronisation und Bearbeitung des Filmmaterials; Iduna Film vertreibt Mini-Serien und Kinoprogramme; Taurus Film-Video handelt mit Video-Produktionen; die Studiofilmtheaterbetriebe managen Kinosäle; die Merchandising München KG kümmert sich um die Nachvermarktung von Nebenrechten; Produktionen entstehen über CBM und Beta Film; Unitel stellt vor allem Klassik-Musikfilme her; Obelisk agiert im Kino-Verleihgeschäft. Der Münchner Medien-Monarch und sein Sohn Thomas halten auch noch einige Beteiligungen, unter anderem an den privaten Fernsehsendern ‹Sat 1› und ‹Pro 7›.

Das freilich ist nur die bekannteste Aktivität des verschachtelten Kirch-Konzerns. «Wir sind ein leises Unternehmen», skizziert Pressedame von Burgsdorff. Leise? Das war einmal. Das stille Wirken führt längst zu Knalleffekten. Die Kunst der Händler-Diplomatie, die konnte Kirch in den fünfziger und sechziger Jahren noch vollkommen ungestört pflegen.

*

Die Medien-Erfolgssaga begann 1955. Der promovierte Betriebswirt Leo Kirch hatte vorher schon bei Handelsgeschäften mit billigen DDR-Ferngläsern, die er nach Spanien lieferte, sein Kaufmannstalent unter Beweis gestellt. Viel interessanter erschien dem Assistenten der Münchner Universität langfristig aber das Medium Fernsehen zu sein – Programmzulieferungen an die Sender ortete Kirch frühzeitig als heiß begehrte Dienstleistung der Zukunft. Also gründete der pragmatische Akademiker eine Firma, die sich mit dem Erwerb von Rechten beschäftigen sollte: die Nürnberger Sirius Film. Mit einem Volkswagen fuhren Kirch und sein Freund Hans Andresen nach Barcelona und kauften dort den Streifen «Marzellino, pane e vino». Auf der Rückfahrt mußten sie im Auto übernachten, da das Geld für ein Hotel fehlte. Den ersten großen Coup landeten Kirch, dessen Sirius inzwischen in München residierte, und Andresen im Januar 1956 in Rom, als sie den Rat eines befreundeten Journalisten befolgten und von den Produzenten Carlo Ponti und Dino Di Laurentis die Rechte an Frederico Fellinis «La Strada» erwarben. Da die beiden die Kaufsumme von 20 000 Mark nicht sofort aufbringen konnten, mußte der noch nicht einmal dreißigjährige Kirch zurück nach Deutschland, um das Geld zusammenzupumpen. Andresen hielt die Stellung, bis der Deal abgeschlossen war.

Der Geheimtip erwies sich zunächst als Flop, kein Kinobesitzer wollte den Film. Erst als der Constantin-Verleih unter Konsul Bartel zugriff, wurde Fellinis Werk zum Kassenschlager. Bartel avancierte wenig später für kurze Zeit zum paritätischen Partner von Kirch, dessen Konto nun beständig anschwoll. Mit der finanziellen Manövriermasse brachten sich die weitsichtigen und innovativen Andresen und Kirch in eine günstige Position im sich entwickelnden deutschen Fernsehmarkt. Der Boykott der deutschen Filmproduzenten, die die ‹ARD› bekriegten («Keinen Meter Film für das Fernsehen»), kam dem Tandem wie gerufen. Zudem nutzte es aus, daß Film-Importe für Fernsehsender damals, anders als für Kinoverleiher, nicht kontingentiert und genehmigungspflichtig waren. Dankbar unterstützte ein Assessor im ‹Hessischen Rundfunk›, Hans Joachim Wack, das bajuwarische Duo. Der ‹ARD›-Mann kaufte 1958 von den Rom-Reisenden den italienischen Spielfilm «Freunde fürs Leben» sowie eine sechsteilige Serie fürs hessische Werbefernsehen. Kurz darauf ging ein Bündel mit drei Streifen über den Tisch, darunter der Fellini-Film «Die Müßiggänger». Wack, der später bis 1988 die ‹ARD›-Filmeinkaufsfirma Deutsche Gesellschaft für Bild und Ton (Degeto) dirigierte, hatte noch etliche Gelegenheiten, mit Kirch zusammenzuarbeiten.

Bereits 1959 setzten Kirch und Andresen zum Sprung über den großen Teich an und machten mit den mächtigen amerikanischen Filmfirmen an der Westküste, den sogenannten Major Companies, Geschäfte. Die Geschichte vom Start seiner umfangreichen Archivtätigkeit erzählt Kirch, der als amüsanter Plauderer gilt, heute noch mit Hingabe. Die Bayern in Hollywood kauften von United Artist/Warner Brothers aus einem Sortiment 400 Titel zum Preis von sechs Millionen Mark. Da die ‹ARD›-Anstalten aber nur 70 Streifen zum Kaufpreis von zwei Millionen haben wollten, entstand notgedrungen das berühmte Kirch-Lager. – Die «Paketlösung» wurde schon damals zum dominierenden Geschäftsprinzip: Kirch erwarb die Rechte an einer Vielzahl von Filmen ganz unterschiedlicher Qualität; nur im Verbund – kaum Spitzenware, viel Durchschnitt – gab er sie dann zu einem Einheitspreis weiter. Der lag Mitte der Achtziger bei 250 000 Mark, davor bei 125 000 Mark. Durch die Mischkalkulation macht «Little big Leo» (‹Bild›) seinen Schnitt, ein erprobtes System.

Da sich Kirch und Andresen Anfang der sechziger Jahre mit dem erfahrenen Film-Dealer Arthur Cohn verbanden, kamen sie auch mit Paramount und Metro-Goldwyn-Mayer (MGM) ins Geschäft und so zu immer mehr Ware. Cohn weihte die beiden Youngster in die Kniffe des Filmbusiness ein und kassierte Provisionen. Nachdem Kirch seine Lektion gelernt hatte, setzte er Cohn Mitte der sechziger Jahre vor die Tür.

Auf dem deutschen Markt konnte Kirchs Monopolhandel in aller Ruhe mit dem öffentlich-rechtlichen Duopol ‹ARD› und ‹ZDF› gewinnbringende Verträge abschließen. 1959 beispielsweise zahlte Kirch rund 12 000 Mark für die deutschen Rechte an dem «Schau-mir-in-die-Augen»-Klassiker «Casablanca» mit Humphrey Bogart. Im Fernsehen ist der Streifen seitdem 14mal zur Ausstrahlung gekommen – zu Preisen von 126 000 oder 250 000 Mark. Bei einem großen Film-Deal mit der ‹ARD› im Jahr 1976 strich Kirch, so rechnete Burdas ‹Bunte› einmal vor, einen Gewinn von rund 20 Millionen Mark ein. Die Etablierung des ‹ZDF› und die stetige Programmausweitung der ‹ARD› mit ihren 1974 gestarteten Dritten Programmen sicherten dem Emporkömmling eine exponentiell wachsende Nachfrage. Kirch hatte stets das nötige Know-how und die richtigen Connections für den Stoff, aus dem die Reichweiten-Träume sind. Das gilt heute noch, wenn auch nicht mehr so stark wie früher: Durch Informanten in den Anstalten checkt «LK» regelmäßig sehr früh, was die Sender planen; und er kann stets die richtigen Quellen anzapfen, weiß, wo Rechte frei sind oder frei werden. Das ist die Klein- und Schmutzarbeit, für die sich der Grossist von seinen Kunden gut entlohnen läßt. Über Jahrzehnte hinweg mußten sich ‹ARD› und ‹ZDF› um den Service keine Gedanken machen.

Kirchs ehemalige rechte Hand, Bodo Scriba, beschreibt eindrucksvoll, wie Kirch bei Verhandlungen um Filmrechte alles an sich raffte und eine hohe Bereitschaft zeigte, schon beim ersten Verhandlungsgespräch abzuschließen. Scriba hält Kirch als Filmeinkäufer «für eine Katastrophe», während Starthelfer Hans Andresen auf diesem Gebiet viel besser gewesen sei: Der habe von seinem Domizil an der amerikanischen Ostküste aus geschickt taktiert und Filme zum richtigen Zeitpunkt eingekauft. «Ohne Hans Andresen», so Scriba, «wäre Beta-Taurus nie zu dem geworden, was es heute ist.» Der gewiefte Weltmann Andresen, heute nicht mehr an dem Unternehmen beteiligt, hat seinen US-Standort verlassen und kundschaftet in Tokio Filmrechte für Leo aus. In New York und Massachusetts kurbelt jetzt Klaus Hallig mit seiner International Television Trading Corporation (ITTC) die Kirch-Geschäfte an. Die Agentur, dessen Aufbau Kirch kreditär finanzierte, arbeitet zu hundert Prozent für Beta-Taurus. Zu tun gab es in der Vergangenheit genug: sobald eine der Majors mal wieder in der Klemme war, war Kirch als Sofortzahler prompt zur Stelle. Daß Kirch die Etablierung einer weiteren Exklusivrepräsentanz in Los Angeles gefördert hat, bekam der umtriebige Hallig zunächst nicht mit.

Sein heranwachsendes Imperium festigte der ehrgeizige Sohn eines Weinbauern durch ein Netz persönlicher Beziehungen. Der Wiener Beta-Taurus-Bevollmächtigte Leopold Bleichinger hielt in den sechziger und siebziger Jahren die Drähte zum ‹Österreichischen Rundfunk (ORF)› am Glühen, der Kirch-Filmanteil lag dort stellenweise bei 70 Prozent. Intendant Gerd Bacher, heute Berater von Kirch und Bundeskanzler Helmut Kohl sowie Herausgeber der Wiener ‹Presse›, war stets zu Diensten. Die Politik wurde sehr früh Teil des Networks. Friedrich Zimmermann (CSU) beispielsweise, erst Innen- und dann Verkehrsminister im Kabinett Kohl, gehört zu Kirchs engen Freunden. Er ist Fernsehrat im ‹ZDF›. Dort konnte auch der stellvertretende Verwaltungsratsvorsitzende Hans-Dietrich Genscher, ein Freund und Anwaltspartner von Kirch-Intimus Theye, seinen Einfluß geltend machen. «Aus gesundheitlichen Gründen» ist der Außenminister seit Herbst 1989 nicht mehr mit von der Partie – angesichts der engen Geschäftsbeziehungen zwischen ‹ZDF› und Kirch fürchtete er wohl um seinen guten Ruf. Häufig traf der verstorbene Franz Josef Strauß mit Kirch zusammen; über die unternehmerischen Gehversuche seines Patenkindes Franz-Georg Strauß, der sich seit Jahren am Münchner Regionalsender ‹TV-weiß-blau› versucht, hält Kirch seine «helping hand». Managerin von Burgsdorff: «Das Mediengeschäft, und insbesondere das Film- und Fernsehgeschäft, beruht in ganz entscheidendem Ausmaß auf dauerhaften, persönlichen Kontakten.»

Mit dem nötigen Vitamin B läßt es sich prima leben. Ronald Frohne etwa, früher Geschäftsführer und schließlich Advokat in Diensten von Beta-Taurus, erwähnte 1987 in einem Streit um Lizenzrechte mit der staatlichen Transit-Film, die alte Ufa-Filme aus der Zeit vor 1945 im Sortiment hat, daß notfalls politisch Druck gemacht werden könne. Keine leere Drohung: In Frohnes Kanzlei nämlich ist CSU-Fürst Zimmermann Kollege, und der war damals als Innenminister für Transit zuständig. Insbesondere zu den Entscheidungsträgern im ‹ZDF› pflegte Kirch von Anfang an intensiven Kontakt – mit gutem Ergebnis. Schon der erste Programmdirektor Ulrich Grahlmann orderte für 15 Millionen Mark 300 Kirch-Werke. Zwei Jahre später nahm Grahlmann wegen «anstaltschädigenden, vertragswidrigen Verhaltens» den Hut. Den Grahlmann-Nachfolger Joseph Viehöver beförderte Kirch bisweilen in seinem «Mystére»-Firmenjet. Häufig auch war der TV-Manager Gast in Kirchs Domizil in St. Moritz. ‹ZDF›-Redakteure berichteten immer wieder frank und frei, daß sie bei der Prüfung von Serien in den USA eine intensive Betreuung erfahren würden: Kirch zahle ein Nobel-Hotel, stelle Autos und seinen Jet zum Wochenendtrip nach Miami zur Verfügung. Zu Weihnachten verschickte Kirch gern Zehnerkisten mit «Volkacher Ratsherr», den Kirch-Bruder Franz in seinen Weinbergen anbaut. Auf den Etiketten findet sich ein Bildnis von Tilman Riemenschneiders «Madonna mit dem Rosenkranz»; die bekannte Figur steht in einer zum Kirch-Besitz gehörenden Wallfahrtskapelle. 1962 war das Werk entwendet worden, ‹Stern›-Chefredakteur Henri Nannen stiftete damals ein Lösegeld von insgesamt 50 000 Mark für die Rückgabe.

1976 war das Netzwerk zwischen München und Mainz der Grund, warum die breite Öffentlichkeit erstmals etwas vom Wirken der Beta-Taurus-Gruppe erfuhr. ‹Der Spiegel› recherchierte zu einem Enthüllungsstück über «‹ZDF› im Würgegriff?» und trieb damit den bis dato in gänzlicher Anonymität operierenden Leo Kirch vor die Kamera eines ‹Zeit›-Fotografen und die Kugelschreiber der Journalistin Heidi Dürr, der Ehefrau des damaligen ‹ZDF›-Pressechefs Franz Hufen. Nachdem die ‹Spiegel›-Story erschienen war, ließen Kirch und Intendant Karl Holzamer dem Magazin 24 Tatsachenbehauptungen durch gerichtliche Verfügungen verbieten. Das Mainzer Landgericht gab einer Unterlassungsklage des ‹ZDF› in neunzehn Punkten recht. Der ‹Spiegel› durfte nunmehr lediglich weiter behaupten, das vom Vertrag erfaßte Filmpaket sei von der Beta zusammengestellt worden.

An dem Faktum der großen, übergroßen Kirch-Bedeutung im ‹ZDF› gab es schon in den Siebzigern nichts zu rütteln. Zwischen 1973 und 1975 lag die Quote der Kirch-Lieferungen in Bezug zum Gesamtprogramm bei durchschnittlich 47,5 Prozent; insbesondere bei Kinder- und Jugendserien dominierte Kirch. Nach etlichen Diskussionen im ‹ZDF›-Fernsehrat trat ein Kirch-Duzfreund mit pathetischer Pose an die Öffentlichkeit. Der damalige Programmdirektor und heutige Intendant, Dieter Stolte, erklärte, daß künftig nicht mehr als 40 Prozent der Spielfilme vom bayrischen Lichtspielkönig Kirch stammen sollen. Als der Sender vom Lerchenberg 1984 ein Paket von 1264 Filmen für 258 Millionen Mark zusammenkaufte, kamen 750 von ihm – mehr als die Hälfte. Anderthalb Jahre nach dem Großeinkauf erstand das ‹ZDF› noch einmal 178 Kirch-Filme für 44 Millionen Mark. Immer, wenn die Verantwortlichen auf dem Lerchenberg neue Ware en gros einkaufen, spielt Beta-Taurus automatisch mit. 1989 verkaufte Kirch den Mainzelmännchen Ware zu Spitzenpreisen: 26 Folgen der Serien «Alf» und «Inspektor Hooperman» gab es für jeweils 2,34 Millionen Mark, den Vierteiler «Noble House» für acht Millionen Mark. Eine Stunde der Serie Jack Clementi kostete 750 000 Mark, während beispielsweise die ‹ARD› nur 280 000 Mark für eine vergleichbare Serienstunde zahlte. Im Frühjahr 1989 wurde der stellvertretende ‹ZDF›-Programmdirektor Heinz Ungureit damit beauftragt, ein Paket von 800 Filmen der achtziger Jahre zusammenzukaufen. «Die Kirch-Quote einzuhalten», so meinte er damals, «ist schwierig. Die Verhältnisse müssen vorher geklärt werden.» Nachdem die ‹Bild›-Zeitung mitbekam, daß angeblich 500 Filme für rund 250 Millionen Mark von Kirch gekauft werden, klagte sie über die Programmpolitik der Mainzer, die sich geweigert hatten, eine Million für die Übertragung des Tennis-Turniers von Wimbledon auszugeben. Aber für Leo, so der ‹Bild›-Tenor, ist immer Geld da. Einen neuen «privaten Merkantilismus im Medienzeitalter» erspähte Freimut Duve, der kulturpolitische Sprecher der SPD-Bundestagsfraktion. Ein «Größthändler» habe den «Größtsender» so in den Griff bekommen, daß er die Preise diktieren kann.

Daß ein Privater im Öffentlich-rechtlichen die Spielregeln des Marktes außer Kraft setzen kann, das sei, so Duve, in den neuen medienpolitischen «Leid-Linien» nicht vorgesehen gewesen.

Die ‹ARD› ging nicht früh, aber früher auf Distanz. Jahrelang hatte auch sie unter der Ägide des ehemaligen Intendanten des ‹Hessischen Rundfunks›, Werner Hess, als dankbare Abnehmerin von Beta-Taurus-Streifen gegolten. 1977 beispielsweise unterdrückte Hess, dessen Sohn wie viele andere Söhne bekannter Persönlichkeiten später bei Kirch arbeitete, die Diskussion um die problematische Qualität von 200 Filmen, die die ‹ARD›-Einkaufsfirma Degeto erworben hatte. Dann aber begann die Eiszeit. Nachdem sich die ‹ARD› schon in den Siebzigern verpflichtet hatte, nur 25 Prozent ihrer Spielfilme bei Kirch zu bestellen, gingen die Intendanten 1984 in einem Anflug von unternehmeri-schem Wagemut auf Crash-Kurs und kauften für jeweils 15 Jahre und gegen Bezahlung von 80 Millionen Dollar die Rechte an mehr als 1500 Spielfilmen von MGM/United Artists. Mit Walt Disney und MCA gehört das legendäre Unternehmen zu jenen Hollywood-Studios, die keine Exklusivbindung mit Kirch haben. Anders bei den großen Film-Firmen Paramount, Warner Bro-thers, 20th Century Fox und Columbia: dort kann Kirch frei aus dem Titelre-servoir wählen und ein Erstzugriffsrecht ausüben.

Kein Wunder, daß Kirch nichts unversucht ließ, um den ‹ARD›-Coup zu verhindern. Von einem ihm gefälligen MGM-Mitarbeiter, der später gefeuert wurde, erwarb der deutsche Grossist hinterrücks die Rechte an elf Spitzenfil-men wie «Doktor Schiwago», «Vom Winde verweht» oder «Ben Hur». Verge-bens klagte das MGM-Management vor Gericht gegen die Geheimliaison. Als die ‹ARD›-Delegation zu entscheidenden Gesprächen in Los Angeles weilte, schickte Kirch-Anwalt Micky Rudin jedem ‹ARD›-Kommissionär eine Scha-densersatzklage von 114 Millionen Dollar ins Hotel, weil sie MGM zum Bre-chen bindender Agreements mit Beta-Taurus angestiftet hätten. Doch es half nichts – zum ersten Mal scherte ein Abnehmer aus dem Kirch-System aus.

*

Das seit 1959 stetig gewachsene Film-Lager des Aufsteigers «LK» befindet sich heute in einer zwölf Meter hohen Halle, die stets eine Temparatur von 12 Grad Celsius und eine Luftfeuchtigkeit von 40 Prozent aufweist. Das sind die besten Bedingungen für die 15 000 Spielfilme und 50 000 Programmstunden, die Kirch nach eigenen Angaben hat. Darunter sind Mehrteiler wie «Lassie», «Bonanza», «Allein gegen die Mafia» oder «Dornenvögel» sowie Kinoerfolge ganz unterschiedlicher Art: Nouvelle Vague, englisches Free Cinema, Hollywood-Opern, Werke großer Regisseure wie John Houston, Ingmar Bergmann oder Carlos Saura. Vom Feinsten einerseits, aber auch viel Schund der B- und C-Kategorie. Der Schatz im Keller ist das Machtmittel, mit dem der Filmhändler die deutsche Verlags- und Medienszene umpflügen will. Anfang der achtziger Jahre beschloß der expansionshungrige Kirch, seine Basis zu verbreitern, denn im puren Filmhandel hatte er die Grenzen des Wachstums erreicht.

Erste Station sollte eine Beteiligung am entstehenden Privatfernsehen sein. Kirchs Geldgeber, die Deutsche Genossenschaftsbank, rief 1981 die PKS Programmgesellschaft für Kabel- und Satellitenrundfunk ins Leben. Kirch lieferte gemäß einer Bezugsverpflichtung Filme, deren Wert mit seinen Schulden verrechnet wurde; der PKS-Geschäftsführer Jürgen Doetz, vorher stellvertretender Regierungssprecher beim rheinland-pfälzischen Ministerpräsidenten Bernhard Vogel, sorgte für medienpolitisches Schönwetter. Wie zufällig wurde PKS mit 40 Prozent zum größten Gesellschafter beim 1985 gestarteten Sender ‹Sat 1›, wo Doetz von Anbeginn an in der Geschäftsführung wirkt und nebenbei als Vorsitzender des Bundesverbandes Kabel und Satellit (BKS) die Weichen stellt. Auch den PKS-Job hat der Multifunktionär noch.

Da die deutschen Zeitungs- und Zeitschriftenverleger nach dem Willen der Medienpolitiker einen privilegierten Zugang zum privaten Rundfunk bekommen sollten, mußte Kirch versuchen, sich bei einem der großen Printunternehmen einzukaufen. 1984 setzte der Film-Entrepreneur folgerichtig zum Sprung auf den Springer-Verlag an. Der todkranke Firmengründer Axel Cäsar Springer wollte die Nachfolge regeln und seine Aktiengesellschaft an die Börse bringen – für Leo die erhoffte Gelegenheit, ein Bein ins Verlagswesen zu bekommen. Filmhändler Kirch, DG-Bank-Chef Guthardt und der flexible Berater von beiden, Joachim Theye, entwickelten eine Mehrphasenstrategie. Erst kam Kirch mit Axel Springer, dessen damaligem Berater Eberhard von Brauchitsch und dem Sprecher der als Depotbank auftretenden Deutschen Bank, Friedrich Wilhelm Christians, überein, zehn Prozent des Aktienkapitals noch vor der Ausschüttung an das Publikum zu kassieren. Anschließend gewann Kirch mit Guthardts Hilfe Treuhänder für den Erwerb von vinkulierten Springer-Namensaktien, deren Übertragung nur mit Genehmigung des Vorstands und Aufsichtsrats möglich ist. Dann wartete Kirch auf den Zeitpunkt zum Losschlagen. Nachdem Axel Springer im September 1985 gestorben war, versuchte Kirch zunächst ganz friedlich, mit der Verlegerwitwe Friede zu kooperieren – doch das Klima verschärfte sich zusehends. Staranwalt Theye, der Otto Wolff von Amerongen berät und für Hans Gerling in allen wichtigen Aufsichtsräten des Versicherungskonzerns sitzt, wurde zum Turm in der Schlacht. Theye gilt als einzige Person, die über Leos Aktionen voll informiert ist. «Ich fühle mich fast schon wie ein Vorstandsvorsitzender», beschreibt er seinen Part bei Kirch. Für den Unternehmer taktierte der «knallharte Interessenvertreter» (‹Manager Magazin›) bis Ende 1989 als Aufsichtsratschef von ‹Sat 1›. Kirch traut «seinem Freund Theye einiges zu: Vielleicht weiß er nicht so viel von Programmen wie ich, dafür weiß er anderes sehr viel besser.» Theye, Guthardt, Kirch – die Dreifaltigkeit aus Film, Know-how und Kapital wäre beinahe für Springer ein «Trio infernale» geworden. Von Anfang an war klar, daß das Take-over nicht geräuschlos über die Bühne gehen konnte. Der ehemalige Beta-Taurus-Geschäftsführer Scriba, von 1973 bis 1985 in Kirchs Diensten, erinnert sich, seinen einstigen Arbeitgeber vor diesem «Wahnsinn» gewarnt zu haben. Wenn Kirch Springer haben wolle, vereinige er die gesamte «Hamburger Verleger-Mafia» gegen sich, ist das Argument des Bremers Scriba. Soll heißen: Zwar kämpfen Bucerius, Augstein, Tamm, Bauer und Jahr mit harten Bandagen im publizistischen Wettbewerb gegeneinander, doch wer beim Streit um Geist und Geld mitmachen darf, das ist auch eine Frage der Etikette. «Kirch & Co. passen nicht zur hanseatisch-seriösen Unternehmenskultur des Hauses Springer», finden beispielsweise die ‹Bild›-Chefredakteure Hans-Hermann Tiedje und Peter Bartels.

«LK» suchte seine Chance in dem gleichen unnachgiebigen Stil, mit dem er in der Filmbranche reüssierte und begriff nicht, daß die Geschäftsusancen im Verlagsbusiness viel konservativer sind und zudem der publizistische Auftrag, wie auch immer politisch gewendet, weit obenan auf der Werteskala steht. Kirch aber agierte ohne Feingefühl; er marschierte, mußte marschieren. Mit Springer an der Seite wäre der Rubel leichter gerollt, aus vielen Gründen. Bei ‹Sat 1› stellen Kirch und der Großverlag aus dem Norden die Majorität; Beta-Taurus stiftet 70 Prozent des Programms mit meist alten, in ‹ARD› und ‹ZDF› abgenudelten Spielfilmen und Serien. Springers auflagenstarke Gazetten wie ‹Bild› oder ‹Hör zu› könnten, so das Kalkül, Kirch-Programme mit gezielten Begleitartikeln fördern und die Einschaltquoten in die Höhe treiben; das riesige Medienpotential begeistert möglicherweise die Werbekundschaft für interessante Koppelangebote; journalistische Beiträge stünden zur doppelten Nutzung an; Rundfunkräte in öffentlich-rechtlichen Anstalten, meist politisch bestallt, könnten ob der mächtigen Springer-Presse ihre Kritik an zuviel Kirch-Spiel im eigenen Sender vergessen. Und, nebenbei, der Axel-Springer-Verlag ist ein gut verdienendes, dividendenstarkes Unternehmen.

Kirch erkannte, daß sein Unternehmen für die neuen Aufgaben durchstrukturiert werden muß. Ab 1985 wurde eine Abteilung für Öffentlichkeitsarbeit aufgebaut, deren Chefin von Burgsdorff vom verstorbenen Deutsche-Bank-Sprecher Alfred Herrhausen vermittelt wurde. Die PR-Spezialistin hatte als Referentin und Ghostwriterin vor seiner Haustür bei der Bundesbank gewirkt und leistete bei Kirch harte Aufbauarbeit. Beständiges Dementieren gehört zum Job der wortgewandten Blondine. Sie darf auch einige Zahlen verkünden: 700 Mitarbeiter beschäftigt die Gruppe. 370 Programmstunden produziert Beta-Taurus selbst. Aus der Vergangenheit ist nur eine einzige Zahlenkombination bekannt: 1977 haben 400 Mitarbeiter rund 250 Millionen Mark Umsatz erzielt. Das Hauptquartier in der Beta-Straße 1 entdeckte mit der Zeit auch «Corporate Identity». So existiert seit Anfang 1989 eine fad aufgemachte Imagebroschüre und ein Firmen-Logo, das ein aus Filmstreifen gebildetes großes «K» zeigt. Es wird für die einzelnen Unternehmensbereiche verschiedenfarbig eingesetzt: Auf Briefbögen der Firma Unitel etwa erscheint der K-Schriftzug in edlem Burgunderton. Beta-Taurus nennt sich mittlerweile «Kirch Gruppe», international «Kirch Group», was einige bereits mit «K Group» abkürzen. Der gefährliche Sinn der deutschen Übersetzung dürfte ihnen nicht bekannt sein ...

Scriba, der geschiedene Kirch-Intimus, bedauert den Wandel seines einstigen Arbeitgebers und findet «es schade, daß Beta-Taurus jetzt in fast bonapartistischer Art auf Herrn Kirch fixiert ist». Bis Mitte der achtziger Jahre habe das Unternehmen davon gelebt, daß dort eine Handvoll exzellenter Leute wirkten. Früher herrschte dort, so ein anderer Ex-Manager, ein «kumpelhaftes Verhalten». Doch dann drängte sich Kirch immer mehr in den Vordergrund. Bei einer Wohltätigkeitsversteigerung der Burda-Bambis für eine Stiftung von Hannelore Kohl sprang er plötzlich auf die Bühne und ersteigerte das kleine Reh, um es dann im Blitzlichtgewitter der Kanzlergattin zu übergeben. Obwohl der Kirch-Kult immer stärker wurde – die strategischen Springer-Ziele erreichte der Magnat nicht. Dabei schien im Frühjahr 1987 alles bestens zu laufen – Springer-Vorstandschef Tamm und Friede Springer tendierten zu Kirch. Als dieser sich aber als Nachfolger von Axel Cäsar in der Öffentlichkeit präsentierte und Gerüchte auftauchten, der Film-Tycoon wolle mittelfristig Tamm durch den ‹Sat 1›-Chef und Theye-Freund Werner E. Klatten ersetzen, ging die Springer-Führung auf Distanz. Zum endgültigen Bruch kam es, als Kirch mit Frieder und Franz Burda, die 26 Prozent der Springer-Aktien besaßen, koalierte. Die Springer-Erben mußten das Paket im März 1988 für den gewaltigen Aufpreis von 270 Millionen Mark zurückkaufen – ein schmerzhafter Verlust. Seitdem verkündete der Springer-

Aufsichtsrat wiederholt, daß er einer Übertragung der von Kirch heimlich aufgekauften Namensaktien in Höhe von 16 Prozent niemals genehmigen würde – von einer Mitwirkung Kirchs im Springer-Aufsichtsrat ganz zu schweigen.

Nachdem das Theye-Kirch-Kombinat erkennen mußte, daß weder Charme noch Kulissengeschiebe und externe Koalitionen die Macht erbrachten, verstieg es sich auf die Brachialmethode des Aushebelns. Entweder, so die Überlegung, die Springer-Führung gibt nach, oder aber sie zahlt einen hohen Kaufpreis für das Aktienpaket des lästig gewordenen Kirch. Erst meldete er Mitte Juli 1988 beim Bundeskartellamt in Berlin offen einen 25-Prozent-Anteil bei Springer an (als Kirch mit den Burdas zusammengegangen war, hatte er erklärt, daß die mysteriösen 16 Prozent im Besitz ausländischer «Sympathisanten» seien); dann erwarb Kirch offiziell 49 Prozent am ‹Sat 1›-Großgesellschafter PKS. Zwei Prozent gehören Theye, über den Rest verfügt die DG Bank. Monatelang hatte Kirch während des Werbens um Friede Springer in Interviews geleugnet, an PKS beteiligt zu sein. Zu guter Letzt versetzte Kirch den anderen Gesellschaftern von ‹Sat 1› eine schallende Ohrfeige: sein Sohn Thomas kaufte das marode ‹Eureka TV› zu 49 Prozent auf und sanierte es. Das Management und das Spielfilmmaterial des inzwischen in ‹Pro 7› umgetauften Senders kommt ausschließlich von Beta-Taurus. Kirchs junger Büroleiter Georg Kofler avancierte zum Geschäftsführer. Bei seinem Chef durfte er nach eigener Erinnerung «beim Klavierspielen zuhören und auch bald selbst ein paar Sonaten klimpern». Das Programm des Musterschülers ähnelt dem von ‹Sat 1› – Serien und Spielfilme, was sonst. Nach außen aber hat ‹Pro 7› mit Beta-Taurus nichts zu tun, Thomas ist schließlich nicht Leo. Springer antwortete auf die Keckheiten mit der Gründung der eigenen Filmhandels-Company Capitol TV, an der Geschäftsführer Scriba mit 40 Prozent beteiligt ist.

Der Zwist eskalierte zum Medienkrieg: Die Springer-Hauptversammlung 1989 nutzte einer der zahlreichen Kirch-Anwälte für eine einstündige Tirade gegen die Unternehmensführung und bewirkte einige Sonderprüfungen zu Geschäftsvorgängen. Zum letzten Mittel griff Kirch drei Monate später, als er vor dem Landgericht Berlin die Umschreibung der von Treuhändern gehaltenen Springer-Aktien auf seine Gruppe einklagte.

Nach der Springer-Pleite suchte Kirch nach einer anderen Möglichkeit, seine Visionen vom großen Medienverbund zu realisieren und übernahm von der Verlagsgruppe von Holtzbrinck, mit der er im Aufsichtsrat von ‹Sat 1› einen Stimmenpool gegen die von Springer geführte gleich starke Verlegerfraktion bildet, den Deutschen Bücherbund. Dieser Buchklub, der zuletzt auf 300 Millionen Mark Umsatz kam, soll als Absatzkanal für Video-Kassetten, Compact Discs, CD-Videos und Merchandising-Objekte dienen, deren Rechte bei der Kirch-Gruppe liegen. Eine neue Versandtochter, Ecco, übernahm diese Aufgabe. Im Vergleich zu Springer aber nimmt sich die überraschende Akquisition marginal aus: Zusammen hätten die Kirch-Gruppe und der Verlagskonzern rund 3,5 Milliarden Mark umsetzen, Internationalisierung und Integration verschiedener Mediengattungen forcieren und eventuell einmal zum Weltmarktführer Bertelsmann aufschließen können. Statt dessen Bücherbund? Immerhin kann Kirch nun vor allem die bislang stockende Vermarktung seines großen CD-Video-Vorrats an Musikfilmen, Opern und Konzertmitschnitten forcieren. In mehr als 20 Jahre hat der Filmkaufmann in seiner Unitel-Gesellschaft 500 Millionen Mark in Sachen Klassik investiert; pro Jahr produziert er 600 Stunden, die Wiener und Berliner Philharmoniker sowie Leonard Bernstein sind exklusiv unter Vertrag. Mit dem verstorbenen Star-Dirigenten Herbert von Karajan betrieb Kirch sogar von 1964 bis 1979 die gemeinsame Firma Cosmotel. Die Rechte an 30 gemeinsamen Produktionen hat jetzt die schon 1966, sehr zu Karajans Verdruß, gegründete Unitel. Und auch die Videofilme der Kirch-Tochter Taurus können nun über das ehemalige Holtzbrinck-Herzstück vertrieben werden – was dringend nötig ist.

*

Kirch hat ein direktes, ungeschminktes Verhältnis zu Macht und Herrschaft. Von grober Einschüchterung und massiver Pression bis zum charmanten Umgarnen ist ihm keine Taktik fremd – Hauptsache, es dient dem Unternehmen. Kirch spielt Medienpoker und er spielt es mit der Brutalität jener, die mit Bluffs viel Geld gemacht haben. Wer sich gegen den Machtmenschen auflehnt, wird bekämpft – Niederlagen pflegt Kirch mit Rachefeldzügen zu beantworten. Das war im Fall Springer so, das prägte die Zeit nach dem ‹ARD›-Direkteinkauf bei MGM. Kirch fiel es leicht, 1984 den Intendanten des ‹Bayerischen Rundfunks›, CSU-Mann Reinhold Vöth, dazu zu bringen, aus der ‹ARD›-Phalanx auszubrechen und bei ihm 310 Filme zu kaufen. In diesem Zusammenhang ermittelte die Staatsanwaltschaft nach einer vom Springer-Verlag indirekt unterstützten Anzeige gegen Kirch und den seinerzeit zuständigen TV-Direktor Helmut Oeller. Der Fernsehmann habe sich, so der Vorwurf, sein Wohlverhalten von Kirch mit 2,2 Millionen Mark vergelten lassen; als Zeuge trat ein verstorbener Kunsthändler auf.

Neben dem Deal mit Oeller schaffte es Kirch zudem, mit Columbia Pictures handelseinig zu werden, obwohl zwischen der Film-Firma und der ‹ARD› gute Kontakte bestanden haben. Den Einfluß, den Leo im Rechtehandel erobert hat, spüren potentielle Konkurrenten schmerzhaft. Viele Anbieter klagen lauthals, daß insbesondere mit dem ‹ZDF› direkt keine Geschäfte zu machen seien, sondern immer Umwege über Beta-Taurus in Kauf genommen werden müßten.

Weil er in seinem Selbstbildnis tief getroffen wurde, führte Kirch Mitte 1989 einen sinnlosen Prozeß wegen Unterlassung gegen den ehemaligen Springer-Manager und zeitweiligen Chef des ‹Sat 1›-Gesellschafters Aktuell Presse Fernsehen (APF), Gerhard Naeher, der im Magazin ‹Neue Medien› kolportierte, der verstorbene Springer habe Kirch einen «Kriminellen» genannt. Grund: der Filmhändler zog den Verlag bei einem Geschäft angeblich über den Tisch. In der Gerichtsverhandlung bestätigte der einstige Kirch-Gefolgsmann Tamm, daß sich Springer von Kirch «hintergangen oder betrogen gefühlt habe». Laut Testamentsvollstrecker Ernst Cramer hat Springer den Filmhändler in Anlehnung an ein Strauß-Zitat sogar als «Haifisch» bezeichnet, bei dem man aufpassen müsse, wenn man ihm die Hand gebe. Und Aufsichtsratschef Bernhard Servatius erinnerte sich, daß im Zusammenhang mit Kirch von «Bestechung» und «Mafia-Methoden» die Rede war. Immerhin erreichte Kirch, daß nicht mehr von einem Millionenverlust des Springer-Verlags in dem strittigen Geschäft gesprochen werden darf.

Die Dimension von Kirchs Macht läßt sich mitunter nur erahnen. Mindestens 50 rechtlich selbständige Einzelfirmen sind in seinem Besitz oder stehen unter seinem Einfluß, offiziell bestätigt sind 20 operative Firmen. Nicht immer ist klar, wer zu Kirch gehört. Vor allem im Verkehr mit den öffentlich-rechtlichen Anstalten macht die Camouflage Sinn: Von Strohmännern dirigierte Off-shore-Firmen, deren Grundkapital von «LK» stammt, lenken von der wahren Lieferantenmacht ab. So überwies die 1965 gegründete Janus Film und Fernsehen Vertriebsgesellschaft mbH jahrelang ihren Gewinn an Taurus. Auf dem Markt hatte sie scheinbar selbständig in Amerika und Europa oder bei Kirch eingekauft, und die Filme anschließend an ‹ARD› und ‹ZDF› weitergemakelt. Im Oktober 1976 besiegelte Janus-Chef Klaus Hellwig mit Taurus-Notaren einen neuen Vertrag, der seine Firma in eine Art Schwebezustand lavierte: Im Falle eines Falles ließ sich der Eigentümer von heute auf morgen auswechseln. Hellwig konzedierte dem Wiener Kommerzialrat Blechinger, ihm Janus im Falle eines Falles für eine halbe Milliarde Mark zu übertragen – ein unbefristetes Angebot. 1983 trat dann ein Mitarbeiter aus dem Anwaltsbüro von KirchIntimus Theye die lukrative Blechinger-Nachfolge an. Mittels Janus ließ sich 1984 die Kirch-Quote des ‹ZDF› in Höhe von 40 Prozent leicht unterlaufen: Die Tarnfirma stellte zuzüglich der offiziellen Kirch-Lieferung von 750 Filmen weitere 100 Werke – eigentlich hätte der Münchner Händler nur 506 Filme verkaufen dürfen. Unter dem Verdacht, als Tarnfirmen zu agieren, stehen des weiteren Eretz, Vegas, Metropolitan, Regent Film, Global Television, Neue Deutsche Filmgesellschaft NDF sowie die inzwischen liquidierte Londoner Antrobus. An Bernd Eichingers Neuer Constantin Film soll Kirch laut ‹Spiegel› 49 Prozent halten.

Understatement gehört bei den raffinierten Winkelzügen von Kirch fast zum Standard – und prägt immer wieder die Persönlichkeit. Auf seinen akademischen Ehrentitel legt der promovierte Betriebswirt (Nebenfach: Mathematik) keinen Wert. «Herr Doktor» läßt er sich einfach nicht titulieren: «Ich bin doch nicht Ihr Hausarzt», pflegt er in solchen Fällen zu antworten. «Starke Abneigung gegen Pullover, lange Haare und ungepflegte, unsaubere Erscheinung», notiert das in München ansässige Lifestyle-Blatt ‹Männer Vogue› über den Medienboß. Kirch esse gern, ohne ein ausgesprochener Feinschmecker zu sein: Ein 150-Gramm-Steak mit zwei Eßlöffeln Spinat oder Fisch gehöre zu seinen Lieblingsspeisen, hat die Gazette erfahren. Kirch pflegt mit seiner Ehefrau Ruth einen großbürgerlichen Lebensstil und residiert in einer 200-Quadratmeter-Eigentumswohnung am Münchner Herzogpark. Er dreht täglich etliche Runden im Swimming-Pool, leistet sich eine kleine, feine Sammlung an expressionistischen Bildern. Eine gewisse Schizotomie ist unverkennbar: Während er auf der einen Seite höchste kulturelle Ansprüche stellt und die Qualität edler Werke fördert, zeigt Kirch andererseits beim großen Reibach mit Produkten zweifelhafter Güte eine nicht minder stürmische Leidenschaft.

Der nimmermüde Macher hat mit den üblichen Schicki-Mickis und Playboy-Entrepreneuers in Münchens Scheinwelt nichts zu tun. An einem normalen Arbeitstag sitzt er 16 Stunden in seinem spartanischen, mit dunklen Holzmöbeln ausgestatteten Chefbüro. 80 Prozent der Zeit gehen für Telefonate drauf: Rechte ausloten, Verbindungen halten, Geschäfte sichern. Seinen Erfolg erklärt er mit überdurchschnittlicher Arbeitsintensität: «Wenn andere Leute mit einem Eimer in der Hand auf Partys ‹Prost› sagen oder auf Jagden und Jachten sind, bin ich halt in meinem Büro.» Seine eigene Jacht freilich spielt mitunter eine wichtige Rolle als netter Schauplatz zur Anbahnung geschäftlicher Abkommen. Intendanten, TV-Manager und Politiker sind häufig an Bord gesehen worden. Der Workaholic ist manchmal höchst unkonventionell: Plötzlich erscheint er ohne Vorankündigung an einzelnen Betriebsstätten, um dann wieder für Monate unsichtbar zu sein. Oder er läßt einer langjährigen Sekretärin, die nicht in seiner Nähe arbeitet, zum Geburtstag einen dicken Strauß Blumen auf den Tisch stellen. Kirch habe eine «charismatische Persönlichkeit», urteilt eine ehemalige Mitarbeiterin. Er wirke wie «der große Pate». Hauchzart nach innen, knallhart nach außen, das ist Leos patriarchalischer Stil. Bei Versagen aber greift Kirch rigoros durch – bis in die unterste Organisationsebene hinab.

Zu einer Gruppe von Getreuen aus den ersten Beta-Taurus-Tagen hält die Übervater-Figur intensiv Kontakt – jenseits hierarchischer Stränge. Von seinen Führungskräften verlangt der Unternehmer vor allem Leistungs- und Erfolgsnachweise: 14 Stunden täglich ist für die Manager der Durchschnitt. Dafür haben sie viel Freiraum, der vor allem bei den von Kirch magisch angezogenen jungen Akademikern zu einer extrem stark ausgeprägten Identifizierung mit dem Unternehmen führt – von ihrer Überlegenheit sind sie alle überzeugt. Sie glauben, den Schlüssel für die elektronische Medienzukunft in der Hand zu haben und den Massen nur noch den Weg ins gelobte Freizeitland zeigen zu müssen. Einschränkende Faktoren, wie der Widerstand durch Konkurrenz oder zögerliche Reaktionen der Zielgruppen, verschwinden wie automatisch aus dem Blickfeld der Kirch-Gruppe. Was man selbst macht, ist gut, und das Gute wird sich durchsetzen; wer dagegen ist, dem kann halt nicht geholfen werden. Zum erlauchten Kreis der Entscheider in spe gehören rund 50 Personen. An der Spitze stehen der Literaturwissenschaftler Jan Mojto, der das Programm verantwortet, und der ehemalige ‹ORF›-Manager Reinald Walter, der Administratives erledigt. Viele der bekannten deutschen Medienmanager sind durch die Mühlen von Beta-Taurus gegangen. Neben Bodo Scriba etwa Herbert Kloiber, Besitzer der Filmproduktionsgesellschaft Tele München und 45-Prozent-Gesellschafter am TV-Sender ‹Tele 5›. Er arbeitete bis Februar 1977 als Unitel-Geschäftsführer.

*

Bei Beta-Taurus setzte Mitte 1987 eine Konzentration der Kräfte ein, die überhaupt nicht zu Kirchs Credo der allumfassenden Medienallianz passen will. Riskante, aber zum Teil vielversprechende Sparten sind abgestoßen worden. So sagte sich die Kirch-Gruppe vom Privatradio-Geschäft los, wo sie mit ihrer Alpha Programmgesellschaft engagiert war und in Bayern gute Chancen hatte, auf der reichweitenstarken Landesfrequenz mitzumischen. Nach dem Ende des von ihm zusammen mit den Großverlagen Burda, Bertelsmann und Springer getragenen Münchner Senders ‹Radio 1› aber ging Kirch seltsamerweise keine neuen Verpflichtungen ein. Von der rheinland-pfälzischen Landesstation ‹RPR› trennte er sich, ohne zunächst finanziellen Nachschußverpflichtungen in Höhe von rund 2,5 Millionen Mark nachzukommen. Abgesang auch im Bereich der Kabel-Vermarktung, die lange als gutes Begleitvehikel galt, um die Voraussetzungen zum Empfang von Privatprogrammen zu fördern. Doch die Erwartungen erfüllten sich nicht – Mitte 1989 gaben die Bertelsmann-Tochter Ufa und Kirchs Taurus ihre Anteile an der KMG Vertriebsgesellschaft für Kabel- und Satellitenprogramme zurück, Springer hatte schon vorher das Feld geräumt. Bereits 1988 war in Hannover ein gemeinsames Pay-TV-Projekt von Kirch, Bertelsmann und Springer gescheitert. Die Ergebnisse waren schlichtweg ernüchternd: Von rund 40 000 Kabelhaushalten griffen nur knapp tausend zu. Allein wähnt sich Kirch, der auf jede Verwertung seiner Rechte erpicht ist, nun stärker. Mit einer großen Werbekampagne pushte er seinen ihm letztlich komplett gehörenden ‹Teleclub›, der Ende 1989 rund 40 000 Mitglieder hatte, zur Kostendeckung aber mindestens 200 000 Beteiligte benötigt. Für die Zukunft strebt der Stratege in Verbindung mit dem dazugekauften Bücherbund, wo sein Pay-TV mit Vehemenz promotet werden soll, einen Medienklub an. Doch ob ein Markt in Deutschland für das Abo-Fernsehen existiert, kann keiner sagen. In den Vereinigten Staaten reüssierte diese Angebotsform, bei der der Nutzer entweder für einen Kanal oder eine bestimmte Sendung zahlt, vor allem, weil das Publikum bei den herkömmlichen Privatsendern nur Spielfilme und Serien sieht, die von zahlreichen Werbespots unterbrochen werden. Im Pay-TV hingegen laufen die Streifen ohne Unterbrechung – hierzulande ist diese Konstellation kein Argument; zudem läutete Bertelsmann mit seinem Programm «Premiere», an dem die französische Canal-Plus-Gruppe beteiligt ist, einen Verdrängungswettbewerb ein. In der Schweiz ist Kirch zu 40 Prozent an dem dortigen ‹Teleclub› beteiligt, der rund 80 000 Abonnenten hat. 20 Prozent besitzt die ML Medializenz, die mehrheitlich dem der Kirch-Gruppe nahestehenden Professor Ernst Bossard gehört. Über den Rest verfügt die Ringier-Gruppe (‹Blick›, ‹Schweizer Illustrierte›), die für ‹Sat 1› auch Werbekunden akquiriert. Die Schweizer Teleclub AG darf seit Mitte 1989 ein terrestrisch verbreitetes «Ergänzungsprogramm» – maximaler Anteil: 25 Prozent strisch verbreitetes «Ergänzungsprogramm» – maximaler Anteil: 25 Prozent – zu ihren Pay-TV-Sendungen ausstrahlen.

Auch in Deutschland träumte Kirch schon lange von einem eigenen Fernsehsender, dessen Marschrichtung er nicht mit anderen Gesellschaftern abstimmen muß. Das Projekt ließ er 1986 und 1987 seinen Sohn Thomas (Jahrgang 1957) in der Firma Beta-Technik vorantreiben: Der Jung-Manager hat in Boston Betriebswirtschaft studiert und bestand nun seine Feuertaufe als Unternehmer; der Filius durfte offiziell 49 Prozent an ‹Pro 7› übernehmen. Der Sender, dessen Etat 1989 rund 100 Millionen Mark betrug, ist eine weitere Abspielstation für Kirchs Kellerware. Zwar orientiert sich das Management angeblich am Markt und will Beta-Taurus wie einen normalen Lieferanten behandeln, doch ist dies kaum mehr als der berühmte Transfer von der rechten in die linke Hosentasche. Der 51-Prozent-Gesellschafter Gerhard Ackermans dürfte jedenfalls kaum zu großen finanziellen Taten fähig und willens sein; immer wieder klagte der ‹Eureka-TV›-Gründer über Millionenverluste im Privatfernseh-Geschäft. Die niederrheinische Einzelhandelskette Allkauf, wo er als geschäftsführender Gesellschafter wirkte, mußte er verlassen. So erscheint das vielfach verbreitete Gerücht nicht unplausibel, daß in Wahrheit Leo Kirch 25 Prozent, Geschäftsführer Kofler 24 Prozent und Theye 2 Prozent an ‹Pro 7› halten. Wenn man sich vor Augen halte, was bei ‹Pro 7› passiert, dann könne man «da 99 Prozent» im Besitz der Familie Kirch vermuten, erklärte die Journalisten-Vertreterin im Medienrat der Bayerischen Landeszentrale für neue Medien. Offizieller Widerstand regt sich jedoch nur zaghaft. Immerhin will beispielsweise der Direktor der Berliner Anstalt für Kabelkommunikation, Hans Hege, mit Antikonzentrationsnormen gegen den mächtigen Lieferanten, Produzenten und Sendermiteigentümer Kirch angehen: «Wir brauchen eine schlagkräftige Organisation, die diesen Veranstaltern gewachsen ist.»

Leos Reich, das im Frühjahr 1987 neu geordnet wurde, ist in Dimensionen hineingewachsen, die ein Controlling erschweren. Es umfaßt Niederlassungen in Rom, Paris, London und Tokio, verfügt über Exklusivagenturen in New York und Los Angeles. In Luxemburg unterhält Kirch zusammen mit Robert Maxwell, Robert Hersant und Silvio Berlusconi das Konsortium für kommerzielles Fernsehen (Stammkapital: 50 Millionen Dollar), das 70 Programmstunden pro Jahr herstellt. In München arbeitet Mercury International Film, eine gemeinsame Tochter von Kirch und ‹TF 1›. Der größte französische Privat-TV-Sender unterhält zudem mit Kirch und Berlusconi in Paris die Produktionsfirma Tricom S. A. Neue Werke sind inzwischen so teuer geworden, daß sie nur noch als internationale Co-Produktionen zustande kommen. Viele europäische Sender und Macher wählen den gemeinsamen Weg, um die entstandene Ware anschließend auf dem alten Kontinent und in die USA zu verkaufen. Mit dem italienischen Medienmagnaten Berlusconi hat Kirch etliche Filme und Serien produziert, mit der Chicago Tribune Company eine gemeinsame Organsation formiert, die bereits über 20 TV-Stunden abgedreht hat. In seinem Reich, so scheint es, geht die Sonne nie unter.

Doch lange Schatten stören das Bild. Zu den systematischen Desinvestitionen im Radio- und Kabelgeschäft gesellen sich operative Flops. In Frankreich bewarb sich Kirch umsonst zusammen mit Berlusconi und dem Franzosen Francois Bouyges (‹TF 1›) um einen Kanal auf dem direktstrahlenden Rundfunksatelliten TDF 1, auf dem er sein Abonnementsfernsehen abspielen wollte – pikaterweise erhielt Bertelsmanns Pay-TV-Projekt den Zuschlag. Die Häme, mit der die ‹Bild-Zeitung› über den Verkauf von «alten Schinken» aus den Kirch-Regalen an das ‹ZDF› meckerte, zeigt, wie verfahren die Situation im Grunde ist. Der Filmhändler ist ins geschäftsschädigende Gerede gekommen, und die deutsche Presse läßt ihn da nicht mehr heraus. Der Mogul und sein Helfer Theye haben bis auf den ‹Sat 1›-Gefährten Holtzbrinck alle deutschen Verleger vergrault; Kirchs Traum von der gegenseitigen Befruchtung von Print und Elektronik wurde zum Alptraum. Die Macht von ‹Bild›, die Leo einst für Breitseiten gegen die ‹ARD› und ihre Filmeinkaufspolitik nutzte, spürt er nun mit voller Härte gegen sich. Das finanzielle Fundament beginnt zu wanken; Kirchs Springer-Coup hat Hunderte von Millionen gekostet, Zinsen und Tilgungsraten müssen erst einmal verdient werden. Die dunklen Zeichen auf dem Absatzmarkt mehren sich: ‹ARD› und Bertelsmann-Konkurrent ‹RTL plus› reduzierten ihre Bestellungen gegen Null; bei ‹Sat 1›, das eine Tochter-«Gesellschaft für Beschaffung und Verwertung von Fernsehrechten» ins Leben gerufen hat, drängen Springer-Scriba hinein. Angesichts dieser Umstände wurde Ende 1989 eine Art «Notverkauf» unvermeidlich: Kirch trat für schätzungsweise 500 Millionen Mark knapp 2000 Spielfilme an die im schweizerischen Zug ansässige Medien-Handels-AG ab und gewährte ungewöhnlich lange Nutzungszeiten. Die eidgenössische Firma war erst kurz zuvor von Otto Beisheim, dem Gründer der Handelskette Metro, ins Leben gerufen worden und ist mit der Kirch-Gruppe durch einen Dienstleistungsvertrag verbunden: Ihre erworbenen Filme lagern weiter in München.

Was nun? In Fragen der Rechteverwertung hat Kirch alle Spielräume ausgenutzt. Seine 1973 gegründete Merchandising München KG beispielsweise erfreut sich starken Wachstums; sie vermittelt Industrie- und Handelsunternehmen die Verwertungsrechte für Figuren in Serien wie «Biene Maya», «Alf», «Miami Vice», «Denver Clan», «Batman» oder «Schwarzwald-Klinik» und dürfte auf mindestens 25 Millionen Mark Umsatz kommen. 1989 feierte der

273

ehemalige Merchandising-Chef Thomas Haffa sogar sein Debüt als Veranstalter: der jetzige Eigner der Projekt-Firma Entertainment vermittelte den Skandalkonzern Co op als Sponsor von «Walt Disney's World on Ice». Aber wo sind die Chancen der Beta-Taurus-Gruppe für den Riesensprung nach vorn, den Kirch anstrebt? Unverständlicherweise blieb das unternehmerische Genie bei der modern gewordenen Makelei von Sportübertragungsrechten passiv und hat statt dessen Springer aufgefordert, der «Kirch des Sports» zu werden – Fragen nach seiner finanziellen Kondition und Stärke ergeben sich da zwangsläufig. Über Eigenkapital und Verschuldung hat sich Kirch, auch in seiner redseligen Phase im Spätsommer 1987, als er ‹Manager Magazin›, ‹Spiegel›, ‹FAZ› und ‹Handelsblatt› persönlich informierte, stets ausgeschwiegen. Die Gerüchte, Kirch habe sich übernommen, sind nie verstummt. Dagegen steht die Einschätzung von ‹Sat 1›-Chef Klatten, der eine Überschuldung für völlig unrealistisch hält – schließlich wisse er ja zum Beispiel, was auf den Schecks stehe, die sein Sender an Taurus schicke. Rund 150 Millionen Mark kassierte der Händler 1989 von ‹Sat 1› – etwa die Hälfte des Sender-Gesamtetats. Vom ‹ZDF› bekam Kirch 1988 exakt 60,1 Millionen Mark, 1989 waren es rund 49 Millionen. Insgesamt dürfte der deutsche TV-Vertrieb an Rechten pro Jahr rund 250 Millionen Umsatz betragen.

Krisen sind Kirch nicht unbekannt. Bereits Anfang der Sechziger schien es, als sei er finanziell am Ende, weil den Zinskosten für den Aufbau seines Zelluloid-Lagers nicht genügend Einnahmen gegenüberstanden. Der damalige ‹ARD›-Chef Hans Bausch, bis 1989 Intendant des ‹Süddeutschen Rundfunks›, stellte sich vor den Lieferanten, sicherte ihn bei den Banken ab. 1962, in einer für Kirch schwierigen Zeit, kaufte die ‹ARD› für sieben Millionen ein Kirch-Paket.

Die entscheidende Frage ist, wie Kirch und sein Geldgeber Guthardt miteinander verbunden sind. Riesige Verbindlichkeiten soll der Lichtspiel-Tycoon bei der DG-Bank haben, mit der er seit Januar 1977 zusammenarbeitet. Das Institut aus Frankfurt hat bei den Beta-Taurus-Deals die Rolle eines Konsortiums öffentlich-rechtlicher Landesbanken übernommen, bei dem auch die Westdeutsche Landesbank mit dabei war. Sie war bis 1976 – wohl zur Sicherheit – mit 25,01 Prozent an Unitel beteiligt. Die Kreditlinie der DG-Bank soll mindestens 400 Millionen Mark betragen und ist angeblich voll in Anspruch genommen. Mindestens 400 Millionen hat Kirch vermutlich die Aufkaufaktion bei Springer gekostet. 100 Millionen waren für die ersten zehn Prozent fällig, damals lag der Kurs je 50-Mark-Aktie bei 335 Mark. Der Rest wurde immer teurer, da durch die eigene Nachfrage der Kurs stieg (Höchstmarke im März

1987: 723 Mark). Guthardt machte den Gewaltakt mit; für ihn ist der Medienmarkt ein Wachstumsfeld, in das investiert werden muß. Der Bankier würde, so mutmaßt die ‹Süddeutsche Zeitung›, wohl auch mitmachen, «wenn Kirch die Firma Daimler kaufen will». Das Bank-interne Kommunikationssystem läuft über die Videotext-Stränge von ‹Sat 1›, Guthardt vermittelt manchen Werbeauftrag. Und ein DG-Bank-Engagement bei Springer war stets nach Guthardts Sinn.

Die Beurteilung von Kirchs Bonität hängt von der Bilanzierung der Bestände ab – ein Akt großer Willkür, da die Umschlaghäufigkeit geschätzt werden muß. Guthardt kommt laut ‹Stern› auf 1,2 Milliarden Mark, Kirch selbst auf das Doppelte. Wieviel alte, minderwertige und bereits mehrfach abgespielte Ware im Kirch-Keller liegt, kann keiner genau sagen. Einige Insider glauben zu wissen, daß die Software in der Taurus-Bilanz nur mit 250 Millionen bewertet sei und Kirch ein Eigenkapital von nur 60 Millionen aufzuweisen habe. Über Kirchs Kraft macht sich beispielsweise Horst Aries, Leiter der Abteilung Telekommunikation bei Springer, keine Illusionen. Er glaubt, «daß vielleicht die Hälfte der Zahl an Filmen, die Kirch immer angibt, zutreffend ist». Kirchs Politik sei, die Vorrangstellung zu betonen und den Eindruck zu erwecken, es stecke noch mehr dahinter. Im Markt zeichnen sich bedrohliche Tendenzen ab: Die Preise galoppieren davon und liegen jetzt bei durchschnittlich 400 000 Mark pro Film. Die Lizenzspirale hilft Kirch beim Absatz, stört aber empfindlich auf dem Beschaffungsmarkt, wo die US-Studios hellhörig geworden sind. Beta-Taurus ist sich zwar der Beziehungen zu den Majors sehr sicher, aber nur ein Drittel der Rechte von Kirch geht über das Jahr 1995 hinaus.

Kirch verkündete Mitte 1987 großspurig, daß er von ersten deutschen Adressen das Angebot habe, seine Aktien zu finanzieren – und «zwar auf Basis der Stockbeleihung der Taurus». Seine Springer-Aktien brauche er mit keiner Mark zu beleihen. Ob das heute noch möglich ist, darüber urteilt Stefan Ziffzer. Am 1. Oktober 1989 begann der Hesse seinen Job bei Beta-Taurus, wo er Finanzen, Rechungswesen und Controlling in die Hand nahm. Vorher saß Ziffzer als Direktor der DG-Bank auf der anderen Seite und war für die Kredite an die Kirch-Gruppe zuständig – die DG-Bank ist mit Beta-Taurus halt aufs engste verknüpft. Kirchs offizieller Springer-Anteil von zehn Prozent wird von der Münchner Taurus Vermögensverwaltungs GmbH betreut. Über 99 Prozent des Stammkapitals von 106 Millionen Mark liegen bei der DG-Bank, Kirch hat einen Minianteil von gerade einer Million – ein Finanzierungstrick, der sein Kreditkonto schonen sollte. Als Tochterfirma sieht das Finanzinstitut ihr Engagement nicht; Theye propagiert dienstbeflissen, daß diese Gesellschaft «wirtschaftlich und rechtlich» zu Kirchs Portefeuille gehöre. Beweis: Theye war bis Mitte 1989 alleiniger Geschäftsführer.

Bis 1997 will Kirch – dann ist er 70 Jahre alt – aktiv mitmischen, den finanziellen Risiken trotzen, die von ihm angestrebte Multimedialität verwirklichen. Falls Kirch heute etwas passiert, übernimmt Theye mit Adlatus Bacher das Ruder. Mittelfristig gehört das Kommando seinem Sohn Thomas, dem Alleinerben. Programmunternehmer Kirch über seinen Nachfolger: «Er hat das Geschäft von Grund auf gelernt, um die Zukunft des Unternehmens mache ich mir keine Sorgen.» In der Diskussion ist auch ein Aufsichtsrat, in den sich Kirch zurückziehen könnte, um einem Top-Manager das operative Geschäft zu überlassen. Eine börsennotierte Aktiengesellschaft – die für Springer so ungünstige Rechtsform – soll Beta-Taurus jedenfalls nicht werden.

«Meine Kunden sind die besten Kunden»
Die Kirch-Chronik

1926 Leo Kirch wird am 21. Oktober als Sohn eines Winzers im fränkischen Volkach bei Würzburg geboren.

1952 Studium der Betriebswirtschaftslehre (Nebenfach: Mathematik) in München. Der Franke interessiert sich für das Medium Fernsehen.

1955 Kirch promoviert.
In Nürnberg gründet Leo Kirch die Sirius GmbH, die sich mit dem Handel von Filmrechten beschäftigt. Der frisch gebackene Filmkaufmann erwirbt zusammen mit seinem langjährigen Partner Hans Andresen in Barcelona den Film «Marzellino, pane e vino».

1956 Für 20 000 Mark erstehen Kirch und Andresen die deutsche Lizenz des italienischen Films «La Strada» von Frederico Fellini. Nach anfänglichen Schwierigkeiten verkauft das Duo den Film an den Constantin-Verleih.
Sirius siedelt nach München über.

1957 Das Ehepaar Leo und Ruth Kirch freut sich über die Geburt von Sohn Thomas. Der Statthalter wird später in Boston Betriebswirtschaft studieren und für eine Führungsposition aufgebaut werden.

1958 Die ‹ARD› kauft Kirch-Ware, darunter die zwei italienischen Spielfilme «Die Müßiggänger» und «Freunde fürs Leben».

1959 Kirch gründet die Firma Beta, an der kurzzeitig sein Ziehvater, Konsul Bartel vom Constantin-Verleih, zu 50 Prozent beteiligt ist. Mit den großen amerikanischen Film-Studios in Hollywood kommt er ins Geschäft und kauft 400 Filme aus United Artist/Warner Brothers-Beständen. Das legendäre Film-Lager entsteht.

1960 Kooperation mit dem gewieften Filmhändler Arthur Cohn, der Kirch und Andresen in alle Kniffe des internationalen Filmgeschäfts einweiht und später von Kirch ausgebootet wird.

1962 Der Verkauf eines Filmpakets an die ‹ARD› rettet Kirch aus einer Finanzkrise. Das ‹ZDF› startet und wird zum guten Kunden: Programmdirektor Ulrich Grahlmann ordert in großem Stil. Auch Nachfolger Joseph Viehöver hält gute Kontakte zu Kirch.

1963 Mit Taurus erblickt eine weitere Kirch-Firma das Licht der Welt.

1964 Kirch gründet zusammen mit dem Dirigenten Herbert von Karajan das Unternehmen Cosmotel, das 1979 vom Markt verschwindet.

1965 Die Firma Janus, die später scheinbar unabhängig von Beta-Taurus, mit Filmrechten handelt, wird aus der Taufe gehoben. Kirch kauft sie 1986 zurück.

1966 Unitel entsteht, weil viele Dirigenten sich weigern, für die von Karajan mitgetragene Cosmotel zu arbeiten. Im Klassik-Segment ist Unitel heute Alleinanbieter in Deutschland.

In den USA baut sich Kirch in Klaus Halligs International Television Trading Corporation eine neue Exklusivrepräsentanz auf. Andresen zieht sich sukzessive aus dem USA-Geschäft zurück und wird dafür in Japan aktiv.

1968 Die neugegründete Iduna Film soll sich ebenfalls mit dem Handel von Filmrechten und Filmproduktionen auseinandersetzen. Sie ist heute auf Mini-Serien und Kinoprogramme spezialisiert.

1973 Die Kirch-Tochter Merchandising München beginnt mit der Vermarktung von Nebenrechten. Sie macht heute Geschäfte mit fast allen prominenten TV-Figuren, wie etwa Biene Maja, Batman, Alf oder den Helden aus «Denver-Clan» und «Schwarzwald-Klinik».

1974 Die ‹ARD› startet ihre Dritten Programme.

1975 Aus der Beta-Film wird die Beta-Technik Gesellschaft für Filmbearbeitung ausgegliedert. Die hochmoderne Keimzelle ist für Materialbearbeitungen und Synchronisationen zuständig.

1976 Der ‹Spiegel› wähnt das ‹ZDF› in Kirchs «Würgegriff» und muß sich später gerichtlich mehr als 20 Tatsachenbehauptungen über angebliche Kungeleien verbieten lassen. Auch der ‹Stern› dokumentiert Kirchs Einfluß – der Filmhändler wird zur öffentlichen Person.
Das ‹ZDF› verabschiedet eine «Lex Kirch», wonach der Münchner bei Spielfilm- und Serieneinkäufen nur 40 Prozent stellen darf.
Ein Konsortium öffentlich-rechtlicher Landesbanken tritt als Financier von Kirch ab. Da der Filmhändler öffentlich-rechtliche Sender beliefert, sehen die Bankiers Interessenkonflikte. Gleichzeitig gibt die Westdeutsche Landesbank ihren 25,1-Prozent-Anteil an Unitel auf.

1977 Im Januar wird die Deutsche Genossenschaftsbank neue Hausbank; sie hat ehrgeizige Pläne im Medienmarkt. Unitel-Geschäftsführer Dr. Herbert Kloiber, heute Filmhändler und ‹Tele 5›-Großgesellschafter, scheidet aus. Die ‹ARD› verpflichtet sich, nur noch 25 Prozent ihrer Filme bei Kirch zu bestellen.

1980 Kirch will die Basis im Mediengeschäft verbreitern und im Verlagswesen Fuß fassen. Der Bremer Anwalt Dr. Joachim Theye wird in der Folgezeit zum entscheidenden Drahtzieher.

1981 Die DG-Bank gründet die Programmgesellschaft für Kabel- und Satellitenrundfunk (PKS), die sich mit einem weitgehenden Liefervertrag an Kirch bindet. PKS ist 1984 der bundesdeutsche TV-Pionier im Ludwigshafener Kabelnetz und avanciert ab 1985 zum Hauptakteur beim Privatsender ‹Sat 1›, dessen operative Geschäfte von Kirch und Theye dominiert werden.

1984 Die ‹ARD› kauft – gegen den erbitterten Widerstand Kirchs – zum erstenmal direkt in den USA ein und erwirbt bei MGM für 80 Millionen Dollar mehr als 1500 Spielfilme. Im nachhinein gelingt es Kirch, den ‹Bayerischen Rundfunk› zum Ausbruch aus der ARD-Phalanx zu bewegen und ihm 310 Filme zu verkaufen. In dieser Sache wird der Münchner Staatsanwalt fünf Jahre später gegen Kirch und TV-Direktor Helmut Oeller wegen Bestechung ermitteln.

1985 Die Deutsche Bank vermittelt, Axel Cäsar Springer verkauft; zehn Prozent der Aktien an der neu gegründeten Axel-Springer-Verlag AG ergattert Beta-Taurus. Später kauft Kirch, heimlich über die DG-Bank finanziert, weitere Aktien über befreundete Aktionärsgruppen auf. Eine enge Liaison mit Springer soll –

Kirch die endgültige Macht beim Verlegersender ‹Sat 1› bringen.
Der langjährige Beta-Taurus-Geschäftsführer Bodo Scriba geht von Bord. Rechtsanwalt Ronald Frohne ist für kurze Zeit neben Kirch alleiniger Geschäftsführer.

1986 Kirch gründet zusammen mit Berlusconi, Hersant und Maxwell in Luxemburg das Konsortium für kommerzielles Fernsehen.
Das Konsortium ‹Sat 1› wird im Herbst zur GmbH. Namhafte Verlage wie Burda, Bauer und die FAZ-Gruppe scheiden aus, weil sie die Übermacht von Kirch in der Programmgestaltung nicht mehr mitmachen wollen. Aufsichtsratschef Theye gelingt es, den von der Zeitungsverlegergruppe APF hergestellten Nachrichtenteil peu à peu zu reduzieren.
Kirch unterstützt den Regionalsender ‹TV-weiß-blau› des Politikersohns Franz-Georg Strauß.

1987 Der Kampf um Springer und ‹Sat 1› beginnt. Im Juli bestätigt Kirch, daß er über 26 Prozent der Springer-Aktien disponiere. Der Springer-Gesellschafter Frieder Burda (Anteil: 25 Prozent) fordert Kirch auf, seine Bilanz zu veröffentlichen. Die Springer-Erben und das Springer-Management werden mißtrauisch, weil sich Kirch in der Öffentlichkeit als Nachfolger von Axel Cäsar Springer brüstet und Auskünfte über seine Geschäfte verweigert.
Plötzlicher Abschied aus dem Privatradio-Geschäft, wo Kirch bei ‹RPR› in Rheinland-Pfalz und ‹Radio 1› in München engagiert war.
Mit dem US-Medienkonzern Chicago Tribune Company vereinbart der Münchner die Co-Produktion von Filmen und Serien.
Die Kirch-Gruppe erhält drei Geschäftsführungsbereiche. Jan Mojto ist für das Programm, Reinald Walter für Zentrale Dienste/Beteiligungen und Leo Kirch für Stabsstellen und Sonderaktivitäten zuständig.

1988 Im März bringt ein kurzzeitiger Pool-Vertrag mit Franz und Frieder Burda rein numerisch die Mehrheit am Springer-Verlag. Doch im April verkaufen die Burdas ihren Anteil an die Springer-Erben.
Im Herbst fragt Kirch beim Bundeskartellamt an, ob ein mehr als 25 Prozent betragender Anteil am Axel-Springer-Verlag wettbewerbsrechtlich bedenklich sei.
Kirch erwirbt 49 Prozent, Theye zwei Prozent an der PKS; den Rest behält die DG-Bank.
Im November kauft Thomas Kirch, Leos Sohn, 49 Prozent der Anteile am maroden ‹Eureka TV›, das in ‹Pro 7› umgetauft wird und fortan fast ausschließlich Beta-Taurus-Material ausstrahlt.
Auf dem Lizenzmarkt erhält Kirch neue Konkurrenz durch Capitol TV, das Springer (60 Prozent) zusammen mit Scriba gründet.
Das mit Bertelsmann und Springer gemeinsam getragene Pay-TV-Projekt in Hannover bricht auseinander, von 40 000 Kabelhaushalten hatten nur knapp 1 000 zugegriffen. Kirch verantwortet allein den mittlerweile in Berlin angesiedelten ‹Teleclub›. In der Schweiz ist er offiziell zu 40 Prozent an der dortigen Teleclub AG beteiligt.

1989 Kirch beendet sein Engagement bei der Kabel-Marketinggesellschaft (KMG), wo er zunächst ein Drittel, dann 50 Prozent der Anteile hielt.
Stefan Ziffzer, vorher bei der DG-Bank als Direktor für die Kreditabwicklung mit Kirch zuständig, wird Leiter der Abteilung Finanz, Rechnungswesen und Controlling.

Nachdem Verhandlungen um einen Verkauf von Kirchs ‹Sat 1›-Anteil und einem Filmpaket – Gegenleistung: Aktiengenehmigung und Aufsichtsratsmitwirkung – scheitern, sorgt der Münchner Medienmogul mit einer intensiven Frageaktion auf der Springer-Hauptversammlung für einen Eklat. Drei Monate später klagt Kirch vor Gericht, um die Anerkennung als Viertelgesellschafter von Springer zu erreichen.

Der Versuch, zusammen mit Berlusconi und dem Franzosen Bouyges einen Pay-TV-Kanal auf dem Rundfunksatelliten TDF 1 zu bekommen, scheitert. Das Trio gründet die Produktionsfirma Tricom. Der ‹ZDF›-Ankauf eines größeren Pakets von rund 800 Filmen verursacht öffentlichen Wirbel, nachdem durchsickert, daß Kirch rund 500 Streifen stellen soll.

Von der Verlagsgruppe Holtzbrinck erwirbt Kirch den Deutschen Bücherbund, der 300 Millionen Mark umsetzt. Der Buchklub soll als zusätzlicher Vertriebsweg genutzt werden und den Pay-TV fördern.

Die Kirch-Gruppe verkauft für schätzungsweise 500 Millionen Mark rund ein Siebtel ihres Spielfilmstocks an den Schweizer Metro-Gründer Otto Beisheim.

DER KIRCH-KONZERN

Sat 1	Pro 7	Teleclub

Beta-Film	Taurus-Film	Deutscher Bücherbund

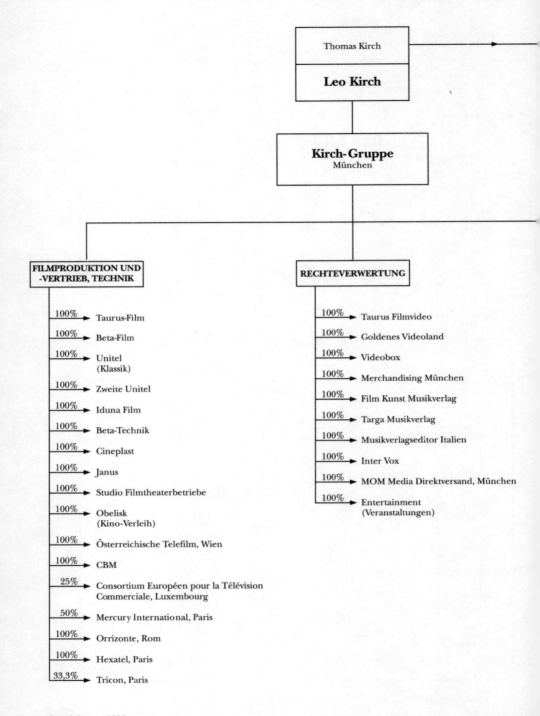

Stand: Januar 1990

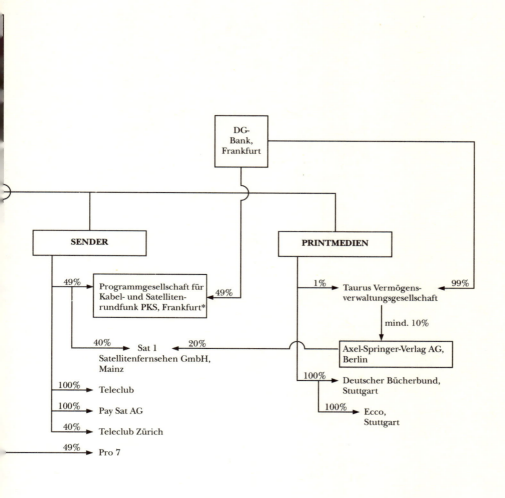

* Weitere Gesellschafter: Dr. Joachim Theye (2%), Berater von Leo Kirch und DG-Bank-Chef Guthardt

Überblick

Charakteristik

Der Kirch-Konzern ist der größte deutsche Handelsbetrieb für Fernsehprogramme. Um das Lizenzgeschäft weiter erfolgreich betreiben zu können, tritt Eigentümer Leo Kirch immer häufiger als Co-Produzent von Filmen auf. Zu seiner Gruppe gehören vermutlich 50 Firmen, die teils von Strohmännern gelenkt werden. Kirch beherrscht als Groß-Gesellschafter und Lieferant den TV-Sender Sat 1; sein Sohn Thomas ist an Pro 7 beteiligt. Desweiteren disponiert er über 25 Prozent am Axel Springer Verlag und besitzt den Deutschen Bücherbund. Finanzier DG Bank übt im Konzern einen starken Einfluß aus.

Umsatz

Seit Jahren nennt Kirch einen ungefähren Jahresumsatz von 600 Millionen Mark, wovon 60 Prozent im Programmhandel erzielt werden. Durch den Kauf des Bücherbundes im Herbst 1989 stieg das Geschäftsvolumen nominal auf 900 Millionen. 1977 setzte die Gruppe 250 Millionen um.

Gewinn

Über die Rendite wird striktes Stillschweigen bewahrt.

Mitarbeiter

Im Kirch-Konzern arbeiten offiziell 600 Personen. 1975 waren es 400 Mitarbeiter.

Reichweiten

Sat 1*	8,6 %/16,7 %
Teleclub**	40 000 Mitglieder
Deutscher Bücherbund**	1 400 000 Mitglieder

Strategie

Kirch will Vielfachverwertung von Rechten und einen «Medienverbund» verwirklichen. Dabei nutzen ihm enge Beziehungen zu konservativen Politikern.

---

* November 1989; alle Fernsehhaushalte/Kabelhaushalte
** Stand Ende 1989

REINHARD MOHN:

Der Bertelsmann

An der Dalke, einem Nebenflüßchen der Ems, liegt 4830 Gütersloh. Trotz ihrer 80 000 Einwohner wirkt die ostwestfälische Kreisstadt, in deren weiterer Nachbarschaft Paderborn, Münster und Bielefeld zu finden sind, wie ein verträumtes, idyllisch-biederes Provinznest. Die Fassaden der Häuser rund um die alte Apostelkirche schmückt penibel herausgeputztes Fachwerk, ringsum erstrecken sich Wiesen und Weiden. Baumalleen durchschneiden das flache, an manchen Stellen leicht hügelige Land, in der Luft zirkuliert eine würzige Mischung aus Gras und Dung. Die Menschen gelten als arbeitsam, verschlossen und dickköpfig, wofür Heinrich Heine die lobenden Worte fand: «Ich hab sie immer so lieb gehabt, die lieben, guten Westfalen, ein Volk, so sicher, so fest, so treu, ganz ohne Gleißen und Prahlen.» Ein Gütersloher Stadthistoriker nannte «Frömmigkeit, Vaterlandsliebe, Bürgersinn und Erwerbsfleiß» als Haupttugenden der Einheimischen und konstatierte: «Es wohnt ein eigen Volk in Gütersloh.»

Einer von ihnen ist Reinhard Mohn. Ohne ihn wäre die brave Stadt, deren Bürger sich erfolgreich gegen das politische Gift der Beinahe-Revolutionen von 1848 und 1918/19 immunisierten, ein weithin unbekanntes Kleinzentrum, in dem die Landbevölkerung gern einkauft und sich mit Geld versorgt. Durch Mohn aber, den Erwerbsfleißigsten von allen, wurde Gütersloh zum Synonym für moderne Medienmacht und aufgeklärten Kapitalismus. Seiner Dynastie gehören fast 90 Prozent an einem weitverzweigten Konzern, der mit einem Umsatz von 12,5 Milliarden Mark an der Spitze des internationalen Medienbusiness mitmischt. Es gibt nichts, was die familiäre AG aus der Gemarkung Wiedenbrück in Sachen Informationswirtschaft nicht anbietet: Vom Buchklub bis zu Schallplatten, von der Boulevardzeitung bis zum Qualitätstiefdruck, von Compact Discs bis zu Fachbüchern, vom Börsenbrief bis zum Kommerzfernsehen, von diversen Papiersorten bis zur Computerberatung, vom Dampfradio bis zur Massenillustrierten – Gütersloh ist überall. Dreht sich Whitney Houston auf dem Plattenteller, bietet Franz Josef Strauß seine Erinnerungen dar, rätselt ‹Frau im Spiegel› über Lady Dis Liebhaber, schlägt Steffi Graf in ‹RTL plus› zum Matchgewinn auf oder weiht der ‹Stern› zum wievielten Male in die

Kunst erotischer Fotografie ein – ein Entrinnen gibt es nicht. Die Deutschen sind ein einig Volk von Bertelsmännern, ohne es zu wissen. Reinhard Mohn formte aus den Trümmern eines zerbombten Buch- und Kirchenverlags ein allumfassendes Informationskonglomerat und wurde so zum reichsten Mann Deutschlands – jedenfalls behauptet dies das in Gelddingen recht kundige amerikanische Wirtschaftsmagazin ‹Forbes›. Es notiert den Westfalen, der solche Zahlen aber ins Fabelreich weist, mit einem Vermögen von 3,6 Milliarden Dollar auf dem 17. Platz der globalen Moneymaker-Hitparade. Nicht nur weil Reichtum ein ubiquitär faszinierender Zustand zu sein scheint, blicken Amerikaner oft gen Gütersloh: Schließlich lenken Mohns Manager im Land der Tellerwäscher-Karrieren so bekannte Firmen wie die Buchverlage Bantam und Doubleday oder die Schallplattenfirma RCA.

Bei aller Expansion aber blieb ein westfälischer Flecken Hauptsitz des Imperiums – ein ähnliches Kuriosum wie die Tatsache, daß die Bundesrepublik von einem liebenswerten linksrheinischen Städtchen aus regiert wird.

Gütersloh also, Carl-Bertelsmann-Straße, Dreh- und Angelpunkt. Hier residiert Mohn bis zu seinem 70. Geburtstag am 29. Juni 1991 als Aufsichtsratschef. Um sich herum hat er eine Truppe kongenialer Top-Angestellter formiert, die Vorstandschef Mark Wössner anführt. Kaum jemand könnte sich vorstellen, daß der australische Medienmogul Rupert Murdoch sein Hauptquartier in einem Örtchen zwischen Melbourne und Sydney unterhält, der japanische Kommunikationsgigant Sony irgendwo bei Takada, hunderte Kilometer nördlich von Tokio, sitzt, oder die Spitzen des französischen Medienmultis Hachette in einer Kreisstadt der Normandie, sagen wir Lisieux oder Camembert, agieren. Bertelsmann aber gehört nach Gütersloh, zeitlebens hat Reinhard Mohn seine Heimat nur ungern verlassen. Eine nette Stadt ohne Theaterensemble und regelmäßigem Intercity-Anschluß, dafür aber mit Autobahnauffahrt und einem weiten Flugfeld der britischen Royal Air Force, auf dem der Bertelsmann-Firmenjet rund einhundert Mal pro Jahr mit Ausnahmegenehmigung starten und landen darf. Fast ein Medien-Mekka.

*

Als Carl Bertelsmann 1791 in Gütersloh geboren wurde, liefen Hühner munter pickend auf ungepflasterten Gassen umher. In den dreihundert Häuschen des Ortes lebten vorwiegend Handwerker und Fuhrleute, die sich feiertags an einem mit Zucker, Gewürzen und Rum versetzten Kaffeegebräu namens «Gütersloher Flämmchen» delektierten. Nach langen Wanderjahren machte sich der gelernte Buchbinder Bertelsmann in seinem Geburtsort seßhaft und gründete 1824 eine der ersten Steindruckereien Westfalens. Die Geschäfte liefen glänzend, für 1500 Reichstaler konnte sich der Drucker und Lithograph ein repräsentatives Wohn- und Geschäftshaus leisten. Vom ehemaligen Firmensitz ist heute noch ein sieben Meter langer Balken erhalten, der in einer Betonwand der Bertelsmann-Hauptverwaltung eingefaßt ist. Das Haus selber zündeten die Nazis in der Reichskristallnacht an, weil ein Jude darin gewohnt hatte.

Auf Zureden seines Schwiegersohnes, des Organisten Friedrich Eickhoff, entschloß sich Carl Bertelsmann im Jahr 1835, einen Verlag zu gründen. Dessen erstes Produkt war logischerweise eine Eickhoffsche Version der «Theomele», eines Buches christlicher Lieder und Gesänge. Es folgten weitere religiöse Schriften, historische und philosophische Werke sowie Bilderbücher. Der erzkonservative und pietistische Bertelsmann verlegte sogar zwei Zeitungen: Den ‹Öffentlichen Anzeiger für den Kreis Wiedenbrück› stellte er indessen recht bald ein, weil ihm ein Inserat für ein Schützenfest mißfiel, und auch das 1848 als Anti-Revolutionsorgan lancierte ‹Volksblatt› brachte es mangels Erfolg auf nur zwei Ausgaben. Kurz nachdem sich der arbeitswütige Verlagsgründer 1850 zurückgezogen hatte, starb er und hinterließ seinem 23jährigen Sohn Heinrich ein aufblühendes Unternehmen mit 14 Mitarbeitern.

Der Erbe hielt das Geld im Haus; er war in einem Klima rigider Sparsamkeit aufgewachsen, in dem Geschenke völlig verpönt waren, weil sie «unnöthige und unzweckmäßige Kosten» verursachen. Ein Pastor, wie Carl Bertelsmann Anhänger der evangelischen Erweckungsbewegung, unterrichtete den Filius privatim. Heinrich Bertelsmann stand der Firma 37 Jahre lang vor und brachte über 500 meist theologische Buchtitel heraus; im Angebot waren aber auch einige belletristische Werke wie Lord Byrons «Dichtungen». Der Einsatz von Dampftechnik im Druckbetrieb und drei Verlagszukäufe in der zweiten Hälfte des 19. Jahrhunderts brachten das Geschäft in Schwung, bald wurde der Raum viel zu eng. Deshalb wollte Heinrich Bertelsmann von der Feuerwehr einen die Expansion behindernden Leiterschuppen in unmittelbarer Nachbarschaft abkaufen und baute – als ihm das Procedere zu langsam vonstatten ging – kurzerhand seinen neuen Verlagstrakt auf Holzsäulen über den störenden Verschlag hinweg. Politisch handelte der strenge Kaufmann ähnlich spektakulär und gründete eine Konservative Partei, die der ostwestfälischen Sozialdemokratie mit ihren liberalen und antiklerikalen Tendenzen Einhalt gebieten sollte. Einen strikten Rechtskurs schlug auch seine Mindener Zeitung ‹Konservativer Volksfreund› ein.

Zum Nachfolger des passionierten Publizisten avancierte der Pastorensohn Johannes Mohn, der 1881 Heinrichs Tochter Friederike ehelichte. Einen männlichen Erben gab es nicht, die zwei Söhne von Heinrich Bertelsmann waren früh gestorben. Der neue Chef, gemeinhin «der vierte Pastor von Gütersloh» genannt, verstieg sich unter den kritischen Augen der Schwiegermutter auf theologische Literatur, gründete aber auch einige Fachzeitschriften und pädagogische Buchreihen. Kurz vor dem ersten Weltkrieg verdiente der eingeheiratete Verleger und Herr über 80 Mitarbeiter knapp 100 000 Mark. Zu Beginn der Weimarer Republik übernahm sein Sohn Heinrich das Ruder und steuerte das Schiff durch die schwere, existenzbedrohende Zeit der Inflation, in der der Verlag C. Bertelsmann phasenweise nur sechs Mitarbeiter hatte. Der gefährdete Verleger praktizierte präzise Kostenrechnung und weitete zusammen mit seinem engen Vertrauten Fritz Wixforth das Programm peu à peu aus: zunächst wurde ein Kindergottesdienstblatt, dann die Zeitschrift «Der christliche Erzähler» angeboten. Sie enthielt Fortsetzungsromane, die in Buchform erschienen. Und schließlich veröffentlichte das Duo Mohn-Wixforth säkulare Unterhaltungsliteratur wie Gustav Schroers «Heimat wider Heimat» oder Heinz Gumprechts «Die magischen Wälder», die sich 100 000 beziehungsweise 600 000 mal verkauften. 1937 erschien die erste Romankassette, 1939 erwarb Mohn den ebenfalls in Gütersloh ansässigen Rufer Verlag. Zwei Jahre später erwirtschafteten die 400 Mohn-Mitarbeiter bereits rund acht Millionen Reichsmark. Zu den Aufträgen gehörten auch Bücher für die deutsche Wehrmacht sowie diverse Ausgaben einer «Kleinen Feldpost-Reihe», die zum einen Umsatz brachten, zum anderen aber die braunen Machthaber beruhigen sollten – schließlich war Mohn als Mitglied der Bekennenden Kirche ein ausgesprochener Regimefeind. Zu Beginn des Dritten Reichs hatte der mutige Westfale das «Tecklenburger Bekenntnis» gedruckt, worin die evangelische Kirche zur Opposition «gegen die Übermacht des Staates» aufrief. Als sich Bertelsmann-Verantwortliche im Krisenjahr 1944 Papier aus Finnland organisierten und die dafür notwendige Sondergenehmigung nicht vorweisen konnten, machten die Nazis das Unternehmen dicht. Führende Mitarbeiter saßen wegen des Verdachts auf Schwarzmarktgeschäfte in Untersuchungshaft. Im Frühjahr 1945 zerstörten britische Bomber das Verlagsgebäude.

Reinhard Mohn, das fünfte von sechs Kindern, bekam von den stürmischen Ereignissen in Gütersloh so gut wie nichts mit. Zu Kriegsanfang verrichtete der Abiturient, der Ingenieur für Flugmotoren werden wollte, kurzzeitig seinen Arbeitsdienst, ehe er sich bei der Luftwaffe meldete. Nach einem Zwischenstopp in der Flak-Artillerie der Division Hermann Göring kämpfte der West-

fale an der Front in Frankreich und anschließend im Frühjahr 1943 mit dem
Afrika-Corps im Atlas-Gebirge einen immer aussichtsloser werdenden Kampf.
Es kam, wie es kommen mußte: Mohn erlitt Verletzungen und geriet in amerikanische Gefangenschaft. In einem Lager in Kansas mußte der Soldat insgesamt zweieinhalb Jahre verbringen – er büffelte Englisch, studierte Ingenieur-
wesen, bildete sich eine Meinung über Demokratie und Politik. Mohn heute:
«Ich habe im Krieg gelernt, was Mensch und Gemeinschaft bedeutet.» Als er
im Januar 1946 nach Gütersloh zurückkehrte, stand der Verlegersohn plötzlich
in der Pflicht und mußte den Betrieb führen: Der Vater war gesundheitlich
angeschlagen, der älteste Bruder Hans Heinrich in Polen gefallen, dem Nest-
häkchen Gerd (Jahrgang 1926) fehlte die Reife, der drei Jahre ältere Bruder
Sigbert wurde vermißt, und die zwei Schwestern Ursula (1915) und Annegret
(1916) sollten traditionelle Rollen als Ehefrauen und Mütter einnehmen.»

Dem Not-Verlagschef, der im Kreise seiner Geschwister immer einen schweren Stand gehabt hatte, fehlte es nicht an der notwendigen Moral, um die große
Bewährung auf sich zu nehmen. Schon als Sechzehnjähriger formulierte Reinhard Mohn als Lebensziel, «soviel zu leisten, wie in meinen Kräften steht» -
und dies alles in der Pflicht gegenüber dem «Volk, in dem ich geboren bin und
für dessen Leben auch ich Verantwortung mit tragen muß». Diese Haltung
entsprang der spartanischen Lebensart und strengen Disziplin, die in seinem
Elternhaus dominierte. Nikotin und Wein waren tabu, im Urlaub sprach die
Familie im Hotelraum unter spöttischen Kommentaren der Umwelt vor jedem
Mahl ein lautes Tischgebet. Reinhard Mohn, dem solche Regularien peinlich
waren, stuft seinen Vater in der Rückschau als «sehr ordentlichen Menschen»
ein – «er war außerordentlich bemüht, alles richtig zu machen und seine Pflicht
zu erfüllen». Große Freude bereitete das schwer asthmakranke Familienoberhaupt den Kindern mit längeren Luft-Kuren auf einem Familiensitz im Harz,
wo auch ein Elefant lebte. In der Schule kam der ehrgeizige Reinhard aus dem
Mittelmaß nicht heraus. Dem Schriftsteller Walter Kempowski vertraute der
Medienmagnat im Jubiläumsbuch «150 Jahre Bertelsmann» an, niemals «kri-
tiklos» in einer Gemeinschaft aufgegangen zu sein: «Auf der einen Seite war ich
gern mitten im Getriebe, und auf der anderen Seite brauchte ich Ruhe,
Abstand und das Alleinsein.» Über die Nazi-Gleichschaltung sagt Mohn: «Die
Indoktrination wurde uns nicht bewußt ... Ich war praktisch nicht kritikfähig,
denn ich bin in meiner Jugend nie aus Deutschland herausgekommen.»

*

Ein Grund für den rasanten Aufstieg der Firma Bertelsmann ist zweifelsohne ihre ursprünglich religiös fundierte, auf Disziplin ausgerichtete Kultur. Doch dieses protestantische Arbeitsethos hätte allenfalls gesunde mittelständische Proportionen hervorgebracht, wenn es der überaus leistungsbewußte und wendige Reinhard Mohn nicht in das Zeitalter modernen Managements übersetzt hätte. Der «unternehmerische Aufreißer» (‹Süddeutsche Zeitung›) läßt vor allem drei prägnante Charakterfacetten erkennen: Da ist zunächst einmal der Sozialreformer, der seinem Unternehmen eine Verfassung gab und die Mitarbeiter am Gewinn beteiligte – ganz in der Tradition des Hauses, im Glauben an übergeordnete Instanzen für das irdische Gute sorgen zu wollen. Des weiteren kommt der Medien-Ingenieur Mohn ins Spiel, der Schöpfer perfekter Abläufe. Vergangene Träume fanden ihren Niederschlag im präzisen Gebilde Bertelsmann – zuverlässig und berechenbar wie eine große Maschine. Und schließlich agiert da der gewinn- und wachstumsgläubige Prototyp eines Entrepreneurs, der Kaltschnäuzigkeit mit Risikofreude vereint und die stets frisch geölte Dynamik mit hausgemachter Philosophie überhöht. Die Synthese aus Gemeinschaftsdenken, ingenieurwissenschaftlich angehauchter Betriebsökonomik und individueller Entscheidungskraft ließ Reinhard Mohn zu einem der erfolgreichsten deutschen Nachkriegsunternehmer werden. Sein Weg nach oben wurde von Buchgemeinschaften, dem Zeitschriftenkonzern Gruner + Jahr sowie von Globalisierungsstrategien bestimmt.

Die ersten Weichen stellte der willensstarke Wirtschaftsführer, damals Ende zwanzig, als im Sommer 1950 der Lesering entstand. Die Neugründung, bei der ihm der erfahrene Verlagsprofi Fritz Wixforth half, war ein Ausweg aus einer scheinbar hoffnungslosen Situation: der erste Lesehunger nach der Währungsreform vom Juni 1948 war gestillt, der Buchhandel lieferte tonnenweise Bertelsmann-Bücher zurück. Mohn erinnerte sich an Vertriebserfolge der Vorkriegszeit, als Bertelsmann einen Reise- und Versandbuchhandel aufgezogen hatte. Akribisch studierte Intimus Wixforth die Methoden des Stuttgarter Georg von Holtzbrinck, der mit einem Buchabonnement und fliegenden Händlern im Klubgeschäft schon längst Fuß gefaßt hatte. Um sich zu unterscheiden, schuf das Duo aus Gütersloh das Modell einer zweistufigen Buchgemeinschaft: Bertelsmann stellte das Programm zusammen und expedierte die Werbemittel, unabhängige Direktvertriebsfirmen warben die Abonnenten an und kümmerten sich – bei einem Rabatt von rund 40 Prozent – um die Buchlieferungen. Das Publikum nahm das neue, von Haustürvertretern und Drückerkolonnen aggressiv gepushte Angebot an und informierte sich immer zahlreicher in der ‹Lesering-Illustrierte› über die Bertelsmann-Bücher. 1951 hatte der Buchklub

100 000, drei Jahre später mehr als eine Million und Anfang der Sechziger bereits 2,9 Millionen Lesefreunde. Proteste des Buchhandels und der Kulturkritiker an Mohns Print-Supermarkt änderten nichts am schwunghaften Geschäft. Um die größer werdende Mitgliederschar pünktlich und akkurat zu bedienen, gründete Bertelsmann 1954 eine Verlagsgemeinschaft (VG) im benachbarten Rheda, die die Organisation und Adressenverwaltung übernahm – zunächst mit Lochkarten, dann via EDV-Anlagen. Ein Ableger der VG Rheda, die Bertelsmann Datenverarbeitung R. Mohn GmbH, fungiert heute als Rechenzentrum für das gesamte Haus.

In vielen Verhandlungsrunden mit Vertriebsfirmen oder Verlagen kam Reinhard Mohn, oft mit einem Bein am finanziellen Abgrund, durch Zähigkeit zum Erfolg. Anfangs sträubten sich viele Verleger, Lizenzen für ihre Titel an den Leseringe zu verkaufen, da sie sich nicht selbst Konkurrenz machen wollten. Der Widerstand brach erst, als komplementäre Verkaufseffekte sichtbar wurden. Hauptrenner in der Gütersloher Buchfirma, zu der seit 1964 auch Ladengeschäfte gehören, war über die Jahre hinweg «Das moderne Lexikon», von dem weit über 40 Millionen Einzelbände in deutschen Wohnzimmerregalen stehen. Es folgen das «Bertelsmann Volkslexikon» (rund vier Millionen Exemplare), Koch-, Gesundheits-, Kunst- und Wissenschaftsbücher sowie zwei Atlanten, für die Mohn 1956 einen kartographischen Verlag gründete. Mitte der fünfziger Jahre gab Bertelsmann mit der Gründung eines Schallplattenrings neue Töne an und komplettierte die Innovation wenig später durch die Plattenfirma Ariola und die Fabrik Sonopress, nachdem die arrivierten Vinylscheibenanbieter sich geweigert hatten, Lizenzen zu vergeben. Erst 1959 ging die Deutsche Grammophon auf die Absatzgarantien ein und schloß mit den Bertelsmann-Klubs ab.

Der Zug zur Größe war bald nicht mehr auf die Buchklubs beschränkt. Mohn hatte Spaß daran gefunden, auch anderswo Erster zu werden. Ende der sechziger Jahre visierte der Vollblut-Unternehmer – geheim und unverdächtig – den deutschen Pressemarkt an. Mohn begriff, daß Stillstand tödlich ist und es nur darauf ankommt, jener größte Fisch zu sein, der die kleineren schluckt. «Wer stagniert, stirbt», verkündete er plakativ und begründete einmal in einem Fachaufsatz: «Für große Objekte oder für Aktivitäten in größeren Märkten auch über die Grenzen hinweg braucht es den Großverlag. Nur er kann die Arbeitsmethodik verbessern und neue Verfahren entwickeln. Und er gewährleistet eines, was noch wichtiger ist: die Kontinuität der Unternehmensführung.» Während die Linken der Republik die Enteignung des in ihren Augen manipulierenden ‹Bild›-Zeitungsverlegers Axel Springer forderten, beteiligte sich Mohn am größten deutschen Zeitschriftenkonzern Gruner + Jahr (‹Stern›, ‹Brigitte›, ‹Capital›, ‹Schöner Wohnen›). Plötzlich galten vollmundige Postulate nichts mehr: Noch 1968 hatte Bertelsmann verkündet, «sich nicht an Illustriertenkäufen zu beteiligen», im Jahr darauf aber zahlte Mohn dem Drukker Richard Gruner 87,5 Millionen Mark für ein 25 Prozent-Paket. Die moderne Offsetdruckkapazität in Gütersloh und die G+J-Tiefdrucktechnik in Itzehoe passten hervorragend zusammen.

Ausgerechnet der ‹Stern› deckte 1970 Reinhard Mohns Undercover-Erwerb von einem Drittel am vielerorts gebrandmarkten Springer-Konzern auf. Die Übergabe des 313 Millionen Mark teuren Aktienpakets sollte 1972 vor sich gehen, späterer Mehrheitsbesitz war nicht ausgeschlossen. Die Fusion hätte einen Medientitanen mit einem damaligen Jahresumsatz von über zwei Milliarden erzeugt – verständlich, daß die Spekulationen wucherten. Mit insgesamt 14 Strafanträgen und einstweiligen Verfügungen deckten sich Verleger Axel Springer und ‹Stern›-Chefredakteur Henri Nannen ein, ehe sich die Streithähne außergerichtlich einigten. Der entnervte Springer machte Ende Juli, fünf Monate nach dem Geheimarrangement, den Deal rückgängig. Ihm war zugetragen worden, daß Mohn parallel bei Gruner + Jahr nach der Mehrheit griff und – viel schlimmer – daß sich die Gütersloher ihre Expansion vollständig von der Westdeutschen Landesbank und deren damaligem Chef, Ludwig Poullain, finanzieren ließen. «Mit Tante Paula hätte ich selbst reden können», ärgerte sich Springer: «Ich wußte ja nicht, daß die über Land gehen und das Geld zusammenkratzen müssen.» Zudem war der Zeitungsfürst «nicht der Meinung, daß ein Verlag eine Art Warenhaus sein darf, in dem alles zu haben sein kann ... vom Propagandajournal der Linken bis zur konservativen Zeitung».

Bei Gruner + Jahr, einer früher durch schlechtes Management brachliegenden Goldmine, erreichte Mohn – anders als bei Springer – die Gesellschaftermehrheit. Gerd Bucerius schrieb im November 1972 seine 35-Prozent-Schachtel in einer komplizierten Transaktion auf Mohn über und erwarb dafür bei Bertelsmann 11,5 Prozent des Kapitals sowie einen Aufsichtsratssitz. Wenige Monate später schickte Mohn seinen Intimus Manfred Fischer, bis dato 15 Jahre in Gütersloh, ins G+J-Management, wo der Zögling nach kurzer Zeit den Verlagschef Ernst Naumann ablöste. Durch die Einverleibung des Hamburger Hauses, das seinerzeit 750 Millionen Mark erwirtschaftete, zog das Bertelsmann-Imperium mit insgesamt rund 1,6 Milliarden Mark Umsatz an dem vormaligen Branchenprimus Axel Springer vorbei, der etwas mehr als eine Milliarde umsetzte. In den folgenden Jahren lieferte die gewinnträchtige Perle unter der Ägide von Fischer und später Gerd Schulte-Hillen, der als technischer Leiter der Bertelsmann-Druckerei in Barcelona auf sich aufmerksam gemacht hatte, kontinuierlich stolze Beträge an die Muttergesellschaft. Der Betrieb wurde gestrafft, die Druckerei in Itzehoe auf Topzustand getrimmt. Innerhalb eines Jahrzehnts verdreifachte sich der Umsatz, im Geschäftsjahr 1988/89 verdiente Gruner + Jahr 240 Millionen Mark vor Steuern. Der größte Verdienst des Verlages ist – neben dem alljährlichen Profit-Transfer nach Gütersloh – die energisch vorangetriebene Internationalisierung, die inzwischen fast die Hälfte seines Umsatzes ausmacht. Anfänglich wurde zwar mit einer gescheiterten US-Ausgabe der Erdkunde-Publikation ‹Geo› ein 80 Millionen Mark teures Lehrgeld gezahlt, danach aber gründete das Unternehmen eine Reihe neuer Zeitschriften in Frankreich (‹Prima›, ‹Femme actuelle›) und England (‹Prima›, ‹Best›), paßte exportierte deutsche Titel erfolgreich den nationalen Gegebenheiten an, liftete geschickt akquirierte Titel wie ‹Dunia› (Spanien) oder ‹Parents› (USA) und brachte die US-Druckerei Brown zur Blüte.

Mit solchen Erfolgen reihte sich die Tochter nahtlos in die Reihen der vorwärtsstrebenden Mutter ein, die seit Beginn der sechziger Jahre diverse ausländische Buchklubs gegründet hatte – zunächst in Europa, ab 1969 dann in Lateinamerika. Als nächstes expandierte der Buch- und Schallplattenbereich von Bertelsmann: Mohn gelang 1977 der Einstieg bei dem spanischen Verlagshaus Plaza y Janes, der italienischen Fratelli-Fabri-Gruppe und dem größten Taschenbuchverlag der Welt, Bantam Books in New York. Neun Jahre später glückte an einem Tag, dem 5. September, ein wichtiger Doppelcoup: Mit der Schallplattenfirma RCA und dem Buchunternehmen Doubleday kamen zwei Hochkaräter ins Schmuckkästchen. Alte Probleme schienen auf einen Schlag gelöst: RCA hatte vorher schon mit der schlingernden Bertelsmann-Firma Arista kooperiert und durch Doubleday war Mohn nun auch im nordamerikanischen Buchklubgeschäft präsent, wo er mit Eigengründungen gescheitert war.

Inzwischen stammt nur noch jede dritte Umsatzmark aus dem Inland, für fast 30 Prozent der Gesamteinnahmen sorgen allein die US-Ableger – die Welt von Bertelsmann kennt keine Grenzen. Die Offensive auf fremden Märkten war Mohns Antwort auf die Konzentrationshindernisse im Inland. Dort konnte zwar noch Mitte der siebziger Jahre durch Take-overs von Buchverlagen wie Blanvalet, Goldmann, Albrecht Knaus und Siedler die Betriebsgröße optimiert werden, im Fachzeitschriftenmarkt jedoch zeigte das Bundeskartellamt dann die rote Karte. Nachdem sich Bertelsmann rund um die 1953 gegründete ‹Deutsche Bauwirtschaft› bereits eine Reihe von Firmen wie Springers Ullstein-Fachbuchverlag, den Münchner Heinrich Vogel Verlag, Heinze aus Celle oder den MMV Medizinverlag angelacht hatte, legte sich die Berliner Behörde 1978 quer und untersagte den heimlichen Kauf des Deutschen Verkehrs-Verlages in Hamburg. Mohn reiste mit seiner Crew zur Kartellbehörde und mußte konstatieren, «daß wir aus grundsätzlichen Erwägungen unsere Aktivitäten im eigenen Land begrenzen müssen. Als überzeugte Anhänger einer Wettbewerbswirtschaft akzeptieren wir diese Begrenzung ebenso wie aus der Erkenntnis der Notwendigkeit pluralistischen Vorgehens im Bereich der Verlagsarbeit. Es ist uns deutlich, daß in der Verlagsarbeit aufgrund ihrer geistigen Zielsetzung sogar viel mehr Konkurrenz vorhanden sein muß als bei anderen wirtschaftlichen Betätigungen.»

*

Die Bertelsmann AG ist ein hochgradig durchorganisiertes Gebilde. In dem Mikrokosmos gelten höchst eigene Gesetze und Maßstäbe; der Geist von Gütersloh hilft, ein gewaltiges Aufgaben- und Auftragsvolumen zu bewältigen. Konsequent und produktivitätsfördernd trieb Sozialstratege Mohn Dezentralisierung und Delegation von Verantwortung voran, die von einheitlichen qualitativen und quantitativen Zielvorgaben umrahmt werden. Es entstand ein komplexer Regelmechanismus mit vielen Querverbindungen und Nebeneffekten; eine Unternehmensverfassung, Führungsleitsätze, Mitbestimmungs- und Mitspracheregelungen, Mitarbeiterbefragungen, Gewinnpartizipation und Vermögensbildung, Pensionswerk, Weiterbildungsangebote und Sozialbilanz gehören dazu. Die betriebssoziologische Kausalität zwischen Sozialordnung und Leistung hat Mohn stets beachtet: «Wenn ich während meiner beruflichen Laufbahn den ‹Herr-im-Hause-Standpunkt› eingenommen und auf die nicht immer populäre Durchsetzung meiner Ideen materieller Gerechtigkeit und sozialer Hilfestellung verzichtet hätte, wäre das Haus Bertelsmann niemals zu seiner heutigen Stellung gelangt.» Seine Gedanken zu einer menschenorientierten Unternehmenspolitik sind in dem Buch «Erfolg durch Partnerschaft» enthalten, in dem Mohn beklagt, daß «die frühere religiöse und ethische Orientierung des Menschen einem geistigen Vakuum gewichen ist» und ausführt: «Alle Sonntagsreden können nicht darüber hinwegtäuschen, daß die Rücksichtslosigkeit in unserer Zeit ebenso zunimmt wie menschliche Isolierung und Enttäuschung.»

Mohn, der Kämpfer für die Gemeinschaft, wird nicht müde zu verkünden, daß «Unternehmen – insbesondere Großunternehmen – nicht länger als die Privatangelegenheit des jeweiligen Eigentümers angesehen werden können». Unternehmer und Manager sollten ihre Aufgabe, so Mohn, eher als ein Mandat der Gesellschaft verstehen und nicht als einen auf Besitz beruhenden Anspruch. Solche Sätze provozierten andere Unternehmer früher zu dem unangebrachten Bonmot «der rote Mohn». Für den obersten Bertelsmann soll ein Unternehmen einen Leistungsbeitrag für die Gesellschaft erbringen; ferner sei die Selbstverwirklichung der dort arbeitenden Menschen anzustreben, müßten ordnungspolitische Modelle gestaltet und mit der Erwirtschaftung eines Steuerbeitrages staatliche Funktionen ermöglicht werden. Diese Ziele sind in der Unternehmensverfassung festgeschrieben; darin wird Bertelsmann als «Medienunternehmen» charakterisiert, «das im In- und Ausland Informationen, Bildung und Unterhaltung vermittelt». Eines seiner Ziele sei «die Förderung der freien Meinungsbildung in der Gesellschaft». Die erste «Grundsatzordnung» hatte Mohn nebst «Leitsätzen für die Führung im Hause Bertelsmann» 1960 aufgestellt; die dort fixierten Ideen wurden in den Unternehmensverfassungen von 1973 und 1980 weiterentwickelt, ehe schließlich Vorstandschef Wössner 1988 «Essentials» erarbeitete, die heute auch den Auslandsfirmen «als Grundlage für die Entwicklung jeweils eigenständiger Unternehmens-Identitäten dienen können». Die hehren Grundsätze lernten 500 Bertelsmann-Spitzen aus 30 Ländern auf einem Symposion in Gütersloh kennen.

Mohn ist von der Güte der Subsidarität zutiefst überzeugt: Was auf unteren Ebenen, in den Unternehmen selbst zu regeln ist, sollte nicht Gegenstand höherer, zentralistischer Planungen sein. Die «Ineffizienz des Staates» habe bereits «unglaubliche Dimensionen» angenommen, weiß Mohn, der bei Attacken gegen die öffentliche Hand sehr engagiert wirkt. «Warum», fragt er, «lassen wir die Politiker mit ihrer Gesetzesarbeit allein, warum präsentieren wir nicht unsere bessere Lösung ... Im Fall ‹Mitbestimmung› heißt das: Ideen, die geeignet sind, die Arbeit im Betrieb in eine Form zu bringen, welche die Motivation der Mitarbeiter ermöglicht.» Für den Medienunternehmer zählt die Identifikation des einzelnen, jedoch kennt er die Veranlagung des Menschen, in dem «gute und destruktive Eigenschaften nahe beieinander» lägen: «Die Führung muß bemüht sein, die guten Eigenschaften ... zu fördern und negative Verhaltensweisen nicht zur Geltung kommen zu lassen. Diese Aufgabe kann auch die Durchsetzung harter Maßnahmen rechtfertigen.» Fast klingt es ein wenig pastoral und volkspädagogisch, wie Mohn die Arbeit der Entscheider und Manager beschreibt, jener Kaste, die als «Disposition» den dritten Produktionsfaktor neben Arbeit und Kapital bildet. Aber die Bertelsmann-Beleg-

schaft akzeptiert offensichtlich seine Prinzipien; drei anonyme Mitarbeiterbefragungen spiegelten eine recht hohe Zufriedenheit wieder. Mindestens jeden
zweiten Monat finden Mitarbeiterbesprechungen statt, einmal im Jahr müssen
die Spitzen in einem Führungsgespräch Rechenschaft ablegen.

Die Janusköpfigkeit der umfangreichen Sozialmaßnahmen – einerseits ethi-
sches Anliegen, andererseits funktional-technokratisches Element – zeigt sich
besonders stark im Modell der Gewinnbeteiligung und Vermögensbildung.
Bereits in der Zeit zwischen 1951 bis 1955 verteilte Mohn den gesamten
Gewinn auf seine Mitarbeiter mit der Maßgabe, den nach Steuern verbleibenden Nettobetrag dem Unternehmen wieder als Darlehen zur Verfügung zu
stellen. Der Zinssatz betrug zwei Prozent, die Laufzeit reichte bis zur Pensions-
grenze. Damit schlug Mohn zwei Fliegen mit einer Klappe: Zum einen erhielt
er so Finanzmittel, die ihm Banken nicht gaben, da beleihungsfähige Werte
und Sicherheiten fehlten; zum anderen sparte das Unternehmen erhebliche
Steuern. Über die Mitarbeiter kamen zehn Millionen Mark zusammen, was
Reinhard Mohn später zu würdigen wußte: «Es kann von niemandem und insbesondere nicht von den Inhabern bestritten werden, daß dieser ‹Gewinnver-
zicht› eine langfristig gesehen richtige und für die Inhaber außerordentlich
gewinnträchtige Maßnahme gewesen ist.» 1970 wurde der Modus geändert.
Heute erhalten die Kapitalgeber, zu denen neben der Mohn-Familie mit 10,74
Prozent Gerd Bucerius zählt, vorab aus der Gewinnmasse eine «marktübliche»
Verzinsung nebst «Risikoprämie» für das eingesetzte Kapital; den Rest teilen
sich Belegschaft – dort gilt das Jahreseinkommen als Verteilungsschlüssel –
und die Kapitalseite.

Am Bertelsmann-Gesamtvermögen sind mehr als 13 000 Genußrechtsinha-
ber – zur Hälfte Konzern-Mitarbeiter – mit 560 Millionen Mark beteiligt,
hinzu kommen über 110 Millionen Mark Genußrechte der Gruner + Jahr-
Belegschaft. Im April 1989 hatte die Medien-AG rund 1,3 Millionen neue
Genußscheine zum Stückpreis von 175 Mark unter Regie des langjährigen
Hausinstituts Deutsche Bank an der Börse emittiert und dafür eine Garantie-
summe von 220 Millionen Mark eingestrichen. Die Wertpapiere sind nicht
kündbar, können aber nach einer bestimmten Frist über die Bertelsmann
Treuhand- und Anlagegesellschaft innerbetrieblich weiterverkauft werden.
Die Dividende liegt bei 15 Prozent. Durch die Genußscheine sieht Mohn neuen
Einfluß der Kapitalseite: «Wenn der Vorstand das Budget im Aufsichtsrat prä-
sentiert, hat er als Eckpunkt im Kopf, daß das Genußkapital ausreichend ver-
zinst wird.» Darauf achten die Arbeitnehmervertreter penibel. – Für Reinhard
Mohn ist es keine Frage, daß «ein gut geführtes Unternehmen» sich stets das

benötigte Eigenkapital beschaffen kann. Der Durst nach monetärem Zufluß in seinem Haus ist riesengroß, die vielen Investitionen in Teilmärkte und im Ausland wollen finanziert sein. Die Eigenkapitalquote war 1988 auf 19 Prozent abgerutscht, inzwischen liegt sie wieder bei 26 Prozent, wozu der auf 420 Millionen Mark angestiegene Jahresüberschuß beigetragen hat. Um die Finanzbasis zu stärken, beteiligten sich sogar über 20 Bertelsmann-Manager an ihren Firmen und brachten dadurch fast vier Millionen Mark in die Konzernkasse. «Die verständlichen menschlichen Widerstände des Unternehmers gegenüber fremdem Kapital treten langsam zurück vor dem Funktionsanspruch des Unternehmens», urteilt Mohn.

Der bundesdeutschen Öffentlichkeit ist das soziale Engagement des knallharten Unternehmers durch die 1977 gegründete Bertelsmann Stiftung bewußt geworden, der Mohn ab 1991 vorstehen wird. Betätigungsfelder sind die Kommunikationsforschung, Bildungsmaßnahmen, Studienprogramme, Gesundheitsprojekte sowie vor allem Investitionen in Bildung und Kultur, in die Mohn Management-Know-how und Kapital einschießt. So flossen acht Millionen Mark für eine Mediothek des Evangelisch Stiftischen Gymnasiums in Gütersloh; eine noch höhere Summe bewilligte Mohn der 1984 eingeweihten hochmodernen Stadtbibliothek, an der die Stiftung mit 49 Prozent beteiligt ist. Auch im Initiativkreis Ruhrgebiet ist Bertelsmann überaus aktiv: rund 25 Millionen Mark kamen aus Gütersloh für den Ausbau der Privaten Universität Witten/Herdecke, dessen Präsident Konrad Schily ein guter Freund von Mohn ist. Die imagefördernde Stiftung übernahm Anfang 1990 von der Reinhard Mohn Verwaltungs GmbH (früher 42,65 Prozent) und der Johannes Mohn GmbH (früher 46,61 Prozent) Anteile und ist nunmehr mit 68,8 Prozent der nominell größte Gesellschafter. Die Erbengemeinschaft der Mohn-Kinder – zu der neben dem ältesten Sohn Johannes, dem technischen Leiter der CD-Fabrik Sonopress, noch Susanne, Christine, Chris, Andreas und Brigitte gehören – hält 17,9 Prozent; Reinhard Mohn selbst besitzt 2,6 Prozent.

Das große Rad aber dreht nach Mohns Tod die Bertelsmann Vermögensverwaltungs (BVV) GmbH, da sie in den Genuß der Stimmrechte kommen soll. Bei dem Übertrag seines Kapitalbesitzes auf Sohn Johannes hatte sich Reinhard Mohn 1964 wohlweislich das Recht zur Verfügung über das Kapital vorbehalten. Sämtliche Stimmrechte liegen auf einem 500-Mark-Papier seiner Verwaltungs GmbH. In der mächtigen BVV, der zukünftigen Schaltstelle, sollen satzungsgemäß «Mitglieder mit ausgewiesener Führungserfahrung» sitzen. Vorgesehen ist, daß sechs Personen das Sagen haben: der Aufsichtsratsvorsitzende, der Vorstandschef und sein Vize, ein Familienmitglied, ein Mitarbeiteremissär sowie ein Jurist. In einem auf zwanzig Jahre befristeten Vertrag hat Mohn seine ehemaligen Assistenten Wössner und Schulte-Hillen mit günstigen Konditionen an die Vermögensverwaltungs GmbH gebunden. Überlegt es sich Mohn anders, muß er eine millionenschwere Konventionalstrafe zahlen. Seine Absicht: «Ich will den Übergang in Kapital und Führung so gestalten, daß es keiner merkt.»

Die hochkomplizierten Regelungen implizieren eine weitgehende Trennung von Führung und Kapital. Der perfekte Organisator Mohn ist so sehr von den sachlogischen Notwendigkeiten moderner Unternehmensführung überzeugt, daß er seine Kinder nicht automatisch an die Schalthebel lassen will: «Nicht mehr der Kapitalbesitz legitimiert zur Führung, sondern einzig und allein die Qualifikation, die gestellte Aufgabe zu lösen.» Sofern eine Familie einen qualifizierten Nachfolger stellen könne, sei das sicherlich optimal, erklärt Mohn: «Die Familientradition darf aber nicht zum Dogma erhoben werden.» Einziges Zugeständnis des Unternehmers: Erfüllen Familienmitglieder in den Augen einer aus fünf Personen bestehenden «Testaments-Vollstreckungs-GmbH» die von Mohn definierten Anforderungen, dürfen sie im Vorstand vertreten sein: «Ich sage meinen drei Söhnen immer, daß sie erst einmal für eine gewisse Zeit Profit-Center leiten sollen, damit man feststellen kann, was sie überhaupt können.» Die Gefahr, daß ein allzu ehrgeiziger und sich als Eigentümer fühlender Vorstandsvorsitzender künftig die Strukturen der Bertelsmann AG nach seinem Gusto verändert, hält Mohn für «ziemlich unwahrscheinlich». Der Top-Manager müßte schließlich die BVV auf seine Seite ziehen. Außerdem existiert ein umfangreiches Statutenwerk: Reinhard Mohn, der jedes Jahr sein persönliches und geschäftliches Testament ändert, hat beispielsweise in «ellenlangen Abhandlungen» festgelegt, wie Anteile veräußert werden dürfen. Danach bieten Expansionschancen keinen Anlaß, Aktien zu verkaufen – das sei nur denkbar, um eine direkte Gefahr vom Unternehmen abzuwenden. Auf der anderen Seite betont der Bertelsmann-Chef, daß es ihm nicht um eine Regelung bis ins letzte Detail gegangen sei: «Das tausendjährige Reich wollte ich damit nicht gründen.»

Ist das Finanzierungsgenie Mohn ein fortschrittlicher, sozialer Unternehmer? Ein liberaler Geist? Oder nur ein aufgeklärter Patriarch? Vielleicht sei er ein «Idealist», antwortet Mohn, aber Patriarch? «Ich habe 25 Jahre lang kein Geld verdient und mein Vermögen für 'n Appl und 'n Ei eingebracht.» Ohne Frage ist der Gütersloher ein Entrepreneur par excellence – alles, was den Ertrag mehrt und Marktanteile erhöht, ist zu begrüßen, wenn das Geschäft moralisch vertretbar ist. Fortschrittlich in diesem Sinn bedeutet maximale

Dynamik des Kapitals, analog heißt «liberal», daß Freiheiten zur größtmöglichen Produktivität gewährt werden; und «sozial», daß das Individuum nicht aus der Gemeinschaft ausschert. Selbstlos ist Mohn nicht, aber er macht die Gewinnorientierung zum Gruppenerlebnis. Einer seiner philosophischen Sätze: «Ich hoffe, daß die Technokraten irgendwann einmal begreifen, welche Kraft im Menschlichen liegt. Erfolg und Menschlichkeit bedingen einander.» Die zum Eigenwert erhobene Solidarität findet ihre Grenzen in politischen Ansprüchen, etwa in der Frage der paritätischen Mitbestimmung. Mohn ortet heute eine «Überbetonung von Gruppeninteressen im Aufsichtsrat», die den Absichten und Überzeugungen der Väter der Marktwirtschaft widersprächen: «Das in den vergangenen Jahrzehnten entwickelte Konzept des partnerschaftlichen Unternehmens hat längst den Beweis erbracht, daß man Effizienz mit Menschlichkeit verbinden kann.» Ergo fordert der Medienlenker, daß die Arbeitnehmer nur noch ein Drittel der Sitze im Aufsichtsrat erhalten. Außerdem verlangt er staatliche Eingriffe, falls die autonomen Tarifpartner auf Kosten der Allgemeinheit handeln – und das kann häufig vorkommen: «Konsens und Kooperation gehören nicht gerade zu den charakteristischen Merkmalen gewerkschaftlicher Strategie in unserem Lande», analysiert Mohn, der sich als entschlossener Konservativer gibt. Gelenkter Interessenausgleich ist sein Grundprinzip; die Konzeption des partnerschaftlichen Unternehmens überbrückt für ihn die Gegensätze zwischen Kapital, Arbeit und Management. Der Weg dorthin habe aber nichts mit «Demokratisierung» zu tun, «sondern ganz einfach mit der Anwendung moderner Führungstechnik und einem richtigen Zielverständnis des Unternehmens.» Ein Evolutionär des Kapitals, kein sozialer Träumer.

*

Seit Jahrzehnten arbeitete der verhinderte Ingenieur Reinhard Mohn an einer konsequenten Straffung seiner Geschäfte: «Die große Zahl der Mitarbeiter im Großbetrieb führt leicht zu einer Entpersönlichung der menschlichen Beziehungen. Die unvermeidliche Bürokratie tut ein übriges dazu, die Atmosphäre zu neutralisieren. Die Aufgabenteilung verwischt den Blick für die Gesamtarbeit mit der Folge, daß man sich mit seiner Leistung nicht mehr einordnet und sich damit auch nicht mehr entscheidend verantwortlich für das Gelingen des Ganzen fühlt ... Wir müssen das Verantwortungsgefühl und die Initiative des einzelnen Mitarbeiters wieder beleben. Ausgehend von der Erkenntnis, daß jeder an seinem Arbeitsplatz sein eigenes Schicksal gestaltet, muß jeder wieder sein eigener Unternehmer werden», formuliert der Konzernherr. Ende der fünfziger Jahre zergliederte Mohn sein Unternehmen, das damals knapp 5000 Beschäftigte und einen Umsatz von 150 Millionen aufwies, in diverse Profit-Center; Schallplattengeschäfte, ein Verlagssektor sowie die technischen und logistischen Bereiche erhielten Eigenverantwortung. Nicht zur einheitlichen Führungsstruktur gehörten die von Reinhard Mohns Brüdern gelenkten Firmen. Der Sigbert Mohn Verlag befaßte sich mit Belletristik und geschichtlichen Sachbüchern, hielt aber nur knapp zehn Jahre durch, da selbst renommierte Autoren wie David Irving, Christine Brückner oder Otto Flake nichts an der Skepsis der Branche und der Zurückhaltung der Käufer änderten. Nach der Gründung der Verlagsgruppe Bertelsmann Ende der sechziger Jahre trat der ausbezahlte Sigbert Mohn nicht mehr im Unternehmen, sondern vielmehr in der Politik, zuletzt als CDU-Stadtrat, in Erscheinung. Das Gütersloher Verlagshaus Gerd Mohn, längst in die 1971 formierte Aktiengesellschaft integriert, ist bis zum heutigen Tag mit theologischer Literatur beschäftigt und verantwortet jährlich bis zu 80 Neuerscheinungen, darunter die Taschenbuchreihe «GTB-Siebenstern». Außerdem publiziert Gerd Mohn die «Zeitschrift für Gottesdienst und Predigt» sowie sieben weitere konfessionelle Zeitschriften.

Der Bertelsmann-Organisation fehlt heute eine gewisse logische Ordnung: Ihre sieben Unternehmensbereiche sind sowohl nach Produkten als auch nach geografischen sowie historisch gewachsenen Geschäftsfeldern geordnet. Die einzelnen Vorstände und die Geschäftsführer der insgesamt zweihundert Profit-Center können im Rahmen der Konzernregeln und der Budgetpläne unabhängig agieren. Über die Einhaltung von Plan- und Forecastzahlen wacht eine Computeranlage, die Monat für Monat detailliert Fehlentwicklungen bei Umsatz, Gewinn oder Kapitalbindung aufzeigt. Die hierfür zuständige Abteilung Planung und Berichtswesen gehört mit den Bereichen Finanzen, Steuern, Rechnungswesen, Personal und Recht, Revision und Öffentlichkeitsarbeit zur Hauptverwaltung, die den rund 350 rechtlich selbständigen Bertelsmann-Firmen gegenüber zentrale Stabsfunktionen wahrnimmt und sie bei Bedarf mit notwendigen Dienstleistungen versorgt. Der Vorstand entscheidet bei schwerwiegenden Interessenkollisionen zwischen einzelnen Bereichen, welche Prioritäten gelten. Für leichtere Fälle sind Koordinationausschüsse zuständig, die nach Vorstandsrichtlinien arbeiten. Quer zu den organisatorischen Linien laufen strategische Geschäftseinheiten für Buch, Musik/Neue Medien sowie Zeitschriften, die als Planungsgremien wirken und in denen Manager frei von Tagesroutine Zukunftsvisionen entwickeln sollen. Daneben gibt es einen zentralen Stab Unternehmensentwicklung sowie viele zeitlich befristete Projektteams («Task forces»). Der starken Expansion ins Ausland trug Bertelsmann

Rechnung, indem für die einzelnen Sparten Leitlinien und Landeskoordinatoren eingeführt wurden.

Reinhard Mohn orientierte sich mit seinen neuen Ideen zu Führung und Organisation an amerikanischen Vorbildern, 1954 reiste er zum ersten Mal nach New York. Den Widerstand gestandener Verlagsexperten, die vor dem Krieg im Hause Bertelsmann groß geworden waren, hielt der USA-Fan leicht aus, da er auf eine junge Garde von Führungskräften setzen konnte. In einem Interview mit der Tageszeitung ‹NRZ› verriet der Konzernboß, daß er jedem eine Chance gebe, sich zu bewähren: «Meine Mitarbeiter können sich fühlen wie Unternehmer im 19. Jahrhundert.» Die Beurteilungskriterien sind denkbar einfach: «Wir nehmen den Gewinn als Maßstab für den Erfolg. Es gibt keinen besseren.»

Der in mehreren Wellen zu üppigen Gehaltskonditionen engagierte Nachwuchs bekam Gelegenheit, das an den Hochschulen und Universitäten erworbene Wissen in diesem befruchtenden, kommerziellen Klima anzuwenden. In einem Kreis von rund 30 «Junioren» sammelten sich die Karriereaspiranten. Zunächst hatte der Generalbevollmächtigte Manfred Köhnlechner, später als TV-Heilpraktiker bekannt geworden, viel Spielraum. Er nutzte ihn für den Umbau der Familiencompany in eine AG und sorgte mit unternehmerischen Petitessen wie dem Betreiben der später abgestossenen Hühnerfarm «Hennengold» für Verwunderung. Nach Mohns Abgang als Vorstandschef und seinem Wechsel in den Aufsichtsrat im Jahre 1981 war es Manfred Fischer, der an den Hebeln der Macht saß. Mohn demonstrierte freilich von Anfang an, wie machtvoll er sich das Kontrollorgan wünscht und pochte auf energische Mitwirkung. Der Konzerneigner glaubt, daß die deutschen Aufsichtsräte viel mehr Zeit und Arbeit investieren und nicht nur formal, sondern auch faktisch durch die Vertretung des Kapitals gewählt werden müßten. Neben Banken sollten, so Mohn, Aktienfonds mit dem Depotstimmrecht betraut, Beratungsfirmen eingeschaltet sowie Aktionärsvereine ausgebaut werden. Neben dem agilen Aufseher hielt sich sein langjähriger Intimus Fischer nur kurze Zeit und übergab 1983 den Stab an Druck-Chef Wössner. Der gelernte Ingenieur verkörpert den Leadertyp der neuen Manager-Ära: silberhaarig, eloquent, jungenhaft und mit einem gewissen Kennedy-Appeal ausgestattet, verströmt der laut ‹Bunte› siebtschönste Mann der Bundesrepublik Optimismus und Tatkraft. Seine Philosophie: «Führung darf nicht im Sinne eines Organisationshandbuches reglementiert werden. Es müssen praxisnahe Leitlinien zur Orientierung des persönlichen Handelns erarbeitet werden, die ausreichend Initiative und persönlichen Führungsstil lassen.» Der mit 3,2 Millionen Mark Jahresgehalt hochdotierte Manager ist rund um die Uhr verfügbar: «Ich habe Telefax sogar zuhause, damit mein Fahrer und die Sekretärin nicht dauernd belastet werden.» Ohne Frage weiß Wössner, wie man in der Führungscrew Eindruck macht, dessen Innenleben der Managementexperte Knut Bleicher als «eine Art Wettbewerbsverhältnis um die Gunst des Inhabers» beschreibt, die durchaus wechsle und bewegende Kräfte freisetze. Reinhard Mohn verhalte sich dabei «korrekt, emotionslos, argumentativ-dialogisch».

Hinter Wössner, dem künftigen Nachfolger Mohns, kann Vorstandsvize Gerd Schulte-Hillen – Branchenkürzel «GSH» – im Kreis der Paladine selbstbewußt Muskeln zeigen. Schließlich spielt sein rentables Zeitschriftenhaus Gruner + Jahr als Konzern im Konzern eine Sonderrolle. GSH, der «Meister der Branche im Zitronenquetschen» (‹Der Dienst›), ist ein ausgesprochener Schnellredner und Vielverdiener (jährlich 2,8 Millionen Mark) und gilt als schwer anfechtbarer Kronprinz hinter Wössner. Ein möglicher anderer Kandidat für höhere Weihen wäre Gunter Thielen, der mit seinen Druck- und Industriebetrieben – neben einem hohen konzerninternen Leistungsbeitrag – einen Außenumsatz von knapp 1,9 Milliarden erzielt und über 150 Millionen Mark Betriebsgewinn beisteuert. Unter seiner Verantwortung stieg die Zeitungsbeilage ‹Rtv› des Deutschen Supplement Verlags zur größten deutschen Programmzeitschrift auf. Hohe Reputation genießen zahlreiche Dienstleistungen im Thielen-Bereich, beispielsweise die technische Leistungsfähigkeit von Mohndruck und Maul-Belser in Nürnberg, die präzise Vielfalt von AZ Direktmarketing oder die Kraft der VVA Bertelsmann Distribution. Hier betreibt die Bertelsmann AG sogar Factoring: Sie kauft einigen Unternehmen ihre Forderungen an die Kunden ab und kümmert sich um den weiteren Gang der Geschäfte. Für das vor allem im Außenhandel bedeutende Arrangement kassieren die Gütersloher eine Courtage in Höhe von bis zu zwei Prozent.

Durch die US-Akquisitionen von 1986 reichte das Umsatzvolumen des Buchklubs mit rund 2,8 Milliarden Mark zuletzt beinahe an Gruner + Jahr heran. Leiter Walter Gerstgrasser, seriös und zurückhaltend, betreut weltweit knapp 20 Millionen Mitglieder, mußte aber das südamerikanische Klubgeschäft aufgeben. Auf dem Umsatzniveau der Buchklubs liegt das ebenfalls infolge der US-Geschäfte stark expandierende Segment Musik und Video. Hier wirken der ehemalige Unternehmensberater Michael Dornemann, ein gewiefter Strategieexperte, sowie Egmont (‹Monti›) Lüftner, den die Aura eines unruhigen Künstlers umweht.

Mit dem allseits demonstrierten Vorwärtsdrang kann Manfred Lahnstein nicht ganz mithalten; sein Bereich Elektronische Medien brachte es 1989 – bei großen Steigerungsraten – auf einen Außenumsatz von nur 240 Millionen Mark. Auch wenn der Ex-Finanzminister weitere 400 Millionen Mark im Bertelsmann-internen Leistungsverkehr umsetzt, eine stolze Kette von Radiobeteiligungen dirigiert und durch den Kauf von TV-Sportrechten die Schlagzeilen zierte, wurde er immer wieder mal auf der Gerüchtebörse als «ablösereif» gehandelt. Dabei spielt weniger sein SPD-Parteibuch eine Rolle. Das Gerede von den «Linken», die in Gütersloh den Ton angäben, erwies sich spätestens mit der Bestallung des ehemaligen hessischen CDU-Sprechers Manfred Harnischfeger zum Chef für PR und Unternehmensverbindungen als vollkommen haltlos. Lahnstein wurde intern vielmehr sein unglückliches Agieren beim Fernsehsender ‹RTL plus› angekreidet, wo Bertelsmann mit knapp 40 Prozent Großgesellschafter ist. Trotzdem zog Lahnstein in einem Machtkampf gegen Geschäftsführer Helmut Thoma, die luxemburgische CLT und die WAZ-Gruppe den kürzeren und konnte den Kommerzkanal nicht auf Konzern-Linie bringen. Immerhin ist ‹RTL plus› inzwischen in den schwarzen Zahlen; über die Hamburger Bertelsmann-Tochter Ufa möchte Lahnstein künftig nicht nur Sportsendungen, sondern auch Spielfilme und Serien liefern. Ähnliches hatte 1976 Bertelsmann mit seiner Firma Alpha im Sinn gehabt, jedoch stoppte Mohn nach einer öffentlichen Fehde mit dem Quasi-Monopolisten des Filmimportmarktes, Leo Kirch, das Projekt. Auch die einst zu Bertelsmann gehörende Firma Constantin Film scheiterte Mitte der siebziger Jahre. Heute wäre sie ein strategisch wichtiges Asset für Lahnstein, der weitere Wachstumschancen seines Bereichs unter anderem im Pay-TV-Geschäft (‹Canal plus›) und in der Nutzung von Datenspeichern auf Compact Discs sieht. Das Kartellamt indes verhinderte zunächst einmal eine stärkere Durchdringung des Marktes und untersagte ein Joint-venture mit IBM, dem größten Computerhersteller der Welt.

Nicht mehr in der Vorstandsetage sitzt Ulrich Wechsler, dessen Verlagsbereich bei seiner Demission Mitte 1989 rund 1,7 Milliarden Mark umsetzte. Die einstige graue Eminenz, seit mehr als zwei Jahrzehnten auf der Gehaltsliste, hatte nach dem Scheitern des Sigbert Mohn Verlags für ein neues literarisches Programm gesorgt und den Umzug seiner Gruppe von Gütersloh nach München durchgesetzt. Im Laufe der Zeit gliederte der Top-Manager profilierte Buchverlage wie Siedler ein und half, Bantam Doubleday Dell in New York auf die Rampe zu schieben; letztlich aber mußte Wechsler vor der Zahlenarithmetik Mark Wössners kapitulieren, der zu wenig zugkräftige und umsatzverdächtige Autoren im Sortiment wähnte. In einem Schreiben an seine Mitarbeiter warnte Wechsler, die erzielten Erfolge seien «nicht das Resultat zentraler Steuerungen, sondern die Summe zahlreicher individueller Leistungen». Es müsse ein ausgewogenes Verhältnis zwischen Geist und Kommerz herrschen: «Wer Programme nur des Geschäfts wegen macht, verkommt geistig.» Der zwischen den Zeilen kritisierte Wössner hob zu einem umstrittenen Total-Revirement an, um den durch Remissionen in den USA sowie die teurer gewordenen Buchrechte bedingten Renditerückgang von 4,0 auf zuletzt 3,5 Prozent zu stoppen. Die alte Verlagsgruppe wurde kurzerhand in zwei neue Sparten aufgesplittet: Wössners Bruder Frank, vorher bei der R+V Versicherung, darf die deutschsprachigen Bücher und Buchklubs mit einem Umsatzvolumen von 1,17 Milliarden Mark verantworten und nebenbei familiäre Schützenhilfe leisten; Konzerneigengewächs Bernhard von Minckwitz lenkt hingegen den Bereich Internationale Verlage und Fachinformation, der 1,41 Milliarden Mark umsetzt. Mit seinem «Produktlinienkonzept» strebt Wössner eine engere Vertriebsbindung zwischen Buchgeschäft und Buchklub an, was einer Kampfansage an den Buchhandel gleichkommt. Für die strategisch wichtigen Klubs startete der Mohn-Konzern sogar erstmals eine Werbekampagne (Jahresetat: vier Millionen Mark), die das in der breiten Bevölkerung vorherrschende Drücker- und Biedermannimage endlich korrigieren soll. Aufsteiger von Minckwitz ist hauptsächlich mit dem Kauf internationaler Fachverlage betraut, mußte aber bald nach Amtsantritt zusammen mit Wössner Krisenmanagement in den USA betreiben. Dort hatte der Chef von Bantam Doubleday Dell, Alberto Vitale, im Alter von 57 Jahren plötzlich seinen Hut genommen. Der im Stile eines gütigen Patrons regierende Profi stieß sich an der Bertelsmann-Norm, daß Vorstände mit Sechzig ausscheiden, und wechselte lieber zum renommierten Random-Verlag. Dessen Eigentümer, die amerikanischen Medienmogule Samuel und Donald Newhouse, garantierten ihm zeitlich uneingeschränkte Entfaltungsmöglichkeiten. Weitere Crux für Wössner ist, daß die Gewinne von Bantam Doubleday Dell unter Plan blieben.

*

Je mehr sich Reinhard Mohn aus dem operativen Geschäft zurückzieht und nur noch stark gefilterte Informationen erhält, desto größer wird der Drang der Statthalter, sich der Gunst mit immer schöneren Zahlen würdig zu erweisen. Der Run auf die rechnerische Legitimation hatte bereits Folgen für das soziale Klima. 1989 mußte der Gesamtbetriebsrat Jochen Werner erstmals vehement darauf drängen, daß die Beurteilung von Führungskräften nicht nur auf wirtschaftliche Ergebnisse abstellt, sondern auch die partnerschaftliche Kompetenz miteinbezieht. Der Vorstand übte sich in Selbstkritik. Tatsächlich zeigt sich, daß zwischen dem anspruchsvollen Modell und der Realität manche Lücke klafft, deren Größe von der Qualität der jeweiligen Führungskraft abhängt. Fehlender Widerspruch scheint angesichts der Kraft der Organisation mancherorts durch devoten Opportunimus ersetzt worden zu sein: «Ich habe noch nie so viele gut bezahlte Leute katzbuckeln sehen», weiß ein enger Beobachter. Auch Mohn räumt ein, daß der gewährte Freiraum zu Friktionen führen könnte. Aber: «Friedhofsruhe führt zu nichts, wir wollen den Dialog und die kreative Unruhe. Die Kanalisierung dieser Bestrebungen ist die Aufgabe der Führung.» Ein Unternehmerkollege Reinhard Mohns nennt die Bertelsmann-Manager ketzerisch «Technokraten der Demokratie» und führt aus: «Wer von den Mitarbeitern da nicht spurt, fliegt raus.» Nicht wenige befürchten, daß mit dem Abgang der Übervaterfigur Mohn die partnerschaftliche AG zur Plattform für die Prestigekämpfe eifersüchtiger Diadochen wird, deren Lebenssinn im Befriedigen von Eitelkeiten und in der optimalen Erfüllung einer detaillierten Karriereplanung liegt. Die Gefahr ist groß, daß die Routine der quartalsmäßigen Deckungsbeitragsrechnung metastasenartig in die kreativen Bereiche eingreift und das langsame Heranwachsen von Talenten behindert. Der Binnenpluralismus à la Gütersloh, die Gewährung vieler kreativer Nischen unter einem starken betriebswirtschaftlichen Dach, ist eine feine Konstruktion, die vor unfeinem Ehrgeiz der Managerkaste geschützt werden muß. Zu dem prätentiösen Bertelsmann-Selbstbild paßt beispielsweise wohl kaum, daß die Münchner Konzerntochter RV Reise- und Verkehrverlag Bücher über die Firma APA Publications im Billig-Land Singapur produzieren läßt, für die korrekte Abwicklung der Honorarzahlungen an die deutschen Autoren aber keine Sorge trägt.

Die Meßlatte für ordnungsgemäßes Arbeiten hat Mohn sehr hoch gelegt: «Solange ein Verleger selbst seine Programmarbeit gestaltete, mochte er für sich in Anspruch nehmen, ausschließlich seine eigene Meinung auch zum Programminhalt seines Verlages zu machen. Der Großverlag kann das nicht mehr. An seiner verlegerischen Aufgabe arbeiten viele Kräfte mit unterschiedlichen Meinungen. Die Vielfalt der Meinungen muß deshalb durch eine liberale, freizügige Verlagskonzeption gesichert und gefördert werden.» In einem Leserbrief an sein Wirtschaftsmagazin ‹Capital› erläuterte Mohn: «In einer Zeit, die so viele und komplexe Aufgaben stellt, ist es insbesondere in einem Verlagshaus verheerend, wenn man versucht, von der Konzernspitze aus Redaktionsarbeit zu betreiben.» Er fügt hinzu, daß die Entwicklung der publizistischen Unternehmen ja schon dazu geführt habe, «daß nicht einmal mehr ein informierendes Gespräch zwischen der Unternehmensspitze und Chefredakteuren oder Herausgebern möglich ist». Anfangs mischte sich Mohn durchaus in die Programmarbeit ein. Das beweist sein jahrelanges Verdikt, Bertelsmann-Medien sollten keinen Sex bringen. «Der Stellvertreter», eine fulminante Papst-Anklage des Schriftstellers Rolf Hochhuth, durfte in einem Bertelsmann-Verlag nicht erscheinen, obwohl das Manuskript schon gesetzt war – Mohn hatte interveniert. Und 1978 erhielt die selbstverwaltete Autoren-Edition rund um Peter O. Chotjewitz die Kündigung, weil ihre unbequeme, linksorientierte Haltung nicht ins Bild paßte. Regelmäßigen Ärger bereitete von Anfang an der ‹Stern›, der mit industriekritischen Berichten der ostwestfälischen Kommandozentrale manche unliebsame Überraschung bereitete und dessen Themen sich Wössner heute noch Woche für Woche im voraus geben läßt. Mohn bekannte 1976 in der ‹Zeit›, daß die Geschichte von Gruner + Jahr hinsichtlich des Verhältnisses zwischen Gesellschaftern, Management und Arbeitnehmern «sehr konfliktreich» gewesen sei: «Man muß erst wieder gegenseitig Vertrauen gewinnen und lernen, Differenzen in ordentlicher Form auszutragen. Das wird noch Jahre und vielleicht Jahrzehnte dauern. Wir haben in Gütersloh auch Jahrzehnte gebraucht.»

Als 1976 der bei den Bertelsmann-Oberen als linkslastig verschrieene stellvertretende Chefredakteur Manfred Bissinger finanziell mit seinen Kollegen gleichgestellt werden sollte, widersetzten sich Mohn und der damalige G+J-Chef Fischer heftig. Sie versuchten statt dessen vergeblich, die tägliche Kündigung aller Chefredakteure durchzusetzen. Ein Jahr später verantwortete Bissinger während des Urlaubs seines Vorgesetzten Henri Nannen einen Report über Steuerflüchtlinge und Kapitalexporteure, in dem Verlagsmitgründer Gruner sowie Mohn genannt wurden. Die Reaktionen fielen deutlich aus: Mohn bedauerte die Publizierung eines solchen Artikels «in seiner Schlichtheit und in seiner Tendenz» und stellte «hier zum wiederholten Male die Frage nach der Qualifizierung der Stellvertretung», womit Bissinger gemeint war. Nannen feuerte seinen Nachfolger in spe, der heute das Reiseblatt ‹Merian› dirigiert, denn auch wegen unsauberer Recherche.

Der ‹Stern›, jener «perfekte Cocktail aus Unterleib und Oberklugheit, aus echter Nacktheit und falscher Enthüllung» (‹Bayernkurier›) verlor mit der Zeit immer mehr an Biß und Profil. Nannen-Nachfolger Peter Koch, inzwischen verstorben, sah sich und seine Kollegen zwar als «Berufsevolutionäre» und «Systemveränderer in dem Sinne, daß wir das bestehende System verbessern und es menschlicher und gerechter machen wollen», doch bewies die Affäre um die gefälschten Hitler-Tagebücher 1983 endgültig, wie hilflos der finanzpotente Verlag um Auflagenevolution rang und wie latent gefährdet die Ehe zwischen Bertelsmann und der Magazin-Dependance war. Der Gruner + Jahr-Vorstand unter Schulte-Hillen überließ – einen großen Scoop witternd – hinter dem Rücken der Redaktion dem Reporter Gerd Heidemann 9,34 Millionen Mark für die vermeintlichen Zeitdokumente. Als Gegenwert handelten sie sich kurze Zeit später die Blamage des Jahrhunderts ein. Kurz danach tappten Mohn und seine Manager in die nächsten Fettnäpfchen, als sie der Redaktion die Publizisten Johannes Gross und Peter Scholl-Latour als Chefs aufdrängten. In dieser Sache gab der Bertelsmann-Eigentümer damals zu Protokoll, daß sich im Zweifel der Standpunkt des Verlegers durchsetzen müsse. Der Protest gegen den als Rechtsausleger gemiedenen Gross war schließlich so riesig, daß der ‹Capital›-Herausgeber resignierte und zum Ausgleich mit einem Vorstandsposten bedacht wurde. Scholl-Latour hielt sich ebenfalls nicht lange und zog sich auf einen Herausgeberposten zurück. An den Spätfolgen des Hitler-Projekts, für das Schulte-Hillen gemäß Zeugenaussagen die Gesamtverantwortung übernommen hatte, laboriert der ‹Stern› noch heute. Unruhe in der Chefredaktion ist obligatorisch, die Fußstapfen des ‹Stern›-Gründers Nannen erwiesen sich für die Aspiranten als viel zu groß. Der sonore Scholl-Latour-Nachfolger Rolf Winter agierte zu verhalten und mußte einem Triumvirat mit Heiner Bremer, Jürgen Liedtke und Michael Jürgs Platz machen. Da jeder der «Drei von der Zankstelle» eine redaktionsinterne Fraktion vertrat, hatte man zweckmäßigerweise eine Art «Gebietsschutz» vereinbart. Weil so die Wende nicht zu packen war, eiste Schulte-Hillen den einstigen Bertelsmann-Sprecher Rolf Schmidt-Holtz von der ‹WDR›-Chefredaktion los. Er machte ihn zum ‹Stern›-Herausgeber und Gruner + Jahr-Vorstand, Bremer und Liedtke mußten gehen. Hoffnungsträger Schmidt-Holtz sah sich freilich öfter als geplant in der Chefredaktion Tagesarbeit verrichten – eine Folge unveränderter Personalprobleme. Der bekannte Autor Herbert Riehl-Heyse, vorher ‹Süddeutsche Zeitung›, hielt sich nur vier Monate lang; dann zog es den Münchner – «Ich dachte, Sie brauchen einen Chefredakteur, was Sie suchen, ist ein Gott» – in weiß-blaue Gefilde zurück. Wenig später mußte auch Jürgs demissionieren. Seit Nannens Abgang entließ der Vorstand in fast zehn Jahren neun Chefredakteure.

Kein Wunder, daß parallel zum Führungs-Hick-hack die journalistische Qualität des ‹Stern› stagnierte. Das altväterliche Layout bietet kaum Attraktionen, große Themen zogen an dem Blatt, das sich gern mit dem ‹Spiegel› vergleicht, ungenutzt vorbei. Statt die von einem Informanten angebotenen Dossiers über den Skandalkonzern Neue Heimat zu kaufen, zückten die Manager lieber das Scheckbuch für Beschauliches wie die Erinnerungen des Moskau-

Fliegers Mathias Rust, der sich jedoch recht schnell als verquerer Träumer herausstellte. Die Auflage der einstigen Renommierillustrierten fiel beständig, statt ehedem 1,9 Millionen verkauft der ‹Stern› heute offiziell lediglich 1,35 Millionen Exemplare. Die negative Tendenz wird von Schulte-Hillen gern mit dem Boom der Special-Interest-Titel erklärt; sein Haus habe beispielsweise aus dem ‹Stern› heraus Objekte wie ‹Geo›, ‹Art› und ‹Sports› entwickelt. Doch jenseits vorhandener Marktbewegungen ist die Krise des ‹Stern›, dem es wirtschaftlich immer noch hervorragend geht, zum guten Teil hausgemacht. Weil das Flaggschiff an Fahrt verlor, wurde der Weg für neue junge Illustrierte wie ‹Tempo› oder ‹Wiener› frei.

*

Pflichtbewußtsein, die Aufgabe erfüllen, seinen Job gut machen – das sind zentrale Werte, um die Reinhard Mohns Leben und Aktionen immer wieder kreisten. Die hundertprozentige Korrektheit macht vor dem stets penibel aufgeräumten Schreibtisch nicht halt – es muß im Leben halt alles seine Ordnung haben. ‹Johannes Gross ist sich sicher, daß Mohn «auf möglichst anständige Weise anständig Geld verdienen will» und deklamiert: «Kein Zar, ein Verleger.» Diese Einschätzung steht der jahrelang verkündeten Selbstanalyse Mohns entgegen, keine klassische Verlegerpersönlichkeit sein – «meine Begabung im literarischen und verlegerischen Bereich ist nicht so dominierend». Er sah und sieht sich eher als Koordinator, Stratege und Controller, der in Arbeitsteilung mit den Geistig-Kreativen ein möglichst gewinnbringendes und gesellschaftlich wichtiges Produkt erstellt. Dabei gelang Mohn, das Unternehmen für den internationalen Wettbewerb fit und gegen unfriendly Take-overs immun zu machen. Bertelsmann schöpft seine Finanzkraft aus sich selbst und blieb von Aktionärsschlachten à la Springer verschont – «ich bin die Hauptversammlung», weiß der selbstbewußte Mohn.

Zum 65. Geburtstag wünschte Gerd Bucerius seinem Freund «einen Schneider, der meint, auch Mohn habe das Recht, eitel zu sein. Schließlich hat er's ja geschafft.» Mit Insignien der Macht und des Luxus, mit Kaviar und Kaschmir, umgibt sich der Großunternehmer nicht. Im Gegenteil: Seine karierten Sakkos sind von der Stange, einfache Hemden genügen, die Dessins seiner Krawatten fallen höchstens durch ihre Unauffälligkeit auf. Bescheidenheit war immer schon die größte Zier des Milliardärs. Höchstens zu Fasching genießt Nichtraucher Mohn Geselligkeit und schunkelselige Stimmungen, meistens aber ist der Fan von autogenem Training allein, denkt nach und formuliert Anweisungen. «Gelegentlich habe ich selbst noch Ideen», sagt er, wohl stark untertreibend, über sein Verhältnis zum Vorstand. Im Geiste verbunden fühlt sich Mohn dem fleißigen Firmengründer Carl Bertelsmann, der lärmende Verbrüderungen strikt ablehnte. So nennen Biographen lange Spaziergänge vor den Toren der Stadt, zu denen er von seinem Bauernhof bei Steinhagen aus aufbricht, als größte Freizeitleidenschaft. Ausgedehnte Ferien auf seiner Hazienda auf Mallorca gehören ebenfalls zum Pflichtprogramm des Naturliebhabers, der Vogelarten und Baumsorten präzise bestimmen kann. Sein Motto für 1990 lautet: «Ich werde mich so verhalten, daß ich mich bei der Arbeit erhole.» Damit erntet er jedoch nur Ungläubigkeit, gibt der oberste Bertelsmann zu.

Über den Privatmann Mohn urteilt Bucerius: «Daß er allen Freuden des Lebens abgeschworen habe, kann man nicht sagen. Aber er hat seine – wie bei allen großen Unternehmern – komplizierten Familienverhältnisse glänzend, das heißt: zu aller Zufriedenheit gelöst.» Für die gesellschaftlichen Verpflichtungen ist Liz Mohn, eine ehemalige Sekretärin des Hauses, zuständig. Die temperamentvolle zweite Ehefrau von Reinhard Mohn schmückte das Stadthaus der Familie mit Pomp, Perser und Blattgold. Die Tür zur Schwimmhalle der Villa verschönern diverse Buchattrappen – wenig passend für ein Verlagshaus. Als geschäftsführende Eigentümerin des Gütersloher Park-Hotels tritt Liz regelmäßig öffentlich in Erscheinung; das noble Hospiz wirkt, als sei es mitten aus der Businesswelt von München, Frankfurt oder Düsseldorf ins westfälische Märchen-Wunderland versetzt worden. Außerdem organisiert Frau Mohn Kaffeekränzchen und Vortragsreihen für die Gattinnen von rund hundert Bertelsmann-Führungskräften und beschäftigt sich mit dem Rosenball, der schon zweimal in der Gütersloher Stadthalle stattfand. Die Benefiz-Veranstaltung, deren Erlös an krebskranke Kinder und an die Leukämieforschung ging, ist ein absolutes Muß für die Firmenprominenz und empfiehlt sich daneben für Künstler, die bei Bertelsmann unter Vertrag stehen. Trotz ihrer repräsentativen Leistungen hat Liz Mohn einen schweren Stand in der Bertelsmännerwelt, die sich gelegentlich als Macho-Kultur präsentiert und in der leitende Positionen für Frauen anscheinend nur sehr begrenzt zur Verfügung stehen.

Der ‹Norddeutsche Rundfunk› charakterisierte Mohn in einem Feature einmal als «stillen Menschen von Gütersloh». Aber so «still», wie der ‹NDR› glauben machen will, ist Mohn höchstens in Fragen des Kaufens und Verkaufens. Persönlich läßt der Medienbesitzer keinen Zweifel daran, daß er frechen Widerspruch nicht gewohnt ist und sich im Streit locker mit den besseren Argumenten durchzusetzen vermag. Mohn hat eine laute, bisweilen klirrende

Stimme, spricht schneidig im Stakkato-Stil mit westfälischem Einschlag und verströmt in Gütersloh beinah majestätische Autorität: Kerzengerader Sitz, die Arme verschränkt, fortwährendes Mienenspiel mit einem energischen Zug der Macht um den Mund – schon die äußere Erscheinung drückt auf den ersten Blick aus, warum diese Gründerfigur an der Spitze steht. Wenn er beispielsweise zu anderen fortschrittlichen Unternehmern der AGP Arbeitsgemeinschaft zur Förderung der Partnerschaft in der Wirtschaft redet, bricht an einigen Stellen sogar Szenenapplaus hervor – so bestimmt, so unwiderstehlich trägt der erste Bertelsmann seine Thesen vor. Mohn überzeugt, Mohn motiviert. Die Stadt, in der er großgeworden ist, wird gelegentlich auch als «Bertelsmann-City» bezeichnet, obwohl hier immerhin der Waschmaschinenhersteller Miele seinen Sitz hat. Naturgemäß sind die personellen Verflechtungen zwischen dem Medienriesen und der Kommune recht eng: Der zweite Bertelsmann-Finanzchef Jürgen Krämer agiert beispielsweise im Stadtparlament in der regierenden CDU-Fraktion, ein Stadtdirektor ist mit der ehemaligen Ehefrau von Mark Wössner verheiratet und geht im Hause Mohn ein und aus. Sachlich kommt es zu einem steten Geben und Nehmen: Bertelsmann stiftet einerseits Gelder für soziale Einrichtungen, zahlt andererseits aber kaum Gewerbesteuer und freut sich über gezielte kommunale Investitionen: So steht ein für vier Millionen Mark errichtetes Parkhaus just gegenüber dem Park-Hotel.

Gelingt es Reinhard Mohn und seinen Bertelsmännern, auch in Zukunft vom abgeschiedenen Gütersloh aus weltweite Kommunikationsgeschäfte effektiv zu gestalten und im Kampf gegen andere Mammutkonzerne vorne mitzuspielen? Oder ist die westfälische Provinz als Standort doch ungeeignet? Mohns Ziel war immer – sehr amerikanisch – per Zellteilung zu wachsen und in seinen Märkten Führer zu sein. Ist diese Strategie nicht erfüllbar, trennt sich Bertelsmann rigoros von Firmen. So wurden die Softwarehäuser Ariola-Soft und Publicsoft an ihre Geschäftsführer verkauft, so ging der Herner Plastikkartenhersteller Mids Magnetische Informations- und Datensysteme an die amerikanische Firma Datacard über. Um die seit der Fusion des US-Verlages Time mit dem Filmkonzern Warner Mitte 1989 verloren gegangene Weltmarktspitze wiederzuerlangen, sinniert die Führung rund um Wössner auf weitere Akquisitionen in den USA oder Europa; der Abstand von rund 5,5 Milliarden Umsatzmark zur Nummer Eins soll möglichst bald verkleinert werden. Der Vorstandschef stapelte zwar anläßlich der Jahrespressekonferenz im September 1989 tief: «Es ist uns völlig gleichgültig, welche Größe wir am Weltmarkt einnehmen» – doch viel kann man darauf nicht geben. Monate zuvor nämlich hatte der Top-Manager noch getönt, daß er an den Aufkauf «eines Filmkonzerns, einer großen Fernsehgesellschaft oder etwas ähnlichem» denke: «Auf jeden Fall ein ganz großes Ding, für das wir mehr Kapital brauchen, als unsere Portokasse hergibt.» Die ist jetzt durch Genußrechtemission, Gewinne und Managerbeteiligung gut gefüllt, das Eigenkapital bewegt sich, für Bertelsmann höchst ungewöhnlich, auf die 30-Prozent-Marke zu. Taten dürften, wenn die Flaute im US-Geschäft überwunden ist, nur eine Frage der Zeit sein – immerhin hält Wössner Investitionen in Größenordnungen von «einigen hundert Millionen Dollar oder Mark» für möglich. Unter der Hand ist auch davon die Rede, daß Bertelsmann seine Factoring-Geschäfte ausbaut und Bankdienstleistungen anbietet – was allerdings der satzungsgemäßen Selbstdefinition als «Medienunternehmen» beträchtlich zuwiderlaufen würde.

Wie auch immer, Bertelsmann bleibt im Rennen. Auf mögliche Liquiditätsengpässe der Mogule Robert Maxwell und Rupert Murdoch und sinkende Preise können die Macher in Gütersloh nicht spekulieren: Sony und andere japanische Firmen lauern mit praller Kriegskasse im globalen Medienwettspiel, für das Kenner längst einen naheliegenden Namen prägten: «Mohnopoly».

«Ich bin die Hauptversammlung»
Die Mohn-Chronik

1835 Carl Bertelsmann (1791–1850) gründet im westfälischen Gütersloh einen eigenen Verlag mit angeschlossener Buchdruckerei. Der fromme Protestant gibt vor allem christliche Literatur und zwei Zeitungen heraus.

1849 Für den erkrankten Vater leitet sein Sohn Heinrich (1827–1887) das expandierende Unternehmen, in dem nun 70 Personen mitarbeiten. 30 Jahre lang veröffentlicht Heinrich Bertelsmann die Zeitung ‹Konservativer Volksfreund›.

1887 Heinrich Bertelsmann stirbt. Schwiegersohn Johannes Mohn (1856–1930) übernimmt die Firma.

1921 Mit Heinrich Mohn (1885–1955) ist die vierte Generation am Ruder. Mit Hilfe des Vertriebsexperten Fritz Wixforth gelingt der Einbruch in breite Leserkreise, denen Unterhaltungsstoff verkauft wird.
Am 29. Juni wird Reinhard Mohn in Gütersloh geboren.

1939 Reinhard Mohn kommt zum Arbeitsdienst. Nach einer kurzen Zeit bei der Flak-Artillerie dient er bei der Luftwaffe. Der Soldat gerät in amerikanische Gefangenschaft und wird in Kansas kaserniert.

1943 Der für die Bekennende Kirche engagierte Heinrich Mohn muß sein Haus, das er 1939 durch den Ankauf des Rufer Verlags vergrößerte, auf Druck der Nazis schließen.

1945 Im November kehrt Reinhard Mohn aus den USA zurück. Sein Vater ist krank, der älteste Bruder tot, der zweitälteste Bruder wird vermißt – Mohn, der eigentlich Ingenieur werden wollte, avanciert zum Alleingeschäftsführer des Familienunternehmens.

1949 Johannes Mohn wird geboren. Zwei Jahre später kommt Susanne, fünf Jahre später Christine Mohn auf die Welt. In seiner zweiten Ehe wird Reinhard Mohn später Vater von drei weiteren Kindern: Chris, Andreas und Brigitte.

1950 Bertelsmann gründet unter der Regie von Wixforth einen Lesering. Die Mitgliederzahl, anfangs noch bei 100 000, steigt rasant an: 1989 hat der deutsche Buchklub rund 4,5 Millionen Abonnenten.

1954 Die Verlagsgemeinschaft Rheda für die Betreuung der Lesering-Abonnenten entsteht.

1956 Der C. Bertelsmann Verlag bekommt eine Holdingfunktion gegenüber einzelnen Tochter- und Schwesterfirmen. Bertelsmann gründet einen Schallplattenring, der zwei Jahre später durch die Fabrik Sonopress und die Plattenfirma Ariola ergänzt wird.

1959 Das Unternehmen wird in die drei Sparten Sigbert Mohn Verlag (Belletristik/Jugendbuch), Verlagshaus Gerd Mohn (Theologie) und C. Bertelsmann

Verlag (Sachbuch/Fachpresse) sowie in diverse Profit-Center aufgeteilt.

In Hamburg arbeitet ein neu gegründetes Institut für Buchmarktforschung und der erworbene Mosaik Verlag für Bertelsmann.

1962 Das deutsche Lesering-Imperium wird durch Circulo de Lectores in Spanien ergänzt. Es folgen viele weitere Engagements im Ausland: 1966 kauft sich Bertelsmann an der österreichischen Buchgemeinschaft Donauland ein, 1969 hebt das Unternehmen seinen ersten Buchklub in Lateinamerika aus der Taufe. Zum ertragsstärksten Auslandsklub wird die 1970 gegründete Firma France Loisirs.

Sukzessive ersteht Bertelsmann vom früheren Holtzbrinck-Gefährten Wilhelm Schlösser den Europäischen Buch- und Phonoclub in Stuttgart, der ab 1971 Europäische Bildungsgemeinschaft heißt.

1963 Die legendäre Filmfirma Ufa ist komplett bei Bertelsmann.

1964 Reinhard Mohn überträgt einen Teil des Kapitals an seinen Sohn Johannes, die Stimmrechte bleiben beim Vater.

1968 Elf Einzelverlage gehen in der Verlagsgruppe Bertelsmann auf.

Der Konzern kauft den grafischen Großbetrieb Instituti Italiano d'Arti Grafiche und formiert das Kommissionshaus Buch und Ton zur Vereinigten Verlagsauslieferung VVA um.

1969 Reinhard Mohn erwirbt für den Spitzenpreis von knapp 90 Millionen Mark 25 Prozent am Hamburger Medienhaus Gruner + Jahr.

1970 Helle Aufregung löst eine fünf Monate dauernde Bertelsmann-Beteiligung am Springer-Verlag aus. Mohn

muß schließlich auf Druck des reumütigen Axel Springer den Rückzug antreten. Ausgerechnet die Gruner + Jahr-Illustrierte ‹Stern› hatte den streng geheimen Coup enthüllt.

Eine Hälfte der Deutschen Buch-Gemeinschaft kommt zum Konzern, 1988 gelangt die andere hinzu.

Mohn führt ein neues Modell zur Gewinnbeteiligung und Vermögensbildung ein, die bei Bertelsmann schon seit 1951 praktiziert werden.

Bertelsmann akquiriert einen Münchner Fachverlag für Kraftfahrwesen und Verkehr, die Heinrich Vogel Verlag KG.

1971 Der Generalbevollmächtigte Manfred Köhnlechner scheidet aus; seit 1955 im Haus, hatte er die Umwandlung der Bertelsmann-Gruppe in eine Aktiengesellschaft vorbereitet. Im Zuge der Restrukturierung entstehen fünf Unternehmensbereiche: Verlage; Buch- und Schallplattengemeinschaften; Druck und Industriebetriebe; Gruner + Jahr sowie Musik, Film, Fernsehen.

Der Buchverlag C. Bertelsmann geht nach München.

1972 Gruner + Jahr ist mehrheitlich im Besitz von Reinhard Mohn, da nach dem Drucker Richard Gruner auch Verleger Gerd Bucerius aussteigt. Mohns Anteil wächst bis 1976 auf 74,9 Prozent an. Durch den Deal löst Bertelsmann den Springer Verlag an der deutschen Medienspitze ab.

1973 Mit einer neuen Unternehmensverfassung schafft sich der Konzern endgültig ein liberales Profil. Dem Papier war eine seit 1960 mehrfach überarbeitete Grundsatzordnung vorausgegangen.

1974 Der Blanvalet Verlag kommt in das Bertelsmann-Reich.

1975 Bertelsmann trennt sich von der Hühnerfarm «Hennengold», die keine goldenen Eier legte.

1976 Durch den Kauf der Stuttgarter Tiefdruckerei Belser und dem Erwerb einer Mehrheitsbeteiligung an Maul in Nürnberg verbessert Mohn seine Printmarkt-Stellung.
Bertelsmann ersteht den Goldmann Verlag in München und übernimmt die Mehrheit an den Verlagen Plaza y Janes in Barcelona und Bantam Books in New York. Zudem beteiligt sich Mohn zu 30 Prozent am Mailänder Fratelli-Fabbri-Verlag und kauft den Hamburger Albrecht Knaus Verlag.

1978 Das Bundeskartellamt kämpft gegen jede weitere inländische Bertelsmann-Expansion und verhindert den Kauf des Deutschen Verkehrsverlages in Hamburg.

1979 Das seit den fünfziger Jahren bestehende Lexika-Angebot des Konzerns erscheint in einem neugegründeten Lexikothek Verlag.
Für rund 50 Millionen Dollar ersteht Bertelsmann die amerikanische Schallplattenfirma Arista, die erhebliche Verluste macht.
Gruner + Jahr, kurz zuvor mit seiner Zeitschrift ‹Geo› in den USA jäh gescheitert, kauft für 40 Millionen Dollar die Druckerei Brown Printing in Minnesota.

1981 Wie geplant legt Mohn mit Erreichen des 60. Lebensjahres den Vorstandsvorsitz nieder und wird dafür Aufsichtsratchef. Im Topmanagement übernimmt Manfred Fischer seine Aufgaben; Fischers Vorstandschefsessel bei G + J nimmt Gerd Schulte-Hillen ein.
Sonopress produziert Videocassetten und stellt ein Jahr später auch Bildplatten her.

1983 Bertelsmann beteiligt sich zu 75 Prozent am Berliner Siedler Verlag.
In den USA startet eine Kooperation mit der Musikfirma RCA, die Arista unter ihre Fittiche nimmt.
Für den glücklosen Fischer übernimmt der erst 44jährige Mark Wössner das Vorstandskommando.
Nach dem ‹Stern›-Skandal um die falschen Hitler-Tagebücher wollen Mohn und Wössner die Publizisten Johannes Gross und Peter Scholl-Latour zu Chefredakteuren küren. Die Redaktion sperrt sich; die Kandidaten werden mit einem Vorstands- beziehungsweise Herausgeberposten abgefunden.

1984 Ufa nimmt für die Betelsmann-Firmen Ufa-Filmprduktion und Universum Film sowie die Gruner + Jahr-Gesellschaften Stern-TV, Geo-Film International und G + J-Film Produktion eine Holdingfunktion wahr. Mit knapp 40 Prozent beteiligt sich Ufa am luxemburgischen Privatfernsender ‹RTL plus› und scheidet aus dem ‹Sat 1›-Vorläufer ECS aus.

1985 Zusammen mit dem Springer Verlag und Leo Kirch bietet der Konzern Pay-TV an; die Triole scheitert drei Jahre später, woraufhin Bertelsmann mit dem französischen Anbieter ‹Canal Plus› kooperiert.

1986 Am 5. September holen Mohn und Wössner in den USA zum Doppelschlag aus und kaufen für anderthalb Milliarden Mark das Buch-Unternehmen Doubleday sowie den Schallplattenkonzern RCA auf. Doubleday bildet mit der ebenfalls erworbenen Dell Publishing Group und Bantam eine führende Buch-Gruppe, RCA verschmilzt mit Ariola und Arista zur BMG Bertelsmann Music Group, die auf Platz drei im globalen Musikmarkt rangiert. Mohns Imperium expandiert um 2,5 Milliarden Mark Umsatz.

1988 Ufa erwirbt für 135 Millionen Mark das auf fünf Jahre befristete Recht, die deutsche Fußball-Bundesliga zu übertragen. Ein Jahr später erwirbt Ufa auch noch das Exklusivrecht am Tennisturnier in Wimbledon. In beiden Fällen ist ‹RTL plus› der Nutznießer; bei einem Machtkampf in dem Privat-TV-Sender zieht Bertelsmann aber den kürzeren.

1989 BMG übernimmt die Schallplattenfirma Miller International. In der ehemaligen deutschen Tochter des US-Plattenkonzerns MCA fallen zwei Drittel der Arbeitsplätze weg.
In Wien kauft Mohn dem alten Rivalen von Holtzbrinck dessen Buchklub-Dependance ab. Dafür zieht sich Bertelsmann aus dem durch hohe Inflation beeinträchtigten Buchklub-Geschäft in Lateinamerika zurück.
Die auf Kreditkartenproduktion spezialisierte Firma MIDS in Herne geht an den US-Konzern Data Card. Das Kartellamt untersagt ein Joint-venture mit IBM im Markt der CD-Technologie.
Die Bertelsmann AG trennt sich von der KMG Vertriebsgesellschaft für Kabel- und Satellitenprogramme, wo sie 50 Prozent hielt.
Die für Bücher und Fachzeitschriften zuständige Verlagsgruppe wird in zwei neue Unternehmensbereiche aufgeteilt.

DAS MOHN-IMPERIUM

Hamburger Morgenpost	Stern	Frau im Spiegel	Bertelsmann Club
Capital	Siedler Verlag	RTL plus	Ufa

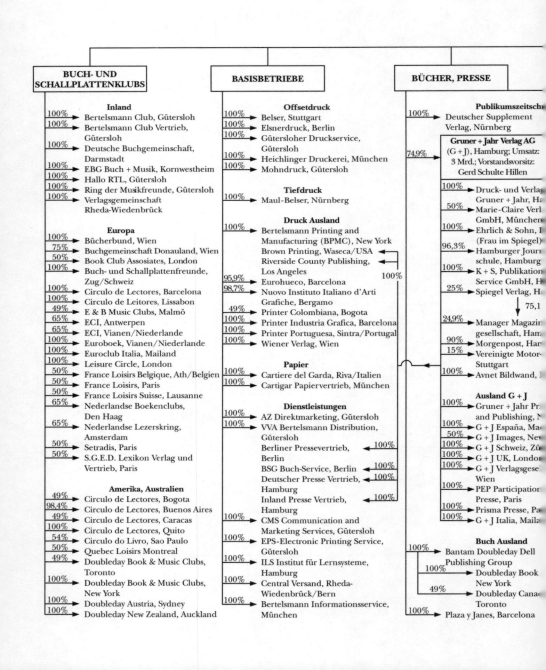

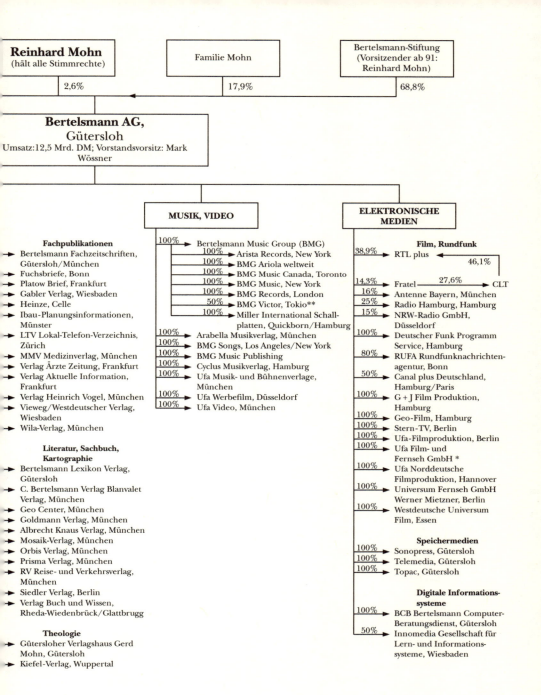

Überblick

Charakteristik

Die Bertelsmann AG gehört zu den größten Medienunternehmen der Welt. Fast 70 Prozent des Umsatzes fallen im Ausland an, insbesondere in der Bertelsmann Music Group, den europäischen Buchklubs sowie dem amerikanischen Buchverlag Bantam Doubleday Dell. In Deutschland gehört der Zeitschriftenverlag Gruner + Jahr sowie das Druckgeschäft zu den Glanzpunkten. Konzernherr Reinhard Mohn schuf ein dezentralisiertes Imperium mit rund 200 Profit-Centern und finanzierte die Expansion zum Teil durch Modelle der Mitarbeiterbeteiligung und Vermögensbildung.

Umsatz

Insgesamt nahm Bertelsmann im Geschäftsjahr 1988/89 rund 12,5 Milliarden Mark ein. Jeweils etwas mehr als ein Fünftel tragen Gruner + Jahr, die Buch- und Schallplattenklubs sowie die Musikgruppe zum Umsatz bei. Der Anteil der Druck- und Industriebetriebe liegt bei 15,1, der der Verlagsgruppe (Bücher, Fachpresse) bei 13,7 Prozent.

1987/88:	11,3 Mrd. Mark	1970:	713 Mio. Mark
1986/87:	9,2 Mrd. Mark	1960:	171 Mio. Mark
1980/81:	5,6 Mrd. Mark	1950:	7 Mio. Mark

Gewinn

1988/89 lag der Jahresüberschuß nach Steuern mit 420 Millionen Mark um 16 Prozent über Vorjahresniveau.

Mitarbeiter

Fast 43 000 Personen stehen auf den Bertelsmann-Gehaltslisten. Im Inland sind über 18 000 Mitarbeiter tätig, mehr als ein Drittel davon am Stammsitz in Gütersloh.

Reichweite *

Hamburger Morgenpost	151 821	Prima Deutschland	583 559
Stern	1 310 577	Prima Frankreich **	1 286 000
Capital	249 992	Prima England **	853 000
Brigitte	1 064 770	Femme actuelle **	1 837 000
Geo	534 646	Best **	885 000
Eltern	575 174	Ärzte Zeitung	5 840
Frau im Spiegel	749 834	RTL plus ***	10,9 %/16,3 %

Buchklubs im deutschsprachigen Raum 5,2 Mio. Mitglieder
* Verkaufsauflage IVW 2/1989
** Verlagsangaben für 1989
*** November 1989; alle Fernsehhaushalte/Kabelhaushalte

FRIEDE SPRINGER:

Vermächtnis als Bürde und Auftrag

Artikelreihen über «Frauen im Management» oder Serien wie «Unternehmerinnen heute» zählen zu den Lieblingsangeboten von Illustrierten und Wirtschaftsmagazinen. In solchen Berichten bleibt regelmäßig eine Person außen vor: Friede Springer. Dabei kann die 1943 geborene Friesin wie keine andere Dame Akzente im deutschen Medienmarkt setzen – schließlich erwirtschaftet der von ihr maßgeblich beeinflußte Axel-Springer-Verlag fast drei Milliarden Mark im Jahr. Nach ihr spielen nur Aenne Burda mit dem Offenburger Modeverlag, Anneliese Friedmann mit ihrer Münchner ‹Abendzeitung› sowie Monika Schoeller, Dritteleignerin der Holtzbrinck-Gruppe und Leiterin des Frankfurter Fischer-Verlags, eine gewichtige Rolle als Gesellschafterinnen. Ansonsten sind die Teppichbodenetagen der Pressehäuser und Rundfunksender nach wie vor Männerbastionen.

Friede Springer ist also eine Ausnahmeerscheinung. Macht muß sie nicht wollen, Macht hat sie. Die Medieneigentümerin verwaltet das verlegerische Vermächtnis ihres im September 1985 verstorbenen Mannes Axel und dominiert die Erbengemeinschaft Axel Springer Gesellschaft für Publizistik, die mit 40 Prozent größter Teilhaber am Aktienkapital des zweitgrößten deutschen Verlags ist. An Friede Springer führt kaum ein Weg vorbei, selbst in der einen oder anderen publizistischen Streitfrage gibt ihr Wille den Ausschlag. 1983 hob sich ihr Daumen für die Spezialzeitung ‹Bild der Frau›, vier Jahre später senkte er sich bei der Illustrierten ‹Ja›, die daraufhin eingestellt wurde. Das Blatt verkaufte sich nicht nur schlecht, es hatte auch 30 Monate zu früh gewagt, DDR ohne Anführungszeichen zu schreiben und Kremlführer Gorbatschow als «Kennedy des Ostens» zu feiern – die Verlegerwitwe erblickte einen Verstoß gegen das geistige Erbe des Gründers. Viele leitende Angestellte glauben im Namen Axel Springers zu sprechen und zu handeln, aber nur die stets überaus korrekt wirkende Dame an der Spitze hat eine quasi unantastbare Legitimation: der sagenumwobene Publizist verbrachte seine letzten Lebensjahre an ihrer Seite. Aufopferungsvoll pflegte die Gemahlin den an einer Fehlfunktion der Bauchspeicheldrüse laborierenden Pressemagnaten, versorgte ihn, falls nötig, mit Tranquilizern und bildete mit dem Gläubigen eine starke, gottesfürchtige Gemeinschaft. Als er starb, ruhte ihr Arm auf seiner Schulter: «Ich war vierundzwanzig Stunden täglich mit ihm zusammen, immer dabei, habe alles miterlebt und miterlitten.» Nach dem Tod ihres Mannes hat sie sich rasch in seiner Umgebung zurechtgefunden, offizielle Pflichten mit Grandezza übernommen und unaufhörlich das Bild Axel Springers hochgehalten.

Kein Studium, keine Höhere-Töchter-Ausbildung, kein Clan im Hintergrund qualifizierte sie für die Aufgabe, sondern nur ihr eigenes Naturell. Und die Tatsache, daß Axel Springer von ihr begeistert war. Große Anpassungsfähigkeit zeichnete die Gärtnerstochter Friede Riewert schon Mitte der siebziger Jahre aus, als sie von ihrer Heimatinsel Föhr in Springers Haushalt im schweizerischen Gstaad wechselte und Kindermädchen von Raimund Nicolaus, Axel Springers jüngstem Kind, wurde. Sie eignete sich rasch medizinische Kenntnisse an, um dem kränkelnden Verleger eine gute Krankenschwester zu sein; gleichzeitig büffelte sie emsig Englisch und Französisch. Nach der Trauung in Januar 1978 avancierte das tüchtige «Insel-Kind» schnell zur Kauffrau, die bei keiner Geschäftskonferenz fehlte und intime Verlagskenntnisse erwarb. Axel Springer, dem die Eltern in bester Kaufmannsmanier den Beinamen Cäsar mit auf den Weg gegeben hatten, erblickte in seiner fünften Frau ein Geschenk Gottes. Seine ehrgeizige und pragmatische Schülerin begriff die von ihm für den Verlag aufgestellten vier Essentials als eine Art Unternehmensbibel: Aussöhnung zwischen Juden und Deutschen; Absage an jeglichen politischen Totalitarismus; Verteidigung der freien sozialen Marktwirtschaft; sowie Eintreten für die friedliche Wiederherstellung der deutschen Einheit, möglichst in einem vereinten, freien Europa. Insbesondere das gesamtdeutsche Engagement hat den Axel-Springer-Verlag im Bewußtsein der Bevölkerung zu einem «politischen Haus» gemacht, zu einer konservativen Meinungsbastion, die etwa die von Bundeskanzler Willy Brandt begonnene Ostpolitik als «Verrat» begriff und auch dann noch Gift gegen den Kommunismus verspritzte, als längst Entspannung angesagt war. Ex-Bundeskanzler und Sozialdemokrat Helmut Schmidt in dem 1986 über Axel Springer erschienenen Erinnerungsbuch «Die Freunde dem Freund»: «Wie schade, daß ein so tüchtiger, erfolgreicher Unternehmer zu solcher aus Idealismus geborenen politischen Starrheit gelangen mußte. Ich habe in Axel Springer immer eher den großen Unternehmer gesehen als den Politiker.» Zwei Jahrzehnte zuvor hatte Schmidt seine Kollegen gewarnt: Wer Springer bekämpfe, begehe «politischen Selbstmord».

Der 1912 in Altona geborene Axel Springer begriff sich zeitlebens als «preußischer Hanseat», dessen Herz für die alte Reichshauptstadt Berlin schlug. Nachdem er mit ‹Hör zu›, ‹Hamburger Abendblatt›, ‹Bild› und ‹Welt› groß,

330

mächtig und gefürchtet geworden war, kämpfte er ohne Unterlaß gegen marxistisches Hegemonialstreben. «Ein Zeitungsverleger darf gar nicht mehr politisch indifferent sein», lautete das Credo von Springer, der sein Unternehmen als «staatsloyal» einstufte. Für ihn gehörte Mäzenatentum zum Selbstverständnis: «Kennzeichen des Verlegerberufes ist es, nicht um jeden Preis die Maximierung des Gewinns anzustreben, sondern gegebenenfalls sogar materielle Opfer zu bringen.» Ein Verlag sei, so führte er einmal aus, kein «reines Erwerbsunternehmen wie etwa eine Mantelfabrik oder eine Großmetzgerei». Um Stimmungen scherte sich Axel Springer in den ersten Jahren nicht: Er investierte in Berlin, als viele keinen Pfifferling auf die Mauerstadt gaben. Dort kaufte der Medienzar den Ullstein Verlag mitsamt den beiden Tageszeitungen ‹Berliner Morgenpost› und ‹BZ›; in der Kochstraße – direkt an der Mauer, Blick auf Stacheldraht – zog er ein neues Hauptquartier hoch. Sein eisernes Engagement entfremdete ihn sogar von guten politischen Freunden wie Franz Josef Strauß, der Springer einmal einen «großen Träumer» nannte, woraufhin dieser konterte: «Lieber Franz Josef, dafür, daß ich ein Träumer bin, habe ich aber doch eine ganze Menge Substanz um mich herum geschaffen.» – Der Journalist Ferdinand Simoneit freut sich noch immer über einen Einfall, der ihm 1972 als ‹Capital›-Chefredakteur kam. Zur Illustrierung einer Springer-Titelstory ließ Simoneit einen Schreibtisch in der Form des Brandenburger Tors zeichnen, hinter dem der energische Verleger saß. Die Schlagzeile lautete: «Der Brandenburger Tor». Nach wie vor wettert Friede Springer über das capitale Bonmot: «Wie wurde er angefeindet, lächerlich gemacht, als ‹Brandenburger Tor› beschimpft. Doch er wußte, daß eines Tages dieses Tor sich wieder öffnen muß.» Die Öffnung der deutsch-deutschen Grenze sieht sie als späte Bestätigung des publizistisch-politischen Kurses ihres Mannes: «Die Ereignisse vom 9. November haben Axel Springer doch recht gegeben, nicht wahr?»

Es scheint mehr als fraglich, ob Springers Hardliner-Strategie eine Wiedervereinigung beschleunigt hat. Unzweifelhaft ist jedoch, daß die bröckelnde Mauer dem Axel-Springer-Verlag einen enormen Standortvorteil und prächtige medienwirtschaftliche Expansionsmöglichkeiten beschert. Ein Wiederaufleben des Ullstein-Titels ‹Berliner Illustrirte›, der aus Traditionsgründen auf ein «e» im Namen verzichtet, ein Umzug der ‹Welt›-Redaktion von Bonn nach Berlin, die Herausgabe der Programmzeitschrift ‹ff dabei› mit DDR-Partnern – vieles, was gestern noch als wahnwitzige Illusion erschien, ist plötzlich zum Greifen nahe. Als erster deutscher Verlag eröffnete Springer im Ostteil Berlins eine Repräsentanz. Das Kochstraßen-Gebäude im alten Zeitungsviertel, einst errichtet «gegen die kühl rechnende geschäftliche Vernunft» (Springer), entwickelte sich zum strategisch wichtigen Knotenpunkt. In der schnöden Sprache der Ökonomen ausgedrückt: Das Investment birgt hohe «Windfall-Profits» in sich, Pioniergewinne, die der Verlag aus seinerzeit höchst riskanten Ausgaben ziehen kann.

Die Aussichten im Ost-Geschäft stimulieren nicht nur das Management, sie helfen auch Friede Springer, die einen prätentiösen Lebensstil pflegt. Die Verlegerin besitzt Häuser auf der griechischen Insel Patmos und am Hamburger Jungfernstieg, Wohnungen in Israel und auf Sylt. Sie residiert zumeist auf dem holsteinischen Gut Schierensee, umgeben von wertvollen Barockmöbeln und edlen Gemälden, oder in einem hochherrschaftlichen Domizil auf der Berliner Wannseeinsel Schwanenwerder, die Springer «Tranquillitati» – der Ruhe gewidmet – getauft hatte. Gelegentlich weilt Friede Springer auf Föhr, wo sie der gemeinnützigen Ferring-Stiftung als Medienreferentin dient. Ihre Aufmerksamkeit möchten sich viele sichern: laut dem Wochenblatt ‹Zeit› ist sie ständig im Visier «der wenigen Freunde, der Dankbaren, der Diensttreuen, auch der Neider, Spötter und Intriganten». In geschäftlichen Dingen arbeitet sie eng mit dem Aufsichtsratsvorsitzenden Bernhard Servatius und dem langjährigen Verlegerintimus Ernst Cramer zusammen; mit beiden ist sie für die Testamentsvollstreckung zuständig. Die Stimmrechte der Axel Springer GmbH, die als Komplementär die Geschäfte der Erbengemeinschaft führt, verteilen sich gleichmäßig auf das Trio. An den stimmrechtslosen Anteilen der GmbH wiederum hält Friede Springer 70 Prozent; je zehn Prozent liegen bei den beiden Kindern Axel Springers, der in der Schweiz lebenden Barbara Choremi und dem krebskranken Raimund Nicolaus. Die restlichen zehn Prozent teilen sich Ariane und Axel Sven Springer, die Kinder des 1980 durch Selbstmord aus dem Leben geschiedenen Stammhalters Axel Springer junior. Während die Miterben lediglich gewinnberechtigt sind, gibt Friede Springer den Ton an. «Alle hören auf ihr Kommando», weiß das ‹Industriemagazin›; Servatius und Cramer – die Lordsiegelbewahrer, die zu Lordschaften aufstiegen – wagen es nicht, gegen die Frau des verstorbenen Verlegers zu agieren. Friede Springer wiederum erfreut sich ihrer «natürlichen Freundlichkeit» und will «im Konsens mit allen Erben handeln». Garant ihrer Macht ist der Vorstandsvorsitzende Peter Tamm, der, jahrzehntelang an Bord, seit 1985 jedes Jahr 24 Prozent Dividende ausschüttete. Frau Springer, die Unnahbare, die einige Kritiker zum Klischee «blonde Witwe mit vielen Millionen» inspiriert, spielt im verborgenen einen guten Teil der Rolle, die ihr Mann einst Franz Burda und seinen Söhnen zugedacht hatte. Die Burdas, früher Viertelgesellschafter, sind bereits seit Frühjahr 1988 von Friede Springer für 530 Millionen Mark ausgekauft.

Beschaulich und bequem lebt die First Lady indes nicht – da ist Leo Kirch vor. Der Münchner Filmkaufmann und Springer-Mitgesellschafter strebt nach der Macht in dem Pressekonzern. Ihm gehören bereits zehn Prozent des Aktienkapitals, über weitere 16 disponiert er. Gegen Friede Springers Widerstand will er in den Aufsichtsrat und weiß sich der Unterstützung konservativer Politiker rund um Bundeskanzler Helmut Kohl sicher. Sie sind mittlerweile auf Distanz zum Axel-Springer-Verlag gegangen; die Mediendame ihrerseits nahm den Kontakt zum SPD-Chef Hans-Jochen Vogel auf und versprach, daß ihre Blätter fortan ein sachliches und unvoreingenommenes Verhältnis zu den einst arg gescholtenen Genossen anstreben werden.

*

Die Geschichte des Axel-Springer-Verlags ist so facettenreich und illuster wie sein Gründer, der sein Berliner Büro mit Eichenholz aus alten Räumen der Londoner ‹Times› täfeln ließ und im Alter den Sternen und Tierkreiszeichen vertraute. Nach dem zweiten Weltkrieg bis zum Tode des «publizistischen Giganten» (Ronald Reagan) sind vier prägende Zeitabschnitte zu erkennen: In der Gründungsphase (1946–1956) leben all jene Titel auf, die das Unternehmen bekannt gemacht haben. Das polarisierende Engagement für Wiedervereinigung und gegen Kommunismus prägt die Phase der Politisierung (1957–1969). Nach Restrukturierung und Regionalisierung (1970–1975) beginnt ab 1976 die Spezialisierung.

Die Wurzeln des Unternehmens reichen bis in das geschichtsträchtige Revolutionsjahr 1789 zurück. Damals gründet Johann Friedrich Hammerich in Altona einen kleinen Verlag. Das weitgespannte Programm – von Homer-Büchern bis hin zu Werken des Bevölkerungstheoretikers Thomas Robert Malthus – überlebt bis 1909. In diesem Jahr ersteht Axel Springers Vater Hinrich die marode Firma, die ihr Heil zuletzt im Druckgeschäft gesucht hat. Der versierte Kaufmann Hinrich Springer gliedert 1924 in seinen Hammerich & Lesser Verlag zusätzlich zur wöchentlich erscheinenden ‹Altonaer Bürgerzeitung› noch die Tageszeitung ‹Altonaer Nachrichten› ein. Sein musisch begabter Sohn, der eigentlich Sänger werden will, wächst langsam in das Unternehmen hinein. Mit sechzehn Jahren beginnt er eine Lehre und paukt das Einmaleins des Setzens, Druckens und Redigierens. Nach Gastspielen in der ‹Bergedorfer Zeitung› und im Wolffschen Telegraphenbüro zeichnet der Juniorchef bereits

1934 für die Bereiche Handel, Schiffahrt und Sport der ‹Altonaer Nachrichten› verantwortlich; drei Jahre später wird er stellvertretender Chefredakteur. Der sich abzeichnenden Karriere bereitet Reichsleiter Max Amann ein abruptes Ende: Der NS-Verleger entzieht 1941 die ‹Altonaer Nachrichten› gegen eine Entschädigung von mehreren hunderttausend Reichsmark.

Mit dem Erlös will Axel Springer Kinos aufkaufen, scheitert aber an der Reichsfilmkammer. Was bleibt, ist die Rückbesinnung auf den ursprünglichen Schwerpunkt, die Buchherstellung. Schließlich hält die Firma wertvolle Rechte, etwa für Stevensons «Schatzinsel». Tatsächlich produziert der Erbe eine stattliche Palette von Büchern, die er für die Zeit nach dem Dritten Reich als «Zukunftskapital» hortet. Um den Wirren des Krieges und der Nazizeit zu entkommen, hält sich Axel Springer immer häufiger auf Sylt auf. Hat er in Hamburg das Leben eines wohlhabenden Bürgersohns geführt, der nach Feierabend bei Intellektuellentreffs oder auf nächtlichen Touren durch Hamburgs Amüsierwelt Kurzweil findet, so ist die Zeit auf Sylt stark von der Suche nach geistiger Orientierung geprägt. Auf der Nordseeinsel begegnet er Hans Zehrer, dem bekannten Berliner Publizisten. Der ehemalige Herausgeber der nationalen Zeitschrift ‹Die Tat› und Chefredakteur der ‹Täglichen Rundschau› hat in der Endphase der Weimarer Republik als Epigone des Generals Kurt von Schleicher einer politischen Elite und einem neuen Staat das Wort geredet, ohne jene braunen Rollkommandos zu meinen, vor denen er in den Sylt-Ort Kampen flieht. Dort lauscht Springer den Theorien Zehrers über Religion, Politik und Presse. Bis zu seinem Tod im August 1966 wird der Mentor eine besondere Rolle spielen. Springer bekennt später: «Ohne ihn wäre mein Leben anders verlaufen. Ohne ihn wäre mein Haus nicht das geworden, was es ist.»

Nach dem Zusammenbruch bildet ausgerechnet der öffentlich-rechtliche Rundfunk, als dessen Gegenspieler sich Axel Springer später begreift, das Fundament für sein mächtiges Verlagsreich. Nachdem der Vierunddreißigjährige Mitte 1945 ins zerbombte Hamburg zurückkehrt, kooperiert er mit einer Gruppe rund um die Journalisten Axel Eggebrecht und Peter von Zahn, die den ‹Nordwestdeutschen Rundfunk (NWDR)› aufbauen. Printpublikationen sollen, so die aus England importierte Idee, ‹NWDR›-Sendungen ankündigen, besprechen und dokumentieren. Die britischen Militärs erteilen Axel und Hinrich Springer für dieses Projekt zwei Lizenzen: Für die ‹Nordwestdeutschen Hefte›, die im März 1946 herauskommen, und für ‹Hör zu›, die am 15. Dezember 1946 unter der Ägide von Chefredakteur Eduard Rhein erscheint. Gegenüber anderen Lizenzbewerbern, die sich als Nazi-Verfolgte präsentieren, setzt sich Axel Springer mit geschliffenen Manieren und der ihm

334

eigenen Beredsamkeit durch. Auf die Frage eines britischen Presseoffiziers, wer ihn denn verfolgt habe, soll Springer entwaffnend geantwortet haben: «Ooch, eigentlich nur die Frauen.» Geschäftsdomizil des Hammerich & Lesser Verlags wird ein Flakhochbunker auf dem Hamburger Heiligengeistfelde. Dort entsteht das erste Objekt, ein 32seitiges Heftchen in Notizblockgröße mit dem Titel «Besinnung – ewige Worte der Menschlichkeit». ‹Hör zu› startet mit einer Auflage von 250 000 Exemplaren und reüssiert mit vielen Farbteilen, regelmäßigen Hörerumfragen und einem strikt apolitischen Kurs. Als Chefredakteur Rhein 1965 in Rente geht, verkauft das Blatt, das trotz des hereinbrechenden Fernsehzeitalters den Namen behält, knapp vier Millionen Exemplare. Weniger Glück ist den ‹Nordwestdeutschen Heften› beschieden – sie gehen in ‹Kristall› auf. Diese Illustrierte für Unterhaltung und Wissenschaft wird 1966 eingestellt. Insgesamt 13 Jahre hält eine Verbindung mit John Jahr: Die beiden Verleger-Urgesteine geben die hochprofitable Frauenzeitschrift ‹Constanze› bis 1960 gemeinsam heraus.

Nach seinem Entree in die Programm- und Frauenpresse visiert Springer mit dem ‹Hamburger Abendblatt› den Tageszeitungsmarkt an. Dem mehrfach Begünstigten versagen die Engländer zunächst die Lizenz. Sie wird ihm erst im Herbst 1948 von der nunmehr zuständigen sozialdemokratischen Stadtregierung erteilt. Das ‹Abendblatt› hält sich aus politischen Kontroversen weitgehend heraus und praktiziert menschelnden Journalismus. Das Human-Touch-Prinzip gipfelt im berühmt gewordenen Slogan «Seid nett zueinander» und zahlreichen Glücksaktionen: So läßt Springer zum Frühlingsanfang 120 000 Schneeglöckchen- und Stiefmütterchensträuße, mit grünen ‹Abendblatt›-Herzchen dekoriert, auf dem Jungfernstieg verteilen. Viele der Mitarbeiter kommen vom ‹Hamburger Fremdenblatt› der Familie Broschek, die es versäumt, die Traditionszeitung nach dem Krieg wieder rechtzeitig auf den Markt zu bringen. Unter den ehemaligen ‹Fremdenblatt›-Kräften ist auch der erfahrene Verlagskaufmann Karl Andreas Voss, der nach dem Tod von Hinrich Springer am 25. Januar 1949 zehn Prozent der Anteile erwirbt und zum wichtigen Manager avanciert.

Zur publizistischen Stütze wird Hans Zehrer, der alte Gesprächspartner der Kampener Kaminabende. Zwar ist er als Chefredakteur des ‹Sonntagsblatts› verpflichtet, nebenbei arbeitet er jedoch beim ‹Hamburger Abendblatt› mit. Auch eine andere Springer-Gazette schiebt Zehrer mit an: ‹Bild›, «Deutschlands modernste Zeitung». Kino-Fan Springer hat eine mit vielen Fotos versehene Tagesillustrierte im Sinn. Sein Ratgeber formuliert den theoretischen Überbau: Auf einer Akademietagung verkündet Zehrer vor Journalisten das

Ende der großen liberalen Informationszeitung, die an das untergegangene Besitzbürgertum geknüpft gewesen sei. Die besitzlose Masse könne mit komplizierten, detaillierten Informationen nichts mehr anfangen und brauche klare Orientierung und inneren Halt. Diese antiaufklärerischen Ideen bringen seine Kollegen auf die Barrikaden; Verlagsprofis wenden sich gegen das Blatt, weil sie dafür keinen Markt sehen. Axel Springer setzt sich über die allgemeine Skepsis hinweg. Mit treffsicherem Instinkt, der Stimmungen und Tendenzen erwittern und in Druckerschwärze verwandeln konnte, bringt er am 24. Juni 1952 die Kreation unter die Leute. Das Groschenblatt floriert aber erst, als die berühmten «Holzhammer-Schlagzeilen» und saftige Kolportagen zu lesen sind. Die Auflage steigt von 300 000 im März 1953 bis auf weit über vier Millionen Exemplare Anfang der sechziger Jahre. Mitte der fünfziger Jahre wird die prosperierende Zeitung durch ‹Bild am Sonntag› ergänzt.

Nicht die Massenzeitung wird Zehrers Domäne, sondern die von den englischen Besatzern gegründete ‹Welt›. Die Auflage des Intelligenzblatts sinkt nach Ende der Lizenzpflicht von Millionenhöhe auf 160 000 Stück ab, die Verluste häufen sich. In Verhandlungen mit den verkaufswilligen Briten macht Springer gegen illustre Verlagskonkurrenten das Rennen, obwohl er sich als letzter beworben hat. Auf mysteriöse Weise gelingt es ihm, die Ängste des Bundeskanzlers Konrad Adenauer über eine sich anbahnende Pressekonzentration zu zerstreuen. Maßgeblicher Förderer sind der Hamburger CDU-Fraktionschef und enge Springer-Freund Erik Blumenfeld sowie ‹Welt›-Geschäftsführer Heinrich Schulte. Am 17. September 1953 erwirbt Axel Springer für zwei bis drei Millionen Mark drei Viertel der Welt-Verlagsgesellschaft. Zu ihr gehören auch die 1948 gegründete ‹Welt am Sonntag›, das 1950 erschienene ‹Neue Blatt›, ein Reisebüro sowie eine Druckerei in Essen. Der unkündbare Schulte bleibt bis zu seinem Tod im Jahr 1963 in Amt und Würden; seine Unabhängigkeit sichert eine Stiftung, die das restliche Viertel hält. Gleichwohl gerät die gemeinnützige Organisation durch personelle und finanzielle Verquickungen mehr und mehr in Springers Abhängigkeit, Ende der sechziger Jahre verschwindet sie endgültig. Gleich nach dem Besitzerwechsel übernimmt Zehrer die ‹Welt›-Chefredaktion und paßt sich zunächst dem liberalen ‹Welt›-Bild an. Das Klima ist kollegial, außenpolitisch hält man es mit der Tauwetterphilosophie und Koexistenz der Blöcke.

1956 engagiert sich der bis dahin unpolitische Axel Springer in Berlin und erwirbt zunächst 26 Prozent am traditionsreichen Ullstein Verlag. Der «ästhetische Sozialist» (Erich Kuby) glaubt, nun in das Rad der Geschichte eingreifen zu können. In einem Anflug von Selbstüberschätzung fühlt sich der Charmeur und Dandy dazu berufen, die deutsche Trennung eigenhändig zu beenden. Anfang 1958 reist er nach Moskau, um Nikita Chruschtschow von seinen hehren Idealen zu überzeugen, doch der Sowjetchef läßt ihn zwei Wochen warten, ehe er Audienz gewährt. In dem Gespräch teilt Chruschtschow mit, daß bestenfalls ein gesamtkommunistisches Deutschland in Frage komme. Der abgeblitzte Pressezar beschließt zu kämpfen und verkündet: «Ich werde Deutschland wiedervereinigen, ob Sie es glauben oder nicht.» Springer beginnt, in die ‹Welt›-Redaktion hineinzuregieren; Zettelchen mit dem Zeichen «AS», persönliche Telefongespräche mit Redakteuren und harsche Blattkritiken sind an der Tagesordnung. Paul Sethe, früher Mitherausgeber der ‹Frankfurter Allgemeinen Zeitung (FAZ)›, konstatiert, daß Springer zum Propheten geworden sei, der Gehorsam fordere, und nimmt seinen Hut. Mit ihm gehen Anfang der sechziger Jahre bekannte Journalisten wie Joachim Besser, Gert von Paczensky, Kurt Becker, Sebastian Haffner, Georg Ramseger und Erich Kuby. In dem nunmehr als «große nationale Zeitung» positionierten Objekt entfalten sich konservative Eiferer wie Wilfried Hertz-Eichenrode, William Schlamm, Matthias Walden und Günter Zehm.

1966, im Jahr von Zehrers Tod, weiht Springer das Verlagshaus an der Berliner Kochstraße ein. Das als Mahnmal und Leuchtturm der Freiheit errichtete zwanzigstöckige Gebäude – ursprünglich sollten es sogar 35 Etagen sein – dient als Heimstatt für ‹Bild Berlin› und die Objekte der Ullstein AG, die im Januar 1960 komplett an Axel Springer gegangen sind. Er habe es mit seinem großen Charme verstanden, den untereinander zerstrittenen Ullstein-Erben einzureden, «der Totalverkauf bedeute eine Fusion, nicht eine Übernahme», zitiert Hans Dieter Müller den einstigen Miterben Frederick Ullstein in seinem 1968 erschienenen Buch «Der Springer-Konzern». Berlin wird zum symbolkräftigen Brennpunkt des Presseimperiums, der auch wirtschaftliche Vergünstigungen bietet, namentlich Steuer- und Abschreibungsvorteile. Anfang 1967 zieht die Holding des Axel-Springer-Verlags von der Alster an die Spree.

In den sechziger Jahren steht der politisierte Axel-Springer-Verlag im Zentrum gesellschaftlicher Kontroversen. In der Dekade des Aufstands und der Negation, der Veränderung und der Lust am Experimentieren, des Vietnamkriegs, der Notstandsgesetze, der Universitätsreformen und Großen Koalition wird Springer zur Metapher für Hetze und Verunglimpfung. Schon 1961 ruft ‹Bild› westdeutsche Firmen mit drastischen Worten zum Boykott der Leipziger Industriemesse auf und beschimpft unbotmäßiges Verhalten als Landesverrat: «Geschäft bleibt eben Geschäft. Und ein Schwein bleibt ein Schwein, auch wenn es sauber gewaschen ist.» Noch entschiedener machen die Springer-Blätter Front gegen die protestierenden Studenten der Apo-Ära. Die ‹Welt› fordert, gegen den «immatrikulierten, mobilisierten Mob» endlich einzuschreiten: «Auf einen groben Klotz gehört ein grober Keil.» Nach dem Mord an dem Studenten Benno Ohnesorg während der Anti-Schah-Demonstration 1967 interessiert ‹Bild› erstrangig das Privatleben des Erschossenen. Und die ‹Berliner Morgenpost› empfiehlt: «Störenfriede ausmerzen.» Die Kritik der Studenten entzündet sich am «Meinungsterror» des Verlags, der bundesweit rund ein Drittel der Publikumspresse, 81 Prozent der Straßenverkaufsblätter und 90 Prozent aller Jugendzeitschriften kontrolliert. In Berlin und Hamburg liegt sein Marktanteil bei rund 70 Prozent. Rudolf Augstein 1966: «Springers Konzern wächst, nicht gerade wie eine Lawine, aber wie ein gefräßiger Tumor.» Die ‹Times› hält fest: «In keinem anderen Land der freien Welt ist die Pressekonzentration so weit fortgeschritten und die Meinungsfreiheit so stark bedroht.» Kurz vor Ostern 1968, nach dem Attentat des Hilfsarbeiters und ‹Bild›-Lesers Josef Bachmann auf Studentenführer Rudi Dutschke, kommt es in mehr als zwanzig Städten zu Demonstrationen gegen Springer. In Frankfurt, Berlin, München und Hamburg verhindern Studenten die Auslieferung von ‹Bild›.

Mitte 1968 verkleinert Springer, der die Kommunistischen Parteizentralen als Verursacher der Proteste ansah, unerwartet seinen Konzern um ein Siebtel. «Enteignet-Springer»-Chöre und die Empfehlung der zweiten Bonner Pressekommission, den Marktanteil des Giganten zu begrenzen, nagen am Nervenkostüm. «Der Buhmann der Nation» (Springer über Springer) betreibt Selbstenteignung und verhökert ›Das Neue Blatt‹ für 30 Millionen Mark an den Heinrich Bauer Verlag sowie seinen 1965 dazugekauften Münchner Illustriertenverlag Kindler & Schiermeyer für 75 Millionen an den Stuttgarter Drucker Hans Weitpert. Dieser reicht kurze Zeit später aus diesem Sortiment ‹Bravo› in einer Art Karussellgeschäft an Bauer weiter; ‹Eltern› und ‹Jasmin› wechseln zum Zeitschriftenkonzern Gruner + Jahr. Der Einschnitt dient vor allem notwendigen Investitionen: Für neue Produktionsverfahren wie Fotosatz, Offset und Mehrfarbendruck gibt der Verlag in den Siebzigern schätzungsweise fast eine halbe Milliarde Mark aus. Auch der Verkauf des Ullstein-Fachbuchverlags an Bertelsmann füllt die Kasse.

Zu Beginn der siebziger Jahre wandelt Axel Springer seine Firma in eine Aktiengesellschaft um. Die Kapitalanteile bringt er in die neugegründete Axel Springer Gesellschaft für Publizistik, der heutigen Erbengemeinschaft, ein. Karl Andreas Voss scheidet als Juniorpartner aus und wird zusammen mit dem Generalbevollmächtigten Christian Kracht stellvertretender Aufsichtsratschef. Krachts Stern ist freilich im Sinken begriffen; schon zwei Jahre zuvor hat der langjährige Vertraute fast alle Geschäftsführerkompetenzen an den Berliner Verlagsleiter Peter Tamm abtreten müssen. Von der Bühne verschwindet der Top-Manager, nachdem eine kurzzeitige Liaison mit Bertelsmann-Eigentümer Reinhard Mohn in die Brüche geht, der ein Drittel am ‹Bild›-Konzern übernehmen wollte. Wegen des ungeheuren öffentlichen Drucks und der dünnen Finanzdecke Mohns löst Axel Springer 1970 den Vertrag wieder auf.

Regionale und lokale Märkte geraten in den siebziger Jahren immer stärker ins Blickfeld von Axel Springer und Alleinvorstand Peter Tamm, der sich ausschließlich um kaufmännische Belange kümmert. Der Verlag erwirbt kleine Blätter wie die ‹Ahrensburger Zeitung›, die die Verbreitung des ‹Hamburger Abendblattes› stärker ins Holsteinische ausdehnen. 1970 beteiligt sich Springer zu jeweils 20 Prozent an den ‹Lübecker Nachrichten› und der ‹Bergedorfer Zeitung›, deren Anteil er in den nächsten vier Jahren auf über 90 Prozent schraubt. Sie wird zur Basis für die expandierenden Anzeigenblätter. Eine Tochterfirma, der Wochenblatt-Verlag, deckt sukzessive Hamburgs Stadtviertel mit Gratiszeitungen ab. Das regionale Interesse Springers löst vor Ort kaum weniger Hektik aus, als Jahre zuvor manche ‹Bild›-Schlagzeile über rebellierende Studenten. An einer 1976 erworbenen 24,9prozentigen Beteiligung am Münchner Zeitungsverlag, der den ‹Münchner Merkur› und die Boulevardzeitung ‹tz› herausgibt, stößt sich das Kartellamt und schmettert Springers Antrag auf Mehrheitserwerb ab. Der «preußische Hanseat» verläßt Anfang der Achtziger die Bajuwaren-Metropole. Notgedrungen konzentriert sich sein Verlag auf den norddeutschen Markt und stockt den Anteil an den ‹Lübecker Nachrichten› auf 49 Prozent auf. Darüber hinaus ist er heute an den ‹Kieler Nachrichten›, am ‹Volksblatt Berlin› und den ‹Harburger Anzeigen und Nachrichten› mit jeweils knapp 25 Prozent beteiligt, vollständig gehört ihm das ‹Pinneberger Tageblatt› sowie die ‹Elmshorner Nachrichten›.

Für das Pressehaus läutet Mitte der siebziger Jahre die Stunde der Spezialzeitschriften. Wie vorher die Medienkonzerne Gruner + Jahr und Bauer wirft Springer ein Auge auf die Motorpresse und kauft 1975 den Gilde Verlag mit seinem Hauptprodukt ‹Rallye Racing›. Monate später bringt das Medienunternehmen über seine neue Tochter Top Special das ‹Tennis Magazin› und das ‹Ski Magazin› heraus. 1978 gelingt der Kauf der rentablen Zeitschrift ‹Weltkunst› aus Müchen; außerdem kommt ‹Journal für die Frau› auf den Markt. Den Trend zur Spezialisierung macht ab 1983 auch die ‹Bild›-Zeitung mit — einzelne Ressorts bilden die Grundlage für eigenständige Publikationen wie

‹Bild der Frau› und ‹Auto-Bild›, an dem Axel Springer kurz vor seinem Tod noch mitwirkt.

*

In der Ära nach Axel Springer galt die ganze Kraft zunächst den inländischen Printtiteln. Erst 1988 – sehr spät im Vergleich zu anderen deutschen Medienkonzernen – begann die Reise ins europäische Ausland; Engagements bei Neuen Medien, zu denen der Axel Springer-Verlag schon seit 1960 eine besondere Affinität verspürte, liefen anfänglich eher nebenbei mit. Eine Konzentration auf die Brotobjekte empfahl sich angesichts der veränderten Marktsituation. «Der Wettbewerb ist noch härter geworden», gab Tamm auf einer Hauptversammlung zu bedenken, «das Geschäft schwieriger.»

Die Analyse galt nicht zuletzt für die «rote Gruppe» des Konzerns, zu der neben dem Flaggschiff ‹Bild› die Derivate ‹Bild am Sonntag›, ‹Bild der Frau›, ‹Auto Bild› und ‹Sport Bild› zählen. Die fünf Titel verkaufen sich erscheinungstäglich rund 10 Millionen mal und erwirtschaften mit rund 1,2 Milliarden Mark gut 40 Prozent des Umsatzes. Nach wie vor spielt die ‹Bild›-Zeitung den Hauptpart: Sie trägt allein fast hundert Millionen Mark zum Bruttogewinn und ein Viertel zum Umsatz des Konzerns bei. Dennoch liegen die Glanzzeiten schon ein wenig zurück. Während der Fußballweltmeisterschaft im Jahr 1966 übertraf das Objekt unter Chefredakteur Peter Boenisch erstmals bei einzelnen Ausgaben sensationell die Fünf-Millionen-Grenze. Ergebnisse in dieser Größenordnung waren dann in den achtziger Jahren die Regel. Dank dem Gewinnspiel «Super-Bingo» gingen 1983 durchschnittlich fast 5,5 Millionen Exemplare über die Ladentheken. Die Erfolgskurve knickte 1988 nach unten ab, nachdem die ‹Hamburger Morgenpost› des Erzrivalen Gruner + Jahr das verkaufsfördernde ‹Bild›-Glücksspiel aus Wettbewerbsgründen gerichtlich verbieten ließ. Die Springer-Gazette verlor, ebenso wie ‹Bild der Frau›, mit einem Mal über eine halbe Million Käufer. «Für Journalisten», kommentierte Tamm, «ist es sicher eine bedrückende Erkenntnis, wenn man mit Hilfe von Zahlenspielen große Bewegung in die Auflage bringen kann.» Freilich wirkten auch 70 Millionen Anzeigenzeitungen, diverse Offertenblätter und wachsende TV-Angebote als zersetzende Viren im Publikumsmarkt.

Genesung sollte eine neue journalistische Führungsmannschaft bringen. Chefredakteur Werner Rudi versuchte mit «weichen» Themen wie Umwelt und Lifestyle Boden bei jüngeren Zielgruppen zu gewinnen und war sich sicher: «So können wir wunderbar in die neunziger Jahre segeln.» Zwölf

Monate später war sein Törn bereits zu Ende; er mußte für Peter Bartels und Hans-Hermann Tiedje, zwei ‹Bild›-Macher härteren Kalibers, Platz machen. Die eingewechselte Crew besann sich auf traditionelle Tugenden, mit aggressiven Headlines und aktuellen Reports hält sie die Auflage bei rund 4,4 Millionen. Hätte der Deutsche Lottoblock mitgespielt, wäre es möglicherweise wieder bergauf gegangen – doch die Staatsglücksfee nahm von dem weitgediehenen Plan Abstand, gemeinsam mit ‹Bild› Gewinnzahlen auszuspielen. Das «Massen- und Volksblatt» (Tiedje) ist landauf, landab das ausgeklügelste Verlagsprodukt, eine tägliche logistische Meisterleistung: 24 regionale Ausgaben werden in neun Druckereien hergestellt und bis in die entlegensten Winkel der Republik gestreut. Verlagsleiter Dieter Pacholski preist die Vorzüge für Inserenten, die über 30 verschiedene Anzeigenbelegungseinheiten verfügen können: «‹Bild› ist die einzige Zeitung in Deutschland, die sowohl flächendeckend national als auch gezielt regional eingesetzt werden kann.»

Die rund 500 Journalisten sind nicht nur mit Skandalen beschäftigt, sondern betreuen auch Aktionen wie «‹Bild› hilft», «Ein Herz für Kinder» oder «Rettet den Wald». Liebend gern präsentiert sich ‹Bild› als Blatt, das die Sorgen des kleinen Mannes ernst nimmt, ihm mit Rat und Tat zur Seite steht und gegen verstockte Bürokratien und haarsträubende Mißstände ankämpft. Um der gerechten Sache zum Durchbruch zu verhelfen, bringt das Sprachrohr der schweigenden Mehrheit gelegentlich die Volksseele zum Kochen. Trotz dieser hehren Ziele waren sich die Verantwortlichen stets über Abgründe und Fallstricke bewußt. Als «Kettenhund» empfahl der sensible Axel Springer seine Asphaltschöpfung und gestand gegenüber der ‹Zeit›: «Ich leide wie ein Hund darunter, daß manches in meinen Blättern steht, womit ich überhaupt nicht einverstanden bin. Und wie oft leide ich, wenn ich morgens die ‹Bild›-Zeitung lese.» Erst recht mobilisierte die «Katastrophe der Pressefreiheit» (Hans Magnus Enzensberger) die Energien von Intellektuellen. Heinrich Böll setzte sich in zwei Büchern – «Die verlorene Ehre der Katharina Blum» sowie «Bild, Bonn, Boenisch» – ausführlich mit Sensationsmache, Ehrabschneiderei und subtilen Instinktappellen auseinander. Günter Wallraffs 1977 vorgelegtes Enthüllungswerk «Aufmacher» über seine Zeit als ‹Bild›-Reporter Hans Esser wurde zum Bestseller. Die in dem Folgebuch «Zeugen der Anklage» geschilderten Schicksale von Opfern falscher ‹Bild›-Berichte veranlaßten den Deutschen Presserat zu stichprobenartigen Kontrollen, die unlautere Informationsbeschaffung und Verletzung der Intimsphäre bestätigten. Auf einem 1981 tagenden «Anti-Springer-Forum» kritisierte Hamburgs Bürgermeister Hans-Ulrich Klose einige seiner Genossen, die ‹Bild›-Interviews gewährten: «Sie geben dem Blatt auf diese Weise einen Hauch von Seriosität und einen Schein von Objektivität.» Eine unrühmliche Rolle spielte ‹Bild›, das die Attribute «unabhängig» und «unparteilich» im roten Signet führt, in der Affäre um den Ministerpräsidenten Uwe Barschel. Zunächst ignorierte sie Fakten, nach dem Tod des Politikers verstieg sie sich auf allerlei Verschwörungstheorien.

Die Attacken auf die einst meistgescholtene Zeitung der Republik haben indes spürbar nachgelassen. ‹Bild› polarisiert nicht mehr wie noch vor zehn oder zwanzig Jahren. Es sind nicht mehr politische Hau-den-Lukas-Etüden, mit denen sich das Fünf-Groschen-Objekt exponiert, vielmehr stehen zunehmend Nettigkeiten wie «Die kleine Lippenstift-Lehre» und Leserumfragen à la «Strip bis zum Slip – Würden Sie sich auch im TV ausziehen?» im Vordergrund. Furore im alten Kampagnenstil macht ‹Bild› vornehmlich nur noch im Fall Leo Kirch, der bei jeder sich bietenden Möglichkeit an den Pranger gestellt wird.

Die «blaue Gruppe», die nur rund 200 Millionen Mark umsetzt und nach der Grundfarbe bei ‹Welt› und ‹Welt am Sonntag› benannt ist, plagt sich seit jeher mit ökonomischen Problemen. Insbesondere das publizistische Aushängeschild ‹Welt› bescherte herbe Verluste, die sich 1973 auf 26 Millionen und 1981 sogar auf 35 Millionen Mark summierten. Mehrere Male stand das Blatt kurz vor dem Aus, der Abonnentenstamm sollte an die ‹FAZ› verkauft werden. War die ‹Welt› 1959 mit einer Verkaufsauflage von 217 000 Exemplaren noch Marktführer der überregionalen Tageszeitungen, so mußte sie in der Folgezeit der Konkurrenz den Vortritt lassen. Heute liegt der «Bonner Bayernkurier» (‹Bunte›) mit rund 220 000 Exemplaren nur geringfügig über dem Ergebnis ausgangs der Fünfziger, während die ‹Süddeutsche› mit 380 000 und ‹FAZ› mit 360 000 beträchtlich zulegten. Um den fatalen Stillstand zu überwinden, sinnierten die Springer-Manager sogar mehrmals über eine abenteuerlich anmutende Fusion mit ihrem ‹Hamburger Abendblatt› – eine Vereinigung der nicht kompatiblen Blatt-Typen wäre ihnen vermutlich bitter aufgestoßen. Für das ‹Welt›-Desaster machte Axel Springer 1976 im ‹Rias› politische Umstände verantwortlich: «Wenn die Träume von Hans Zehrer... und mir aufgegangen wären, Berlin als Hauptstadt in einem wiedervereinigten Deutschland, dann hätte die ‹Welt› heute hier 700 000 Auflage, wäre das gesündeste Blatt des Hauses.» Die ‹Frankfurter Rundschau› hingegen analysierte 1981 schonungslos: «Wenn eine Redaktion ständig in Unruhe gehalten wird, wenn der Verleger ihr einen pausenlosen Chefredakteurswechsel zumutet, wie es ihn in der Zeitungsgeschichte noch nicht gegeben hat, wenn die Redakteure veranlaßt werden, sich nur an einem immer kleiner werdenden Kreis von Lesern auf dem äußersten rechten Flügel zu wenden, wenn es keine innerredaktionelle Liberalität gibt, ist das nicht Schicksal, sondern Mißmanagement.»

An Fehlleistungen war in starkem Maße Herbert Kremp beteiligt, der von 1968 an in wechselnden Positionen – mal als Chefredakteur, dann wieder als Redaktionsdirektor – die Geschicke bestimmte. Nachdem der «Kampfschreiber» («Capital») seinen Amtssitz kurioserweise nach Peking verlegen mußte, versuchte Ex-‹Bild›-Macher Boenisch zwei Jahre lang, eine liberalere Linie durchzusetzen. 1981 wurde der spätere Regierungssprecher jedoch wieder von Kremp abgelöst. Ihm stellte Axel Springer sich selbst sowie die beiden militanten Antikommunisten Matthias Walden alias Baron von Saß und Wilfried Hertz-Eichenrode als Herausgeber zur Seite. Seit 1985 versucht der Verlag nun erneut, mit einer moderateren Gangart einen größeren Leserkreis zu erschließen. Chefredakteur Manfred Schell hatte zunächst große Mühe, die traditionelle Schreibergarde in Zaum zu halten. Schritt für Schritt wichen Männer wie Günter Zehm; nachdem sich der Journalist mit dem Pseudonym Pankratz bei Tamm über den seines Erachtens zu laschen Schell-Kurs beschwert hatte, flatterte ihm postwendend das Kündigungsschreiben auf den Schreibtisch. Um aus dem rechten Ghetto herauszukommen, setzt Manfred Schell auf Autoren vom Schlag eines Rolf Hochhuth, Franz Xaver Kroetz oder Martin Walser. Der Firmensprecher und ehemalige ‹Stern›-Blattmacher Heiner Bremer, selbst ein Symbol für die Springer-Perestroika, umreißt gegenüber dem ‹Handelsblatt› die Strategie: «Weg mit den ideologischen Zuspitzungen und falschen Feindbildern – Professionalität ist angesagt.» Die politische Grundhaltung ist zwar im Springer-Verlag im Vergleich zu anderen Häusern am stärksten verwurzelt, jedoch wird da nicht mehr die alleinige Marschroute gesehen – man will ja auch verdienen. Die Handicaps liegen freilich auch auf verlagstechnischem Gebiet. Das nordlastige Blatt versäumte es, rechtzeitig einen geeigneten Druckstandort im Süden zu finden; auch aus der immer wieder diskutierten Regionalisierung wurde nichts. Und eine bereits entwickelte Vierfarbbeilage namens ‹Extra› war dem Vorstand zu teuer. Aufräumarbeiten stehen auch noch bei der ‹Welt am Sonntag› bevor. Das Objekt kommt nicht über eine Auflage von 380 000 Exemplaren hinaus. Die Verlagsschwester ‹Bild am Sonntag›, inzwischen mit jährlich 2500 Seiten das anzeigenträchtigste Springer-Medium, findet auf dem attraktiven Sonntagsmarkt fast zwei Millionen Käufer mehr.

Ökonomisch bedeutender als die «blaue Gruppe» sind die Programmzeitschriften. Die hochprofitable ‹Hör zu›, die 1967 aufgekaufte ‹Funk Uhr› und das 1983 gegründete Billig-Blatt ‹Bildwoche› bringen schätzungsweise eine halbe Milliarde Mark in die Kassen. In der Programmpresse, einst Springers Domäne, hat sich freilich der Heinrich Bauer Verlag ausgedehnt und mit einem Marktanteil von rund 45 Prozent die Führung übernommen. Verantwortlich für das Absacken des Springer-Konzerns auf 37 Prozent sind nicht zuletzt Einbrüche bei der ‹Hör zu›, die statt ehedem vier nur noch 3,1 Millionen Exemplare verkauft. Sieht man von den Programmtiteln ab, so hatten Zeitschriften in dem Zeitungshaus immer einen sehr schweren Stand. Axel Springer empfand sie «als bunt bedrucktes Papier». Zahlreiche ambitionierte Versuche wie etwa das Nachrichtenmagazin ‹Dialog› oder das Blatt ‹Galerie der schönen Künste› scheiterten. Die einfacher gestrickte ‹Journal für die Frau› erfüllte mit knapp einer halben Million verkauften Heften nie die in sie gesetzten Erwartungen; das Gesamtdefizit wird bei knapp 100 Millionen Mark vermutet. Springers Nachkömmlinge zeigen bei Magazinen ebenfalls kein glückliches Händchen: Sie setzten beispielsweise ‹Winners› – Untertitel: «Erfolg und wer dahinter steht» – in den Sand. Ein langjähriger Intimus weiß: «Der Verlag hat Zeitschriften immer irgendwie abgestoßen. Wenn Zweige einer japanischen Kirschblüte auf einen deutschen Apfelbaum aufgepflanzt werden, blühen sie auch nur ein einziges Frühjahr.» Machten Zeitschriften 1984 noch 27 Prozent des Geschäftsvolumens aus, so sank die Quote innerhalb von vier Jahren auf 23 Prozent. Mit einem hochgesteckten Projekt sollte der Abwärtstrend gestoppt werden: Der Verlag erwog, im werbeintensiven Segment der Wirtschaftspresse aktiv zu werden. Von deutschen Lizenzausgaben wie ‹Fortune› bis hin zu ‹Business week›-Adaptionen war viel im Gespräch – konkretisiert wurde bislang nichts. Statt dessen kaprizierte sich Springer auf Spezialitäten wie die Umweltillustrierte ‹Noah› und lancierte im überfüllten Cineastenmarkt ‹Kinohit›. Um seine Zeitungs- und Zeitschriftentitel ins Gespräch zu bringen, greift der Verlag – von ‹Bild› bis ‹Bildwoche› – kräftig in die Schatulle und gibt über 180 Millionen Mark jährlich für Werbung aus. Noch mehr Reklamerummel inszeniert nur C & A Brenninkmeyer.

Nur mühsam kam Springers Buchgeschäft in Gang. Noch 1980 brachten die bibliophilen Angebote des Ullstein-Verlags ein Minus von fast fünf Millionen Mark. Erst mit Herbert Fleissner kam die Wende: Der rechtskonservative Verleger formte 1985 mit Springer ein gleichberechtigtes Joint-venture. Inzwischen ist die Ullstein-Langen-Müller-Gruppe mit 20 Einzelfirmen – darunter Propyläen, Universitas und Nymphenburger – bei einem Umsatz von rund 80 Millionen Mark in besserer Verfassung. Zum Programm, das jährlich 500 Neuerscheinungen bietet, gehört das Populärwerk «Guinness Buch der Rekorde». Ephraim Kishon, Axel von Ambesser und Valery Giscard d'Estaing publizieren in dem drittgrößten deutschen Buch-Verbund. Noch lukrativer ist der Cora-Verlag, dessen Liebesromane – von «Bianca» bis «Baccara» – jährlich 25 Millionen Käufer finden.

Ungeachtet mancher publizistischen Probleme und des Ringens um die rechte Orientierung glänzt der Axel-Springer-Verlag bei Technik, Service und Logistik. Mit den Offsetdruckereien in Essen-Kettwig und Ahrensburg sowie Tiefdruckereien in Darmstadt und ebenfalls Ahrensburg setzte das Haus Maßstäbe, etwa im Vierfarbdruck auf Zeitungspapier. Externe Akzidenzaufträge steuern über 200 Millionen Mark und damit sieben Prozent zum Umsatz bei. Im Vertrieb ist Springer, der dort zu 80 Prozent von Einzelverkäufen lebt, neben dem Heinrich Bauer Verlag führend. Nacht für Nacht legen die Vertriebsfahrzeuge 250 000 Kilometer zurück, um 93 000 Einzelhändler zu erreichen; die eigene Spedition Overbruck liefert in mehr als 100 Länder. Mit der Internationalen Presse Import und Export, dem Buch- und Pressegroßvertrieb Hamburg sowie einer Beteiligung am Pressevertrieb Pfalz festigt der Verlag seine herausragende Position. Dieses Know-how ist sogar in der DDR gefragt, wo Springer mit anderen Verlagen ein Einzelverkaufsnetz aufbaut.

*

In der Konzerngeschichte gibt es kaum Bestrebungen, in fremden Märkten Fuß zu fassen. Bestenfalls wurden ausländische Zeitungskonzepte studiert – so dienten die US-Billigblätter ‹New York Daily News› und ‹San Francisco Chronicle› neben diversen skandinavischen Blättern als ‹Bild›-Vorlage. Mit dem italienischen Mondadori-Verlag, der französischen Paris-Match-Gruppe sowie einem englischen Partner plante Springer 1959, 33 Jahre vor dem EG-Binnenmarkt, eine europäische Illustrierte namens ‹Capitol›. Doch das länderübergreifende Vorhaben platzte nach einer einzigen Probenummer; daneben scheiterte eine englischsprachige Variante der ‹Berliner Illustrirte› im Planungsstadium. Erst 1985 reüssierte dank der kooperierenden Independent Television Publications ein Verlagsobjekt im nicht-deutschsprachigen Raum: in Großbritannien erschien mit ‹Chat›, eine ‹Bild der Frau›-Variante, die sich mittlerweile rund 600 000mal verkauft.

Der Axel-Springer-Verlag hatte die Expansion ins Ausland, die von seinen beiden Hamburger Nachbarn Gruner + Jahr sowie Bauer bereits ein halbes Jahrzehnt vorher vorangetrieben wurde, gründlich verschlafen. «Wir sind ein Zeitungshaus, und die Zeitung lebt von der Sprache», entschuldigte sich Vorstandsboß Tamm im April 1989 gegenüber der ‹FAZ›, «deshalb war Axel

Springer immer dafür, im deutschen Sprachraum zu bleiben». Ein ehemaliger Top-Manager des Konzerns hingegen macht auch die mangelnde Weltoffenheit der Führungsriege für die Versäumnisse verantwortlich. Gehässig kommentiert er: «Französisch ist für die Vorstandsherren bereits eine abenteuerliche Sprache. Die meisten unter ihnen können sich nicht mal ihr Kaffeegebäck in New York bestellen. In diesen Dingen ist Springer ein rein deutscher, fast kleinbürgerlicher Verlag.» In die gleiche Kerbe schlug Ende 1988 das ‹Manager Magazin›: «Der Springer-Konzern ist immer eine eher biedere Veranstaltung deutscher Nation geblieben.»

Gesättigte Inlandsmärkte und kartellrechtliche Fesseln erzwangen schließlich aber doch den Aufbruch zu neuen Ufern. Mit erheblichem Kraftaufwand stellten Friede Springer und ihr Management die Weichen auf Internationalisierung. Sowohl der Kauf und die Neugründung von Auslandsverlagen als auch der Export von eigenen Zeitungs- und Zeitschriftenkonzepten sind seither Bestandteil der mehrgleisigen Strategie. Tamm glaubt, daß die fremden Wachstumsmärkte «mit Augenmaß» angegangen worden seien; tatsächlich erweckten die hektischen Aktivitäten den Eindruck, als ob er historische Unterlassungen in Rekordtempo wettmachen wollte.

Zunächst jedoch wurde der Gang ins deutschsprachige Ausland gründlich vermasselt. Den Spätstartern bot sich im Sommer 1987 die einmalige Chance, Gesellschafter im Krone-Verlag, dem größten Pressehaus Österreichs, zu werden. Die Hamburger nervten indes ihren Möchte-gern-Partner Hans Dichand mit Majorisierungsansprüchen und politischen Forderungen. Dichand weigerte sich, in seinem Massenblatt ‹Krone› die DDR mit den damals noch Springer-obligatorischen «Tüttelchen» zu versehen. Die taktisch geschicktere WAZ-Gruppe begnügte sich mit 45 Prozent und erhielt den Vorzug. Im Jahr darauf booteten die Essener den Axel-Springer-Verlag auch noch bei der breit diversifizierten Kurier-Gruppe aus. Dank einer Neugründung ist Springer, der 1985 eine österreichische Ausgabe von ‹Hör zu› nach 23 Jahren eingestellt hatte, nun wieder in dem Nachbarland präsent. Gemeinsam mit dem Presseprofi Oscar Bronner lancierte der Verlag 1988 die Tageszeitung ‹Standard›. Das wirtschaftslastige Qualitätsblatt auf rosafarbenem Papier gilt zwar als publizistisch geglückte Neugründung, rechnet sich aber mangels Auflage und Werbebuchung noch lange nicht. Mit rund 90 Millionen Mark konnte sich Springer im Herbst 1989 eine 45prozentige Schachtel der Innsbrucker Moser Holding AG zulegen. Wichtiges Produkt ist die ‹Tiroler Tageszeitung›, die 110 000mal verkauft wird.

Im Juni 1988 stieß der Springer-Verlag schließlich auf die iberische Halbinsel vor. Dort erwarb er für 40 bis 50 Millionen Mark mit Sociedad Anonima de Revistas, Periodicos y Ediciones (Sarpe) den drittgrößten Zeitschriftenverlag Spaniens. An Sarpe war auch Gruner + Jahr Espana interessiert gewesen. Der Verlag erzielt mit 150 Beschäftigten etwa 60 Millionen Mark Umsatz. Zum Sortiment gehören mehrere Frauen- und Modezeitschriften wie ‹Greca›, ‹Complice› und ‹Prima›, das Wohn- und Einrichtungsmagazin ‹Nuevo Estilo›, das Fitnessheft ‹Vitalidad› sowie einige Buchreihen. Ein Teil der Produkte wird in Südamerika vertrieben; somit könnte Sarpe für Springer einmal einen wichtigen Brückenkopf für den lateinamerikansichen Markt bilden. Der spanische Verlag gilt in Branchenkreisen jedoch als schlecht geführt und konsolidierungsbedürftig. Derweil expandiert die spanische Springer-Dependance mit einem anderen Partner: Ende 1989 hat sie mit Editorial Prensa Espanola SA, die die rechtskonservative Zeitung ‹ABC› herausgibt, den Bau einer zweiten Druckerei in der Nähe von Madrid sowie die Gründung einer neuen Verlagsgesellschaft verabredet, in der eine moderne spanische Boulevard-Zeitung erscheinen soll.

Wie Sarpe ist auch die Bologneser Mediengruppe Monti – eine weitere Springer-Akquisition – ein Sanierungsfall. Bei einem Umsatz von knapp 400 Millionen Mark hatte sich 1988 der Nettobilanzgewinn gegenüber dem Vorjahr mit 5,7 Millionen Mark mehr als halbiert. An der schlingernden Firma erwarb der Axel-Springer-Verlag im Juli 1989 zehn Prozent. Im Gegenzug veräußerten Friede Springer und die Erbengemeinschaft den Norditalienern ebenfalls zehn Prozent aus ihrem Aktienpaket und verringerten dadurch ihren Anteil am Springer-Verlag auf 40,1 Prozent. Um trotz dieser Transaktion weiterhin beherrschenden Einfluß auszuüben, vereinbarte Frau Springer mit Monti eine Poolung der Stimmrechte – Monti votiert stets wie die Deutschen. Kurz nach der wechselseitigen Beteiligung leiteten die Italo-Manager in ihrem Haus Rationalisierungsmaßnahmen ein. Redakteure wurden entlassen, Zeitungsumfänge reduziert. Andrea Riffeser, Direktor des Bologneser Verlagshauses und nunmehr auch Springer-Aufsichtsrat, wandte sich mit der Bitte um Staatsbeihilfen an die römische Regierung.

Der traditionsreiche, von der börsennotierten Poligrafici Editoriale SpA kontrollierte Lokalzeitungsverlag Monti gibt in Bologna ‹Il Resto del Carlino›, in Florenz ‹La Nazione›, in Triest ‹Il Piccolo› und in Livorno ‹Il Telegrafo› heraus. Verschiedene Beteiligungen an Radiostationen brachten in der Vergangenheit nur Verluste und wurden allesamt abgestoßen. Immer noch rote Zahlen schreibt die nationale Tageszeitung ‹Il Tempo›, an der Monti die Hälfte hält. Die Springer-Verwaltung begründete den Einstieg in Bologna zunächst

347

mit der Möglichkeit, dort die ‹Bild-Zeitung› für deutsche Italien-Urlauber zu drucken. Nunmehr reifen ehrgeizigere Pläne: Die Apeninnenhalbinsel soll mit ‹Nueva Extra›, einer Asphaltgazette im ‹Bild›-Stil, überzogen werden. Die Erfolgsaussichten des überregionalen Boulevardblatts sind ungewiß; bislang gab es in Italien, dem Land mit vielen Gesichtern und regionalen Eigenarten, keine vergleichbare nationale Zeitung.

Gegner von Springer – allen voran der lästige Anteilseigner Leo Kirch – sehen das Monti-Engagement weniger unter dem Gesichtspunkt der Internationalisierung, sondern vielmehr als Entschuldungsmaßnahme des Springer-Nachlasses, der unter einer erheblichen Zinslast zu leiden hatte. Schließlich mußten die Erben 1988 für den Rückkauf eines 26prozentigen Aktienpakets 530 Millionen Mark an Franz und Frieder Burda zahlen – die F & F-Brüder hatten sich kurzfristig mit Kirch zu einem Mehrheitsbündnis bei Springer zusammengeschlossen und trieben damit ihren Ausstandspreis in die Höhe. Um die gewaltige Summe aufzubringen und die Majorität zu erlangen, verschuldete sich Friede Springer mit 400 Millionen Mark. Ein Kirch-Anwalt deutete 1989 auf der Springer-Hauptversammlung an, daß das Monti-Geschäft möglicherweise eine verdeckte Gewinnausschüttung zugunsten der tief in der Kreide stehenden Erben gewesen sei: Der Verlag aus Bologna habe von seinem deutschen Kooperationspartner für die Abgabe von zehn Prozent einen unangemessen hohen Preis erhalten; der Finanzvorteil sei von den Italienern bei ihrem Springer-Aktienkauf an die Erbengemeinschaft weitergereicht worden.

Noch bevor der eiserne Vorhang endgültig hochging, nahm Springer in Budapest einen Platz in der ersten Reihe ein. Das Eintrittsbillet hatte der in München lebende Medienagent Josef von Ferenczy besorgt. Der gebürtige Ungar mit dem «Image eines durchgestylten Zigeunerbarons» (‹Stern›) beabsichtigt, in seiner angestammten Heimat mit Springers Hilfe ein Medienimperium hochzuziehen. An der Magyaren-Kooperation halten Ferenczy zehn, der Axel-Springer-Verlag 40, die ungarische Nationalbank 45 und Josef Bayer, Direktor der Budapester Axel Springer GmbH, fünf Prozent. Im Oktober 1989 warf die Allianz die Programmzeitschrift ‹tvr hét› auf den Markt.

Zurückhaltend ist Springer mit Aktionen auf anderen Kontinenten. Typisch die Äußerung Tamms: «Engagements im europäischen Ausland haben für uns zur Zeit Priorität.» Immerhin griff Springer auf der anderen Seite des großen Teichs bei der New Yorker Medical-Tribune-Gruppe zu, die etwa 100 Millionen Mark umsetzt. Mit der Verlagsgruppe Hearst wird eine US-Variante von ‹Auto-Bild› vermarktet – der PS-Titel ist längst zum Exportschlager des Springer-Verlags geworden. In Italien ging bereits 1986 ‹Auto Oggi› an den Start;

1988 folgte ‹Auto Plus› in Frankreich und ‹Auto Express› in England; ein Jahr darauf wurden ‹Auto Extra› in Ungarn, ‹Auto Nytt› in Norwegen sowie eine niederländische Adaption angelassen. Da fast alle Ableger in ihrem Segment rasch an die Spitze rasten, wird es wohl nicht mehr lange bei den weißen Flecken auf der automobilen Zeitungslandkarte Europas bleiben.

*

Axel Springer war nicht nur der Verleger mit der «auflagenempfindlichsten Nase» (Augstein), er hatte auch früh einen feinen Riecher für die Marktchancen bei Neuen Medien und wurde zum bedeutendsten Exponenten einer Kampagne für privaten Rundfunk, die Anfang der sechziger Jahre in Gang kam. Mit dem ihm eigenen Eifer trieb der Visionär das Anliegen ungestüm und öffentlichkeitswirksam voran. Bereits im Juni 1961 schwor er seine Kollegen während der Jahrestagung der deutschen Zeitungsverleger auf die medienpolitische Marschrichtung ein. Die vielbeachtete Rede markierte den Beginn einer Ära, die als «Fernsehstreit» in die Annalen eingegangen ist. «Wie», so fragte Springer, «sieht es nun im Fernsehzeitalter um die Wettbewerbslage zwischen Presse und Bildschirm im Hinblick auf die Nachricht aus? Das schnellste und modernste Mittel der Nachrichtenübermittlung ist nicht in unserer Hand. Ein Ereignis, das um sechs Uhr nachmittags geschieht, ist mit Sicherheit um acht Uhr auf dem Bildschirm. Wir kommen am nächsten Morgen. Bewußt überspitzt formuliert heißt das: Im Zeitalter der schnellsten Nachrichtenübermittlung leben wir Zeitungsverleger im Zeitalter der Postkutsche... Unsere Wettbewerber, die vom Staat ins Leben gerufenen öffentlich-rechtlichen Anstalten, sind dagegen echte Kinder des Düsenflugzeug-Zeitalters... Eine Luftfahrtlinie, die man heute auf den Propellerbetrieb festlegen würde, müßte zwangsläufig scheitern.»

Um die geforderte Zeitenwende zu vollziehen, führte der Axel-Springer-Verlag den TV-Streit im Stile eines generalstabsmäßig organisierten Feldzugs. Geschickt machte der Konzern seinen Einfluß in den Presseverbänden geltend und mobilisierte politische Verbindungen; mit dem CDU-Politiker Josef Hermann Dufhues und dem Sozialdemokraten Alex Möller wurde die Struktur für ein Verlegerfernsehen erarbeitet, Denkschriften wie «Pressefreiheit und Fernsehmonopol – Beiträge zur Frage der Wettbewerbsverzerrung zwischen den publizistischen Mitteln» trugen den Charakter von offenen Kriegserklärungen gegen das öffentlich-rechtliche System. Als besonders effektiv erwiesen sich jedoch die Verlagsobjekte, die Axel Springer hemmungslos vor den Karren seiner Unternehmensziele spannte. Springer-Biograph Hans Dieter Müller kommt zum Schluß: «Die Gleichschaltung der ein Dutzend Zeitungen und Zeitschriften und 800 Journalisten des Konzerns in der Fernsehfrage hat in der deutschen Pressegeschichte seit 1945 kein Beispiel.» Die Rolle der schweren Kavallerie übernahm ‹Bild›, die mit Schlagzeilen wie «BILD-Leser verbittert wie nie! – ‹Kein Mittel gegen den Fernseh-Terror?›» ein jahrelanges Trommelfeuer auf die TV-Anstalten eröffnete.

Die öffentliche Meinung ließ jedoch noch keinen Privatfunk zu. Bereits im Februar 1961 stoppte das Bundesverfassungsgericht in seinem ersten Rundfunkurteil das sogenannte «Adenauer-TV», das unter Mitwirkung von Presseverlegern der ‹ARD› Konkurrenz machen sollte. Statt dessen startete 1962 mit dem ‹ZDF› eine weitere Anstalt öffentlichen Rechts. Als die Mainzelmännchen nach nur zweijährigem Betrieb einen Schuldenberg von 120 Millionen Mark angesammelt hatten, witterten die Privatfunk-Protagonisten erneut Morgenluft und legten das Memorandum «Zur Übernahme der Programmherstellung des ‹Zweiten Deutschen Fernsehens› durch eine Gesellschaft der Deutschen Zeitungsverleger» vor. Die ‹ZDF›-Gremien stoppten die von Springer angezettelte Initiative.

Es läßt sich kaum beurteilen, ob Axel Springer mit seinem Enthusiasmus der von ihm propagierten Entwicklung des Verlegerfunks einen Dienst erwiesen hat. Zweifelsohne rückte das PR-Kesseltreiben erstmals die Möglichkeit von privat veranstaltetem Rundfunk ins breite Bewußtsein; aber die bedenkenlosen Indienstnahme publizistischer Verfügungsgewalt sowie die zielgerichtete Entfesselung des Volkszorns für eigennützige Zwecke schreckten selbst wohlgesonnene konservative Politiker auf. Die Kritik, die der Springer-Konzern Ende der sechziger Jahre auf sich zog, hat eine Wurzel in der fragwürdigen Rolle des Verlags im Fernsehstreit. Häßliche Details trübten das Bild: So wurde 1967 offenbar, daß der Verlag zwei Journalisten als Detektive auf das ‹ZDF› angesetzt hatte, um Mißstände auszuspähen; das teilweise in 007-Manier mit Minikameras zusammengetragene Material diente nicht etwa der publizistischen Verwertung, sondern als scharfe Munition für den Rundfunkfeldzug. Die ‹Stuttgarter Nachrichten› wetterten: «Der Wahn, gegen alle Widerstände beim ‹Zweiten Deutschen Fernsehen› einzubrechen, ließ Springer zu niederträchtigen Methoden greifen.» Müller resümierte: «Im ganzen litt der Plan an seiner tiefen Unaufrichtigkeit, die tausend Gründe vorschob, ... um den einen nicht zu nennen: die Leidenschaft des Verlegers für das modernste der Medien.»

Axel Springer, der stets vorgab, «das Beste» zu wollen, mag die ihm entgegenschlagende Uneinsichtigkeit verbittert haben; an seinen Ideen hielt er dennoch im Rahmen des Möglichen fest. Früher als Filmhändler Kirch diagnostizierte er Synergieeffekte, die ein Zusammengehen von Print- mit audiovisuellen Medien bieten könnten. Bereits 1964 nahm eine «Abteilung für Elektronische Publikationsmittel» ihre Arbeit auf; die dort ausgeheckten Vorhaben scheiterten meistens, etwa 1970, als Axel Springer 55 Prozent der privatrechtlich organisierten ‹NDR›-Produktionsstätte Studio Hamburg zu übernehmen versuchte. «Meine AG», begründete der Konzernchef, «will eine umfassende Betätigung auf dem Sektor der Filmherstellung für elektronische Kommunikation, also Fernsehen und Kassetten-Fernsehen.» Der anvisierte Einstieg ins Produktions- und Videogeschäft mobilisierte Rudolf Augstein, der in dem polemischen Kommentar «Die Böses-Blut-GmbH» vor einer indirekten Subventionierung des ‹Bild›-Konzerns über den Umweg der Rundfunkgebühren warnte und seinem Kontrahenten die publizistische Berechtigung absprach: «Springer-Filme und Springer-Kassetten werden die bundesdeutsche Gesellschaft nicht nennenswert bereichern, soviel wird man nach aller Erfahrung mit Springer ja wohl vermuten dürfen.» Die ‹Welt› konterte die Augstein-Attacken, ein «Bruderkrieg der Zeitungsbosse» (‹Publik›) tobte. Der ‹NDR›-Rundfunkrat, selbst ins Kreuzfeuer der Kritik geraten, erteilte Springer eine Abfuhr.

Damit war die Rundfunk-Offensive endgültig steckengeblieben. Kleinmütig erklärte Ernst Cramer, damals Leiter des Verlegerbüros, daß Axel Springer sich «aus allen aktuellen Bemühungen um Zugang zum Fernsehen zurückgezogen» habe. Der Verlag trennte sich von einem Aktienpaket der Saarbrückener Presse-Rundfunk-AG und ließ den kurz zuvor angekündigten Plan, ins britische Kommerz-TV einzusteigen, wieder fallen. Das nächste nennenswerte Neue-Medien-Engagement erfolgte erst 1976: Springer erwarb über seine Ullstein AV für 5,9 Millionen Mark rund 200 Filme von Leo Kirch, die dieser vertreiben wollte. Die Film-Transaktion, bei der sich Axel Springer betrogen fühlte, wurde 1984 rückgängig gemacht. Verlagsintern faßte er nunmehr sämtliche elektronischen Aktivitäten in dem Holdingbereich Telekommunikation zusammen, dessen Leitung seit 1985 in den Händen von Horst Aries liegt. Sein direkter Vorgesetzer ist Wolfgang Müller, der dem Vorstand als «geschäftsführendes Sonderorgan» dient.

Erst im Todesjahr von Axel Springer wurde es in der Bundesrepublik mit dem Privat-TV endgültig ernst: Am 1. Januar 1985 ging der Kommerzsender ‹Sat 1› – zunächst ein Konsortium, dann eine GmbH – auf Sendung. Paradox genug: Der Springer-Verlag, für den ein solcher Kanal ein Vierteljahrhundert lang Objekt der Begierde war, zeigte sich der Herausforderung kaum gewachsen. Das Gros der Sendezeit bestritt von Anfang an die Programmgesellschaft für Kabel- und Satellitenrundfunk (PKS), an der Kirch und die mit ihm liierte DG-Bank beteiligt sind. Bertelsmann-Chef Mark Wössner diagnostizierte, daß es bei ‹Sat 1› vor allem um eine «Refinanzierungs-Konstruktion für den Filmvorrat von Herrn Kirch» handele. Die Verleger inklusive Springer hielten sich bei ‹Sat 1› zurück und brachten lediglich einige Kurz-Magazine wie «Bunte Talkshow», «Tier + Wir» und «Extrablatt» sowie die Nachrichtensendung «Blick» ein. «Der bunten, aber angestaubten Mixtur täte es erkennbar gut», mahnte der ‹Spiegel›, «wenn Kirchs meist zweit- und drittklassige Evergreens von den Verlagen mit frischen oder aktuellen Zutaten garniert würden.» Doch manche ‹Sat 1›-Konsorten sträubten sich gegen die Arbeitsteilung, die für sie kostspielige Eigenproduktionen durch die Pressehäuser und profitable Filmverwertung durch Kirch implizierte. Mit steigenden operativen Verlusten und zunehmender Kirch-Dominanz sank ihre Lust am Privatfunk. Springer-Chef Tamm hatte wenig Verständnis für den Unmut unter seinen Printkollegen. Anfang 1986 erkärte er dem ‹Manager Magazin› über seinen Wunschpartner aus München: «Wir haben immer gut zusammengearbeitet... Die Zusammenarbeit mit Herrn Kirch ist sehr konstruktiv.» Verärgert verließen mehrere Gesellschafter ‹Sat 1›, darunter auch die FAZ-Gruppe, Bauer und Burda.

Kirch erhielt die Gelegenheit, vor den Springer-Chefredakteuren und -Erben seine strategischen Ideen und Firmeninterna auszubreiten. Doch seine Auftritte waren wenig überzeugend, Teilnehmer sprachen von «Onkel Leos Märchenstunde». Tamms Kalkül, mit dem Filmarchiv und den politischen Verbindungen seines langjährigen Freundes alsbald den Privatsender ‹Sat 1› flott zu machen, ging nicht wie erhofft auf; der gradlinige Hanseat setzte bis zuletzt auf Kirch und verhalf ihm sogar zu Springer-Aktien. Wutentbrannt mußte der gekränkte Tamm mitansehen, wie der Programmunternehmer ohne Rücksicht auf Verluste nach Herrschaft strebte und ihn ersetzen wollte. Die sich nach dem Bruch mit Friede Springer entwickelnde «unsägliche Schlammschlacht» kommentierte die ‹FAZ›: «Daß die eine Seite dabei norddeutsche Kaufmannsgrundsätze beschwört und die andere Rückkehr zu normalen Umgangsformen wünscht, muß jedem als blanker Zynismus erscheinen. Die Auseinandersetzung wird auf alle Fälle sämtliche Vorurteile gegenüber Großkonzernen und Medienmacht bestätigen.»

Nunmehr war der Springer-Verlag ausschließlich auf das Verlegerkonsortium Aktuell Presse Fernsehen (APF) angewiesen, die beide jeweils 15 Prozent an ‹Sat 1› halten. Die AV Euromedia des ‹Handelsblatt›-Eigners Dieter von Holtzbrinck aber hatte den Verlegern den Rücken gekehrt und war zu Kirch übergeschwenkt. Das Duo Kirch-von Holtzbrinck verfügt zwar über die Mehrheit des Gesellschafterkapitals, kann aber nicht nach Belieben schalten und walten, da im Aufsichtsrat ein Patt herrscht. Mit der Korrosion der Achse Tamm–Kirch verlor der Springer-Verlag endgültig seine Programmfähigkeit. Zwangsläufig blies er 1987 zur längst fälligen Aufholjagd und verschaffte sich Software-Kapazitäten. Coup Nummer eins war der Kauf von fünfzig Prozent der Düsseldorfer Commerz-Film-Mediengesellschaft. Zur Firma des vorherigen Alleinbesitzers Helmut Rothschild gehören die Deutsche Commerciale Fernsehwerbung in München, die Hamburger TV- und Filmproduktion sowie Sunny Point Filmproduktion in Berlin. Darüber hinaus nennt Commerz-Film, die mit Fernseh-, Industrie- und Werbefilmen jährlich rund 30 Millionen Mark umsetzt, 45 Prozent der Hamburger Produktionsfirma Multimedia ihr eigen. Springers Coup Nummer zwei: Die Gründung der Capitol Film + TV KG. Dieser Vorstoß bedeutet eine direkte Kampfansage an Kirchs Quasi-Monopol im Handel mit Film- und Serienrechten. Bei Capitol zieht ausgerechnet Bodo Scriba die Fäden, der sein Handwerk in der Kirch-Gruppe gelernt hat. Über die Dachgesellschaft Mizar hält er gemeinsam mit dem Entertainment-Unternehmer Rolf Dehyle 40 Prozent, die restlichen Anteile liegen bei Springer. Über Kennziffern des Gemeinschaftsunternehmens wird, entsprechend den geheimniskrämerischen Gepflogenheiten im harten Business um Filmrechte, striktes Stillschweigen bewahrt. Bekannt wurde, daß Capitol einige kleinere Filmpakete in den USA schnürte und dem italienischen Produzenten Cecchi Gori auf einen Schlag knapp 200 Flimmerwerke abkaufte. Der Fundus, der allen Fernsehanstalten angeboten wurde, dürfte kaum mehr als 500 Filme umfassen.

Bei ‹Sat 1› ist die Situation nach wie vor äußerst verfahren. Der Springer-Verlag und die Kirch-Gruppe machen sich gegenseitig, koste es, was es wolle, das Leben zur Hölle. Der Gesellschafterzwist schade, so Chefmanager Werner E. Klatten, «natürlich ‹Sat 1›» und unterminiere die Motivation der Mitarbeiter. Eine Einigung fällt schwer, da die Mainzer Privatanstalt 1990 schwarze Zahlen schreibt. Bei Werbeeinnahmen von 500 Millionen Mark rechnen die ‹Sat 1›-Strategen mit einem Gewinn von 58 Millionen Mark.

In ruhigeren Bahnen verläuft für Springer das Hörfunkgeschäft. Lehrgeld bezahlte der Konzern nur bei ‹Radio in Berlin›, das Ende 1987 auf Sendung gegangen und der populistischen Konkurrenz ‹Hundert, 6› von Ulrich Schamoni nicht gewachsen war. Nunmehr ist der Verlag bei insgesamt acht reichweitenstarken Stationen vertreten; darunter sind ‹Radio Schleswig Holstein (RSH)› (Anteil: 17,27 Prozent), ‹Antenne Bayern› (16 Prozent), das Niedersachsenradio ‹ffn› (7,62 Prozent) und das Ende 1989 in Betrieb genommene

Hessenradio ‹FFH› (14,9 Prozent). Keine andere Mediengruppe ist an mehr landesweiten Sendern beteiligt. Von Mini-Engagements, die das Sortiment der Holtzbrinck-Gruppe und des Burda-Verlags zieren, hält Telekommunikationschef Aries wenig: «Bei diesen Kleinstbeteiligungen muß man abwägen, ob sie überhaupt die anfallenden Reisekosten einbringen.» Die Reiseabrechnungen des Springers-Manns fallen in letzter Zeit recht hoch aus – nachdem die Politiker im Inland fast alle einträglichen Lizenzpfründe für Hörfunk- und TV-Stationen verteilt haben, schaut sich Aries öfters im europäischen Ausland nach attraktiven Okkasionen um. Wie bereits im Print- und Druckbereich sucht der Axel-Springer-Verlag nun auch bei den Neuen Medien verstärkt sein Heil jenseits der Grenzen.

*

Angriffe von außen haben im Springer-Verlag zu einem ausgeprägten Wir-Gefühl geführt. Die Hamburger «Kampfpresse», Wettbewerbspolitiker, Studenten und zuletzt Leo Kirch forderten das Haus heraus und setzten unaufhörlich dem Selbstbewußtsein zu. Statt sich offensiv den Debatten zu stellen, zog sich das Haus jahrzehntelang auf sich selbst zurück. Es entstand die berühmte «Springer-Familie», eine schicksalhaft verschworene Gemeinschaft, ganz auf den Patriarchen «AS» fixiert. Der ehemalige Generalbevollmächtigte Kracht wußte: «Springer, das ist nicht einfach Verlag, Springer – das ist Religion.» Der Herr kümmerte sich um die Seinen und gewährte großzügige Sozialleistungen. Für einen ‹Bild›-Redakteur, der das feine Tuch von Axel Springer gepriesen hatte, ließ der Verleger sogar seinen Schneider aus London einfliegen, um den Journalisten maßgerecht einzukleiden. «Einmal Springer, immer Springer», besagt ein Branchenbonmot. Tatsächlich gehören 40 Prozent der Mitarbeiter dem Verlag länger als 15 Jahre an – eine ungewöhnlich hohe Verweildauer. Den Verlust des Patriarchen Axel Springer, der strategische Marksteine setzte und identitätsstiftende politische Vorgaben machte, hat das Unternehmen genau genommen nie verwunden. Ein Manager konstatiert: «Manchmal hat man das Gefühl, viele warten bei Diskussionen nur darauf, daß Axel Springer endlich in den Raum hineinkommt und anordnet: ‹So machen wir das jetzt!› Es herrscht eine gewisse Angst vor Fehlentscheidungen.» Kein Wunder, daß die Steherqualitäten des Vorstandsvorsitzenden Peter Tamm hoch im Kurs stehen. Seine Karriere ist ähnlich bemerkenswert wie Odysseus' Fahrt zwischen dem Strudel der Charybdis und dem Felsen der Skylla. Er darf sich heute als Verlegerpersönlichkeit fühlen, dem Friede Springer viele Freiheiten gewährt.

«Manches», so der Lenker, «ist mir aus Versehen zugefallen, bei anderen Plänen mußte ich kämpfen, um bestimmte Vorstellungen durchzusetzen. Mich interessiert ausschließlich das Wohl des Unternehmens.» Aufgrund seines robusten Naturells titulieren Beobachter die Nummer eins gern als «Admiral» – auch eine Anspielung auf Tamms Marineleidenschaft. Der ehemalige Seekadett, der 1948 beim ‹Hamburger Abendblatt› als Schiffahrtsredakteur anheuerte, besitzt die weltweit größte Sammlung an Schiffsmodellen und Schiffahrtsbüchern; für sie richtete er in der Nähe seiner Villa an der Elbchaussee ein Museum ein.

Schon 1960 bewährte sich der Träger des Kriegsverdienstkreuzes bei der Sanierung der Ullstein AG. Zwei Jahrzehnte trotzte er als Alleinvorstand der Springer AG dem rauhen Klima, für das Antipoden wie der ‹Bild›-Redaktionsdirektor Günter Prinz, Walden, Cramer und der 1980 für zwei Jahre zurückgekehrte Generalbevollmächtigte Kracht in der Holdinggesellschaft Axel Springer Gesellschaft für Publizistik sorgten. Anfang der achtziger Jahre tendierte Springer stark zu den Anti-Tamm-Kräften und fragte angeblich mehrmals: «Ja, habe ich denn in meinem Laden überhaupt nichts mehr zu sagen?» Ein enger Vertrauter berichtet, daß sich Tamm schon damals «als Inhaber» aufgeführt habe. Der in Ungnade gefallene Vorstandschef mußte während der Vertrauenskrise von Lieblingsprojekten Abstand nehmen: sowohl die Vermarktung von Zeitungsstories in Buchform nach dem Vorbild der ‹Stern›-Edition als auch der Plan, die deutschen Zeitungsverleger am Satellitenfernsehen von ‹Radio Luxemburg› zu beteiligen, verschwanden in der Schublade. Überraschend erhielt der leitende Angestellte am 1. Januar 1983 dennoch einen fünfjährigen Anschlußvertrag.

Nach dem Tod Springers schien Tamm zunächst freie Hand zu haben. Doch dann meldete Stellvertreter Günter Prinz eigene Machtansprüche an; erneut war Tamm in der Bredouille. Prinz störte, daß der Verlagsdirigent die beiden Mitgesellschafter Franz und Frieder Burda mied und lieber mit Kirch über einen Medienverbund kungelte. Aufsichtsratschef Servatius unterstützte Prinz, mußte ihn jedoch nach dem Scheitern der Zeitungsillustrierten ‹Ja› fallenlassen. Prinz, heute Redaktionsdirektor bei Burda, räumte mit einer 16 Millionen Mark schweren Abfindung das Feld und bekam von Tamm zu hören: «Fehler kann jeder einmal machen, sie sind erlaubt, Verstöße gegen die Unternehmensinteressen allerdings nicht und Intrigen schon gar nicht.» Friede Springer verlängerte den nunmehr mit 4,3 Millionen Mark per annum dotierten Anstellungsvertrag des pflichtbewußten Statthalters im Mai 1989 für weitere vier Jahre. Sie weiß, was sie an ihm hat: die Umsatzrendite stieg von 1,2

Prozent in 1984 auf 3,3 Prozent in 1988. In diesem Zeitraum wuchs der Jahresüberschuß von knapp 30 auf über 90 Millionen Mark.

Das ‹Manager Magazin› glaubt, daß «der Admiral in den 20 Jahren seiner Herrschaft das Haus ganz auf seine Person zugeschnitten hat. Er herrscht heute nach innen unumstritten, und er ist intern die hochgeschätzte Leitfigur: Tamm gilt als Garant des Ist-Zustands, als einer, der dafür sorgt, daß alles bei Springer im Lot und er selbst an der Spitze bleibt.» Einzig und allein Bernhard Servatius kann Tamm Paroli bieten. Der ehemalige Vizepräsident des Zentralkomitees der Deutschen Katholiken sucht stets die Nähe der Verlegerwitwe und torpediert manchen Tamm-Plan. Weil der gewiefte, undurchdringliche Advokat honorarfrei an der staatlichen Musikhochschule Vorlesungen über Urheberrecht hält, darf er sich Professor nennen – «eine Ehrung, die Servatius, nicht gerade uneitel, wohl schon länger erwartet hatte», registrierte Verlagskenner Günther Bähr in seinem Fachmagazin ‹Artikel 5›. Der Vertreter von «Serva» im Aufsichtsrat ist der 1913 geborene Ernst Cramer. Er gehörte zu einem Kreis von rund 30 engen redaktionellen Beratern, die einst im publizistischen Beirat um die Gunst von Axel Springer rangen. Heute können Journalisten nicht mehr von exponierter Position aus Einfluß auf die Verlagsgeschäfte nehmen – nur bei Bedarf ruft Tamm seine Chefredakteure zusammen. Anders als bei Gruner + Jahr sitzt seit dem Abgang von Prinz kein aktiver Journalist mehr im Vorstand. Im zwölften und dreizehnten Stock des Hamburger Springer-Hauses an der Kaiser-Wilhelm-Straße, wo Stewards in schwarzen Hosen und weißen Jäckchen seit Jahr und Tag Getränke kredenzen, wirken loyale Experten wie Finanzmann Claus Liesner, Personalchef Günther Klenke und Technikvorstand Hans-Joachim Marx. Die Kompetenzverteilung in der Führungsriege, die ein Durchschnittsalter von fast 60 Jahren aufweist, entbehrt mitunter einer logischen Struktur: So kümmert sich Anzeigenchef Hans-Peter Scherrer um das DDR-Geschäft; Marketingleiter Horst Keiser betreut Engagements in Spanien und Italien, während Zeitungs- und Zeitschriftenvorstand Christian Herfurth Österreich unter seiner Obhut hat. Als potentieller Nachfolger für den zunehmend amtsmüden Tamm galt lange der für Stabsabteilungen zuständige Erhard van Straaten. Doch der verhältnismäßig junge Kandidat – Jahrgang 1943 – fand nicht das Wohlwollen von Servatius und tritt seitdem kürzer. Erstmals in der Springer-Geschichte wird eine externe Königswahl wahrscheinlich.

*

Erbfolgeprobleme quälten Axel Cäsar Springer, seitdem er 1970 seine AG formiert hatte. So genial er das Imperium in den fünfziger Jahren aufbaute, so verbissen er an Idealen festhielt, so hilflos war er in den letzten fünfzehn Jahren seines Lebens, als es um die notwendige Zukunftssicherung ging. Die Konsultation seiner unzähligen Berater brachte in dieser eminent wichtigen Frage nur Widersprüchliches – die vielen Köche, sie verdarben den Brei. Phasenweise setzte Springer große Hoffnung auf seinen ältesten Sohn Axel, der beim ‹Hamburger Abendblatt› volontierte und in den sechziger Jahren als Produktionschef von ‹Twen› arbeitete. Der feinnervige Thronfolger wertete Verlagsmanagement aber als «Erbsenzählerei» und machte sich lieber als Fotograf unter dem Pseudonym Sven Simon einen Namen. In den siebziger Jahren dachte der Fotoagentur-Inhaber ernsthaft daran, im väterlichen Betrieb eine führende Funktion zu übernehmen – doch die auf ihn zukommende Verantwortung lastete neben privaten Problemen schwer auf dem Kreativen.

Nach dem Selbstmord seines Sohnes Anfang 1980 verstärkte Axel Springer alte Bemühungen, sein Reich mit einem anderen Verlag zu verschmelzen. Konnte 1970 die kurzzeitige Allianz mit Bertelsmann noch völlig frei von wettbewerbsrechtlichen Schranken erfolgen, so verhinderten die Kartellhüter im Spätsommer 1980 eine Verknüpfung mit dem Heinrich Bauer Verlag schon im Ansatz. Schließlich erblickte Springer im badischen Verleger Franz Burda und vor allem seinem Sohn Hubert die geeigneten Nachfolger. Im Herbst 1981 bestellten Burda und der dreimal größere Springer-Verlag das Aufgebot beim Kartellamt. Zunächst, so das Kalkül, sollten sich die Badenser mit 26, später mit weiteren 25 Prozent an der mächtigen Medien-AG beteiligen. Die Behörde und der Kartellsenat lehnten den Deal erwartungsgemäß ab, die ‹FAZ› zollte Beifall: «Durch die Vereinigung der beiden Verlagsriesen würde sich im deutschen Verlagswesen die wirtschaftliche Macht noch mehr zusammenballen. Sie würde sicherlich auch ausgespielt, wenn sich Gelegenheit dazu bietet, ob im Vertriebs- oder im Anzeigengeschäft.» Vergeblich bat Axel Springer beim damaligen Wirtschaftsminister Otto Graf Lambsdorff um eine Ausnahmegenehmigung, Burda konnte lediglich eine 24,9prozentige Finanzbeteiligung übernehmen.

Als Ausweg im Nachfolgedilemma sah Axel Springer nun wieder eine «industrielle Lösung», die ihn schon 1974 begeistert hatte. Damals bot der Tycoon ein Viertel seines Konzerns der Dresdner, der Bayerischen Hypotheken- und Wechsel- sowie der Bayerischen Landesbank für 200 Millionen Mark an. Den Geldinstituten war der Preis indessen zu hoch. Hypo-Chef Anton Ernstberger beschlichen ohnehin grundsätzliche Zweifel: Springer stünde «einem Verkauf bald näher, bald ferner – so schwelt das immer dahin». Für ein Going-public zeichnete sich dann im Frühjahr 1985 eine Lösung ab. In enger Kooperation mit Bernhard Servatius präsentierte die Deutsche Bank die Idee, politisch genehme Industriegruppen mit kleinen Paketen zu bedienen. Schließlich emittierte Springers Hausbank aber am 1. Juli 1985 exklusiv vinkulierte Namensaktien an gut betuchte Klienten, die mindestens hundert Stück zum Preis von je 335 Mark zeichnen mußten. Das lateinische Wort vinculum = Fessel deutet auf die besondere Güte der Konstruktion hin: die Aktien dürfen nur mit Zustimmung von Vorstand und Aufsichtsrat weiterveräußert werden – scheinbar ein sicherer Schutz gegen zu starke Außeneinflüsse. Der bereits todkranke Springer ließ sich überreden, zehn der insgesamt 49 Prozent des emittierten Kapitals an Leo Kirch abzutreten – angeblich mit dem Zusatz, der Münchener erhalte «keine weitere Aktie und keinen Sitz im Aufsichtsrat». Vorstandschef Tamm und Vize Prinz kassierten je ein Prozent der Aktien, die sie wenig später diskret Kirch zukommen ließen. Selten sind in einer Sache derart viele Zweck- und Schutzbehauptungen produziert worden wie bei Springers Börsengang. Alfred Herrhausen, Vorstandssprecher der Deutschen Bank, verkündete: «Unser Konzept für die Unterbringung der 49 Prozent besteht darin, keine Macht auszuüben oder Macht zuzulassen.» Und sein Kollege Friedrich Wilhelm Christians versicherte, daß die Beteiligungsquote der einzelnen Anleger sich in einer Höhe bewegen werde, «aus der sich weder ein unternehmerischer noch ein medienpolitischer Einfluß ableiten läßt». Im neugebildeten neunköpfigen Aufsichtsrat wollte der Stratege persönlich die Einhaltung dieser vollmundigen Zielvorgaben garantieren.

Axel Springer, der sich nur eine Sperrminorität vorbehalten hatte, glaubte, im Verbund mit Burda für eine tragfähige publizistische Mehrheit gesorgt und zugleich der eigenen Familie genügend Freiraum gelassen zu haben. Sein Enkel Sven Axel werde im Unternehmen «jede Chance» haben, erklärte Intimus Servatius im ‹ZDF› und fuhr fort: «Auf ihn zu warten, schien Axel Springer jedoch nicht verantwortbar. Wir müssen heute handeln.» Den Großverkauf der Aktien, der das Familienvermögen um schätzungsweise 750 Millionen Mark anschwellen ließ, überlebte der Verleger nur um drei Monate. Ein Informant erzählte dem ‹Spiegel›: «Er hat den Verkauf immer gewollt, aber er war damit nie einverstanden, und er hat es, als es soweit war, im Grunde nicht verwunden.» Vielleicht ahnte Axel Springer, daß der fremde Einfluß sein Haus in publicityträchtige Machtintrigen stürzt, vielleicht fürchtete er, daß einem Hasardeur wie Kirch nun Tür und Tor geöffnet waren, vielleicht sah er wechselnde Koalitionen und schillernde Fraktionierungen vorher.

Servatius bilanziert, daß die Aktiengesellschaft als Publikumscompany «nicht die beste Rechtsform für einen Verlag» sei: «Ich warne Neugierige!» Diese späte Erkenntnis nennt selbst die bankenfreundliche ‹FAZ› eine «Ohrfeige für das Emissionshaus». Die «wasserdichte Lösung» der Deutschbankiers erwies sich in der Tat als ebenso funktionsschwach wie der Börsenprospekt, der eine angeblich «breitere Streuung» pries und das Kirch-Arrangement verschwieg. Zudem zeigte sich Christians als neutraler Mittler zwischen den rivalisierenden Gruppen völlig überfordert; mal taktierte er mit der einen, mal mit der anderen Partei. Als der Finanzmanager 1989 den Aufsichtsrat verließ, trauerte ihm niemand nach.

Über eine bestimmte, bei Bertelsmann so beliebte Rechtsform war mit Axel Springer nie zu reden gewesen: «Stiftungsverwaltungen haben nur eins im Sinn: den Besitz zu wahren und das Risiko zu scheuen. Stiftungen wollen, und das ist auch gut so, zunächst einmal mündelsicher sein.» Er befürchtete, daß eventuell divergierende Familieninteressen zur Paralysierung führen könnten. Die Probleme entstanden jedoch pikanterweise nicht in der Springer-Dynastie, sondern durch die externen Hoffnungsträger, die weniger das Wohl des Verlages, als vielmehr ihren eigenen Schnitt im Blick hatten. Friede Springer, von ihrem Mann nur mit einem Viertel der Anteile bedacht, fiel die undankbare Aufgabe zu, die zerrütteten Verhältnisse zu klären. Sie hielt nicht nur die Verlegerfamilie zusammen und verhinderte interne Kabale wie bei den Burda-Brüdern, sondern sicherte dem Clan in der Publikumsgesellschaft wieder die Stimmenmehrheit. Nicht Burda, nicht Kirch, sondern die Springers sicherten die Springer-Identität. Für Harmonie und Einstimmigkeit, die zentralen Werte in Friede Springers Weltbild, bildete die Verlegerin mit Monti eine neue Allianz und brachte hohe finanzielle Opfer. Um die Macht zu erlangen, mußte die Witwe für den Schuldendienst gewaltige Vermögenswerte aus dem Privatbesitz verkaufen. Mit erheblichem Verlust stieß sie Liegenschaften auf Key Biscayne, einer Insel vor Florida, ab. In dem US-Ferienparadies war Springers Vermögensgesellschaft Fininvest 1976 aktiv geworden und hatte rund 1100 Eigentumswohnungen einer «Key Colony» erworben. Große Goldvorräte wurden vom Nachlaß in Bargeld verwandelt. Auch von nordamerikanischen Latifundien, auf denen einst Freizeitparks entstehen sollten, trennten sich die klammen Erben.

Säße Friede Springer nicht der Zelluloid-Unternehmer Kirch im Nacken, der mit allen Mitteln in den Aufsichtsrat will, könnte der Verlag nach den gewaltigen Umfinanzierungen mit der solideren Eigentümerstruktur eine ganze Weile gut leben – und geduldig auf die nächste Generation warten. Der-

359

zeit lassen die potentiellen Nachfolger noch keine allzu starken Ambitionen erkennen. Springer-Sohn Raimund Nicolaus ist im Jet-Set heimisch und hat wie Axel Sven Springer Betriebswirtschaft studiert. Dem Enkel, der 1985 aus seinem Schweizer Internat in Zuoz entführt worden war, trauen Experten noch am ehesten Führungskraft und -willen zu. Weniger zielstrebig zeigte sich seine Schwester Ariane, die im Münchner Burda-Konzern – ausgerechnet unter den Fittichen des geschaßten Springer-Vize Günter Prinz – in verschiedenen Abteilungen aushalf. Einen wohlgemeinten Prinzenrat ignorierte die Enkelin: Im ‹Hamburger Abendblatt›, aus dem etliche Springer-Entscheider hervorgingen, wollte sie nicht volontieren.

Bis sich die Nachfolge in der Familie regelt, ist – soviel scheint sicher – das zentrale Anliegen des Unternehmens vollends erfüllt: die deutsche Einheit. Das Vermächtnis des Gründers, das für Friede Springer und ihre Wegbegleiter Programm, Auftrag, aber auch Bürde ist, verliert damit seine zusammenhaltende Kraft. Spätestens dann wird aus dem politischen Axel-Springer-Verlag ein rein merkantilistisch ausgerichteter Medienkonzern.

«Ein Verlag ist keine Großmetzgerei»
– Die Springer-Chronik –

1912 Am 2. Mai wird Axel Cäsar Springer geboren. Seine Vorfahren betreiben in Hamburg Altona den Druckereiverlag Hammerich & Lesser, Vater Hinrich kauft in der Weimarer Republik das Vorstadtblatt ‹Altonaer Nachrichten› hinzu.

1928 Der Sohn verdingt sich im väterlichen Betrieb als Lehrling. Das journalistische Handwerk lernt er später bei der ‹Bergedorfer Zeitung› und in der Hamburger Filiale des Wolffschen Telegraphenbüros.

1941 Die ‹Altonaer Nachrichten› gehen an NS-Verleger Max Amman, nur die Druckerei darf weitermachen.

1945 Der Betrieb ist ausgebombt. Axel Springer erhält die Lizenz für die ‹Nordwestdeutschen Hefte›, die überwiegend Rundfunkbeiträge abdrucken und nach der Währungsreform eingestellt werden.

1946 Springer gibt ‹Hör zu› heraus; das Blatt wird zur meistgelesenen Programmzeitschrift der Bundesrepublik ausgebaut.

1947 Die Briten geben Springer und John Jahr eine Lizenz für die Frauenzeitschrift ‹Constanze›. Die beiden Partner trennen sich 1960.

1948 ‹Kristall› erscheint; die vierzehntägig erscheinende Illustrierte wird im Stil von ‹Reader's Digest› aufgezogen. Springer bringt das konservativ-bürger-nahe ‹Hamburger Abendblatt› heraus, das lange Zeit die größte bundesrepublikanische Tageszeitung ist.

1952 Die ‹Bild›-Zeitung, zunächst als Abwehrblatt gegen die Hamburger ‹Morgenpost› gedacht, wird geboren. Nachdem im Folgejahr die Holzhammer-Schlagzeilen kreiert werden, entwickelt sich ‹Bild› zum auflagenstärksten, aber auch umstrittensten Blatt, das es jemals in Deutschland gab.

1953 Der Welt-Verlag geht für einen Vorzugspreis von 3,7 Millionen Mark aus britischem Besitz an Springer. Neben der ‹Welt› gehören ‹Welt am Sonntag› sowie die Illustrierte ‹Das neue Blatt› dazu.

1956 ‹Bild›-Schöpfer Springer erwirbt für zwei Millionen Mark eine Sperrminorität von 26 Prozent an der Ullstein AG, zu der unter anderem die Massenblätter ‹Berliner Morgenpost› und ‹BZ› gehören. ‹Bild am Sonntag› startet mit einem Kaufpreis von 30 Pfennig.

1960 Springer erlangt bei Ullstein die Majorität. Die Umwandlung der AG in eine GmbH vermeidet die Publizitätspflicht.

1962 Mit einer eigenständigen ‹Hör zu›-Variante will der Pressemagnat in Österreich Fuß fassen. Sie wird 1985 aufgegeben.

1964 In Düsseldorf kommt der Boulevardtitel ‹Mittag› wieder auf den Markt.

An ihm hält Ullstein 60 und die ‹Rheinische Post› 40 Prozent.

1965 Springer erwirbt den Münchener Verlag Kindler & Schiermeyer, der ‹Bravo› herausgibt und eine Druckerei besitzt.

1966 Von Bauer kauft er ‹Kicker›, ‹Twen› und die Jugendzeitschrift ‹ok und wir›, die später in ‹Bravo› aufgeht.
Während der Fußballweltmeisterschaft verkaufen sich einzelne ‹Bild›-Ausgaben mehr als fünf Millionen mal.
‹Kristall› macht erhebliche Verluste und gibt zum Jahresende auf.

1967 Die ‹Funk Uhr› kommt hinzu, der ‹Mittag› wird eingestellt.
Springer beteiligt sich mit einem Fünftel an der Presse-Rundfunk AG Saarbrücken, einem (erfolglosen) Vorreiter für privaten Hörfunk.

1968 Am Gründonnerstag wird Rudi Dutschke vom ‹Bild›-Leser Josef Bachmann niedergeschossen. Mit dem Attentat erreicht die «Enteignet-Springer-Kampagne» ihren Höhepunkt: Die studentische Protestbewegung behindert Ostern bundesweit die Auslieferung von Springer-Objekten.
Die Bundesregierung legt ihren zweiten Bericht zur Pressekonzentration vor. Demnach hält der Springer-Verlag bei Zeitungen einen Marktanteil von 39,2 und bei Zeitschriften von 17,5 Prozent.
Der ‹Bild›-Konzern stößt den Verlag Kindler & Schiermeyer ab. Mit ‹Eltern›, ‹Jasmin›, ‹twen› und ‹Bravo› verliert er zwei Drittel seiner Zeitschriftenauflage.
‹Kicker› wird an den Olympia-Verlag veräußert.
Christian Kracht, lange Zeit Axel Springers Kronprinz, verliert seinen Einfluß. Peter Tamm, zuvor Chef des Berliner Verlagshauses, tritt als Konzern-Geschäftsführer in Krachts Fußstapfen.

1969 Das Ullstein-Fachbuch- und Fachzeitschriftenprogramm wird an Bertelsmann verkauft.

1970 Springer wandelt sein Unternehmen in eine Aktiengesellschaft um.
Eine Elefantenhochzeit macht Furore: Bertelsmann erhält für 300 Millionen Mark ein Drittel des Springer-Verlags. Aufgrund des öffentlichen Drucks wird die Transaktion nach kurzer Zeit rückgängig gemacht.
Der Verlag steigt mit jeweils 20 Prozent bei den ‹Lübecker Nachrichten› und der ‹Bergedorfer Zeitung› ein.

1971 Eberhard von Brauchitsch, späterer Flick-Manager und Spenden-Spezialist, wird für zwei Jahre Axel Springers persönlicher Generalbevollmächtigter. Der Generalbevollmächtigte Kracht verläßt nach zwei Jahrzehnten das Haus. Ende 1980 wird er noch einmal für zweieinhalb Jahre engagiert.

1973 In Essen-Kettwig nimmt der zum Umsatzmillionär aufgestiegene Verlag die größte und modernste Offsetdruckerei Europas in Betrieb.

1976 Springer kauft den Gilde-Verlag, in dem ‹Sportfahrer› und ‹Ralley Racing› erscheinen. Spezialzeitschriften werden immer wichtiger, ein Jahr später gründet er das ‹Tennis Magazin›.
Mit knapp 25 Prozent beteiligt sich der Pressemagnat an den Münchener Tageszeitungen ‹Merkur› und ‹tz›. Einen höheren Einstieg untersagt das Kartellamt.

1977 Günter Wallraff, der unter falschen Namen in der ‹Bild›-Redaktion Hannover gearbeitet hatte, veröffentlicht den «Aufmacher» – das Enthüllungsbuch wird ein Bestseller.

1978 Axel Springer heiratet zum fünften Mal. Ehefrau Friede, eine friesische Gärtnerstochter und ehemals Springers Kindermädchen, wird später Hauptanteilseignerin der Axel Springer Gesellschaft für Publizistik.
Das Kartellamt verbietet die weitere Übernahme von Anzeigenblättern. Im Jahr darauf belegen die Wettbewerbswächter den Springer-Verlag, neben Burda und Bauer, mit einer empfindlichen Geldbuße wegen verbotener Preis- und Rabattabsprachen.

1980 Springers ältester Sohn Axel, der sich unter dem Pseudonym Sven Simon als Pressefotograf einen Namen gemacht hat, nimmt sich das Leben.

1981 Ullstein-Chef Hans F. Erb, der den Berliner Buchverlag auf Liberalisierungskurs bringen wollte, wird gefeuert.
Das Kartellamt untersagt eine 26prozentige Beteiligung von Burda am Springer-Verlag. Die Wunschpartner streben daraufhin eine Ministererlaubnis an.

1982 Springer zieht sich vom ‹Münchener Merkur› und der ‹tz› zurück, in die Lücke tritt der westfälische Verleger Dirk Ippen.
In Ahrensburg wird der Grundstein für die größte europäische Offsetdruckerei gelegt. Sie druckt jahrelang eine ‹Spiegel›-Teilauflage.

1983 Bundeswirtschaftsminister Graf Lambsdorff verweigert Burda und Springer die Ministererlaubnis, der badische Verleger beteiligt sich daraufhin mit nur 24,9 Prozent an Springer. Kaufpreis: 255 Millionen Mark.

1985 Der Kommerzsender ‹Sat 1›, an dem Springer maßgeblich beteiligt ist, nimmt den Sendebetrieb auf.
Die Deutsche Bank betreut die breite Plazierung der Springeraktien und überredet den Inhaber, den Filmhändler Leo Kirch mit zehn Prozent zu beteiligen – ein folgenschwerer Schritt, wie sich zeigen soll.
Im 22. September stirbt Axel C. Springer im Alter von 73 Jahren.

1987 Nachdem die drei Burda-Buben ihr Erbe geteilt haben, besitzen Franz und Frieder die Springer-Schachtel. Sie können sie nun kartellrechtlich unbeschadet auf 26 Prozent aufstocken.
Leo Kirch, bei Springer ins Abseits geraten, kämpft um die Vormacht im Verlag und bei ‹Sat 1›. Er verkündet, daß er neben seinen offiziellen 10 Prozent über weitere 16 Prozent der Springer-Aktien disponiert. Zusätzlichen Einfluß gewinnt er allerdings nicht: Es handelt sich um vinkulierte Namenspapiere.
Nach dem Flop der Zeitungsillustrierten ‹Ja› muß Vorstandsvize und Tamm-Opponent Günter Prinz seinen Sessel räumen.
Springer kauft 50 Prozent der Düsseldorfer Commerz Film GmbH.
Mit dem einstigen Apo-Star Jens Litten bringt Springer ‹Winners› heraus. Das nur aus Erfolgsstories bestehende Blatt wird eine Pleite.

1988 Nach ‹Auto-Bild› und ‹Bild der Frau› kommt ‹Sport-Bild›.
«Das Syndikat enteignet Springer» (‹Zeit›): Die Burda-Brüder und Kirch verbünden sich gegen die Springer-Erben. Doch dann verkaufen die F+F-Burdas überraschend ihr Paket für 530 Millionen an die Erben, die nunmehr 50,1 Prozent der Aktien halten. Kirch ist wieder isoliert.
In Österreich startet der Springer-Verlag mit Oscar Bronner die Qualitätszeitung ‹Standard›, in Spanien übernimmt er mit Sarpe die drittgrößte Zeitschriftengruppe des Landes.

Springer übernimmt 60 Prozent an der Filmhandelsfirma Capitol TV.

1989 Die Gänsefüßchen um die DDR fallen und damit «eines der letzten Bollwerke der Springer-Presse gegen den Kommunismus» (‹Spiegel›). Die typographische Abrüstung markiert eine vorsichtige Liberalisierung.

Zusammen mit Josef von Ferency wird Axel-Springer-Budapest gegründet.

Springer erwirbt 24,9 Prozent am ‹Berliner Volksblatt›.

Die italienische Monti-Gruppe und der Springer-Verlag vereinbaren einen wechselseitigen Anteilstausch von zehn Prozent. Eine Stimmrechtspoolung bei Springer garantiert den Erben weiterhin die Mehrheit.

Die Übernahme der Medical Tribune Gruppe, die weltweit medizinische Fachzeitschriften vertreibt, bringt zusätzlich 100 Millionen Mark Umsatz.

Auf der Hauptversammlung traktiert ein Kirch-Anwalt mit Fragen nach Internas die Verlagsführung. Vorstandschef Tamm: «Jetzt ist Krieg».

Gegen Kirch wird ein Verfahren wegen Bestechung eines ‹ARD›-Managers eingeleitet. Der Springer-Verlag ist in die Angelegenheit tiefer verstrickt, als er zunächst einräumt. Ein hauseigener Anwalt leistet juristischen Beistand bei der Abfassung der Anzeige.

Das Hessenradio ‹FFH› – und damit Springers achte Hörfunkbeteiligung – wird lizensiert.

Der Pressekonzern erwirbt 45 Prozent der ‹Tiroler Volkszeitung›.

DAS SPRINGER-IMPERIUM

Bild	Auto Bild	Bild der Frau	Sport Bild

Hörzu	Funk Uhr	Die Welt	Hamburger Abendblatt

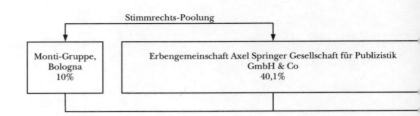

Der Springer-Nachlaß

Der Springer-Nachlaß ist in der Axel Springer GmbH zusammengefaßt, die als Komplementärin die Geschäfte der Axel Springer Gesellschaft für Publizistik GmbH & Co führt.
Unabhängig von der Kapitalverteilung liegen die Stimmrechte zu je einem Drittel bei Friede Springer, Bernhard Servatius und Ernst Cramer.

Axel Springer GmbH
Stammkapital: 1 Million Mark
Geschäftsführer: Friede Springer, Bernhard Servatius, Ernst Cramer

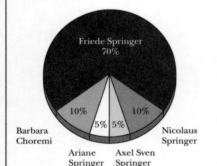

Axel Springer Gesellschaft für Publizistik GmbH & Co.
Kommanditkapital: rund 5 Millionen Mark

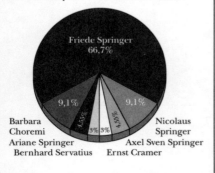

* Die andere Hälfte gehört Herbert Fleissner; zur gemeinsamen Verlagsgruppe gehören u. a.: Amalthea Verlag, Wien; Edition Thiemig, München; F. A. Herbig Verlagsbuchhandlung, München, Nymphenburger Verlagsbuchhandlung, München; Propyläen Berlin und Universitas Verlag, München
** Der Springer-Verlag hat eine Option von weiteren 5% an Sat 1
*** Direkte und indirekte (über die Ullstein KG) Beteiligung

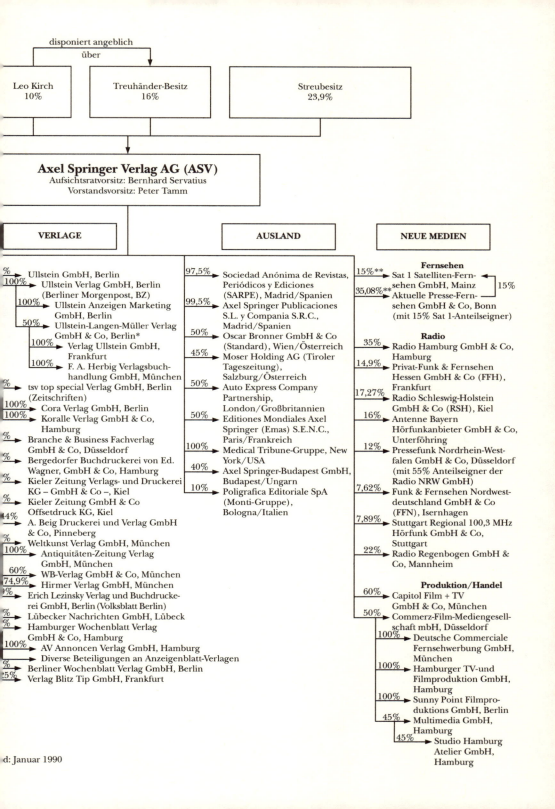

Überblick

Charakteristik

Der Axel Springer Verlag (ASV) ist nach Bertelsmann das zweitgrößte deutsche Medienunternehmen. Die wichtigsten Geschäftsfelder sind Zeitungen und Druck. Daneben hat der ASV drei Programmzeitschriften, diverse Spezialtitel, Anzeigenblätter und Buchverlage sowie Beteiligungen an Pressevertrieben. Bei den Neuen Medien ist er an dem TV-Sender Sat 1 maßgeblich beteiligt und bei mehreren Hörfunkstationen engagiert. Die erst spät eingeleitete Internationalisierung wurde in den letzten Jahren erheblich forciert.

Umsatz

1988 erreichte der AG-Umsatz 2 485 Millionen Mark, der Konzern-Umsatz betrug 2 843 Millionen Mark.
Davon entfielen auf:

Zeitungen*:	65 Prozent
Zeitschriften*:	23 Prozent
Lohndruck:	7 Prozent
Nebenerlöse:	5 Prozent

Gewinn

Der AG-Jahresüberschuß lag bei 72,4 (1987: 78,3) Millionen Mark, im Konzern bei 93,4 (96,4) Millionen Mark.

Mitarbeiter

Der ASV hatte 11 594 Beschäftigte, darunter rund 1200 Journalisten.

Reichweite**

Bild	4 419 425	Hamburger Abendblatt	359 987
Bild am Sonntag	2 373 777	Welt	232 446
Bild der Frau	2 022 756	Welt am Sonntag	371 267
Autobild	787 611	Hörzu	3 054 300
Sport-Bild	546 347	Funk Uhr	1 919 104

 * Inklusive Druck
** Verkaufsauflage wichtiger Objekte (IVW 2/1989).

WERNER THEISEN:

Verleger aus Verlegenheit

Hausbesitzer sind erfinderische Menschen. Mit viel Phantasie richten sie sich in ihren Gemäuern Partykeller, Saunalandschaften, Handwerkerstuben oder andere Freizeitzonen ein. Werner Theisen jedoch hat ganz andere Raumansprüche: Im Souterrain seiner Villa im Koblenzer Nobelvorort Karthause residiert die feine Zentrale eines kleinen Medienkonzerns. Nur zwei Sekretärinnen gehen Theisen zur Hand. Der Chef von rund 700 Mitarbeitern hält nichts von aufgeblähter Verwaltung und komplizierten Managementstrukturen, Assistenten braucht er nicht.

Werner Theisen, dem rund dreihundert Millionen Mark Umsatz zugerechnet werden können, zählt zweifelsohne zu den unorthodoxen Zeitgenossen. In der Garnisonsstadt Koblenz ist er fast so bekannt wie das Deutsche Eck. Diesen geschichtsträchtigen und pittoresken Platz – dort fließt die Mosel in den Rhein – will der millionenschwere Medienchef wieder mit dem Reiterstandbild von Kaiser Wilhelm I. schmücken, das sportlich veranlagte US-Soldaten in den letzten Tagen des zweiten Weltkriegs erfolgreich als Zielscheibe benutzten. Statt dem Kaiser steht am Deutschen Eck nun ein schlichter Fahnenmast – ein Ärgernis für Theisen. Gegen den Willen der rheinland-pfälzischen Landesregierung machte er deshalb mit Portemonnaie und Public Relations über Jahre hinweg öffentlichen Druck, was ihm auch überregionale Aufmerksamkeit sicherte. Den Einheimischen ist der Denkmal-Promoter wegen seiner Tätigkeit als Intendant des Musikinstituts Koblenz schon lange ein Begriff.

Wechselnde Rollen kennzeichnen sein Leben. Theisen everywhere: als Konzertveranstalter, Freizeitviolinist, Sponsor, Denkmalbeschaffer, Verleger, Autor, Politiker, Verbandsfunktionär und Anwalt sorgte er für Aufsehen. Wo er taktierte, blieben Überraschungen nicht aus. Der promovierte Jurist hat seit Mitte der fünfziger Jahre als Rechtsanwalt gewirkt und versuchte nebenbei, sich als CDU-Politiker zu profilieren. 1969 wollte er sogar in den Bundestag, mußte aber schließlich gegen den plötzlich auftretenden Bundesvorsitzenden der Jungen Union die Segel streichen. Heute noch ist der Hauptdarsteller vieler Bühnen in Sachen Juristerei recht aktiv – während die Medien-Schaltstelle in der linken Hälfte seines schneeweißen Doppelhauses liegt, findet man die

373

seit 1975 gemeinsam mit einem Partner unterhaltene Anwaltskanzlei im anderen Teil.

Seine illustre Presse-Karriere war anfangs überhaupt nicht vorauszusehen. Theisen hat, wenn man so will, richtig geheiratet und in der Folge beständig am Mehren der Erträge gearbeitet. Ehegattin Anneliese besitzt ein Drittel am Koblenzer Mittelrhein-Verlag, der die örtlich dominierende ‹Rhein-Zeitung› herausgibt. «Wenn meine Frau dort nicht maßgebliche Mitgesellschafterin gewesen wäre, hätte ich mit Sicherheit nie im Leben etwas mit dem Verlagswesen zu tun bekommen», erklärt Theisen. Zwölf Jahre lang, von 1974 bis 1986, steuerte der Zufallsverleger die Geschäfte dieses Pressehauses, ehe er nach gewaltigen internen Krächen ausschied und sich anderen Medienengagements zuwandte. In der Folge kam, mit schöner Regelmäßigkeit, eine Perle zur anderen: Heute gehört der Theisen-Familie eine schmucke Kette aus Magazinen, Fachzeitschriften, Serviceunternehmen, Buchverlagen und Druckereien. Kernstück ist der in Landsberg/Lech und München ansässige Verlag Moderne Industrie (‹Industriemagazin›); daneben bringen die Vereinigten Fachverlage in Mainz mit ihrer Tochter VF GmbH (‹Markt für klassische Automobile›), der Verlag für Technik und Wirtschaft Meynen in Wiesbaden und die Limburger Vereinsdruckerei Geld in die Kassen.

Theisens Geschichte steht exemplarisch für die Eroberungszüge regionaler Zeitungsverleger, die sich zu neuen Ufern aufmachten und dabei viele Irrungen und Wirrungen durchstanden. Insgesamt rund 13,8 Millionen Zeitungsexemplare setzen sie Tag für Tag in ihren Stammgebieten ab, oft in monopolartiger Vorzugsposition. Rund sieben Milliarden Mark an Anzeigeneinnahmen fallen dabei an – sie tragen durchschnittlich mit knapp 60 Prozent zum Gesamtumsatz bei. Weil aber neue Medien wie Anzeigenblätter oder private lokale Rundfunksender auf den Markt drängten, suchten die Presseunternehmer nach anderen Geschäftsfeldern. Über die Risiken und Chancen der Diversifikation kam und kommt es in den Zeitungsverlagen zu harten Konfrontationen – Theisen kann ein Lied davon singen.

Der in Koblenz hinausgedrängte Verleger ist heute ein viel geprüfter Mittelständler. Zweifellos keiner der ganz Großen im Medienmarkt – und doch schneidet er sich manch schönes Stück vom Kuchen ab.

Eine riesige schwarze Dogge schnuppert auf dem Grün umher, streicht an den Wänden und an der Glasfront von Theisens Büros entlang. Dort, in einem nüchtern-funktionalen Arbeitsraum, konstatiert der Universalist, mit einem Hauch von Koketterie, daß ihm das Verlegerleben zunehmend Spaß mache: «Ich merke – was ich vor Jahren noch nicht wußte –, daß meine Ideen richtig

sind. Solch ein Erfolgserlebnis stärkt das Selbstbewußtsein.» Für einen
Moment umspielt ein verschmitztes Lächeln seinen Mund.

*

Der am 5. Oktober 1927 geborene Werner Theisen, Sohn eines Volksschullehrers, wuchs in der Westeifel auf. Die Vorfahren waren Bauern und Handwerker. Schon früh stand für Werner Theisen und seine zwei Brüder fest, daß Pä-
dagogik als Berufsfeld nicht in Frage kommt. Der älteste im Geschwisterkreis
avancierte zum Mediziner und zog später in die Vereinigten Staaten. Otto, der
mittlere der Theisen-Brüder, wurde Jurist und brachte es von 1971 bis 1979
sogar zum rheinland-pfälzischen Justizminister. Heute organisiert er die «Bit-
burger Gespräche», ein hochkarätiges Diskussionsforum zu gesellschaftspoliti-
schen Fragen.

Werner, der jüngste, studierte zwei Semester Rechtswissenschaft in Mainz,
ehe er 1948 nach Bonn übersiedelte. Nach dem Staatsexamen ging der frischgebackene Jurist im November 1955 in die Personalabteilung des neu gegründeten Verteidigungsministeriums. Doch das Beamtendasein war nicht nach dem
Geschmack des quirligen Berufsanfängers. Drei Monate später war Schluß,
Theisen übernahm eine Anwaltskanzlei im Trierer Land. Im Herbst 1956 heiratete der Notar seine damals 23jährige Anneliese; die gebürtige Triererin –
Familienname Weber – hatte er in Bonn kennengelernt.

Im Jahr der Hochzeit starb Annelieses Vater, ein in der Region bekannter
Publizist. Michael Weber war im Dritten Reich Redaktionsleiter des ‹Trierischen Volksfreunds› gewesen und wurde wegen Opposition gegen die Nazis
entlassen. Keine Frage, daß die Alliierten 1948 dem integren Bürger zusammen mit vier Partnern eine Zeitungslizenz für Koblenz und Umgebung zukommen ließen. Es war bereits der zweite Versuch, in der Drei-Flüsse-Stadt ein
Pressewerk zu betreiben. Der erste Lizenznehmer Stein hatte in alleiniger Verantwortung den ‹Rheinmoselkurier› herausgeben dürfen – doch seine kritische
Berichterstattung nervte die britische Militärregierung endlos. Der Verleger
nahm seinen Job zu ernst, betrieb «investigative journalism» und wartete mit
Skandalreports auf. Unruhe aber konnte die alliierte Besatzungsmacht am
allerwenigsten gebrauchen – und der unglückliche Stein verspielte rasch eine
goldene Zukunft als Millionär und Pressetycoon.

Die kostbare Lizenz wurde unter fünf leitenden Mitarbeitern seines Verlages
aufgeteilt, die fortan über das in ‹Rhein-Zeitung› umgetaufte Sorgenkind
wachen sollten. 1950 schrumpfte die Zahl der Gesellschafter auf vier. Bis zum

heutigen Tage gilt die damals entstandene Gesellschafterstruktur: jeweils ein Drittel geht an die Familien Twer und Weber (heute Theisen), jeweils ein Sechstel an die Stämme Schneider und Ulrich. Und noch eines hat sich in all den Jahren nicht geändert: die vier Rhein-Mosel-Clans stellen stets die Geschäftsführer.

Zunächst standen Walterpeter Twer und Michael Weber auf der Kommandobrücke des Verlages. Nachdem die beiden kurz hintereinander verstorben waren, kamen 1957 die kleineren Stämme Schneider und Ulrich ans Ruder. Ihnen wurde zur Entscheidungshilfe ein Beirat zur Seite gestellt, in dem Rechtsexperte Werner Theisen von Anfang an mitwirkte. Die Meinung des Steuer-Spezialisten, der 1958 nach Koblenz übersiedelte, war mit der Zeit zunehmend gefragt. Als Erich Schneider 1973 aus der Geschäftsführung ausschied, machten die starken Stämme Twer und Theisen ihre Anrechte geltend – nach etlichen Turbulenzen saß Werner Theisen schließlich ganz oben: «Ich hatte das nötige Alter und die nötige Lebenserfahrung.» Auch ausreichende Managerqualitäten? «Der Jurist», so Theisen heute, «ist grundsätzlich der Meinung, daß er alles kann. Das erlebt man auch in Bonn, wo eine Juristenclique den Ton angibt.»

Im Koblenzer Zeitungshaus stand unter Theisen nun Geschäftserweiterung ganz obenan. «Der Mittelrhein-Verlag», erinnert sich Theisen, «hatte durch seine starke Position im regionalen Bereich schon so viel an allgemeiner Stärke erlangt, daß man damit mehr machen konnte, als immer nur fortzuführen, was schon vorlag.» Diese Erkenntnis hatte andere Medienhäuser schon lange vorher zu Investitionen angeregt: 1962 etwa hatte der Verlag Nürnberger Presse (‹Nürnberger Nachrichten›) den Olympia-Verlag (‹Kicker›) gekauft; der Süddeutsche Verlag nannte Mitte der Sechziger den Buchverlag Paul List und das Zeitschriftenhaus Europa Fachverlag sein eigen und gab zusammen mit der italienischen Mondadori-Gruppe das Magazin ‹Epoca› heraus. In den Siebzigern dann lief die Akquisitionsmaschinerie in der gesamten Republik unter Volldampf – der Unterschied zwischen reinen Zeitungshäusern und den zu Medienkonzernen heranwachsenden Gruppierungen à la Süddeutscher Verlag oder der Essener WAZ-Gruppe wurde immer deutlicher.

Den anderen Gesellschaftern wurde Theisens dynamischer Kurs indes zusehends suspekt. 1978 hatte Theisen 17,5 Prozent des Verlags Moderne Industrie erworben, andere Akquisitionen folgten. Der 1980 zum Geschäftsführer aufgestiegene Walterpeter Twer hat einmal von rund 40 branchenfremden Beteiligungen gesprochen, die der Jurist eingegangen sei. Die Mißstimmung war schließlich kaum zu verbergen: Der Verlagsbeirat löste sich 1980 auf, 1981 kündigte Joachim Ulrich. Mit der Zeit avancierte Twer immer stärker zum Theisen-Kontrahent. Die beiden großen Gesellschafterfamilien bekriegten sich, die kleinen hielten zu Twer. Keine Frage, daß Theisens Stuhl wackeln mußte – der Firmenlenker wurde 1986 aus dem Amt gekippt, aufgrund einer «beiderseitigen Vereinbarung», wie es in solchen Fällen immer so schön heißt. Vorausgegangen war eine denkwürdige Abstimmung, bei der Theisen die erforderliche Stimmenzahl nicht zusammenbekam.

Heute hat sich die Atmosphäre etwas entspannt. Immerhin, bemerkt Theisen, seien die Gesellschafter auf dem Weg zu einer «angemessenen Sachlichkeit». Die Struktur des Mittelrhein-Verlags ist kaum zu durchschauen, nachdem einzelne Geschäfte und Abteilungen in diverse GmbH & Co KGs ausgelagert wurden. Die gegründeten Profit-Center sollen die richtige Zuordnung von Kosten und Umsätzen ermöglichen und administrative Wasserköpfe eliminieren. Zudem kann so die Errichtung eines Gesamtbetriebsrats und die gemäß Bilanzrichtliniengesetz erforderliche Publizitätspflicht umgangen werden. Beobachter schätzen den Gruppen-Umsatz des Mittelrhein-Verlags auf mindestens 250 Millionen Mark. Neben der ‹Rhein-Zeitung› (Verkaufsauflage: rund 260 000 Exemplare) geben die Koblenzer Spezial-Titel wie ‹Jagd-Zeitung› und ‹Deutsche Briefmarken-Zeitung› heraus, gebieten über Anzeigenblätter und sind dem Vernehmen nach an dem an Kiosken verkauften Offertenblatt ‹Such und Find› beteiligt.

*

Den letztlichen Ausschlag für Theisens Demission Ende 1986 gab sein Faible für privaten Rundfunk. Der Verlagsboß hatte in Koblenz das Fernsehstudio Rotavision hochgezogen, das angeblich in fünf Jahren mindestens sechs Millionen Mark gekostet haben soll. Nachdem Twer die Macht hatte, schaltete er zusammen mit seinem Vize Peter Schneider die bewegten Bilder ab. Das Duo schuf statt dessen eine Mainzer Lokalausgabe der ‹Rhein-Zeitung›, mit der es im Herbst 1987 das von der Mainzer Verlagsanstalt (MVA) herausgegebene Monopolblatt ‹Allgemeine Zeitung› attackierte. Vor dem Ehepaar Theisen, immerhin Drittel-Gesellschafter im Verlag, war das Projekt geheimgehalten worden.

Heute ist der Mittelrhein-Verlag im Feld der elektronischen Medien nur noch Gesellschafter beim rheinland-pfälzischen Radio ‹RPR›. Der im April 1986 gestartete erste deutsche Privathörfunksender ist von Eckhard Kentsch konstruiert worden. Der ehemalige MVA-Mitgeschäftsführer bastelte für die drei dominierenden Zeitungsverlage in Rheinland-Pfalz – seiner MVA, dem damals von Theisen gelenkten Mittelrhein-Verlag sowie der Rheinpfalz-Gruppe von Dieter Schaub – jeweils fünfeinhalbstündige Fensterprogramme, die von den Pressekonzernen selbständig in sogenannten Regionalgesellschaften gewinnbringend betrieben wurden. Inzwischen sind die Unterbetriebe aufgelöst und zusammen mit dem ehedem SPD-eigenen ‹Linksrheinischen Rundfunk› in einen einzigen Landessender überführt worden.

Verschachtelungskünstler Kentsch betrieb Mediengeschäfte in jenem dubiosen Stil, den Bernd Otto beim Handelsriesen Coop pflegte. 1988 und 1989 mußte sich Kentsch zusammen mit einem ehemaligen Geschäftsführer-Kollegen vor Gericht verantworten, weil er die MVA via fingierter Rechnungen um insgesamt mehr als zehn Millionen Mark geprellt haben soll. «Man hatte ja keine blasse Ahnung von Kentschs Kungeleien», erinnert sich Theisen: «Das hielt man im Verlagswesen für ausgeschlossen. Das ist eine so vornehme Branche, daß für einen Verbrecher da einfach kein Platz ist.»

Liaisons dangereuses kennt Rheinland-Pfalz freilich seit langem. Das Pionierland des privaten deutschen Rundfunks, wo am 1. Januar 1984 in Ludwigshafen der erste Kabelfernsehsender anlief, hat schließlich für eine in der Öffentlichkeit höchst umstrittene Allianz gesorgt. Ministerpräsident Bernhard Vogel gewann die Deutsche Genossenschaftsbank und den Filmhändler Leo Kirch für die Realisierung seiner TV-Träume und die Installierung des Senders ‹Sat 1› in Ludwigshafen. Theisen: «Ich habe mich innerlich gegen die Entscheidung der Politik, diesem Filmkaufmann die herausragende Rolle bei der Einführung privaten Fernsehens einzuräumen, sehr stark gewehrt. Ich meinte, daß für diese Dinge Unternehmen wie der Zusammenschluß von Regionalzeitungsverlagen viel eher geeignet sind als ein Unternehmer wie Kirch.»

Heute noch fühlt Theisen, der Anfang der Siebziger vergeblich um eine Lizenz für «Urlauberrundfunk» an der Adria kämpfte, in Sachen Kommerzfernsehen einen «gewissen Grimm». Der Advokat verweist auf den Meinungs- und Pressefreiheit zusichernden Artikel fünf des Grundgesetzes, diesem «Urgrund der Demokratie». Kirch nähme da eine Sonderrolle ein: «Wenn man von den Medientätigen spricht, meint man im allgemeinen Menschen, die mit der Herstellung von Medienprodukten beschäftigt sind – die Redakteure, die Verleger, dann Bereiche wie Vertrieb und Anzeigen. Ich habe mir, seitdem ich mich mit neuen Medien beschäftige, die Frage vorgelegt, ob Kirch da reinpaßt. Ursprünglich meinte ich: Nein – ein Kaufmann gehört nicht zur eigentlichen Medienlandschaft, selbst wenn er Filmkaufmann ist.» Ursprünglich – inzwischen ist sich Theisen da nicht mehr so sicher. Er verteilt Kollegenschelte:

«Die Verleger haben immer nur darüber geredet, daß sie die für Artikel fünf zuständigen Gesellschaften seien – aber die Praxis sah anders aus. Selbst der Axel-Springer-Verlag war nicht hinreichend vorbereitet, das war nur Herr Kirch. Er besaß als einziger die Voraussetzungen, um in die Lücke hineinzustoßen.»

Rotavision war Theisens Versuch, Know-how in dem schwierigen Markt zu erwerben: «Nach Überwinden der Durststrecke, die im Privatfernsehen unvermeidlich ist, hätten wir viel Erfahrung gewonnen.» Die chronisch defizitäre TV-Tochter der ‹Rhein-Zeitung› verantwortete – genau wie die ‹Saarbrücker Zeitung› – ein regionales Fensterprogramm auf ‹RTL plus› und versuchte sich mit Auftragsproduktionen für Werbekunden über Wasser zu halten. Dem auf kurzfristige Erfolge versessenen Twer reichte das allerdings nicht. Viel schlimmer noch als den Koblenzern erging es Rheinpfalz-Boß Schaub, dessen seit 1984 ausgestrahltes ‹Erstes Privates Fernsehen› angeblich rund 30 Millionen Mark verlor und Mitte 1988 abgeschaltet wurde. Auch in anderen Landstrichen der Republik knipsten sich Verleger aus: nach achtzehn Monaten dämmerte beispielsweise der ‹Main-Post› in Würzburg, daß an Millionenverlusten kein Weg vorbeiführt.

Die Crux ist, daß ein anspruchsvolles regionales Fernsehprogramm sehr schnell zu hohen Basisausgaben führt. Gutes Equipment, Leitungsgebühren und relativ viel Manpower sorgen für einen dicken Kostenblock, dem eine zu geringe Reichweite gegenüber steht. Die begrenzte Verbreitung wirkt für viele Werbungtreibende nicht sehr attraktiv; ein flächendeckendes Netz verschiedener regionaler TV-Sender, die gemeinsam um Werbegelder kämpfen, ist noch Utopie. Und dem berühmten Kaufmann an der Ecke fehlt schlicht das Gewußt-Wie, um mit den neuen Werbemöglichkeiten umgehen zu können.

In einer anderen Aktion pro Privatfunk hat Theisen ebenfalls Schiffbruch erlitten: 1981 vertrat der ehemalige Verbandschef der rheinland-pfälzischen Zeitungsverleger seine Klientel vor dem Bundesverfassungsgericht. Verhandelt wurde die Zulässigkeit des saarländischen Mediengesetzes, das eine Mitwirkung der von Presseunternehmen beherrschten Freien Rundfunk AG (Frag) in einem liberalisierten Rundfunkmarkt an der Saar vorsah. Doch die klagenden öffentlich-rechtlichen Rundfunkanstalten gewannen, die Einführung von Privatfunk in Deutschland wurde um weitere drei Jahre verschoben. Das Saarland mußte viel, viel länger warten: Erst im Herbst 1989 startete ‹Radio Salü›, woran aber nur zwei Printunternehmen, die Paulinus Druckerei und Union Druck, beteiligt sind. Dafür hält der ‹Saarländische Rundfunk› 20 Prozent der Anteile.

*

Wolfgang Dummer ist das, was man eine Gründerpersönlichkeit nennt. Immerhin hatte er seit 1951 zusammen mit Norbert Müller den Verlag Moderne Industrie (mi) in München aufgebaut. Während Müller, der Mitte der sechziger Jahre ausschied, jedoch sehr auf Rentabilität achtete, zeigte sich Dummer als entschiedener Mann des Wachstums – koste es, was es wolle. Nach dem Müller-Ausstieg forcierte Dummer das Tempo, initiierte den Bau eines neuen Verlagsgebäudes in Landsberg/Lech und investierte in Objekte wie beispielsweise das ‹Industriemagazin›.

Solche Energieleistungen verlangen stete Kapital-Infusionen. Zusammen mit der Dresdner Bank fand Dummer im Jahr 1978 einen Interessenten, der scheinbar ohne allzu ambitiöse Hintergedanken in das Unternehmen einsteigen wollte: Theisen und sein Mittelrhein-Verlag, der 17,5 Prozent übernahm. Fünf Jahre später sah dies ganz anders aus. Die vielen Investments hatten so hohen Finanzierungsbedarf ausgelöst, daß die Royal Bank of Canada um ihr Geld fürchtete. Pech für Dummer, daß die Geschäfte zu dieser Zeit eine leichte Flaute erlebten, die zahlreichen Auslandtöchter wenig rentabel waren und die Zinsen gewaltig anzogen – er mußte, auf Geheiß der Bank, seinen Verlag abgeben. «Für einen Apfel und ein Ei», weiß ein Beobachter. Nachdem er ausgebootet war, kümmerte sich der in Dießen am Ammersee residierende Dummer (Jahrgang 1927) um die Reste seines einstigen Reiches. Heute betreibt der Golf- und Tennisfan in Schondorf einen kleinen Formularverlag und Geschenke-Versandhandel; seinen Kalenderverlag verkaufte er an den Weka-Verlag in Kissingen.

Theisen über den Eigentümerwechsel beim Verlag Moderne Industrie: «Herr Dummer wollte die Früchte seiner Verdienste vielleicht etwas früh ernten.» Und: «Eine Stufe zu hoch» sei der Lebensstil möglicherweise gewesen. Damit spielt der Rheinländer auf ein teures Steckenpferd mit vielen Pferdestärken an. Lebemann Dummer liebte nämlich schnelle Autos und parkte zeitweise gleich mehrere Ferraris in seinen Garagen. Das Geschäft mit dem Autonarren wollte Theisen 1983 wie vorher für den Mittelrhein-Verlag machen, jedoch sah er sich einer nicht zu brechenden Blockade der anderen Gesellschafter ausgesetzt. So kaufte er auf eigene Rechnung – ähnlich lief es bei allen anderen Unternehmen, die Theisen heute besitzt.

Nachdem der Mann aus Koblenz nun Herr in München und Landsberg war, gingen die Umsatzzahlen der Verlags Moderne Industrie stetig nach oben – von 52,1 Millionen (1983) über 77 Millionen (1986) auf über 110 Millionen

Mark im Jahr 1989. Dabei wurde weder am Planungs- und Controllingsystem noch an der Besetzung der Vorstandsriege etwas geändert. Zum einen zahlten sich die Investitionen aus der Dummer-Ära aus, zum anderen vergrößerte gezieltes Shopping den Spielraum: 1985 kam der Buchverlag «Bonn aktuell», zwei Jahre später der Günter Olzog Verlag hinzu. Und 1989 erwarb Theisen von mi-Mitbegründer Müller, der nach der Trennung von Dummer in Soio-Regie wirkte, einen auf Verkaufsleiter-Publikationen spezialisierten Kleinverlag.

Verhältnismäßig pflegeleicht ist das mi-Geschäft mit Büchern, die Herausgabe etlicher Fachzeitschriften rund um die Fertigung – eine alte Domäne des Verlags – und das Betreiben eines Verlagsservices, der offen für Fremdkunden ist. Weitaus schwieriger gestaltet sich der Markt der Publikumszeitschriften und der Nicht-Produktionsgazetten der Moderne Industrie AG. Im Aufsichtsrat mußten Vorsitzender Theisen und die anderen Mitglieder, Gattin Anneliese und ein Ex-Thyssen-Vorstand, leidvoll registrieren, wie ehrgeizige Pläne schwanden. Rund um das Flaggschiff ‹Industriemagazin› sollten andere Erfolgsobjekte plaziert werden – doch der Mitte 1988 vom Münchner Franzis-Verlag gekaufte Titel ‹Mega›, der auf dem Weg zu einem anspruchsvollen Technologie-Magazin war, hielt nur ein Jahr durch. Stillschweigend wurde ‹Mega› Mitte August 1989 eingestellt. Hart kämpfen muß auch das 1988 gestartete Geschäftsreise-Magazin ‹Check-in›, das sich der Konkurrenz des ‹Wirtschaftswoche›-Ablegers ‹Profi-Travel› erwehren muß. Experten sind sich nicht sicher, ob derart spezialisierte Objekte überlebensfähig sind.

Im Fachzeitschriftenbereich mißglückte das viel zu spät in die Tat umgesetzte Vorhaben, parallel zum Bereich Fertigung ein Profitcenter Elektronik/ Computer hochzuziehen. Das als Basisobjekt auserkorene Blatt ‹Computer & Elektronik› wurde zum ‹CE Magazin› umfunktioniert. Als die erhofften Anzeigenseiten ausblieben, wurde der intern als «Patriarch» gehandelte Verlagsleiter Hermann Selzle ungeduldig und verlangte Änderungen. Die Redaktion kündigte Mitte 1989. Zwei weitere Publikationen, ‹Messen› und ‹Sonderheft Smt›, waren Anfang des Jahres gecancelt worden, die Zeitschrift ‹Netzwerke› werkelte monatelang ohne Chefredakteur. Der Verlagsboß machte die Themenvorschau und die Titelproduktion kurzerhand selbst. «Da herrscht das absolute Chaos», beschreibt ein Mitarbeiter die Zustände, «die Informationspolitik im Haus ist katastrophal.» Auch die Objekte ‹Laser› und ‹Logistik› wurden verkauft.

Theisen bereiten vor allem die Zahlen des ‹Industriemagazins› viel Freude – «das macht erheblichen Gewinn». Es sind, wie bei allen Zeitschriften des Verlags, Rechengrößen, für die die Anzeigenabteilung sorgt. Nur jedes fünfte

Exemplar des insgesamt rund 85 000mal verbreiteten ‹Industriemagazins› wird verkauft, der große Rest geht kostenlos an die Leser. Da in der Branche die geschäftsschädigende Bezeichnung «Verschenkemagazin» kursiert, beschloß Theisen recht schnell nach seinem Einstieg, das Objekt redaktionell aufzuwerten. Unter Chefredakteur Ulrich Blecke gewann die Zeitschrift tatsächlich an Optik, Profil und Verkaufsauflage, Mitte 1986 aber zog es den Reformator zum ‹Manager Magazin›. Nachfolger Rolf Prudent blieb nur zwei Jahre: er ging zurück zu ‹Capital›. Ihn löste sein Vize Peter Carl ab, der als einen Programmpunkt artikuliert, «für Manager und Unternehmer zu schreiben, aber nicht über sie herzuziehen». «Herr Carl», sagt Theisen, «hat sich gut entwickelt. Das kann durchaus eine Dauerlösung sein.»

Die häufigen Personalwechsel innerhalb kurzer Zeit zeigen die Schwierigkeiten eines mittelständisch geprägten Verlags: Bei vielen der rar gesäten Wirtschaftsjournalisten stehen die größeren Arbeitgeber wie Gruner + Jahr (‹Capital›, ‹Impulse›), Handelsblatt-Gruppe (‹Wirtschaftswoche›, ‹DM›) und Spiegel-Verlag (‹Manager Magazin›) obenan. Prudent etwa schätzte zwar seine Aufgaben beim ‹Industriemagazin› außerordentlich und ließ es sich nicht nehmen, mit Theisen «Management by Waldspaziergang» zu praktizieren: Die beiden machten ausgiebige Wanderungen, besuchten Konzerte und sprachen dabei über Gott, die Welt und das Geschäft. Plötzlich aber gab es ein Angebot, das man nicht ausschlagen konnte. Verständlich, daß der Verleger seinen Wanderfreund und Chefredakteur erst nach langen Kämpfen und Verzögerungen freigab. Wie sehr um qualifiziertes Personal gerungen wird – auch mit untauglichen Mitteln -, verdeutlicht eine kleine Episode mit Friedrich Bräuninger: Der umworbene Journalist hatte bereits als Chefreporter beim ‹Industriemagazin› unterschrieben, wechselte aber im letzten Moment die Fronten – er konnte Mit-Chefredakteur des von der Handelsblatt-Gruppe und dem Vogel-Verlag herausgegebenen Magazins ‹High Tech› werden. Vergeblich forderte der Verlag Moderne Industrie vor dem Arbeitsgericht Bräuninger auf, daß er seine Aufgaben wahrnehmen solle: Gegen seinen Willen könne der Job-Hopper wohl schlecht zur Redaktionsmitarbeit gezwungen werden, meinte der Richter.

Neben Gerd Bucerius und Rudolf Augstein ist Theisen der einzige deutsche Voll-Eigentümerverleger von Gewicht, der in seinen Blättern schreibt. Das ‹Industriemagazin› druckte drei Kolumnen des Koblenzers: mal ging es um fragwürdige Methoden im Insolvenzrecht, mal um die Wirtschaftskraft von Australien, dann wieder um den EG-Beitritt Österreichs. Dafür, so Theisen, sollten sich die Deutschen als «eine Art Wiedergutmachung» einsetzen, weil

die Paulskirchen-Väter 1848 die Österreicher aus dem Deutschen Bund her-
ausgeekelt hätten. Bis 1808 habe das Haus Habsburg schließlich zum deutschen Reich gehört – 600 Jahre lang, erläutert Theisen.

Seinen alten Mitgesellschafter am Verlag Moderne Industrie, den Mittelrhein-Verlag, ist Geschichtsfreund Theisen im März 1989 in aller Stille losge-
worden. Das Zeitungshaus ließ im Juni 1988 gezielt durchsickern, daß es seine
17,5-Prozent-Schachtel an einen süddeutschen Verlag verkaufen wolle. Anneliese Theisen schrieb daraufhin der Leitung des Verlags, der zu einem Drittel
ihr eigen ist, daß man an einem Ankauf interessiert sei und einen ordentlichen
Preis zahlen wolle. Auf einer Gesellschafterversammlung des Mittelrhein-Verlags stellte die Mehrheitsfraktion den Zuschlag in Aussicht, falls die Theisens
«genausoviel böten wie ein anderer». Dies war schließlich der Fall – der Deal
wurde im Frühjahr 1989 perfekt gemacht.

*

Eine Zeitung fehlte Werner Theisen seit dem erzwungenen Rücktritt aus dem
Mittelrhein-Verlag. Ein kurioser Umstand verhilft ihm nun womöglich zu dem
gewünschten Blatt. 1977 erwarb Theisen auf eigene Faust, nachdem er das
Investment vergeblich der ‹Rhein-Zeitung› angedient hatte, im Lahnstädtchen
Limburg die P.P. Cahensly GmbH. Das 1803 gegründete ehemalige Kolonial-
waren- und Lebensmittelgeschäft ist eines der ältesten deutschen Unternehmen; in den sechziger Jahren aber mußte es dem Konkurrenzkampf Tribut zol-
len. Zu den Assets jedenfalls gehörte früher ein 25-Prozent-Anteil an der Limburger Vereinsdruckerei, die bis 1963 den ‹Nassauer Boten› herausgab. Dann
aber ging das Blatt – vertraglich für die Dauer von 25 Jahren vorgesehen – mit
der Frankfurter Societäts Druckerei zusammen und wurde in deren Regionalzeitung ‹Frankfurter Neue Presse› integriert. Theisen, der heute hundert Prozent an der Limburger Vereinsdruckerei hält, macht jetzt nach Vertragsende
die alten Rechte geltend.

Der Streitfall ist außerordentlich schwierig, da es im bundesdeutschen
Medienmarkt keine Erfahrung mit Entflechtungen gibt. Kein Wunder, daß
beide Parteien bis vor den Bundesgerichtshof zogen. Das Frankfurter Landgericht hatte entschieden, daß der Abonnentenstamm des mittlerweile in ‹Nas-
sauische Neue Presse› umgetauften Objekts im Verhältnis 56 zu 44 zwischen
Theisen und der Societäts Druckerei, die seit Herbst 1988 zur Verlagsgruppe
der ‹Frankfurter Allgemeinen Zeitung› gehört, aufgeteilt wird. Das Oberlandesgericht wiederum wollte es weitgehend dem Zufall überlassen, wohin sich

383

die Abonnenten orientieren. Wer sich nicht bei einem der beiden Verlage meldet, sollte seiner Meinung nach Theisen zugeschlagen werden.

Die traditionsreiche Cahensly GmbH übt eine Holding-Funktion aus. Ihr sind neben der Vereinsdruckerei noch ein Offset Rollendruck und vor allem die in Mainz situierten Vereinigten Fachverlage zugeordnet. Hier erscheinen diverse Fachbücher und -zeitschriften – von ‹f+h fördern und heben› bis zum ‹Judo-Magazin›. Die Tochtergesellschaft VF GmbH gibt die Gazette ‹Markt für klassische Automobile und Motorräder› sowie seit Mitte 1989 die Spezialzeitschrift ‹Fernfahrer› heraus. Bei einem Umsatz von insgesamt rund 40 Millionen Mark soll die Rendite zweistellig sein. Theisen jedenfalls bestätigt süffisant eine Meldung des ‹Kress-Reports›, wonach insbesondere ‹Markt› ein wahrer «Geldscheißer» sei.

Typisch für die Theisens ist, daß sie sich in ungewöhnlichem Maße für historische Einzelheiten rund um ihre Ertragskühe interessieren. «Meine Frau und ich», sagt Werner T., «sind traditionell verhaftet, ohne den Gewinngesichtspunkt zu vernachlässigen.» So kann es nicht erstaunen, daß die beiden intensiv nach dem Ursprung und der Namensentstehung der Cahenslys forschten. Da sie einem Namensforscher vom Bodensee nicht glaubten, der auf jüdische Wurzeln tippte – «cohen» stünde für Kain und Abel – machte sich das Paar nach Sent in Graubünden auf, woher der Firmengründer Cahensly einst gekommen war. Und siehe da: In dem Schweizer Alpenörtchen, 1300 Meter hoch gelegen, heißt noch heute jeder Dritte «Cahensly». Der Name setzt sich aus «Casa», also Haus, und der Verkleinerungsform für Hänslein zusammen – «casahensly» bedeutet nichts anderes als «Haus des Hänschen». Ein wenig stolz ist Werner Theisen auf einen Cahensly-Sprößling, der es um die Jahrhundertwende immerhin zum päpstlichen Geheimkurier gebracht hat. Ein Bild der Machtperson hängt in Theisens Arbeitszimmer – unweit eines Porträts des Hunnenkönigs Attila.

Neben der Cahensly GmbH kümmert sich Theisen um die Druck- und Verlagsgesellschaft Limburg (DVL), die für die Wiesbadener Meynen GmbH zuständig ist. Offiziell gehört der Bereich den Theisen-Söhnen Burkhard (Jahrgang 1959) und Olaf (Jahrgang 1963), wobei sich der ältere aber weniger um «die Niederungen des Verlagswesens kümmert,» wie es der Vater ausdrückt, sondern eher im Naturwissenschaftlich-Philosophischen forscht. Olaf Theisen ist da anders: er studiert Jura und zeichnet offiziell als Geschäftsführer von Meynen verantwortlich. Dieser Verlag für Technik und Wirtschaft gibt vier Fachzeitschriften (‹Betriebsleiter› und andere) heraus und besitzt einen wertvollen Versand-Pool, auf den es Theisen beim Kauf Anfang 1987 abgesehen hatte. Ursprünglich nämlich hatte Alt-Verleger Helmut Meynen partout nicht an Theisen, sondern lieber an den Kissinger Weka-Verlag verkaufen wollen – der Konkurrenz des Verlags Moderne Industrie. Eine schlimme Perspektive für die bayerische Theisen-Tochter, die den Versand- und Adressenservice von Meynen ausgiebig nutzte.

Über etwaige Nachfolgeregelungen hat Theisen, der sich noch sehr rüstig fühlt, noch nicht nachgedacht. Er sieht auch keinen Anlaß, eine seiner zahlreichen Führungsfunktionen abzutreten. Seine Gesellschaften arbeiten isoliert voneinander, regelmäßig kommt es zu Beratungen. Bei seinen nahe gelegenen Töchtern in Wiesbaden, Mainz und Limburg geschieht dies höchst informell in Dreier-Gesprächen mit Klaus-Peter Grunert, dem Geschäftsführer der Limburger Vereinsdruckerei, und Manfred Grunenberg, der sowohl bei Meynen als auch bei den Vereinigten Fachverlagen die Geschäfte führt. Alle sechs Wochen halten sich Werner und Anneliese Theisen für zwei bis drei Tage in München und Landsberg auf, um Aufsichtsratsitzungen des Verlags Moderne Industrie abzuhalten und Besuche in den Verlagsbüros und Redaktionsstuben vorzunehmen. «Wir betonen die Kollegialität», sagt Werner Theisen. Ein Kritiker hingegen spöttelt: «Die Verantwortlichen bei Moderne Industrie sind viel damit beschäftigt, sich vor den Ideen ihres Verlegers zu schützen.»

*

Regionale Zeitungsverleger gehören in ihrer Heimat, überall in der Republik, zu den beliebten Honoratioren. Hier ein Ehrenamt, dort eine Preisverleihung – das gehört zum guten Ton und nicht zuletzt auch zum notwendigen sozialen Engagement.

Werner Theisen kam schon 1969, vor seiner Inthronisierung beim Mittelrhein-Verlag, zu einer angesehenen und zeitaufwendigen Position: dem Intendantenposten des Musik-Instituts Koblenz. «Die Wahl», so der Geigen-Fan, «fiel auf mich, weil ich einerseits Jurist und andererseits dilettantisch tätiger Musiker war.» Die 1808 nach dem Vorbild des napoleonischen Institut de musique gegründete private Kultur-Organisation veranstaltet pro Jahr zehn Symphoniekonzerte, wovon zwei der eigene Laienchor bestreitet. Der Jahresetat liegt bei 200 000 Mark, davon bestreitet das Land 20 000 Mark und die Stadt 5 000 Mark. «Damit machen wir sogar Gewinn», offenbart Theisen, dem Subventionen überhaupt nicht behagen. Wenn das Kapital von derzeit über 150 000 Mark auf 300 000 Mark angewachsen ist, will er auf die öffentlichen Zuschüsse verzichten und sie durch die Zinseinnahmen ersetzen.

Als das Musik-Institut 1983 sein 175jähriges Bestehen feierte, nutzte Theisen die Gelegenheit für ein Bittgesuch. Er regte beim damaligen Ministerpräsidenten Bernhard Vogel an, sich um die Heimführung des Vogel Greif auf die Festung Ehrenbreitstein zu bemühen. Dieses Koblenzer Kleinod, das größte Geschütz des Mittelalters, war Ende des 18. Jahrhunderts von den französischen Revolutionstruppen nach Paris geholt worden, wo es lange Zeit im Dome des Invalides stand. 1985 kam die Kanone tatsächlich an den Rhein zurück.

Das nächste Denkmalanliegen brachte Theisen am 14. November 1987 in der Koblenzer Rhein-Mosel-Halle vor, wo er zusammen mit 800 Bürgern seinen 60. Geburtstag und die dreißigjährige Ehe mit Anneliese feierte. Er wolle der Stadt das 1945 zerstörte Standbild des Preußenkaisers Wilhelm I. am Deutschen Eck wiedergeben und sei bereit, für die Kosten aufzukommen; nur die Politik müsse mitspielen. Auf einer Australienreise im Frühjahr 1987 war dem Ehepaar Theisen die Idee gekommen, weil viele Einheimische mit der Bundesrepublik stets Neuschwanstein, Oberammergau und eben das Deutsche Eck assoziierten. Theisen: «Ein Denkmal, das die kleine Stadt Koblenz in aller Welt so bekannt macht, verdient es, wiederhergestellt zu werden. Und die Koblenzer hängen dran.» Laut einer Untersuchung der Kommune sind 94 Prozent der Stadtbevölkerung für die Wiedererrichtung. Theisen finanzierte noch eine Zusatzstudie des Sample Instituts aus Mölln, wonach von den befragten 998 Bundesbürgern 35 Prozent für den Plan waren und 51 Prozent keine Meinung hatten. Von den 300 Rheinland-Pfälzern in der Schar der Interviewten bejahten 45 Prozent den historischen Akt.

Vom Original-Kaiser ist nur noch der kupferne Schädel übriggeblieben, der im Koblenzer Mittelrhein-Museum aufbewahrt wird. Wilhelm, der Preuße, war zeitlebens eine schillernde Figur: Er führte den martialischen Beinamen «Kartätschen-Prinz», weil er 1849 Aufstände in der Pfalz und in Baden brutal mit Waffengewalt niederhielt. In seiner Zeit als Generalgouverneur der Rheinlande in Koblenz (1849-1854) wandte sich der Law-and-Order-Mann dann unter dem Einfluß seiner Frau liberalerem Gedankengut zu.

Seit 1953 steckt auf dem 14 Meter hohen Mahnmal-Podest ein Mast mit der deutschen Flagge, im Volksmund «Zahnstocher auf Sockel» getauft. Ex-Ministerpräsident Peter Altmeier hatte geglaubt, «dem Empfinden des gesamten deutschen Volkes, in dessen Bewußtsein das Deutsche Eck schon immer als ein Symbol der deutschen Einheit lebendig war, am besten zu entsprechen, wenn hier diesem lebendigen Willen zur Einheit und Freiheit in schlichter Form erneut ein sichtbarer Ausdruck verliehen wird» – eben per Fahne. An diesen Grundsatz hielten sich auch Altmeiers Nachfolger, die peinlich vermeiden

386

wollten, daß eventuell an das imperialistische Kaiserreich erinnert werden könnte. Erst der seit Ende 1988 amtierende Ministerpräsident Carl-Ludwig Wagner beschäftigte sich eingehender mit dem Projekt und beschloß die Einsetzung einer Gutachter-Kommission.

Die Bürgerinitiative Deutsches Eck e.V., zu der neben Theisen auch der Schokoladen-König und Museums-Stifter Peter Ludwig und der Ex-Präsident des Bundesrechnungshofes, Volkmar Hopf, gehören, schritt im Februar 1989 zur Tat und beauftragte den Düsseldorfer Kunstgießer Raimund Kittl mit der Modellierung der Majestät – nun in Bronze statt, wie beim alten Denkmal, in Kupfer. Ein alternativer Standort zum Wunschplatz Deutsches Eck wurde rechtzeitig ausgeguckt: Königswinter. Über solche Vorgänge steht so gut wie nichts in der ‹Rhein-Zeitung›, da die Gesellschaftermehrheit des Mittelrhein-Verlags die mit dem Namen Theisen verbundene Denkmaldiskussion per Dekret aus ihren Presseerzeugnissen heraushalten will. Gegen diesen im Januar 1988 und im Juni 1989 gefaßten Beschluß klagten die Theisens vergeblich vor dem Koblenzer Landgericht. Dafür aber mußte die mit Geschäftsführer Twer verbundene Mehrheitsfraktion laut Urteil vom Dezember 1989 die Regelung zurücknehmen, wonach es «gesellschaftsschädigend und damit gesellschaftreuwidrig» sei, wenn Anneliese und Werner Theisen öffentlich in Diskussionen um das Denkmal eingreifen. Auch erlaubten die Richter dem Koblenzer Paar, Leserbriefe zu kopieren, die die ‹Rhein-Zeitung› in Sachen Reiterstandbild erhält.

Ob auf dem Denkmal sein Name auftauchen wird? Theisen: «Wenn ich so gefragt werde, möchte ich an eine Frage erinnern, die Henri Nannen gestellt wurde. Er stammt ja aus Emden und hat dort die Kunsthalle gestiftet. Auf die Frage: ‹Sind Sie Altruist oder haben Sie sich selbst ein Denkmal gesetzt?› sagte er: ‹Natürlich bin ich Egoist.›»

Das sind Sätze, wie sie der gleichermaßen raffiniert wie zurückhaltend wirkende Multi-Unternehmer Theisen liebt: das eine andeutend, das andere nicht ausschließend. Immer unverfänglich, stets interpretationswürdig. Gleichwohl steckt da keine schwankende Geisteshaltung dahinter: Von seinen Zielen ist der konservative Verleger fest überzeugt. Widerspruch, dies zeigt das Beispiel Wilhelm I., bricht der Koblenzer Lokalmatador mit Beharrlichkeit und großem Geschick in der Pflege eines eng gewebten Netzes persönlicher Beziehungen. Einer wie er, der im Dienst von Kunst und Kultur mit Leitfiguren des öffentlichen Lebens verkehrt, kann auf manch subtile Art für Ideen werben und sogar über Jahre hinweg Opposition gegen politische Entscheidungen erfolgreich durchstehen. Historisches Wissen stellt dabei die Basis: In einer geschichtslosen, auf schnellen Verbrauch ausgerichteten Zeit wirken Theisens Argumente wie Wunderkerzen.

Das Netzwerk ist durchaus international: Im Oktober 1988 beispielsweise nahmen Werner und Anneliese Theisen als Mitglieder einer Delegation des Bundesverbandes der Deutschen Industrie an einer Reise nach Australien und China teil. In Peking handelte Theisen einen Vertrag mit der Volksrepublik aus, der eine zweijährige Fortbildung von zehn chinesischen Druckerei-Facharbeitern in seiner Limburger Offset-Rollen-Druckerei vorsah. Anschließend sollte es zu einem Jointventure beim Export von Druckereierzeugnissen von Peking aus kommen, beispielsweise in das nahegelegene Japan. Nachdem die politische Führung in Peking ein Massaker unter rebellierenden Studenten anrichtete, wurde der Plan verschoben.

Theisen, der Verleger aus Verlegenheit, verkörpert bei all seinen Aktionen den Urtyp des Patriarchen, den es heute in der Medienwelt kaum noch gibt. Er ist physisch und emotional eng mit seinen Unternehmen verbunden; was ihm dient, so mag seine Philosophie sein, dient allen – den Mitarbeitern, der Öffentlichkeit.

In seinem Verhalten und Auftreten ist Werner Theisen, so weiß ein früherer Top-Angestellter, ein bißchen zu ängstlich – «halt wie jemand, der mehr oder weniger zufällig in eine ganz andere Welt versetzt worden ist und da plötzlich agieren muß.» Die entscheidenden Weichenstellungen in Theisens Leben, keine Frage, sind von außen vorgegeben worden: der Einstieg und vor allem der Ausstieg beim Mittelrhein-Verlag, die vielen Zukäufe, die Architektur einer unabhängigen Mediengruppe. Sein Wirken bekam eine immense Eigendynamik, die den gelernten Juristen vor viele Bewährungsproben stellte und in der Branche den Verdacht aufkommen ließ, er wolle irgendwann einmal die gesamte Gruppe verkaufen, um Kasse zu machen.

Die weitere Firmenpolitik wird wohl, wie schon in der Vergangenheit, kaum nach einem geplanten System laufen. Synergie, die inflationär gebrauchte Lieblingsvokabel mittlerer Managementliteratur, strebt Theisen in seinem zusammengewachsenen kleinen Konzern nicht an – «nimmt man ein neues Engagement vor, genügt es, wenn der alte und neue Bereich zusammen ertragreicher sind als einer allein.» In diesem Sinne sind von Theisen weitere Akquisitionen der mittleren Güte – hier eine Fachzeitschrift, dort ein Adressenverlag – zu erwarten. «Einen gewissen Ehrgeiz», sagt der Quereinsteiger, «habe ich schon.»

Theisen sagt's und lehnt sich zurück. Für einen Augenblick ist es wieder da, dieses dezente, verschmitzte Lächeln.

«Ich merke, daß meine Ideen richtig sind»
Die Theisen-Chronik

1927 Werner Theisen wird am 7. Oktober als jüngster Sohn eines Volksschullehrers im Trierer Land geboren.

1947 Theisen studiert Rechtswissenschaften, zunächst in Mainz, dann in Bonn, wo er Anneliese Weber kennenlernt.

1948 Weil den Alliierten seine kritische Berichterstattung nicht behagt, entziehen sie dem Lizenznehmer Stein den ‹Rheinmoselkurier›. Statt dessen dürfen fünf leitende Mitarbeiter, darunter Annelieses Vater Michael, die Regionalzeitung aus Koblenz in Eigenregie betreiben. Das Aushängeschild des nun ‹Mittelrhein-Verlag› getauften Pressehauses wird in ‹Rhein-Zeitung› umgetauft.

1950 Die bis zum heutigen Tag gültige Gesellschafterstruktur des Mittelrhein-Verlags entsteht: je ein Drittel der Anteile geht an die Familien Twer und Weber, je ein Sechstel an die Stämme Schneider und Ulrich. Die Eigentümer stellen stets die Geschäftsführer.

1955 Nach dem Jura-Staatsexamen arbeitet Werner Theisen für drei Monate in der Personalabteilung des neugegründeten Bundesverteidigungsministeriums. Danach übernimmt er eine Anwaltspraxis im Trierer Land.

1956 Werner Theisen und Anneliese Weber heiraten. Michael Weber stirbt und vermacht den Anteil am Mittelrhein-Verlag seiner Tochter.

1957 Die kleinen Stämme Schneider und Ulrich bestreiten die Geschäftsführung des Mittelrhein-Verlags. Ihnen wird ein Beirat zur Seite gestellt, in dem Theisen wachsenden Einfluß gewinnt.

1958 Werner Theisen siedelt mit seiner Frau nach Koblenz über, wo er weiter als Anwalt arbeitet.

1969 CDU-intern kandidiert Theisen für den Bundestag, scheitert jedoch auf der letzten Ebene. Der Jurist und Hobby-Geiger wird Intendant beim Musik-Institut Koblenz.

1974 Werner Theisen wird maßgeblicher Mit-Geschäftsführer des Mittelrhein-Verlags. Er will die Monokultur des Zeitungsunternehmens beenden und die Geschäftsbasis durch Zukäufe verbreitern.

1977 Theisen kauft auf eigene Faust die Limburger Cahensly GmbH, eine marode Einzelhandelsfirma, der Anteile der Limburger Vereinsdruckerei gehören. Diese wiederum hat Teilrechte an einer Lokalzeitung, die 1988 frei wurden und über die sich Theisen mit der Frankfurter Societäts Druckerei vor dem Bundesgerichtshof streitet.

1978 Der Mittelrhein-Verlag kauft von Wolfgang Dummer 17,5 Prozent am 1951 gegründeten Verlag Moderne Industrie. Die Firma sitzt in München und gibt unter anderem das ‹Industriemagazin› heraus.

1980 Der Beirat im Mittelrhein-Verlag wird aufgelöst. Walterpeter Twer kommt in die Geschäftsführung. Der Sproß aus der zweiten großen Eigentümerfamilie avanciert später zum Theisen-Kontrahent.

1981 Theisen, Verbandschef der rheinland-pfälzischen Zeitungsverleger, vertritt die Presse-Klientel vor dem Bundesverfassungsgericht beim Streit um die Einführung von Privatfunk im Saarland. Am Ende unterliegt Theisen und die Freie Rundfunk AG (Frag).

1983 Verlagsgründer Dummer gerät in einen Liquiditätsengpaß und muß seine Anteile am Verlag Moderne Industrie verkaufen. Da sich die anderen Gesellschafter des Mittelrhein-Verlags quer legen, erwirbt Theisen auf eigene Rechnung 82,5 Prozent an dem Unternehmen.

1984 Theisen ersteht die Vereinigten Fachverlage in Mainz.

1985 Theisen kauft den Buchverlag «Bonn aktuell».

1986 Aufgrund einer «beiderseitigen Vereinbarung» verläßt Theisen die Geschäftsführung des Mittelrhein-Verlags. Chefredakteur Ulrich Blecke verläßt das ‹Industriemagazin›, wo er etliche Konzeptänderungen durchgesetzt hat. Nachfolger Rolf Prudent bleibt nur zwei Jahre, ehe schließlich der langjährige Stellvertreter Peter Carl zu Amt und Würden kommt.

1987 Walterpeter Twer und sein neuer Stellvertreter Peter Schneider stoppen das TV-Engagement des Mittelrhein-Verlags und geben statt dessen in Mainz eine Lokalausgabe ihrer ‹Rhein-Zeitung› heraus.
Theisen erwirbt den Günter Olzog Verlag, der dem Verlag Moderne Industrie zugeschlagen wird, sowie den Wiesbadener Verlag Meynen.
Anläßlich seiner Geburtstags- und Hochzeitsfeier kündigt Theisen vor 800 Koblenzer Bürgern an, daß er sich für die Wiedererrichtung des Standbildes von Kaiser Wilhelm I. am Deutschen Eck einsetzen wolle.

1988 Verleger Theisen treibt das Projekt Deutsches Eck gegen den Widerstand der rheinland-pfälzischen Landespolitik voran und finanziert eine Meinungsumfrage.

1989 Im März übernimmt das Ehepaar Theisen die 17,5-Prozent-Schachtel des Mittelrhein-Verlags am Verlag Moderne Industrie.
Pannen trüben das Bild: Im August verschwindet das Magazin ‹Mega› vom Markt, das nur 13 Monate zuvor vom Franzis-Verlag gewechselt war. Gleichzeitig scheitert der Versuch, in großem Stil Computerzeitschriften zu etablieren.
Die Bürgeriniative Deutsches Eck beauftragt einen Kunstgießer mit der Modellierung einer Reiterstatue des Preußen-Kaisers Wilhelm I.

DIE THEISEN-GRUPPE

| Rhein-Zeitung | Industrie-Magazin | Check-In | Markt für klass. Automobile |

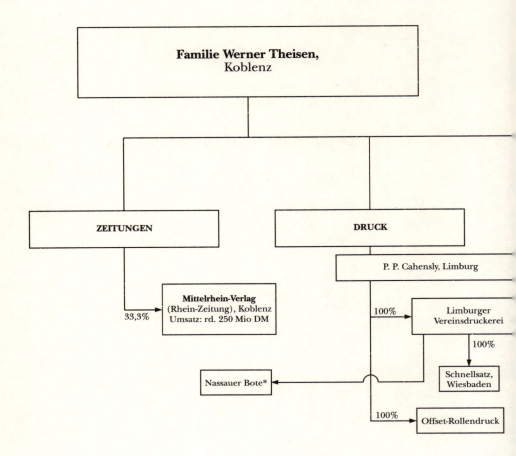

* Derzeit noch bei der Frankfurter Societäts-Druckerei

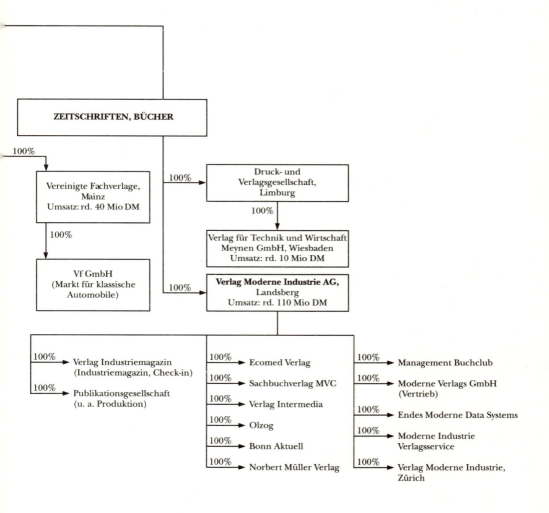

Überblick

Charakteristik

Die mittelständische Theisen-Gruppe gehört zu den 15 größten Medien-Unternehmen in Deutschland. Sie entstand aus einer Drittelbeteiligung von Anneliese Theisen am Mittelrhein-Verlag in Koblenz, die ihr Mann Werner vor allem um den Verlag Moderne Industrie und mehrere Fachverlage erweiterte.

Umsatz

Voll konsolidiert dürfte der Umsatz rund 200 Millionen betragen. Anteilig berechnet ergeben sich in etwa 280 Millionen Mark.

Gewinn

Schätzungsweise liegt der Ertrag bei rund zehn Millionen Mark.

Mitarbeiter

Die Theisen-Gruppe beschäftigt etwa 700 Mitarbeiter.

Lenkung

Das verschachtelte Unternehmen hat keine Holding und keinen zentralen Management-Apparat. Die Koordination erfolgt durch persönliche enge Beziehungen zwischen Werner Theisen und seinen Führungskräften.

Reichweite *

Rhein-Zeitung	241 623
Industriemagazin	25 198
Markt für klassische Automobile	201 384

* Verkaufsauflage wichtiger Objekte (IVW 2/89)

REGISTER

Achterfeld, Wilfried   240 f
Adenauer, Konrad   16, 90, 98 f, 231, 336
Aktuell Presse Fernsehen (APF)   154, 352
Albrecht, Ernst   199
Allianz Filmproduktion   155
‹Ambiente›   122, 129
Amman, Max   334
Andresen, Hans   257 f
‹Antenne Bayern›   119, 353
‹Antenne Niedersachsen›   199
‹ARD›   154, 231, 242, 258, 262, 274
Aries, Horst   351, 354
Augstein, Franziska   38
Augstein, Rudolf   8, 9, **11–52,** 103 f, 123,
   128, 223, 229 ff, 233 f, 338, 349, 351
‹Aujourd'hui Madame›   66
Aust, Stefan   28
‹Auto Bild›   340, 348 f
‹Auto-Zeitung›   60, 72
‹Avis›   63

Bacher, Gerd   259 f
Baentsch, Wolfram   205
Balsinger, Peter   72
Bantam Doubleday Dell   297, 308
Bartels, Peter   341
Barzel, Rainer   99
Bauer, Alfred   59 f
Bauer, Heinrich   59
Bauer, Heinz   7, 13, **55–82**
Bauer, Heinz A. F.   70
Bauer, Kurt   173
Heinrich Bauer Verlag KG   33, 35, **55–82,**
   129, 152 f, 157, 338, 344, 352, 357
– Elektronische Medien   63 f
– Druck   73 f
– Geschichte   58 ff, 75–78
– Internationalisierung   65 f
– Management   58, 68 ff
– Vertrieb   69 f
– Wirtschaftliche Kennziffern   57 f, 68, 70,
   73, 82
Baumgärtel, Fred   63

Becker, Hans Detlev   18, 26, 29, 89, 104, 231
Becker, Kurt   337
Beisheim, Otto   273
‹Bella›   64
Berger, Erika   72
‹Berliner Illustrirte›   331, 345
‹Berliner Morgenpost›   331
Berlusconi, Silvio   272
Bernecker, Hans Joachim   62
Bernhardt, Klaus   203 f
Bertelsmann AG   87, 105, 137, 152, 154,
   194 f, 223, 233 ff, **287–324,** 338 f, 357
– Bertelsmann-Stiftung   301
– Bertelsmann Vermögensverwaltung   301 f
– Buchklubs   294 f
– Geschichte   290 ff, 316–319
– Management   298 ff
– Vertrieb   306
– Wirtschaftliche Kennziffern   289, 305, 324
Beta Taurus   258 ff
‹Bild›   330, 335 f, 337 f, 340 ff, 344, 350
‹Bild + Funk›   124, 126
‹Bildwoche›   343 f
Bissinger, Manfred   310
Blecke, Ulrich   26, 382
Bleichinger, Leopold   259
Block, Peter   206
Blüm, Norbert   70
Blumenfeld, Erik   97, 99, 336
Boenisch, Peter   121, 129, 133, 340 f, 343
Böhme, Erich   19 f, 37
Bölke, Peter   36 ff
Böll, Heinrich   341
Bolls, Gerd   58, 64, 69 f
Brandt, Willy   163, 330
Bräuninger, Friedrich   382
‹Bravo›   58, 64, 72, 338
Breinlinger, Friedrich   201
Bremer, Heiner   311, 343
Bresser, Klaus   127
‹Brigitte›   24, 231
Bronner, Oscar   346
Brost, Erich   159 f, 163 ff, 169 f, 172

395

Brost, Martin   163 ff
Bucerius, Gerd   9, 13, 23, 31 f, 40, **85–114,**
   123, 168, 174, 192, 204, 230 ff, 296, 312
‹Bunte›   121 f, 124, 128, 133
Burda, Aenne   122, 124, 127, 129, 132, 329
Burda, Felix   120
Burda, Franz sen.   61, 123 ff, 237, 332, 357
Burda, Franz jun.   122, 126 f, 129 ff, 348, 355
Burda, Frieder   122, 127, 129 ff, 133, 348, 355
Burda, Hubert   8, 23, **117–146,** 207, 357
Aenne Burda Modenverlag   124, 127, 129,
   132
Burda GmbH   25, 73, **117–146,** 154, 352,
   354
– Elektronische Medien   119, 128 f, 134, 137
– Druckaktivitäten   119, 129, 135
– Geschichte   123 ff, 139–142
– Internationalisierung   129, 132, 137 f
– Management   129, 133 ff
– Realteilung   123, 129 f, 136
– Wirtschaftliche Kennziffern   119, 135 ff,
   146
‹Burda Moden›   124, 129, 132
F & F Burda Ges. für Beteiligungen   130 ff
Burger, Hermann   196
Burgsdorff, Armgard von   256 f, 265 f
‹BZ›   331

‹Capital›   27, 223, 231 f, 331
Capitol Film + TV KG   353
‹Carina›   132
Carl, Peter   382
Chaloner, John   39 f
‹Chancen›   66
Choremi, Barbara   332
‹Christ und Welt›   192
Christians, Friedrich Wilhelm   358
Cohn, Arthur   258
Cohn-Bendit, Daniel   91
Commerz-Film-Mediengesellschaft   353
Compagnie Luxembourgoise de Télédiffusion
   (CLT)   137, 154
‹Constanze›   228 f, 232, 335
‹Coupé›   66
Cramer, Ernst   268, 332, 351, 355 f
Czerwensky, Gerhard   35

Dentsu   28
Development Company for Television Pro-
   gramms (DCTP)   28
‹Deutsche Allgemeine Zeitung›   24 f, 41
‹Deutsches Panorama›   23
Deyhle, Rolf   353

DG Bank   199, 263, 274 ff
‹Dialog›   23
Dichand, Hans   69
Diekhoff, Rolf   66
Dierichs, Otto   169
Doetz, Jürgen   263
Dönhoff, Marion Gräfin   89, 94, 103
Droemer, Willy   194, 207
Dummer, Wolfgang   380 f
Dutschke, Rudi   19
Duve, Freimut   197

Eggebrecht, Axel   334
Ehrhard, Ludwig   90, 98
‹Elle›   122, 138
Ehmke, Horst   162
‹Eltern›   233, 338
Engel, Johannes K.   18
Enzensberger, Hans Magnus   18, 27, 341
‹Essener Allgemeine Zeitung›   170 f
‹Esquire›   58, 66

Ferenczy, Josef von   348
Filmverlag der Autoren   25
‹First for Woman›   65
Fischer, Gottfried Bermann   207
Fischer, Manfred   296, 305
S. Fischer Verlag   329
Flebbe, Hans-Joachim   199
Fleissner, Herbert   344
‹Forbes von Burda›   122, 138
‹Frankfurter Allgemeine Zeitung›   17, 30,
   153 f, 172, 337, 342, 352
Franz, Ove   241 f
Freie Rundfunk AG (Frag)   25, 351
Freies Fernsehen GmbH   231
Freiheit, Egon F.   72
‹Freizeit Revue›   121, 126
Jean-Frey-Verlag   138
‹Freundin›   121
Friedländer, Ernst   100, 102
Friedmann, Anneliese   329
Frohne, Ronald   260
Funk, Werner   19, 26, 30, 35, 37 f
Funke, Jakob   159 ff, 169 f
Funke, Ute   161
‹Funk Uhr›   343

Ganz, Axel   65
Gaus, Günter   19, 41
Genscher, Hans-Dietrich   260
Gerckens, Pierre   200 ff, 206
Gerstenmaier, Egon   192

396

Ginsberg, Matthias   30f, 42
Girardet, Wilhelm   169f
‹Glücksrevue›   121, 129, 138
Gremliza, Hermann   19, 34f
Gross, Johannes   233, 311f
Grotkamp, Günther   8, 9, **149−186,** 202
Grotkamp, Petra   161f
Gruner, Richard   23, 34, 62, 103f, 168, 230ff
Gruner + Jahr AG   29, 34, 36f, 39, 62, 65,
   73, 87, 104f, 122, 129, 153, 157, 168, 173,
   224, 231ff, 238ff, 296f, 338, 340
Guthardt, Helmut   199, 263, 274ff

Hachette-Gruppe   122
Haffner, Sebastian   337
‹Hamburger Abendblatt›   330, 335, 342, 355,
   357, 360
Hammrich & Lesser Verlag   333, 335
Handelsblatt GmbH   87, 105, 138, 192,
   202ff, 209
‹Hannoversche Allgemeine (HAZ)›   168
Harnischfeger, Manfred   307
Hearst-Gruppe   138, 348
Heidenreich, Peter   58, 64, 67, 69f
Helbert, Klaus   66
Heller, André   68
Herfurth, Christian   356
Herrhausen, Alfred   358
Hertz-Eichenrode, Wilfried   337, 343
Hicks, Wolfgang   227
Hilbertz, Horst   134
Hiller, Karl-Heinz   134
Hoffmann, Alexander von   34f
‹Holiday›   122
Holthoff, Gisela   161
Holtzbrinck, Dieter von   7, **187−218,** 352
Holtzbrinck, Georg von   106, 167, 190ff,
   207f, 294
Holtzbrinck, Karin von   191, 208
Holtzbrinck, Stefan von   190, 208
Holtzbrinck-Gruppe   96, **187−218,** 266f,
   352, 354
− Buchklubs   194ff, 266f
− Buchverlage   194ff
− Elektronische Medien   197ff
− Geschichte   191ff, 210−213
− Management   206ff
− Wirtschaftliche Kennziffern   190, 194,
   198, 203, 218
− Zeitungen / Zeitungen   200ff
‹Hör zu›   99, 330, 334f, 343f, 346
Huffzky, Hans   227f
Hünerkoch, Dieter   205

Illies, Rudolf   224, 237f
‹Impulse›   25
‹Industriemagazin›   381f
Ippen, Dirk   169, 172
Ippen, Rolf   160, 169

‹Ja›   329
Jacobi, Claus   18, 23, 35
Jahr, John sen.   24, 34, 40f, 103f, 123, 168,
   221−250, 335
Jahr, Alexander   224, 227, 236ff
Jahr, Angelika   224, 235ff
Jahr, John jun.   224, 232f, 235ff, 240, 242
Jahr, Michael   224, 235
Jahr-Familie   **221−246**
− Besitzverhältnisse   224, 235, 240
− Geschichte   225ff, 244−246
− Jahr-Verlag   239
− Management   224, 235ff
− Spielbank Hamburg   224, 238, 240ff
− Wirtschaftliche Kennziffern   224, 235, 250
Janus Film   268
Jossé, Harald   137
‹Jupiter›   121, 138
Jürgs, Michael   311

Kapfinger, Hans   23
Kehrmann, Karl-Heinz   71
Keiser, Horst   356
Kentsch, Eckhard   377f
Kilz, Hans Werner   30
Kindler & Schiermeyer Verlag   338
Kirch, Leo   8, 130f, 190, 194f, 204, 207,
   233, **253−284,** 307, 333, 342, 348, 351ff,
   358f, 378f
Kirch, Thomas   266, 276
Kirch-Gruppe   130, 138, **253−284**
− Geschichte   256ff, 277−280
− Management   268ff
− Merchandising   273f
− TV / Pay-TV   263ff, 271
− Wirtschaftliche Kennziffern   256, 265, 284
Klasen, Karl   96
Klatten, Werner E.   28, 353
Klein, Hans   70
Klemann, Hartmut   71
Klose, Hans-Ulrich   73, 240, 341
Kluge, Alexander   28
Koch, Claus   21, 91
Kofler, Georg   266
Kohl, Helmut   190, 198, 333
Köhler, Otto   35
Köhnlechner, Manfred   305

397

Köpf, Gerhard 197
Köpcke, Jürgen 71
Kracht, Christian 338f, 354
Kremp, Herbert 343
‹Kristall› 335
Krone-Verlag Gesellschaft (KVG) 156, 174, 346
Kuby, Erich 40, 41, 336f
Kühne, Rolf-Michael 166f
Kuenheim, Haug von 93
Kurier AG 156, 174, 346

Lafontaine, Oskar 202f
Lahnstein, Manfred 96, 306f
Lambsdorff, Otto Graf 357
Lang, Hilde von 94
Ledig-Rowohlt, Ernst 207
Lensing-Wolff, Florian 171f
Leonhard, Ernst 194
Loewenstein, Enno von 88
Lorenz, Lowis H. 100f, 102
Lott, Sylvia 227f

‹M› 127
‹Madame› 87, 104
Madsack Verlagsgesellschaft 168
Mahlert, Arno 206
Mahrkorn, Richard 71
Mainzer Verlagsanstalt 175
‹Manager Magazin› 26f, 29, 175
‹Marie Claire› 236
Markwort, Helmut 126
Mauz, Gerhard 35
Maxeiner, Klaus 66
‹Maxi› 64
Maydell, Peter von 126
McGraw Hill 26
Mediaprint 157
Mehnert, Klaus 192
Mende, Erich 41
Merkle, Hans L. 208
Mittelrhein-Verlag 377, 383, 387
Moderne Zeitschriften Vertrieb (MZV) 153f
Moenig, Siegfried 59ff, 68
Moewig-Verlag 60
Mohn, Gerd 293, 304
Mohn, Johannes 301
Mohn, Liz 313
Mohn, Reinhard 7, 9, 13, 96, 105, 168, 194, 209, 223, 230, 233ff, **287–324**, 339
Mohn, Sigbert 293, 304
‹Monat› 87, 105

Monti-Gruppe 347f
‹Morgenpost› 25, 129, 242, 340
Müggenburg, Günter 154
Müller, Hans Dieter 337, 350
Müller, Wolfgang 351
Müller-Marein, Josef 100, 103
‹Münchener Merkur› 339
Münzenberg, Wilhelm 226

Nacke, Bernd 157
Naeher, Gerhard 268
Nannen, Henri 43, 74, 88, 101f, 103, 128, 223, 232, 260, 310, 387
Nau, Alfred 162
Naumann, Ernst 234
Naumann, Michael 197
Nenning, Günther 156
‹Das Neue Blatt› 60
‹Neue Post› 60
‹Neue Revue› 60f, 70
‹Neue Ruhr/Rhein Zeitung (NRZ)› 152f, 171f
‹Norddeutsche Rundschau› 62f
‹Nordwestdeutsche Hefte› 334f

Oeller, Helmut 267
Oppenberg, Dietrich 171

Paczensky, Gert von 337
‹Pan› 122, 129
‹Pan TV› 138
Pätzold, Ulrich 154, 156, 170
Paus, Hajo 71
‹Petra› 231f
Piller, Renate 197f
‹Playboy› 58, 74
Poppe, Rolf 205
Poser, Hilmar von 198f
‹Praline› 60f
Prinz, Günter 135, 138, 355f, 358, 360
‹Profil› 156
Prognos 209
Programmgesellschaft für Kabel- und Satellitenrundfunk (PKS) 263ff, 352
‹Pro 7› 155, 266, 272
Prudent, Rolf 382, 391

‹Quick› 60, 72

‹Radio FFH› 353
‹Radio ffn› 353
‹Radio Hamburg› 87, 106
‹Radio in Berlin› 199, 353

Radio Media   198
Radio NRW GmbH   156
‹Radio Schleswig Holstein (RSH)›   353
‹Radio 7 Victoria›   119, 137
Ramseger, Georg   337
Rau, Johannes   156
RCA   297
Reiff, Rudolf A.   134
Rhein, Eduard   334 f
Rheinisch-Bergische Druckerei   175
‹Rheinische Post›   171 f
Rheinpfalz-Gruppe   175
Riehl-Heyse, Herbert   311
Röder, Franz-Josef   167, 202
Rowohlt-Verlag   193
‹RPR›   377
‹RTL plus›   25, 28, 119, 128 f, 138, 154 f, 235
Rudi, Werner   340 f

‹Saarbrücker Zeitung›   167, 202
Sarpe-Verlag   347
‹Sat 1›   25, 28, 129, 137, 154 f, 200, 263, 266, 351 f
Schäfer, Waldemar   204
Schaub, Dieter   378 f
Scheel, Walter   167
Schell, Manfred   343
Scherrer, Hans-Peter   356
Schirner, Michael   135 f
Schlamm, William   23, 337
Schlösser, Wilhelm   191, 195
Schmeling, Max   227 f
Schmid, Hans   66
Schmidt, Helmut   90, 93 f, 96, 330
Schmidt di Simoni, Ewald   100, 103
Schmidt-Holtz, Rolf   236, 311
Schnibben, Cordt   88, 93 f
Schoeller, Monika   190 f, 196 f, 208, 329
Schoenicke, Werner   206
Scholl-Latour, Peter   236, 311
‹Schöner Wohnen›   231, 236
Schöttler, Günther   58, 70
Schubries, Renate   161
Schulte, Heinrich   336
Schulte-Hillen, Gerd   36, 235 ff, 297, 302, 306 f, 311 f
Schultz-Gerstein, Christian   42 f
Schumacher, Kurt   98
Schumann, Erich   8, 9, **149–186**
Schweizer, Robert   134
Schwelien, Michael   92
Scriba, Bodo   259, 264, 353

Servatius, Bernhard   238, 268, 332, 355 f, 358 f
Sethe, Paul   24, 337
Simoneit, Ferdinand   331
Sommer, Theo   90, 92, 94 f
Spiegel-Verlag   11–52, 87, 103 f
– Diversifizierung   24 ff
– Elektronische Medien   25, 28 f, 155
– Geschichte   16 ff, 22 ff, 31 ff, 39 ff, 44–47 f
– Konkurrenzobjekte   22 ff
– Management   25, 29 f
– Mitarbeiter-KG   29, 31 ff
– ‹Der Spiegel›   11–47, 131, 229 ff
– Wirtschaftliche Kennziffern   22, 28 f, 52
Spraul, Gerd   129, 134
Springer, Ariane   332, 360
Springer, Axel Cäsar   15, 23, 31 f, 40 f, 61, 99, 103, 128, 167, 223, 228 ff, 234, 296, 327–364
Springer, Axel   332, 357
Springer, Axel Sven   332, 360
Springer, Friede   **327–368**
Springer, Hinrich   333 f
Springer, Raimund Nicolaus   330, 360
Axel-Springer-Verlag   23 f, 31, 37, 103, 129 ff, 137, 152 f, 156 f, 173, 229, 231 ff, 238, 242, 263 f, **327–368**
– AS Gesellschaft für Publizistik   130, 329, 332, 338, 347 f
– Elektronische Medien   340, 349 ff
– Geschichte   333 ff
– Internationalisierung   340, 345 ff
– Management   354 ff
– Wirtschaftliche Kennziffern   355 f
‹Standard›   346
‹Star-Revue›   24, 231
Steinmayr, Jochen   93
‹Stern›   22, 30, 33, 99, 101 f, 103, 231 f, 240, 242, 310 ff
‹Stern-TV›   155
Stoiber, Edmund   28
Stolte, Dieter   261
Stolze, Diether   198 ff
Stolze, Sylvia   200
Straaten, Erhard van   356
Straube, Dietmar   23
Strauß, Franz-Georg   198, 260
Strauß, Franz Josef   17, 61, 197 f, 260, 331
Strobach, Lothar   133
‹Süddeutsche Zeitung›   342
‹Südkurier›   201
SZV Spezialzeitschriftenverlag   153, 165

‹die tageszeitung› 242
Tamm, Peter 130f, 135, 256, 268, 332, 339, 343, 345f, 352, 354ff, 358
Teleclub 271
‹tele 5› 129, 155
‹Tele West› 155
Theisen, Anneliese 374f
Theisen, Otto 375
Theisen, Werner 8, 9, **373–394**
Theisen-Gruppe 373–394
– Geschichte 375ff, 389–390
– Management 384ff
– Wirtschaftliche Kennziffern 373, 380, 394
Theobald, Adolf 29f, 32, 37, 223, 231, 233
Theye, Joachim 199, 263f, 276
Thoma, Helmut 28, 154
Tiedje, Hans-Hermann 133, 341
‹Tina› 64f
Todenhöfer, Jürgen 121, 134
Top Special Verlag 339
‹TransAtlantik› 27f
Trebitsch, Katharina 95
Tüngel, Richard 100f, 103
‹TV Hören und Sehen› 60, 71
Twer, Walterpeter 376f, 391

Ufa 156, 235
Ullstein AG (bzw. GmbH) 103, 167, 231, 331, 336f, 338, 344, 355
Unger, Klaus 224, 230, 237f, 241
Unitel 267

VDI-Verlag 193
Verlag Moderne Industrie 376, 380ff
‹Viva› 236
Vogel, Bernhard 378, 386
Vogel, Friedrich 192, 194
Vogel, Hans-Jochen 333
Vorwärts AG 157
Voss, Karl Andreas 335, 338

Wack, Hans Joachim 258
Wagner, Franz Josef 133
Walden, Matthias 337, 343, 355
Wallbaum, Helmut 31, 94
Wallraff, Günter 341
Warth, Herbert 129, 132
WAZ-Konzern 33, **149–186**
– Geschichte 159ff, 163ff, 166ff, 178–181

– Diversifizierung 153f
– Elektronische Medien 154ff
– Internationalisierung 156f
– Management 151f, 158, 173ff
– Wirtschaftliche Kennziffern 152f, 171, 186
‹WDR› 156
Weber, Michael 375f
Wechsler, Ulrich 307ff
Weck, Roger de 95
Wehner, Herbert 163
Wehrenalp, Erwin Barth von 194
Weitpert, Hans 338
‹Die Welt› 99, 167, 242, 330f, 336f, 338, 342ff
Welt-am-Sonnabend-Verlag (Waso) 153
Wenger, Christian 205
‹Westdeutsche Allgemeine (WAZ)› 152f, 167, 169
‹Westfalenpost› 152f, 161, 171
‹Westfälische Rundschau› 152f, 161, 170f
Westfilm Medien GmbH 154, 161
Westschienenkanal 29, 155
Weyl, Brigitte und Johannes 201
Wickmann, Rolf 68
Wiederholz, Konrad 58, 65, 72
‹Wiener› 58, 66
‹Wirtschaftswoche› 27, 87, 104, 106, 205
Wischnewski, Hans-Jürgen 165
Wixforth, Fritz 292
‹Woman's World› 65
Wössner, Mark 302, 305ff, 352

Zahn, Peter von 334
‹ZDF› 154, 231, 260f, 350
Zehm, Günter 337, 343
Zehrer, Hans 334ff, 342
Zeit-Verlag 33f, **85–114**
– Geschichte 89f, 100ff, 107–110
– Management 94f
– Wirtschaftliche Kennziffern 91f, 114
– ‹Die Zeit› 18, 27, 33, 41, 230, 232
– ‹Zeit-Magazin› 92f, 105
– Zeit-TV GmbH 94f, 106, 155
Zeuner, Bodo 33f
Ziesel, Kurt 22
Ziffzer, Stefan 275
Zimmermann, Friedrich 259f